AS RELAÇÕES
INTERNACIONAIS
A PARTIR DE 1945

Maurice Vaïsse

AS RELAÇÕES INTERNACIONAIS A PARTIR DE 1945

Tradução
Everson Machado

wmf martinsfontes

SÃO PAULO 2013

Esta obra foi publicada originalmente em francês com o título
LES RELATIONS INTERNATIONALES DEPUIS 1945
por Armand Colin, Paris
Copyright © Armand Colin 2005, 10ª. edição
Copyright © 2013, Editora WMF Martins Fontes Ltda.,
São Paulo, para a presente edição.

1ª. edição 2013

Tradução
Everson Machado
Acompanhamento editorial
Luzia Aparecida dos Santos
Preparação do original
Andrea Stahel M. da Silva
Revisões gráficas
Helena Guimarães Bittencourt
Maria Regina Ribeiro Machado
Edição de arte
Katia Harumi Terasaka
Produção gráfica
Geraldo Alves
Paginação
Moacir Katsumi Matsusaki

Dados Internacionais de Catalogação na Publicação (CIP)
(Câmara Brasileira do Livro, SP, Brasil)

Vaïse, Maurice
 As relações internacionais a partir de 1945 / Maurice Vaïse ; tradução Everson Machado. – São Paulo : Editora WMF Martins Fontes, 2013.

 Título original: Les relations internationales depuis 1945.
 Bibliografia
 ISBN 978-85-7827-598-3

 1. Política mundial – 1945-1989 2. Política mundial – 1989 – Relações internacionais I. Título.

12-07814   CDD-327.09045

Índices para catálogo sistemático:
1. Política mundial : 1945-1989 : Ciências políticas 327.09045

Todos os direitos desta edição reservados à
Editora WMF Martins Fontes Ltda.
Rua Prof. Laerte Ramos de Carvalho, 133 01325-030 São Paulo SP Brasil
Tel. (11) 3293-8150 Fax (11) 3101-1042
e-mail: info@wmfmartinsfontes.com.br http://www.wmfmartinsfontes.com.br

Sumário

Apresentação • 9

Capítulo **1**
Nascimento e confrontação de um mundo bipolar (1945-1955) • 11
- A PAZ FRACASSADA (1945-1947) • 12
  - Uma nova organização mundial • 12
  - O retorno da paz no Oriente Médio e no Extremo Oriente • 21
- A GUERRA FRIA (1947-1955) • 25
  - O nascimento de dois blocos • 25
  - A Europa dividida em dois blocos antagônicos • 30
  - A questão alemã no cerne da guerra fria • 32
  - A expansão comunista no Extremo Oriente • 39
  - Os dois campos face a face • 42
- A PRIMEIRA FASE DE DESCOLONIZAÇÃO (1945-1955) • 53
  - Os fatores próprios para a descolonização • 53
  - A descolonização no Oriente Médio • 55
  - A descolonização na Ásia • 59

Capítulo **2**
A coexistência pacífica (1955-1962) • 69
- A SEGUNDA FASE DE DESCOLONIZAÇÃO • 70
  - Bandung e Suez • 70
  - A descolonização na África do Norte • 75
  - A descolonização na África Negra • 79
  - A evolução das Nações Unidas • 82

A EVOLUÇÃO DOS BLOCOS • 85
   A desestalinização e as crises polonesa e húngara • 85
   A retomada da construção europeia • 87
   A coexistência pacífica e seus limites • 89

Capítulo **3**
A distensão (1962-1973) • 97

   O DUOPÓLIO AMERICANO-SOVIÉTICO • 97
      Os acordos de limitação de armamentos • 100
      A distensão na Europa e a "*Ostpolitik*" • 104
   A CRISE DOS BLOCOS • 110
      A crise no bloco ocidental • 110
      A crise no mundo comunista • 119
   O TERCEIRO MUNDO NA ERA DA DISTENSÃO (1962-1973) • 125
      Os agrupamentos de Estados do Terceiro Mundo • 126
      O desenvolvimento econômico e a ajuda ao Terceiro Mundo • 128
   A MODIFICAÇÃO DAS RELAÇÕES INTERNACIONAIS NO TERCEIRO MUNDO • 132
      A Guerra do Vietnã • 133
      A relação de forças na Ásia • 138
      A América Latina, novo elemento de disputa entre Leste e Oeste • 142
      As decorrências da descolonização na África • 143
   O ORIENTE MÉDIO DE GUERRA EM GUERRA • 144
      A Guerra dos Seis Dias • 144
      O problema palestino • 148
      As convulsões internas • 150
      A Guerra do Yom Kippur • 152

Capítulo **4**
Um mundo desestabilizado (1973-1985) • 155

   A CRISE ECONÔMICA E SEUS EFEITOS • 156
      Os diferentes aspectos da crise • 156
      As tentativas de resposta à crise • 160

A CRISE DAS RELAÇÕES AMERICANO-SOVIÉTICAS • 162
   O duopólio é questionado • 163
   A corrida armamentista • 165
AS INCERTEZAS EUROPEIAS • 168
   Uma construção mais lenta da Europa • 169
   Os mal-entendidos transatlânticos • 174
   A crise da liderança soviética • 177
AS TENSÕES NO SUDESTE DA ÁSIA, NA AMÉRICA LATINA E NO ORIENTE MÉDIO • 179
   Os distúrbios no Mediterrâneo e no Oriente Médio • 180
   As lutas por influência no sudeste da Ásia • 187
   A desestabilização da América Latina • 192
NOVOS TERRENOS DE ENFRENTAMENTO E NOVAS DISPUTAS • 196
   O golfo Pérsico e o oceano Índico • 196
   A África • 201
   O Pacífico • 208

Capítulo **5**
O fim do mundo bipolar (1985-1992) • 211

   O FIM DA GUERRA FRIA • 213
      Ordem ou desordem mundial? • 213
      Uma difícil conversão à democracia • 214
      O diálogo americano-soviético • 216
   O NASCIMENTO DE UMA NOVA EUROPA • 221
      O refluxo soviético na Europa e a libertação dos países do Leste Europeu • 222
      A unificação alemã • 224
      O desmembramento do império soviético • 226
      O despertar dos nacionalismos e o questionamento das fronteiras • 230
      Rumo à União Europeia • 231
      Uma Europa de geografia variável • 235
   O MUNDO DO PÓS-GUERRA FRIA • 237
      Uma Ásia repleta de contrastes • 237
      A África abandonada • 242
      Um Oriente Médio instável • 244
      A situação na América Central e na América do Sul • 247

Capítulo **6**
Em busca de uma nova ordem mundial (1992-2001) • 251

    O FIM DO SISTEMA LESTE-OESTE • 253
    A EUROPA DA UNIÃO MONETÁRIA E O BARRIL DE PÓLVORA BALCÂNICO • 261
    PERSISTÊNCIA DA OPOSIÇÃO NORTE-SUL: MUNDOS VIOLENTOS • 269
    UM MUNDO AO MESMO TEMPO UNIFICADO E FRAGMENTADO • 281

Capítulo **7**
A desordem imperial (desde 2001...) • 287

    A GUERRA CONTRA O TERRORISMO • 289
        Os americanos diante da ameaça terrorista • 292
        Novo objetivo: o Iraque • 293
    O IMPÉRIO E O MUNDO • 295
        As relações entre Washington e Moscou • 297
        As relações entre Estados Unidos e Europa • 298
        Os altos e baixos da Europa • 299
        Impasse no Oriente Médio • 305
        Os conflitos pós-coloniais na África • 309
        Guinada à esquerda na América Latina • 311
        A Ásia, novo foco de crises • 313
    A GLOBALIZAÇÃO EM DEBATE • 316
        Pobreza e desenvolvimento • 320
        Sem governo mundial • 322

Bibliografia • 329
Índice remissivo • 339
Índice de mapas, tabelas, gráficos e boxes • 353

Apresentação

As relações internacionais constituem em si mesmas um assunto imenso. Não se limitam à esfera estatal e abrangem todo tipo de atividade humana: os fluxos migratórios – inclusive o turismo –, as relações culturais, as atividades econômicas. As correntes transnacionais – as religiosas, em particular – têm um papel importante. Além disso, a partir de 1945, as relações internacionais tiveram um desenvolvimento excepcional devido à globalização das trocas e das comunicações. Viaja-se muito mais facilmente e com muito mais rapidez. Sabe-se instantaneamente o que acontece na outra extremidade do globo. Em resumo, vivemos na era da "aldeia global".

O assunto é muito vasto para ser abarcado em sua totalidade. Neste trabalho, são abordados prioritariamente os aspectos políticos. E os atores desta história são os Estados ou as organizações governamentais.

No entanto, mesmo deixando de lado todos os outros aspectos, a matéria ainda é considerável. Visando à clareza da exposição, ela está ordenada em faixas cronológicas: 1945-1955, 1955-1962, 1962-1973, 1973-1985, 1985-1992, 1992-2001 e depois de 2001. A estes períodos correspondem temas dominantes: o nascimento e a confrontação de um mundo bipolar; a coexistência pacífica; a distensão; a nova guerra fria; o fim de um mundo bipolar, e a busca de uma nova ordem mundial. As escolhas dos cortes cronológicos e dos temas são explicitadas no decorrer do texto, porém, sobretudo por se tratar de um período tão próximo, em que é difícil discernir o duradouro do provisório, as datas-chave escolhidas não são imutáveis e podem ser contestadas. O melhor exemplo reside na cronologia da "guerra fria", sendo as discussões acerca do fim desse período inconclusivas: seria 1953, com a morte de Stálin? 1955, com a coexistência pacífica? 1962, com a crise de Cuba, ou ainda 1989, com o ano de todos os milagres no Leste? Além do mais, as datas escolhidas são simples referências e não limites. Por exemplo, o impulso inicial da distensão a leva além de 1973: ela encontra seu apogeu em 1975, quando ocorre a Conferência de Helsinque, o que não impede que, a partir de 1973, o mundo já não viva inteiramente o momento da distensão. Enfim, os cortes cronológicos não valem necessariamente para o mundo inteiro. Com a entrada dos mundos extraeuropeus nas relações internacionais, que eram até então privilégio das nações europeias, a lógica dos ciclos varia de um para o outro.

Por outro lado, a heterogeneidade do período é de fato sua especificidade na história da humanidade. Desde o século XVI a Europa dominava o mundo, "descobria-o", impunha-lhe suas línguas, suas religiões, seus costumes. Esse fenômeno culminara no vasto movimento de colonização do século XIX. Ainda em 1939, o poder residia no Ocidente, ainda que alguns tenham percebido seu declínio desde o fim da Grande Guerra. Após 1945, o poder já não reside na Europa, mas fora dela.

Os grandes problemas do planeta deixam de se confundir com os do mundo europeu. Sem atribuir importância preponderante ou exclusiva ao critério demográfico, alguns números dão o que pensar. Entre 1950 e 2008, a população do mundo passou de 2,5 bilhões de seres humanos para mais de 6 bilhões e 700 milhões. A população da Europa passou de 20% para 10% da população mundial. A Ásia conta hoje com cerca de 4 bilhões de habitantes, sendo 1 bilhão e 300 milhões na China, mais de 1 bilhão na Índia, 165 milhões no Paquistão, 150 milhões em Bangladesh e 128 milhões no Japão. As relações internacionais são cada vez menos influenciadas pelo mundo europeu e cada vez mais dizem respeito aos mundos extraeuropeus*. Em um sistema internacional marcado pela globalização, o equilíbrio mundial se desloca para a Ásia, e, ao contrário do que se imaginava depois de 1989, os Estados Unidos não conseguiram instaurar sua ordem, prevalecendo por ora a desordem imperial.

* A presente obra foi atualizada em 31 de agosto de 2008.

Capítulo **1**

NASCIMENTO E CONFRONTAÇÃO
DE UM MUNDO BIPOLAR
(1945-1955)

O mundo que nasce da Segunda Guerra Mundial é profundamente diferente daquele de antes da guerra. No plano das relações internacionais, em particular, esse período assinala uma cesura capital na história da humanidade. É o fim da preponderância europeia. Tem início a era das superpotências.
O poder se desloca do Velho Mundo para os mundos extraeuropeus. Desde a Grande Guerra, certamente, esse movimento havia começado. A Segunda Guerra Mundial foi, inicialmente, uma guerra europeia. Arruinada e devastada, a Europa não estava em condições de desempenhar o papel preeminente que era o seu. Os Estados que disputavam a primazia, na Europa e no mundo – o Reino Unido, a França, a Alemanha e a Itália –, tenham eles saído vencedores ou vencidos, já não são potências. Os novos grandes, os verdadeiros vencedores, são os Estados Unidos da América e a Rússia soviética. Em 1945, sua supremacia se mede pela disseminação de suas forças pelo globo. Os americanos estão em toda parte, tanto na Europa como na Ásia; os russos, na Europa Oriental e no Extremo Oriente. Para um grande número de habitantes do planeta, americanos e russos tornam-se modelos.
A mudança dos polos da vida internacional em relação ao período de antes da guerra constitui, sem dúvida nenhuma, uma reviravolta, mas a transformação vai mais longe: abrange a própria natureza das relações de força. As grandes potências europeias eram Estados medianos, considerando sua população, superfície e recursos. As novas grandes potências são Estados gigantes.
Além disso, muitos países da Europa encontraram na expansão colonial um prolongamento que os tornava não apenas potências mun-

diais, mas também Estados mais ricos e mais povoados. A guerra faz com que a Europa perca seu prestígio junto às populações coloniais e dá novo impulso aos movimentos de emancipação que existiam aqui e ali. Ao concerto europeu, sucede um diretório dos três grandes: americanos, ingleses e russos, que reforçam sua concertação a partir de 1943 e vão decidir a sorte do mundo do pós-guerra nas conferências de Yalta e de Potsdam. Mas a aliança estreita da guerra dá lugar à desconfiança do imediato pós-guerra e à brutal confrontação: não é um mundo unido que sai da guerra, é um mundo bipolar.

A PAZ FRACASSADA (1945-1947)

Após seis anos de guerra, os Aliados querem perpetuar a solidariedade entre as "Nações Unidas", resolver as questões nascidas do conflito e assegurar a paz do mundo pela criação de um organismo internacional. O nascimento de uma nova hierarquia internacional, no entanto, não significa o retorno à paz, pois, embora a grande aliança americano-soviética permita algumas decisões comuns, logo ela cede à desconfiança.

Uma nova organização mundial

Tratava-se de criar um organismo aproveitando a experiência da Sociedade das Nações (SDN), que havia fracassado em sua missão ao longo do entreguerras. Na Carta do Atlântico (14 de agosto de 1941), o presidente norte-americano, F. D. Roosevelt, havia esboçado os princípios fundamentais de uma nova ordem internacional. Em 1º de janeiro de 1942, cerca de vinte dirigentes, entre os quais Churchill e Roosevelt, adotam uma declaração em cujos termos as "Nações Unidas" se comprometem a estabelecer, tão logo a guerra contra o Eixo termine, um sistema de paz e segurança. Na conferência de Moscou (19-30 de outubro de 1943), os representantes da Grã-Bretanha, dos Estados Unidos, da China e da URSS proclamam a necessidade de estabelecer, assim que possível, "uma organização geral baseada no princípio de igualdade de soberania de todos os Estados pacíficos". Quando da Conferência de Teerã (8 de novembro-2 de dezembro de 1943), os três grandes – Churchill, Roosevelt e Stálin – decidem constituir essa organização, o que é feito por especialistas na conferência de Dumbarton Oaks (setembro-outubro de 1944).

Quatro meses depois, na Conferência de Yalta (4-11 de fevereiro de 1945), Churchill, Roosevelt e Stálin resolvem algumas questões espinhosas, como a da representação da URSS. A URSS, alegando que o Império britânico com os domínios (tais como o Canadá, a Austrália etc.) constitui uma entidade única, cujos Estados, no entanto, são membros plenos, quer tantas cadeiras na nova organização quantas são as suas repúblicas federadas, isto é, 15. De fato, ela obtém três: para a Federação, para a Ucrânia e para a Bielo-Rússia (ou Rússia branca). Os três grandes concordam em realizar uma conferência constitutiva da Organização das Nações Unidas em San Francisco, em abril-junho de 1945.

- *A criação da ONU*

A ONU é fundada definitivamente pela Carta de San Francisco, assinada em 26 de junho de 1945 por cinquenta Estados, na qual transparecem as preocupações de seus criadores. Trata-se de criar uma organização eficaz, realmente representativa e dotada de amplas competências.

Em Yalta, os três grandes introduziram no projeto as disposições que garantiriam a manutenção de sua preeminência. A Sociedade das Nações estava paralisada pelo princípio de unanimidade. A nova organização deve ser dirigida por um diretório de grandes potências, membros permanentes do Conselho de Segurança e que dispõem de um direito de veto (Estados Unidos, URSS, Reino Unido, China e França). A Assembleia Geral encarna a democracia em escala internacional, limitada pelo exercício do poder dos membros permanentes, sob a condição de permanecerem solidários ou de chegarem a algum compromisso.

A organização interna da ONU
Conselho de Segurança
Além dos cinco membros permanentes, inclui membros não permanentes eleitos por dois anos. No total, o Conselho compreende 11 membros em 1946 e 15 a partir de 1966. Seu papel é preponderante para as questões de manutenção da paz e da segurança. Ele pode tomar decisões que impõem obrigações aos Estados. Pode também adotar, por meio de maiorias, medidas mais ou menos coativas e que são "decisões".

Assembleia Geral

Composta por delegados de todos os Estados-membros (a ONU conta com 51 membros em janeiro de 1946), ela elege os membros não permanentes do Conselho de Segurança e admite os novos membros. Sua competência é bastante extensa, mas só pode agir por meio de "recomendações", que devem ser aprovadas por uma maioria de dois terços dos membros presentes e votantes. A Assembleia, por iniciativa do Conselho de Segurança, nomeia o secretário-geral (o secretariado é o órgão administrativo das Nações Unidas) que desempenha o papel de coordenador e pode ter um papel político importante. Em consequência de um compromisso americano-soviético, o norueguês Trygve Lie ascende ao posto. Outros organismos das Nações Unidas têm competências definidas, como o Conselho de Tutela para o Controle da Administração dos Territórios Coloniais, o Conselho Econômico e Social e a Corte Internacional de Justiça, cuja sede é em Haia.

Diversas instituições especializadas são ligadas à ONU, como o Fundo Monetário Internacional, o Banco Internacional para a Reconstrução e o Desenvolvimento, a Organização para a Agricultura e a Alimentação (FAO), a Organização das Nações Unidas para a Educação, a Ciência e a Cultura (Unesco).

Os secretários-gerais da ONU

2 de fevereiro de 1946-10 de novembro de 1952: Trygve LIE (norueguês)
31 de março de 1953-18 de setembro de 1961: Dag HAMMARSKJOLD (sueco)
3 de novembro de 1961-31 de dezembro de 1971: Sithu U THANT (birmanês)
1º de janeiro de 1972-31 de dezembro de 1981: Kurt WALDHEIM (austríaco)
1º de janeiro de 1982-1º de janeiro de 1997: Boutros BOUTROS-GHALI (egípcio)
1º de janeiro de 1997-1º de janeiro de 2007: Kofi ANNAN (ganense)
Desde 1º de janeiro de 2007: Ban KI-MOON (sul-coreano)

Os Estados-membros das Nações Unidas
(ver lista na página 326)

• *Sua paralisia*

Logo, no entanto, a ruptura do *front* dos vencedores paralisa o funcionamento da ONU. Em 19 de janeiro de 1946, a Grã-Bretanha e os Estados Unidos apoiam a queixa dirigida ao Conselho de Segurança pelo governo iraniano contra a URSS, que permanece ocupando o Azerbaijão iraniano, contrariando todas as suas promessas.

À Comissão de Energia Atômica da ONU, criada em 14 de janeiro de 1946, os Estados Unidos apresentam o plano Baruch, que propõe atribuir a um organismo internacional a autoridade para o desenvolvimento atômico, a propriedade de minas de urânio e o estabelecimento de um controle eficaz, prévio à interrupção da produção de bombas. Os soviéticos rechaçam o projeto e preconizam a interdição do uso de energia atômica com fins militares e a destruição das bombas existentes. A atmosfera fica ainda mais carregada uma vez que os casos de espionagem fomentam uma forte desconfiança.

- *A Conferência de Yalta (4-11 de fevereiro de 1945)*

A Conferência de Yalta reúne Churchill, Roosevelt e Stálin, que então resolvem os problemas da ocupação da Alemanha e do governo da Polônia, antes mesmo do fim da guerra.

A Alemanha seria ocupada por exércitos das três grandes potências, que se atribuem uma zona de ocupação segundo o avanço provável das tropas aliadas em território alemão. Os soviéticos receberiam o Mecklemburgo, a Pomerânia, o Brandemburgo, a Saxônia-Anhalt, a Turíngia e os territórios situados mais a leste. Os britânicos ocupariam o nordeste da Alemanha, inclusive o vale do Ruhr. Os americanos ocupariam o sul. Berlim constituiria uma ilhota à parte, um enclave na zona de ocupação soviética. Com a condição de que a zona de ocupação francesa seja retirada das zonas inglesa e americana, Stálin aceita que a França seja reconhecida como uma potência ocupante com plenos direitos e faça parte da comissão de controle interaliada com direitos iguais aos dos demais países.

A Polônia seria administrada por um governo de unidade nacional oriundo do comitê de Lublin, pró-soviético, ampliado para alguns membros do comitê de Londres, pró-ocidente. Cria-se também uma comissão de reparações para avaliar o montante a ser pago pelos alemães a suas vítimas. Adota-se ainda uma "declaração sobre a Europa libertada", pela qual se prevê a organização, em todos os territórios europeus libertados, de eleições abertas a todos os partidos democráticos e controlados por representantes das três grandes potências.

Em Yalta, a atmosfera ainda é boa, mas os sinais de uma ruptura se multiplicam nos meses que se seguem. Inicialmente, houve a dominação soviética sobre a Romênia por meio do estabelecimento de um governo comunista homogêneo (27 de fevereiro de 1945); em seguida,

A Europa em 1947

Fonte: *L'histoire contemporaine depuis 1945*, R. Aron, Larousse.

as segundas intenções dos chefes militares aliados quando da investida contra os redutos de resistência nazista. Uma vez atravessado o Reno, em 23 de março, é grande a tentação, para as tropas americanas, de arremeter em direção a Berlim para serem as primeiras a alcançá-la.

O comando americano, no entanto, deixa que os soviéticos se apoderem da capital do *Reich* e libertem a Tchecoslováquia. Ele aceita, não obstante, a capitulação de exércitos alemães ao oeste, como o da Itália, comandado pelo marechal Kesselring (abril de 1945) e, sobretudo, a rendição geral, em 7 de maio de 1945, assinada em Reims no posto de comando do general Eisenhower pelo marechal Keitel na presença de

A Polônia de 1939 a 1945

Fonte: Le Monde.

um general soviético. A despeito disso, Stálin insiste em que o marechal Keitel assine novamente a rendição incondicional da Alemanha em nome do novo chefe de Estado alemão, o almirante Dönitz, em Berlim, em 9 de maio, no posto de comando do marechal Jukov.

- *A Conferência de Potsdam (17 de julho-2 de agosto de 1945)*

Apenas seis meses após a Conferência de Yalta, uma conferência de cúpula reuniu em Potsdam os três países vencedores. Porém o mundo havia mudado muito nesse intervalo de tempo. Roosevelt morreu em 12 de abril, e, com ele, a ideia de manter uma grande aliança; seu sucessor, H. Truman, ficará mais desconfiado em relação à União Soviética. A rendição da Alemanha e o sucesso da experiência da primeira bomba atômica provocaram uma reviravolta na situação e Truman já não precisa tanto do apoio de Stálin na luta contra o Japão. Quanto a Churchill, presente na abertura da conferência, ele é substituído, após as eleições inglesas ganhas pelos trabalhistas, pelo novo primeiro-ministro Clement Attlee. Antes que tudo se torne definitivo por um tratado de paz, Stálin impõe um profundo remanejamento do mapa político da Europa Oriental. A URSS obtém a separação do território alemão da região da Prússia Oriental: a parte norte, ao redor da cidade de Königsberg (rebatizada de Kaliningrado), é anexada pela URSS enquanto a parte sudeste é devolvida à Polônia.

É o território da Polônia que sofre as maiores modificações. Como fronteira oriental, a URSS impõe a "linha Curzon" (que leva o nome de lorde Curzon, secretário do Foreign Office, que negociara, em 1919, as fronteiras orientais da "nova Polônia"), que mantém na órbita de Moscou todos os territórios ucranianos e bielo-russos. A oeste, a URSS consegue que a Polônia administre todos os territórios alemães situados a leste do rio Oder e do afluente Neisse ocidental, isto é, a Pomerânia e a Silésia. Os ocidentais, que haviam proposto um traçado mais "ocidental" da fronteira, aceitam provisoriamente a linha Oder-Neisse até a conclusão de um tratado de paz, mas os soviéticos fazem de tudo para perenizar essa situação. Desde 17 de agosto, eles assinam com a Polônia um acordo sobre a delimitação das fronteiras e, assim, ela passa de 388.000 km^2 a 310.000 km^2. Mais de dois milhões de alemães são expulsos dos territórios anexados. Dois milhões de poloneses são repatriados dos territórios cedidos à URSS.

Para elaborar esses tratados de paz, os três grandes decidiram a criação de um organismo chamado Conselho de Ministros das Relações Exteriores, composto de representantes das cinco grandes potências com direito a veto na ONU. Este conselho se reuniu muitas vezes: em abril de 1946, em Paris; em novembro-dezembro de 1946, em Nova York; em março-abril de 1947, em Moscou; e, por fim, em dezembro de 1947, em Londres, mas não chegou a nenhuma conclusão positiva.

- *Os tratados de paz*

A Conferência de Paris (julho-outubro de 1946) permite aos vencedores elaborar tratados com os cinco satélites da Alemanha (a Itália, a Romênia, a Bulgária, a Hungria e a Finlândia).

Com a Itália, duas questões espinhosas se apresentam: o que fazer com as colônias italianas (Líbia, Eritreia e Somália)? A URSS reivindica uma tutela sobre a Tripolitânia. O Reino Unido propõe a concessão de independência. Finalmente, decidem adiar qualquer decisão. No que se refere a Trieste, disputada por iugoslavos (apoiados pelos soviéticos) e italianos (apoiados pelos anglo-saxões), a região torna-se objeto de um longo debate diplomático. O tratado de Paris cria o território livre de Trieste, sob a tutela da ONU, mas essa solução se revela inviável. Franceses, ingleses e americanos propõem, em março de 1948, o retorno do território livre de Trieste à Itália; soviéticos e iugoslavos recusam, e o *statu quo* é mantido.

A *Romênia*, que perde a Bessarábia e a Bucovina do Norte para a URSS e recupera a Transilvânia da Hungria, tem apenas uma estreita costa no mar Negro. A Bulgária é reconduzida às suas antigas fronteiras. As cláusulas são muito mais duras para com a Hungria, que retorna às fronteiras de 1920: perde a Transilvânia, devolvida à Romênia; a Rutênia subcarpática, anexada pela União Soviética, e o sul da Eslováquia, em benefício da Tchecoslováquia, que expulsa daí os habitantes húngaros. A Finlândia deve ceder 43.700 km² aos soviéticos, que a submetem a pesadas reparações. A conclusão dos tratados de paz com a Alemanha, com a Áustria e com o Japão, em contrapartida, parece mais difícil de ser atingida.

A *Alemanha*, em particular, é objeto de um debate permanente e contraditório. A tutela sobre o país, tal como é concebida em junho de 1945, é comum às quatro potências e implica a existência de uma autoridade suprema: o Conselho de Controle composto pelos quatro comandantes em chefe. Sua sede, Berlim, é dividida em quatro setores, mas uma autoridade interaliada de governo, a *Kommandantur*, subordinada ao Conselho de Controle, assegura a administração da cidade. A tutela comum supõe, sobretudo, o entendimento acerca de uma política. No entanto, se esse entendimento é alcançado quanto ao objetivo final – extirpar o nacional-socialismo e assegurar a vitória da democracia na Alemanha –, o desacordo permanece em relação a quase tudo o mais.

Essencialmente, em relação ao problema do território, que os aliados têm a intenção não apenas de ocupar, mas também de dividir em pedaços e de desmembrar. Em 9 de maio de 1945, Stálin abandona a ideia de desmembramento da Alemanha e obriga os anglo-americanos a imitá-lo. Estes desejavam reinserir a Alemanha no concerto das nações pela unificação econômica de suas zonas – a entrada em vigor da bizona data de 17 de dezembro de 1947 –, ao passo que os franceses, seguindo nesse ponto a política definida pelo general De Gaulle, recusam qualquer ideia de unificação enquanto não forem satisfeitas suas exigências e reclamam o controle de Sarre, bem como a internacionalização do vale do Ruhr. Decide-se extrair as reparações, cujo princípio fora admitido na Conferência de Yalta, do potencial industrial, por meio de desmontagem de fábricas. A França reclama uma aplicação estrita das reparações, em particular em carvão do vale do Ruhr. Os soviéticos, por sua vez, as obtêm em grandes proporções em sua zona de ocupação. Ao regime de tipo marxista (nacionalização, laicização do regime escolar e reforma agrária radical) que os soviéticos estabelecem em sua zona de ocupação, as três grandes potências ocidentais opõem a ressurreição de instituições políticas e econômicas liberais nas zonas que controlam. A impotência atinge então a organização quadripartida tanto no que tange ao Conselho de Controle quanto à *Kommandantur*. Instituído para julgar os criminosos de guerra nazistas, o tribunal interaliado de Nuremberg (20 de novembro de 1945- -1º de outubro de 1946) pronuncia sua sentença (12 condenações à morte, sete à prisão), mas é o último ato solidário dos aliados no que concerne à questão alemã. A Alemanha tornou-se um objeto de disputa das relações internacionais do pós-guerra.

• *Os primeiros atritos*

Resumindo, entre os aliados não reina a confiança. A vontade de Stálin de criar um *glacis* em torno da União Soviética é evidente. A Polônia, onde a influência soviética e marxista elimina sistematicamente a influência ocidental, paga um preço por isso, e esse caso provoca os primeiros atritos graves entre Moscou, de um lado, e Washington e Londres, de outro. Em ambos os lados, o tempo é de endurecimento. Quando, em 5 de março de 1946, Winston Churchill, que já não é primeiro-ministro, evoca em seu discurso de Fulton (Missouri) "a cortina de ferro que, de Stettin no Báltico a Trieste no Adriático, se abateu sobre o continente", ele designa claramente o perigo que ameaça o mundo: a tirania soviética. Mesmo acrescentando que não acredita que a Rússia deseje a guerra, mas sim os frutos da guerra e uma expansão ilimitada de seu poder e de sua doutrina, ele clama por vigilância e pelo fortalecimento das nações ocidentais. Por sua vez, o embaixador americano em Moscou, George Kennan, enfatiza em um relatório que o primeiro imperativo da diplomacia americana em relação à União Soviética deve ser o "de conter com paciência, firmeza e vigilância suas tendências à expansão".

É preciso fazer concessões aos soviéticos ou, ao contrário, impedi-los de avançar ainda mais? Esta última orientação termina por prevalecer. O espírito de Riga, capital da Letônia – a tendência dos diplomatas americanos como Charles Bohlen e George Kennan, que aprenderam o russo nos países bálticos e são partidários da linha dura –, substitui o espírito de Yalta, que era o de conciliação.

A passagem de um a outro é simbolizada pela demissão do secretário de Estado[*], James Byrnes, favorável ao prosseguimento das negociações com os soviéticos. Seu sucessor, nomeado em 9 de janeiro de 1947, é o general Marshall, antigo comandante em chefe das tropas americanas na China. Assim, alguns meses após o fim da guerra, os vencedores estão desunidos; eles fracassaram na tarefa de construir um mundo novo. E a Europa não é o único terreno de confronto.

O retorno da paz no Oriente Médio e no Extremo Oriente

• *O Oriente Médio*

O retorno da paz no Oriente Médio é marcado pelo despertar do pan-arabismo, ilustrado pela criação, no Cairo, da Liga árabe (março de 1945), e pelo início da descolonização nos territórios sob mandatos francês e britânico, em um contexto de rivalidade avivada. O pós-guerra anuncia o fim das esperanças inglesas e francesas de perpetuar sua

---
[*] Ministro das Relações Exteriores. (N. do T.)

influência no Oriente Médio. Do lado francês, o general De Gaulle quer ao mesmo tempo conduzir à independência a Síria e o Líbano – territórios do antigo império otomano que foram confiados à França pela Sociedade das Nações em 1919 – e obter garantias para os interesses econômicos, culturais e estratégicos da França na região. Os incidentes que degeneram em maio de 1945 levam à intervenção dos britânicos, que intimam os franceses a cessar fogo, e a uma tensão entre os dois aliados, com a França suspeitando de que a Grã-Bretanha tenta se aproveitar de seu enfraquecimento para excluí-la do Oriente Médio. Por fim, as tropas francesas e britânicas são retiradas no verão de 1946.

O Egito, por sua vez, espera obter da Inglaterra a revisão do tratado de 1936, que lhe havia concedido uma independência total, exceto na área da política externa, a retirada das tropas britânicas do canal de Suez e a integração do Sudão anglo-egípcio ao Estado egípcio. As negociações entabuladas em 1946 chegam a um impasse. O mesmo ocorre entre a Inglaterra e o Iraque, cujo governo decide renunciar ao tratado assinado em janeiro de 1948 que concedia vantagens estratégicas à Grã-Bretanha. O único aliado realmente assegurado dos ingleses é o emir Abdulah da Transjordânia, que, no tratado de aliança válido por vinte e cinco anos assinado em março de 1946, aceita o estacionamento de tropas britânicas.

No Irã, ocupado durante a guerra por britânicos e soviéticos, a evacuação das tropas estrangeiras provoca várias dificuldades, tendo por pano de fundo as rivalidades petroleiras. As tropas inglesas e americanas partem, mas os soviéticos mantêm as suas e suscitam movimentos autonomistas no Azerbaijão e no Curdistão. Num clima de forte tensão, o governo iraniano, apoiado por ingleses e americanos, consegue reduzir os movimentos centrífugos e livrar-se dos soviéticos.

A Turquia, que declarou *in extremis* guerra à Alemanha, é objeto de uma grande pressão dos soviéticos visando obter retificações de fronteiras na Anatólia, a revisão dos acordos de Montreux (1936) sobre a navegação no mar Negro e a defesa dos estreitos, e uma "orientação mais amistosa" de sua política. Às exigências de Stálin enunciadas em 7 de agosto de 1946, Truman logo replica com o envio de poderosos meios navais.

Na Grécia – colocada sob o controle militar inglês –, as rivalidades nascidas da guerra e da ocupação degeneram em uma verdadeira guerra civil na Macedônia, onde iugoslavos e búlgaros encorajam movimentos separatistas. Os britânicos precisam empregar a força para restaurar a monarquia, ao mesmo tempo que concedem a suspensão provisória do rei. A chegada do Exército Vermelho aos Estados vizinhos, a implantação de regimes comunistas ao norte das fronteiras gregas e o agravamento da guerra fria reiniciam uma guerra civil impiedosa. No Mediterrâneo e no Oriente Médio, onde sua influência é questionada e sua autoridade motivo de zombaria, os britânicos são obrigados a renunciar a sua preponderância. Esse é um dos aspectos da substituição da influência europeia no mundo.

- *O Extremo Oriente*

A derrota do Japão é selada com a rendição anunciada em 15 de agosto de 1945 pelo imperador Hirohito. A derrota japonesa transtorna toda a situação no sudeste asiático. O próprio Japão é submetido ao controle dos Estados Unidos. Na China, os comunistas dirigidos por Mao Tsé-tung reanimam a guerra civil contra o governo de Chiang Kai-shek.

No Japão, o general MacArthur – comandante supremo em nome das potências aliadas – opera reformas radicais que tendem a democratizá-lo, a destruir a preponderância dos grandes trustes familiares que lá existiam (os Zaibatsu), a extrair reparações, a assegurar a ocupação e a desmantelar seu poderio militar. O imperador Hirohito não foi arrastado como criminoso de guerra diante da Justiça aliada. Ele chega mesmo a ser colocado no cerne da nova constituição, como símbolo de uma nação democrática. A política ditatorial de MacArthur termina por afastar as outras potências do processo de paz com o Japão. Em conformidade com as decisões das conferências do Cairo (1943) e de Yalta, o Japão perde vários territórios: a Manchúria e a ilha de Formosa são recuperadas pela China; a Coreia, que se torna independente, mas dividida e disputada; a parte sul da ilha de Sacalina, a base Port Arthur e as ilhas Kurilas são cedidas à URSS; uma parte das ilhas Ryu Kyu, as ilhas Carolinas e as ilhas Marianas, que passam para o controle dos Estados Unidos.

A China não encontra a paz em razão da ação soviética na Manchúria e da retomada da guerra civil. Os acordos sino-soviéticos de agosto de 1945 terminam por ligar a China à URSS em uma aliança contra o Japão e por conceder aos soviéticos algumas facilidades quanto à ferrovia da Manchúria e às bases navais de Port Arthur e Dairen. Após a declaração de guerra ao Japão, as tropas soviéticas ocupam a Manchúria, que estava na mão dos japoneses, e lá se instalam, favorecendo assim a tomada do poder pelos comunistas chineses. Além disso, a guerra civil se estende a quase toda a China. Apesar da arbitragem do embaixador americano, o general Marshall, Chiang Kai-shek quer subjugar os partidários de Mao Tsé-tung. As incertezas da política americana vão conduzir os dirigentes do partido nacionalista Kuomintang, corruptos e impopulares, à derrota diante dos comunistas em 1939.

- *A desunião dos aliados*

Portanto, muitos são os problemas não resolvidos. Entre os aliados, e particularmente entre os EUA e a URSS, a desunião sucede à aliança. A tensão aumenta, e dois blocos, que se opõem um ao outro em todos os campos, vão nascer. Esse confronto de dois blocos, um liderado pelos Estados Unidos e o outro pela União Soviética, parece a todo instante suscetível de degenerar em um conflito aberto e generalizado. Mas a terceira guerra mundial não irromperá. Será a "guerra fria".

De quem é a culpa? Invocou-se a partilha do mundo em Yalta. De fato, em fevereiro de 1945, o mapa de guerra já dita em grande medida as opções do pós-guerra, os soviéticos tendo grandes trunfos para prevalecerem. Por outro lado, a declaração sobre a Europa libertada deve permitir uma evolução democrática que os acontecimentos vão desmentir. Assim, seria necessário culpar não tanto os acordos de Yalta, mas sim o seu não cumprimento.

Alguns historiadores atribuem à URSS a responsabilidade pela ruptura. Os soviéticos não mantiveram todos os compromissos assumidos em Yalta (em especial a declaração sobre a Europa libertada) e praticaram uma política expansionista contra a qual os americanos foram obrigados a reagir. Outros, ao contrário, jogam as responsabilidades sobre os americanos. Eles explicam o expansionismo soviético pela necessidade de conter a política hegemônica conduzida pelos Estados Unidos desde 1945.

A GUERRA FRIA (1947-1955)

Dois anos após o fim da guerra, a Europa está cindida em dois blocos políticos e ideológicos, com alguns Estados ao centro e ao norte que permanecem neutros. Na Europa do Leste, a URSS inicia, a partir de 1947, uma brutal sovietização. As democracias populares são enquadradas. Stálin encontra, todavia, os limites de seu império na Iugoslávia, na Finlândia e na Grécia. Os Estados da Europa Ocidental, que escolheram aliar-se aos Estados Unidos, reconstroem suas economias graças ao plano Marshall e se aventuram, às cegas, na via da cooperação europeia.

O nascimento de dois blocos

• *A troca da guarda: os americanos*

O ano de 1947 marca realmente uma ruptura. Os problemas se multiplicam na Ásia e na Europa. Na China, a guerra civil dá uma guinada em benefício de Mao Tsé-tung, em detrimento do nacionalista Chiang Kai-shek. A Indochina é vítima de uma guerra colonial desde o fim de 1946 e a sorte da Coreia ainda não está decidida. A situação da Europa e de seus arredores não é melhor. Distúrbios abalam a Turquia, ameaçada diretamente pela mira de Moscou sobre os estreitos do mar Negro e sobre os distritos fronteiriços de Kars e de Ardahan. Na Grécia, desde 1946, maquis comunistas se opõem ao governo legal realista de Atenas apoiado pelos britânicos, que lá mantêm 40 mil homens. No fim de 1946, a situação está crítica porque a guerrilha comunista, conduzida pelo general Markos, é facilmente ajudada pelos três Estados fronteiriços da Grécia ao norte: Bulgária, Iugoslávia e Albânia. E a Grã-Bretanha, que fornecia aos governos grego e turco ajuda militar e financeira, constata que já não consegue arcar com essa ajuda no Mediterrâneo oriental. Ela continua a ocupar o Egito, Chipre, o Iraque, a Transjordânia e a Palestina. Em 24 de fevereiro de 1947, o embaixador britânico em Washington informa ao Departamento de Estado que as tropas inglesas seriam em breve retiradas da Grécia. Na Palestina, que está ainda sob mandato britânico, a hostilidade reina entre judeus, que querem um lar nacional, e árabes palestinos, sustentados pelos Estados árabes vizinhos. A Grécia, a Turquia e o mundo árabe vão cair sob domínio comunista? E o que será da Europa Ocidental, cuja economia deve ser reconstruída? Para a Grã-Bretanha, arruinada pela guerra e preocupada em tornar seus compromissos compatíveis com suas possibilidades financeiras, é a hora da troca da guarda. Desejando aliviar seus encargos, é levada a limitar suas perspectivas mundiais, a descolonizar e a aceitar o papel de brilhante reserva dos Estados Unidos, disfarçado sob o nome de "*special relationship*". Para os Estados Unidos, obrigados por tradição a não se aventurar fora da América, na Europa em particular, e tentados por uma nova retirada após uma guerra da qual saem como a nação mais poderosa do mundo, a hora das responsabilidades internacionais chegou.

É nessas condições que, em 12 de março de 1947, o presidente Truman declara ao Congresso que os Estados Unidos estão prontos para substituir os britânicos na Grécia e na Turquia e lhe pede que vote créditos: "É chegado o momento de colocar os Estados Unidos em campo e à frente do mundo livre." Truman deu assim o passo que levou seu país do isolacionismo tradicional para a direção do mundo ocidental. Os princípios da nova política externa americana são simples: a manutenção da paz, a difusão da prosperidade e a extensão progressiva do modelo americano.

Da sessão do Conselho de ministros das Relações Exteriores que acontece em Moscou (março-abril) não resulta nenhum acordo sobre o futuro estatuto político da Alemanha. Ao desacordo logo se segue a desconfiança.

Em vários países da Europa Ocidental (França, Bélgica, Itália), apesar da participação de comunistas no governo, a agitação social se alastra em uma atmosfera de grave crise econômica.

O problema, com efeito, não é tão somente político e militar, é também econômico. No final da guerra, apenas os Estados Unidos mantiveram intacta sua capacidade econômica. Todos os outros países estão em condição de carência e sofrem uma dupla necessidade: devem assegurar a sobrevivência de seus habitantes e importar grandes quantidades de alimentos ou fertilizantes para melhorar a produção agrícola, e devem reconstruir suas indústrias, portanto adquirir máquinas. Os Estados Unidos são o único país em que eles podem conseguir tudo isso. Mas, para tanto, os europeus precisam de uma quantidade enorme de dólares, que eles não possuem: é o *dollar gap*. A fim de assegurar o pleno emprego em seu próprio país, os responsáveis americanos estão convencidos de que é de seu próprio interesse remediar esse problema. A situação fora resolvida durante a guerra pelo empréstimo arrendamento (empréstimo que deve ser reembolsado ou restituído ao fim da guerra), suspenso em agosto de 1945. Logo, era necessário encontrar outra coisa além dos expedientes da liquidação dos superávits americanos a preço baixo, empréstimos consentidos pelo Export-Import Bank, todas essas ajudas irregulares e incertas.

O próprio sistema monetário internacional instituído no fim da guerra é insuficiente. A conferência monetária, reunida em julho de 1944, em Bretton Woods, New Hampshire, Estados Unidos, escolhe o retorno ao Gold Exchange Standard, que faz do dólar o pivô do sistema monetário internacional, pois os Estados Unidos, detentores de 80% do ouro mundial, são os únicos capazes de assegurar a conversibilidade de sua moeda em metal. Cada Estado signatário pode utilizar o ouro ou as divisas conversíveis em ouro – isto é, de fato, o dólar – para garantir o valor de sua moeda e fazer os pagamentos externos. Cada Estado se compromete a manter uma taxa estável de sua moeda e a não modificá-la, exceto em caso de desequilíbrio. Esse retorno a um sistema no qual as paridades seriam fixas supostamente favoreceria as trocas internacionais, mas implica constrangimentos. Cada banco central deve sustentar sua moeda de forma que ela não se afaste de mais de 1% da paridade oficial.

O Fundo Monetário Internacional (FMI), que funciona como uma caixa de assistência mútua, é criado com a finalidade de consolidar o sistema. Antes da guerra, um Estado cuja balança fosse deficitária via suas reservas em ouro desaparecerem. Ele era constrangido ao dilema deflação-desvalorização. Financiado pelo conjunto de seus membros, cada um subscreve uma quota proporcional a seu peso econômico (1/4 em ouro, 3/4 em moeda nacional), o FMI concede créditos sob a forma de direito de saque aos países que sofrem um déficit temporário em sua balança de pagamentos. Em um prazo de três a cinco anos, os países que pediram um empréstimo devem reembolsá-lo. Eles podem assim continuar a participar das trocas internacionais sem constrangimentos excessivos para seus nacionais. Quanto ao Banco Internacional para a Reconstrução e o Desenvolvimento (Bird), ele deve financiar os investimentos de médio e longo prazos. Os acordos de Bretton Woods, que fundaram uma nova ordem monetária, consagram a primazia do dólar mas não podem remediar a penúria em moeda forte (*dollar gap*). Assim, o problema é urgente: a Europa tem frio e fome.

- *O Plano Marshall*

Em 5 de junho de 1947, o general Marshall, secretário de Estado, propõe aos europeus, em um discurso em Harvard, uma ajuda coletiva por quatro anos, cabendo a eles se entenderem sob a forma de sua partilha. Esse plano deve assegurar o restabelecimento econômico da Europa, favorecer a unificação de seus esforços e aumentar, portanto, sua resistência ao comunismo; e, ao mesmo tempo, permitir à economia americana manter sua prosperidade. Em princípio, a proposta é endereçada também à Europa do Leste, inclusive à União Soviética. Mas, diante da recusa de Moscou, as democracias populares também declinam e apenas dezesseis países – da Europa Ocidental principalmente –, reunidos em Paris, em julho de 1947, aceitam a oferta americana.

A União Soviética vê, então, no plano Marshall uma manifestação do imperialismo americano para estabelecer seu domínio político e econômico sobre a Europa.

Além disso, como inicialmente os créditos tardam a chegar, a situação é crítica na França e na Itália. Nesses dois países, os partidos comunistas são fortes e participam dos governos provenientes da guerra. Na França, os ministros comunistas são excluídos do governo de Ramadier em 4 de maio de 1947. O mesmo ocorre na Itália, em 31 de maio de 1947. A agitação se desenvolve com grandes greves no outono. O caráter insurrecional dessas greves abala a central sindical CGT, com a separação dos membros reformistas. Por toda parte, na Europa, os comunistas partem em campanha contra o Plano Marshall. A fim de remediar os problemas de abastecimento, principalmente de carvão, os Estados Unidos concedem uma "ajuda provisória".

Em abril de 1948, o Congresso dos Estados Unidos vota o European Recovery Program, lei que deve permitir a ajuda americana, garantida em 10% sob forma de empréstimos e em 90% por donativos em mercadoria, portanto produtos americanos, entregues diretamente aos governos, que os vendem aos industriais. Por exemplo, o montante dessas mercadorias, em francos e pago ao governo francês, se chama "contravalor". Graças a esse contravalor, o governo francês pode fazer empréstimos públicos à indústria e à agricultura. É um sistema bastante eficaz e bastante coerente que permite o restabelecimento econômico dos países europeus.

A cooperação dos países europeus. Ao criarem, em 16 de abril de 1948, a Organização Europeia de Cooperação Econômica (Oece), encarregada de repartir a ajuda americana, os europeus entraram no caminho da cooperação. De 1948 a 1952, a ajuda concedida no âmbito do Plano Marshall à Europa aumentou para quase 13 bilhões de dólares, dos quais 3,2 ficaram com o Reino Unido e 2,7 com a França.

Repartição da ajuda entre os principais países europeus (em milhões de dólares e em porcentagem)

	Total	%	Doações	%
Todos os países	12.992,5	100	9.290	100
França	2.629	20,3	2.212,2	23,8
Itália	1.434,6	11,0	1.174,4	12,6
Países Baixos	1.078,7	8,3	796,4	8,6
RFA	1.317,3	10,1	1.078,7	11,6
Reino Unido	3.165,8	24,4	1.956,9	21

Outro grande mérito da Oece consiste em liberar as trocas intraeuropeias, que se caracterizavam por suas restrições (proibições, contingenciamentos) e por sua organização arcaica. A partir de 1950 (criação da União Europeia de Pagamentos), a política de liberalização da Oece decola. O acordo geral sobre tarifas e comércio, assinado em 1º de janeiro de 1948, designado por sua sigla em inglês Gatt (General Agreement on Tariffs and Trade), é um tratado multilateral realizado entre mais de 80 Estados que garantem mais de 4/5 do comércio mundial. Ele visa liberalizar o comércio e estabelecê-lo sobre bases estáveis, por meio do abandono de qualquer discriminação e da prática de contingenciamentos. A partilha da ajuda concedida pelos Estados Unidos no âmbito do Plano Marshall, assim como as diferentes instituições criadas no pós-guerra, é o ponto de partida de uma solidariedade econômica entre países ocidentais, no contexto de uma guerra fria que cinde a Europa em duas.

A Europa dividida em dois blocos antagônicos

Desde 1947, a ruptura está consumada e a Europa se cinde em dois blocos antagônicos: de um lado, a Europa Ocidental, ligada aos americanos; de outro, a Europa Oriental, submetida à influência soviética.

A política externa da URSS se baseia em uma obsessão por segurança decorrente de sua vulnerabilidade a um eventual ataque atômico americano e em sua convicção de uma hostilidade fundamental do mundo capitalista. A URSS tem o comportamento de uma cidadela sediada e a vontade de estender sua zona de influência sobre toda a Europa Oriental, o que faz na Alemanha Oriental, Polônia, Tchecoslováquia, Hungria, Iugoslávia, Albânia, Bulgária e Romênia. Esses Estados assinam com a União Soviética, e entre eles, tratados dirigidos contra a Alemanha e que preveem mecanismos de assistência mútua. Essas alianças políticas são reforçadas por medidas militares como a nomeação do marechal soviético Rokossovski na qualidade de ministro da Defesa Nacional da Polônia (7 de novembro de 1949) e, principalmente, pelo estabelecimento de regimes comunistas, as "democracias populares".

A liquidação dos partidos não marxistas se acelera na Romênia, na Bulgária, na Polônia e na Hungria. E em Szklarska-Poreba (Polônia), em setembro de 1947, os representantes dos partidos comunistas de nove países europeus (URSS, Polônia, Iugoslávia, Bulgária, Romênia, Hungria, Tchecoslováquia, Itália e França) criam um escritório de informação para servir de órgão de ligação entre os partidos comunistas, o Kominform. Esse organismo aparece, aos olhos dos ocidentais, como uma reconstituição do Komintern (dissolvido durante o verão de 1943) e, consequentemente, uma vontade de endurecimento da URSS. Ele é, de fato, um instrumento da política soviética. Trata-se de cerrar fileiras em torno da URSS. Em seu relatório, o representante soviético, Jdanov, explica que o mundo está dividido em dois campos, um imperialista e capitalista dirigido pelos Estados Unidos e outro anti-imperialista e anticapitalista liderado pela URSS. E ele convida as democracias populares a imitar o modelo soviético.

Todavia, a Iugoslávia, o mais fiel dos aliados, recusa o alinhamento com a União Soviética. O marechal Tito, que se impusera como líder da resistência e como o mais ardente discípulo de Stálin, não aceita se submeter a suas ordens. A crise eclode na primavera de 1948: o Kominform condena publicamente Tito e o titismo como um desviacionismo. As democracias populares rompem suas relações diplomáticas e denunciam seus tratados de assistência com a Iugoslávia. Isolada no campo oriental, a Iugoslávia se aproxima do Ocidente, sem abandonar, no entanto, seu engajamento marxista. Mas a dificuldade de enquadrar a Iugoslávia constitui um fracasso da política soviética e o primeiro cisma no bloco comunista.

Se a determinação americana faz com que a ameaça soviética na Turquia perca força, uma guerra civil bastante cruel assola a Grécia até outubro de 1949, quando as tropas governamentais comandadas pelo general Papagos, auxiliadas por uma missão militar americana, forçam os guerrilheiros comunistas a se refugiarem na Bulgária e na Albânia.

A Finlândia consegue evitar subordinar-se à União Soviética; ela se aferra a sua neutralidade, não é governada pelo partido comunista e se mantém firme, apesar das contínuas provas de força pelas quais passa.

A Tchecoslováquia é um caso particular. Primeiro, por ser o único Estado da Europa Central a ter experimentado a democracia durante o período entreguerras. Desde as eleições livres de 1946, vencidas pelo partido comunista, a Tchecoslováquia é dirigida por um governo de coalizão, que buscava manter o equilíbrio entre os dois campos. Esse governo se divide a respeito da oferta do Plano Marshall. Os socialistas lhe são favoráveis; os comunistas lhe são hostis e, com a ajuda de milícias operárias, fazem pressão para que o governo renuncie à ajuda americana e escolha um campo. A prova de força, desejada pelo partido comunista tchecoslovaco, leva, em 25 de fevereiro de 1948, ao controle do poder pelos comunistas. Após cinco dias de crise, o presidente Benes aceita o novo governo dirigido pelo comunista Gottwald. Todos os ministros são agora comunistas, exceto o ministro das Relações Exteriores, Jan Masaryk, que se suicida em 10 de março. Os comitês de ação fazem a depuração das administrações. A fronteira ocidental é fechada. O "golpe de Praga" foi bem sucedido. É um momento importante da guerra fria.

O pacto de Bruxelas. O golpe de Praga impressionou profundamente os europeus ocidentais, que veem de repente a guerra em sua porta. Eles tomam consciência de que, se permanecerem desunidos, ficarão impotentes. Ao fim da guerra, nenhum tratado liga a França à Grã-Bretanha, separadas por interesses contraditórios principalmente no Oriente Médio e na Alemanha. Após muitas tergiversações, apenas em 4 de março de 1947, G. Bidault e E. Bevin assinam um tratado de aliança e assistência mútua, em Dunquerque, cidade simbolicamente escolhida em memória da batalha de maio-junho de 1940. Essas disposições são sobretudo inspiradas pelo temor de uma ressurreição do perigo alemão. Porém a crescente tensão internacional leva franceses e ingleses a acertarem com os belgas, os holandeses e os luxemburgueses um tratado de aliança, chamado de União Ocidental. O pacto de Bruxelas, assinado em 17 de março de 1948, é a primeira das alianças a ser dirigida não somente contra a Alemanha, mas contra qualquer agressor. Ele contém um compromisso de assistência automática contra qualquer agressão e organiza uma rede de relações em múltiplas áreas. Sobretudo instâncias militares da aliança são estabelecidas desde o período de paz, simbolizadas pela instalação de um estado-maior interaliado em Fontainebleau.

Assim, em março de 1948, o medo da guerra reaparece na Europa e leva os europeus, impotentes, a se voltarem aos americanos para protegê-los do perigo soviético.

De fato, essa ameaça é concretizada pelo bloqueio de Berlim, o "pequeno bloqueio" que começa em março e termina em junho, seguido do "grande bloqueio", que dura um ano, de 23 de junho de 1948 a 12 de maio de 1949. Assim, a questão alemã está no cerne da guerra fria de 1948 a 1953.

A questão alemã no cerne da guerra fria

Quando ingleses e americanos unificam suas zonas em 17 de dezembro de 1947, os soviéticos protestam e reclamam sua parcela nas reparações. A França obtém dos anglo-saxões a aprovação para o desligamento político do Sarre em relação à Alemanha e sua vinculação econômica à França.

Durante o encontro dos ministros das Relações Exteriores da França (Bidault), da Grã-Bretanha (Bevin), dos Estados Unidos (gene-

A Alemanha de 1938 a 1945

Legenda:
- Territórios do Reich antes de 1938
- Territórios anexados em março de 1938
- Territórios anexados em setembro de 1938
- Territórios anexados em março de 1939
- Territórios anexados em setembro de 1939
- Territórios anexados em 1940
- Territórios anexados em 1941
- Territórios sob administração alemã
- Territórios ocupados pela Wehrmacht
- Territórios ocupados pela Hungria em 1938, 1939 e 1941
- Países do Eixo ou aliados do Eixo
- Fronteiras do Reich em 1938
- Fronteiras do grande Reich
- Fronteiras dos Estados em 1938
- Fronteiras dos territórios anexados pela Alemanha ou por seus aliados
- Linha Oder-Neisse

Fonte: *Allemagne* (Histoire), M. Eude, Encyclopaedia Universalis éditeur.

ral Marshall) e da URSS (Molotov), o impasse é total, tanto sobre a desnazificação quanto sobre as fronteiras orientais da Alemanha e as reparações.

No que concerne ao futuro governo da Alemanha, as visões dos antigos aliados são ainda mais divergentes. A França deseja uma Alemanha muito pouco centralizada, com uma estrutura federal reagrupando uma dúzia de *Länder*. A União Soviética, ao contrário, reclama um Estado fortemente centralizado e um controle internacional do vale do Ruhr, onde ela terá sua parte. Os ingleses e os americanos se pronunciam por um governo federal forte que controle as Relações Exteriores, a Economia e as Finanças.

O acordo sobre o tratado de paz com a Áustria é igualmente impossível, pois os soviéticos reclamam o controle de uma grande parte da economia, o que os ocidentais recusam.

Na conferência de Londres (25 de novembro-18 de dezembro de 1947), nenhum progresso é realizado. Molotov imputa as dificuldades à "má-fé" dos ocidentais e recusa categoricamente todas as suas propostas. Ele reclama a organização imediata de um governo central alemão. Decididamente, o problema alemão se tornou o pomo da discórdia dos antigos aliados, e a questão do estatuto de Berlim o ponto que causa mais atrito.

• *O problema do estatuto de Berlim e o bloqueio*

Na verdade, os soviéticos não admitiram como situação normal e definitiva o estatuto de Berlim, com quatro zonas de ocupação. Eles consideravam que Berlim devia fazer parte da Alemanha Oriental. Assim, em março de 1948, o marechal Sokolovski decide interromper os debates do Conselho de Controle interaliado e, poucos dias depois, os soviéticos anunciam que confiam aos alemães orientais o controle do acesso a Berlim Ocidental. Diante da recusa dos ocidentais, todas as vias terrestres de acesso são bloqueadas: é o pequeno bloqueio de Berlim. Mas uma crise mais grave se anuncia.

Berlim a partir de 1945

1945 – 2 de maio: Rendição de Berlim, conquistada pelo Exército Vermelho.
– 5 de junho: Declaração dos quatro (Estados Unidos, URSS, Grã-Bretanha, França) em Berlim. Eles assumem a administração da cidade dotada de um estatuto especial e dividida em quatro setores.
– 22 de novembro: Delimitação dos corredores aéreos entre Berlim e as zonas ocidentais.
1948 – 23 de junho: Os soviéticos começam o bloqueio de Berlim; toda circulação rodoviária e ferroviária para Berlim Ocidental é interrompida.
– 26 de junho: Início da ponte aérea.
1949 – 12 de maio: Fim do bloqueio de Berlim.
1953 – 17 de junho: Sublevação na Berlim Oriental e em muitas cidades da RDA.
1957 – 6 de outubro: W. Brandt é eleito prefeito de Berlim Oriental.

1958 – 9-27 de novembro: N. Kruchov deseja acabar com o estatuto de Berlim, que seria transformada em cidade livre.
1959 – 11 de maio-20 de junho: Fracasso da conferência de ministros das Relações Exteriores em Genebra.
1960 – 16 de maio: Conferência de cúpula em Paris é abortada.
– 5 de agosto: Os três grandes ocidentais reafirmam sua vontade de manter por todos os meios a liberdade de acesso a Berlim.
1961 – 13 de agosto: Construção do muro de Berlim.
1962 – fevereiro: Incidentes nos corredores aéreos de Berlim.
1963 – 26 de junho: Visita do presidente Kennedy ao muro: *"Ich bin ein Berliner"* (eu sou berlinense).
1969 – 16 de dezembro: Os três grandes sugerem ao Kremlin abrir uma discussão para melhorar a situação em Berlim e para garantir em particular seu livre acesso. Os soviéticos aceitam.
1970 – 26 de março: Primeiro encontro, em Berlim, dos três embaixadores ocidentais e do embaixador da URSS desde 1959.
1971 – 3 de setembro: Acordo quadripartido sobre Berlim.
1972 – 3 de junho: Entrada em vigor do novo estatuto interaliado de Berlim.
1987 – 30 de abril: E. Honecker se recusa a assistir em Berlim Ocidental às cerimônias do 750º aniversário da cidade.
– 12 de junho: Visita de Ronald Reagan a Berlim Ocidental. "Derrube este muro, senhor Gorbatchov!"
1989 – 9 de novembro: As autoridades da RDA decidem pela abertura das fronteiras e do muro. Noite de alegria em Berlim: milhares de berlinenses orientais cruzam o muro.
– 21 de dezembro: O chanceler H. Kohl (RFA) e o primeiro-ministro H. Modrow (RDA) se encontram no Portão de Brandemburgo, reaberto.
1990 – 31 de agosto: O tratado de unificação entre a RFA e a RDA é rubricado em Berlim Oriental.
1991 – 20 de junho: Os deputados alemães votam a favor da transferência da sede do governo e do Bundestag de Bonn para Berlim.
1999 – verão: Instalação do governo alemão em Berlim.

Depois da conferência de Londres, em junho de 1948, franceses, ingleses e americanos entram em acordo para unificar suas três zonas de ocupação e organizar eleições para uma assembleia constituinte nessas regiões. Os franceses, bastante reticentes quanto à unificação das zonas, apenas aceitam assinar em troca do estabelecimento de uma autoridade internacional no vale do Ruhr, que exerceria um controle não apenas sobre o Ruhr, mas sobre toda a economia alemã. De qualquer modo, o caminho está aberto para a constituição de um Estado da Alemanha Ocidental. Para mostrar sua vontade de unificação, as três potências ocidentais decidem criar uma moeda comum, Deutsche Mark (DM). Essa reforma monetária desagrada aos soviéticos que, como medida de represália, organizam um bloqueio terrestre total de Berlim. É o confronto.

A reação dos Estados Unidos é imediata. Eles decidem não aceitar a situação de fato criada pelos soviéticos e abastecem Berlim Ocidental por uma ponte aérea. Mantida em 95% pelos americanos, essa operação vai garantir por um ano o abastecimento da cidade e obrigar os soviéticos a cederem. Em junho de 1949, eles levantam o bloqueio a Berlim e aceitam reabrir as rodovias e ferrovias que permitiam abastecer Berlim Ocidental, com controle soviético. O Conselho de ministros das Relações Exteriores, reunido em Paris em maio-junho de 1949, sanciona esse equilíbrio precário. Berlim tornou-se um símbolo do combate pela liberdade.

• *A constituição de dois Estados*

Em conformidade com os acordos de Londres, reuniu-se ao longo do verão de 1948 a comissão encarregada de elaborar a constituição da Alemanha Ocidental. Composta de representantes eleitos dos onze *Länder*, ela submete, na primavera de 1949, um projeto de constituição rejeitado pelos comandantes em chefe. Um novo projeto é aceito em maio de 1949. Nesse meio-tempo, os ocidentais negociaram entre eles e assinaram, em abril de 1949, os acordos de Washington. O objeto é outorgar à Alemanha toda autonomia compatível com a ocupação aliada. Uma distinção é feita, portanto, entre os amplos poderes que permanecem nas mãos das autoridades de ocupação (desarmamento, desmilitarização, controle do vale do Ruhr, reparação, descartelização) e as responsabilidades que serão transferidas ao futuro governo da Alemanha Ocidental. A Defesa e as Relações Exteriores permanecem da competência exclusiva dos aliados. A Alemanha só pode assinar tratados com a concordância dos aliados e deve permanecer totalmente desarmada. O governo militar da Alemanha é substituído por uma Alta Comissão Aliada, composta por John MacCloy (Estados Unidos), André François-Poncet (França) e pelo general Robertson (Reino Unido).

Na sequência dos acordos de Washington, a Constituição alemã de natureza federal, "a Lei Fundamental", é aceita pelos aliados e eleições gerais são organizadas em agosto de 1949. Esse texto é uma composição entre as teses federalistas e as teses centralistas. A República Federal Alemã é uma federação de onze *Länder*, cada *Land* tendo sua própria constituição. O Bundestag designa o presidente da República, sem grande poder, e um chanceler, verdadeiro chefe do Poder Executivo. O líder do Partido Democrata Cristão (CDU), antigo prefeito de

Berlim dividida em quatro setores de ocupação (1945)

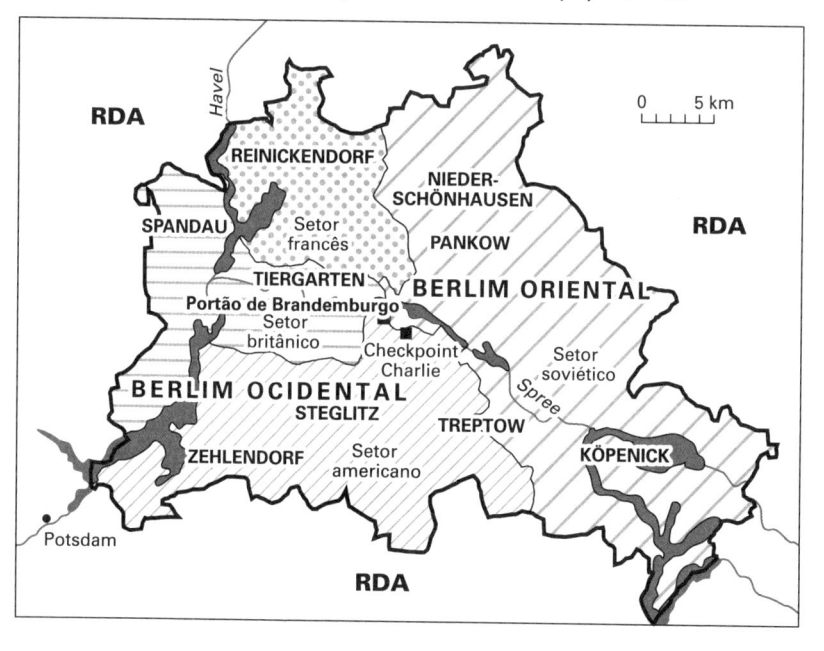

Colônia, Konrad Adenauer, sai vitorioso das eleições. Assim nasce a Alemanha Ocidental.

Em 7 de outubro de 1949, a URSS replica fazendo de sua própria zona uma República Democrática Alemã (RDA; em alemão, DDR), dotada de uma constituição centralizadora. *A partir desse momento, a divisão da Alemanha é institucionalizada* e a questão alemã se complica com o problema da reunificação das duas Alemanhas. Alternadamente, o chanceler Adenauer (RFA) e o presidente Grotewohl (RDA) lançam iniciativas espetaculares para organizar eleições livres em toda a Alemanha. Nenhum progresso foi realizado, ainda mais porque a RDA reconhece a linha Oder-Deisse como sua fronteira oriental enquanto a Alemanha Ocidental a rejeita vigorosamente. Dois Estados alemães se desenvolvem paralelamente, cada um emprestando os métodos e os objetivos do campo em que se encontra, o capitalismo ao Oeste e o comunismo ao Leste. Após algumas decisões que aceleram a coletivização das terras e estabelecem as normas de produção da indústria, uma greve geral e uma revolta popular irrompem em 17 de junho de 1953, em Berlim Oriental. Os manifestantes reclamam ao secretário-geral do Partido Socialista Unificado (SED) eleições livres. O estado de sítio é proclamado. A repressão é terrível.

A Alemanha deixa de ser apenas um objeto de disputa. Ela se torna igualmente um ator. Se o governo da Alemanha Oriental limita suas ambições a ser um satélite da União Soviética, o governo da Alemanha Ocidental manifesta de imediato mais autonomia e assina, em novembro de 1949, os acordos de Petersberg com as potências ocidentais. Esses acordos praticamente acabam com as reparações na Alemanha Ocidental. A admissão do novo Estado no Conselho da Europa é dificultada pelo desejo francês de fazer com que Sarre também seja admitido, enquanto Adenauer não pretende reconhecer a existência de um Sarre autônomo. Adenauer termina por aceitar, com a condição de o estatuto do Sarre permanecer provisório. Em 2 de maio de 1951, a República Federal Alemã (RFA) é admitida como membro com plenos direitos no Conselho da Europa. Neste ínterim, foi autorizada pelos acordos de Londres (1950) e de Nova York (setembro de 1950) a restabelecer um Ministério das Relações Exteriores e a retomar relações diplomáticas com todos os países.

Sarre é o principal objeto da discórdia franco-alemã. O governo francês e o governo de Sarre, em 1949 e 1950, acertam o estatuto de autonomia política de Sarre e sua união econômica com a França ao negociarem uma série de pactos. Mesmo não questionando o caráter provisório de seu estatuto, esses pactos concedem mais autonomia ao governo de Sarre em relação à autoridade do alto-comissário. Porém os acordos também reforçam a situação de fato e o vínculo de Sarre ao espaço econômico francês, indo de encontro às intenções do governo de Bonn, cujos protestos tomam a forma de um Livro branco, publicado em março de 1950, e que aproveita todas as ocasiões para colocar a questão de Sarre, como, em 1952, a nomeação do alto-comissário como embaixador. A tensão crescente entre França e Alemanha a propósito de Sarre e a continuidade da guerra fria explicam a multiplicação das iniciativas tomadas para favorecer a composição europeia.

A expansão comunista no Extremo Oriente

As duas Chinas: no verão de 1947, a guerra civil na China sofre uma reviravolta. Depois de terem avançado em Henan, os nacionalistas entram em colapso por toda parte, a despeito da ajuda americana. Uma vez conquistada toda a China do Norte, em outubro de 1948, os comunistas entram em Pequim, em 22 de janeiro de 1949, e em Xangai, em 25 de maio. Chiang Kai-shek se refugia na ilha de Formosa e abandona a China continental a Mao Tsé-tung, que proclama a República Popular da China (RPC) em 1º de outubro de 1949. É o nascimento de outro nó da guerra fria em razão da oposição ideológica entre as duas Chinas e do problema das pequenas ilhas costeiras, Quemoy e Mazu, que ficaram nas mãos dos nacionalistas no Sul, e, mais ao norte, as ilhas Taschen. O quebra-cabeça diplomático das duas Chinas vai envenenar as relações internacionais durante um quarto de século. É preciso reconhecer a China comunista? As potências ocidentais hesitam em "largar" Chiang Kai-shek em benefício de Mao Tsé-tung. Sozinha, a Grã-Bretanha, implantada em Hong Kong, reconhece o regime comunista em janeiro de 1950. Na ONU, a China Nacionalista continua a ocupar a cadeira de membro permanente do Conselho de Segurança. Logo seguida por todas as democracias populares, a URSS reconhece a República Popular e lhe propicia a segurança necessária.

A aliança sino-soviética traduz sobretudo sua oposição comum à política dos Estados Unidos e de seus aliados. Em fevereiro de 1950, Mao conclui com Stálin um "tratado de assistência e amizade mútua". A União Soviética se compromete a evacuar a Manchúria e Port Arthur e a ajudar a China nos planos econômico, técnico e financeiro. Consequentemente, a situação se modificou profundamente no Extremo Oriente, onde a RPC desempenhará doravante um papel ativo na Indochina e na Coreia.

A Indochina, disputa ideológica. Desde dezembro de 1946, os franceses conduzem um combate ambíguo na Indochina. Afirmam querer proteger a independência e a integridade dos Estados da Indochina contra a agressão *vietminh*, mas nenhum governo quer tomar a iniciativa de negociações que levariam à retirada francesa. O combate colonial é um fardo cada vez mais pesado para o orçamento da França, que recebe ajuda cada vez maior dos Estados Unidos. A partir de junho de 1950, a guerra da Indochina dá uma guinada decisiva. A guerra colonial se torna uma guerra ideológica entre o campo comunista, com a China como líder, e o campo ocidental, representado pelos franceses apoiados pelos americanos.

Também na Coreia, as tensões nascidas da guerra degeneram em um conflito ideológico. A Coreia era uma colônia japonesa desde 1910. No fim da Segunda Guerra Mundial, quando a URSS atacou o Japão, em 8 de agosto de 1945, havia sido acordado que os soviéticos receberiam a rendição japonesa ao norte do paralelo 38, e os americanos ao sul. Permanece a questão da Coreia. A conferência de Moscou (dezembro de 1945) se pronuncia pela fórmula da tutela das grandes potências, que deveria favorecer a reunificação do país. Mas o desentendimento, que não impede americanos e soviéticos de evacuarem o país, leva rapidamente a um impasse político, a uma tensão entre o norte e o sul e a uma instabilidade ao longo da fronteira do paralelo 38. Em 25 de junho de 1950, os norte-coreanos lançam uma vasta ofensiva contra o Sul. Se as origens do conflito são ainda obscuras, suas consequências são claras. O desencadeamento da guerra vai levar à intervenção dos americanos, que haviam excluído, em um primeiro momento, a Coreia de seu perímetro estratégico no Extremo Oriente. De fato, eles decidem então defender as Filipinas (acordo de garantia de 30 de agosto de 1951); fornecem assistência econômica e militar para

Formosa e para a França na Indochina e decidem, principalmente, fazer do Japão seu aliado.

O Japão. Logo após o fim da guerra, o general MacArthur, comandante supremo em nome das potências aliadas, empreendera profundas reformas visando democratizar o Japão no plano político e econômico. A Guerra da Coreia será um teste para a lealdade japonesa, pois as forças de ocupação americanas estão reduzidas ao mínimo. Em setembro de 1951, na Conferência de San Francisco, os Estados Unidos assinam um tratado de paz com o Japão, que declara renunciar a diversos territórios: Coreia, Formosa, Pescadores, Kurilas, a parte sul de Sacalina. Assim, o Japão, Estado vencido e ocupado, vê-se promovido à classe de "sentinela do mundo livre" ao longo da costa da China e da URSS. O tratado de segurança de San Francisco (8 de setembro de 1951) concede aos americanos numerosas bases militares em território japonês. Uma outra linha defensiva é constituída no Pacífico por um pacto de segurança coletiva assinado em 1º de setembro de 1951, em San Francisco, entre Austrália, Nova Zelândia e Estados Unidos (Anzus).

A intervenção americana na Coreia se realiza sob os auspícios das Nações Unidas, pois o Conselho de Segurança denuncia a agressão norte-coreana e, na ausência da URSS, decide intervir na Coreia. A ausência de veto soviético se explica pelo fato de que, desde 1º de janeiro de 1950, os soviéticos haviam declarado que não sentariam na cadeira do Conselho enquanto a China comunista não substituísse a China Nacionalista na ONU. O exército das Nações Unidas, composto principalmente de divisões americanas, secundadas, entre outras, por tropas britânicas e um batalhão francês, é dirigido pelo general americano MacArthur, o vencedor da guerra do Pacífico e comandante supremo no Japão. Em um primeiro momento (junho-agosto de 1950), ele consolida a cabeça de ponte de Pusan. Sua contraofensiva do outono de 1950 leva as tropas das Nações Unidas a atravessarem o paralelo 38 e as conduz às proximidades da fronteira chinesa (setembro-novembro de 1950). É nesse momento que a China se engaja na guerra. A intervenção de centenas de milhares de "voluntários chineses" força MacArthur a bater em retirada (novembro-janeiro de 1951) antes de conseguir, por uma contraofensiva, se reposicionar no paralelo 38. Em abril de 1951, MacArthur pede o direito de bombardear as bases de voluntários chineses, na Manchúria, mesmo com o risco de uma guerra aberta com a China. Truman, então, o substitui pelo general Ridgway, que se contenta em manter as posições obtidas. Após dois anos de negociações, um acordo sobre a repatriação de prisioneiros, assinado em abril de 1953, encontra dificuldades para ser aplicado. A convenção de armistício assinada em Panmunjon, em 27 de julho de 1953, consagra uma *paix blanche**. A fronteira entre o Norte e o Sul é bastante próxima daquela de 1950, ao longo do paralelo 38. No Extremo Oriente, também, o mundo está dividido em dois, entre a Coreia do Norte, pró-comunista, presidida pelo marechal Kim Il-Sung, e a Coreia do Sul, pró-ocidental, dirigida por Syngman Rhee.

Os dois campos face a face

- *O campo atlântico*

A convicção de que a União Soviética representa um desafio mortal para o mundo livre impulsiona este último a se unir e a se rearmar. O pacto de Bruxelas, realizado entre a França, o Reino Unido e o Benelux, era dirigido contra um agressor, quem quer que fosse. Mas seus participantes, que tinham em mente a ameaça soviética, constataram rapidamente a impotência da União Ocidental diante das divisões do Exército Vermelho. Concomitantemente, eles também pedem aos Estados Unidos que adiram ao pacto de Bruxelas e lhes tragam ajuda militar. Já em 4 de março de 1948, G. Bidault, ministro francês das Relações Exteriores, escreve ao general Marshall, secretário do Departamento de Estado, para convidá-lo a aprofundar a colaboração no terreno político e militar entre o Velho e o Novo Mundo.

A partir da doutrina Truman, os americanos, preocupados em barrar o desenvolvimento do comunismo, aumentam seus gastos militares – que atingem 13% do PIB em 1952 –, mantêm suas forças em estado de alerta e criam uma central de informações, a Central Intelligence Agency (CIA). Eles não se recusam a entabular negociações com os europeus. No entanto, nos Estados Unidos, de acordo com a constituição, todo tratado deve ser aprovado pelo Senado com maioria de dois terços antes de ser ratificado. O governo americano estimou que

---
* Paz branca: sem vencedor nem vencido. (N. do T.)

fosse mais prudente, portanto, fazer passar no Senado uma resolução prévia que autorizasse o Poder Executivo a fazer alianças em tempos de paz. É a resolução Vandenberg (nome do senador republicano presidente da Comissão de Relações Exteriores do Senado), votada em 11 de junho de 1948. Trata-se de uma verdadeira revolução na política externa dos Estados Unidos, que apenas pactuavam alianças em tempos de guerra. Os pactos vão tornar-se um instrumento privilegiado de segurança nacional em tempos de paz. Doravante, o caminho está aberto para a Aliança Atlântica, negociada entre o fim do ano 1948 e o começo de 1949.

O *Pacto Atlântico*, firmado por vinte anos, é assinado solenemente em Washington, em 4 de abril de 1949, pelos representantes de doze nações (Estados Unidos, Canadá, França, Reino Unido, Benelux, Itália, Noruega, Dinamarca, Islândia e Portugal). A União Ocidental perde praticamente toda sua substância; muitos de seus órgãos são, aliás, absorvidos pela Otan. O *"standing group"* (grupo permanente composto por representantes dos Estados Unidos, da Grã-Bretanha e da França), com sede em Washington, é encarregado de manter a direção estratégica da Aliança.

A Organização do Tratado do Atlântico Norte (Otan, em francês e em português; Nato, em inglês) é, nesse momento, uma aliança bastante flexível que estipula que um ataque armado a um de seus signatários na Europa, na América do Norte, na Argélia ou contra uma das ilhas do Atlântico equivaleria a um ataque contra o território de todos, resultando em assistência mútua. Essa assistência militar não é automática, e cada país conserva suas forças armadas e seu comando. Não há instituições previstas em período de paz, exceto um Conselho Atlântico, cujas prerrogativas são um tanto vagas. No entanto, para todos os observadores, a Otan coloca a Europa Ocidental sob a proteção americana. Por isso o Pacto Atlântico é violentamente combatido. A União Soviética considera-o um pacto agressivo dirigido contra ela. Nos países europeus, os comunistas veem nele a submissão da Europa Ocidental aos Estados Unidos. Os neutralistas lamentam o alinhamento aos Estados Unidos.

Pouco depois, essas campanhas são substituídas pelo Apelo de Estocolmo (19 de março de 1950), que é o ápice de um vasto movimento pacifista animado por militantes comunistas do mundo inteiro. Destinado a enfraquecer a resposta do campo ocidental contra a expansão comunista, o Conselho Mundial da Paz recomenda a proibição total da arma atômica.

A despeito dessas campanhas, o tratado é rapidamente ratificado pelas doze nações, seguidas por Grécia e Turquia em 1952. Ele entra em vigor em agosto de 1949 e é acompanhado por um programa militar que vai tomar uma parcela crescente da ajuda americana à Europa. Mas ainda é apenas uma aliança, sem automaticidade nem organização integrada. Os acontecimentos do Extremo Oriente, em particular a Guerra da Coreia, vão modificar profundamente o sistema do Pacto Atlântico pelo viés da integração militar.

O *"new-look"*. A guerra fria é acima de tudo um enfrentamento ideológico, e a luta contra o comunismo passa pela propaganda e mobilização ideológica. Nos Estados Unidos, o senador do Wisconsin, MacCarthy, lança uma violenta campanha anticomunista (9 de fevereiro de 1950) que se transforma em verdadeira "caça às bruxas", acusando todos aqueles que são suspeitos de atividades antiamericanas. Em novembro de 1952, os republicanos vencem as eleições presidenciais. O general Eisenhower é eleito. Ele criticou, em sua campanha eleitoral, a política da administração democrata que consistiu em conter o comunismo (*containment*) e preconizou uma política mais rigorosa que o force a recuar (*roll back*). Na verdade, a nova administração republicana renuncia rapidamente a essa política, pois com ela corria-se o risco de desencadear uma guerra generalizada. A nova cara da política americana, o *new-look*, se resume a um aspecto diplomático, a pactomania, e a um aspecto estratégico, a doutrina de represálias maciças.

Os dados estratégicos evoluíram desde 1945. Em 1949, a URSS explodiu uma bomba atômica. Os Estados Unidos já não têm o monopólio da arma atômica e o conflito na Coreia surge como o modelo de uma guerra certamente limitada, mas sangrenta, impopular e ineficaz. Refugiados no santuário manchu, os chineses estão fora de alcance. A arma atômica não permitiria impor sua vontade a um menor custo com a condição de não limitar as represálias a apenas um único território? Os republicanos adotam, em 1953, a nova estratégia definida pelo almirante Radford, presidente do Comitê de Chefes de Estado--Maior, que pode ser resumida em três fórmulas: represália maciça (*massive retaliation*), resposta imediata (*instant retaliation*), sem santuário (*no sheltering*). A todo ataque, os Estados Unidos responderão imediatamente com arma nuclear. Nenhum território será poupado. Assim, os Estados Unidos estimam obter o máximo de segurança ao menor custo.

Reforço das alianças. O novo secretário de Estado, J. F. Dulles, dedica todos os seus esforços a reforçar a rede de alianças feitas por Washington. Na Ásia, trata-se de conter o comunismo chinês e impedir que a "teoria do dominó" se realize: quando um país cai para o campo comunista, aqueles que o cercam correm o risco de ser arrastados com ele. No Pacífico, já aliados às Filipinas, à Austrália, à Nova Zelândia e ao Japão, os Estados Unidos assinam tratados de defesa com Coreia do Sul (1953), Paquistão, China Nacionalista e Vietnã do Sul (1953). O mais importante, porém, é o pacto de Manila, que cria a Organização do Tratado do Sudeste Asiático (Otase; em inglês: *Southeast Asia Treaty Organization*, Seato), em 8 de setembro de 1954. Os Estados Unidos, a França, a Grã-Bretanha, a Nova Zelândia, as Filipinas, o Paquistão e a Tailândia se comprometem a responder coletivamente a um ataque contra um de seus territórios ou contra toda a região ao sul do 21° 30 norte, o que inclui a Indochina, mas não Taiwan, presa ao tratado de defesa sino-americano (2 de dezembro de 1954) e sujeita a uma forte tensão em 1954-1955. No Oriente Médio, o Pacto de Bagdá (fevereiro de 1955), que reúne Turquia, Iraque, Paquistão, Irã e Reino Unido, cria uma linha de proteção nas fronteiras meridionais da URSS. Na América Latina, os Estados Unidos tentam arrastar os Estados latino-americanos em uma cruzada anticomunista (conferência de Caracas de março de 1954) e reforçar a coesão da Organização dos Estados Americanos por uma conferência que se realiza de 19 a 22 de julho de 1956, no Panamá. Eles afirmam sua estrita solidariedade nas questões mundiais e apoiam a invasão da Guatemala (junho de 1954), então dirigida pelo governo pró-comunista do coronel Arbenz. O Japão desempenha um papel limitado e subordinado aos Estados Unidos. Estes, por meio do artigo 9 da constituição de 3 de maio de 1947, lhe impuseram um pacifismo institucional segundo o qual o Japão renuncia tanto ao recurso à força como à manutenção de qualquer potencial militar. A partir da Guerra da Coreia, no entanto, os Estados Unidos lhe solicitam seu rearmamento e concluem o tratado de 1951. Os japoneses criam uma força defensiva, ainda que se oponham veementemente a sua efetivação, assim como são hostis às experiências atômicas americanas no Pacífico. Do lado soviético, eles reivindicam as ilhas Kurilas, a parte sul de Sacalina, e acima de tudo as ilhas ao norte de Hokkaido (Habomai, Sikotan). Apesar do impasse nas negociações sobre o contencioso territorial, japoneses e soviéticos assinam uma declaração comum dando fim à guerra (outubro de 1956) e permitindo o restabelecimento de relações diplomáticas normais. Além disso, o Japão é admitido na ONU em 18 de dezembro de 1956.

- *A cooperação europeia*

O temor de uma agressão comunista na Europa Ocidental é avivado pelo conflito da Coreia e impulsiona os europeus a acelerarem sua aproximação em todos os planos.

A cooperação econômica. As primeiras etapas se realizam sobretudo na área econômica. A Oece organiza, a partir de 1948, uma verdadeira cooperação comercial e monetária entre os dezesseis Estados que se beneficiam do Plano Marshall. Um movimento de opinião pública favorável à criação de uma federação europeia culmina na reunião de um congresso em Haia, em maio de 1948, que exprime a intenção de criar uma União europeia. Contudo, o desacordo franco-britânico não permite ir muito adiante. Os franceses desejam a criação de uma assembleia consultiva, embrião de um futuro parlamento europeu. Os ingleses não querem ouvir falar do abandono de uma parcela da soberania nacional e demandam a criação de um simples comitê de ministros. Todos chegam a um compromisso, em janeiro de 1949, ao criarem uma Assembleia consultiva de competência limitada. Esse Conselho da Europa, aberto aos dezessete países-membros da Oece, tem sua primeira sessão em agosto de 1949, em Estrasburgo, mas apenas esboça uma cooperação política e cultural.

Foram muitas as iniciativas tendo em vista a superação do antagonismo franco-alemão por meio da construção de uma Europa Ocidental unida. A mais importante delas é o Plano Schuman. O ministro francês das Relações Exteriores, Robert Schuman, adotou a ideia de Jean Monnet, então alto-comissário para o Planejamento, que consiste em colocar o conjunto da produção franco-alemã de carvão e de aço sob uma alta autoridade comum no âmbito de uma organização aberta aos demais países das Europa. O objetivo é propor "realizações concretas que criem uma solidariedade de fato" e que acabem pondo um fim na tradicional rivalidade franco-alemã.

O Plano Schuman (9 de maio de 1950) marca a passagem de uma simples cooperação a uma verdadeira integração: propõe partilhar a produção e a venda de produtos siderúrgicos. A França, a Alemanha Ocidental, a Itália e os países do Benelux criam a Comunidade Europeia do Carvão e do Aço (Ceca). O Reino Unido, preocupado em preservar sua soberania, se mantém afastado dessa composição continental. O tratado de Paris (18 de abril de 1951) confia um poder supranacional a uma Alta Autoridade composta de nove membros, independentes dos governos nacionais, encarregada de modernizar a produção do carvão e do aço e de desenvolver a exportação comum. A autoridade internacional do Ruhr desaparece.

A cooperação militar. No entanto, os riscos de guerra levam os europeus a considerar também uma aliança militar e os americanos os pressionam para que se rearmem. Em dezembro de 1950, a Otan decide fazer um esforço coletivo considerável e assim criar uma organização militar integrada tendo à frente o Quartel-General das Forças Aliadas na Europa, o *Supreme Headquarters of Allied Powers in Europe* (Shape), comandado por um general americano. O designado é o general Eisenhower. A justaposição de forças armadas nacionais é substituída por uma "força integrada". É feito um grande esforço para simplificar, coordenar e harmonizar todos os órgãos da Otan, e, em 1952, concordam que se instalem em Paris.

É preciso armas! Os americanos as fornecem. Créditos! A ajuda econômica americana se transforma gradualmente em ajuda militar. Homens! O exército francês está então engajado na Indochina e o governo americano não quer que apenas seus *Government Issue* (GI, soldado do exército americano) defendam o Elba e o Reno. Por que não rearmar a Alemanha Ocidental? É a sugestão que faz oficialmente o governo americano, em setembro de 1950. A recusa da França, que se opõe categoricamente ao rearmamento da Alemanha, coloca a Otan em um impasse. Para contornar a dificuldade, o ministro francês da Defesa Nacional, René Pleven, propõe, em outubro de 1950, transpor para o domínio militar a filosofia do Plano Schuman. Trata-se de criar um exército comum por meio da integração dos seis exércitos europeus concernidos. Isso permitiria ter soldados alemães e aumentar os efetivos. Mas não haverá exército alemão... As negociações por um exército europeu são longas e modificam o projeto inicial, pois a integração das forças militares deve se realizar no plano da divisão. O tratado que institui a Comunidade Europeia de Defesa (CED) é assinado apenas em 27 de maio de 1952. Mas não entrará em vigor devido às reticências francesas. Para os gaullistas, os comunistas e uma parte da esquerda, a CED comete o erro de constituir um embrião de exército alemão, de designar o fim de uma força nacional autônoma e, enfim, de submeter o exército europeu ao comando americano da Otan. É objeto de um debate permanente na opinião pública francesa e entre os aliados. Os americanos fazem pressão sobre sucessivos governos franceses para que honrem o tratado da CED, ratificado, de resto, pelos Países Baixos, pela Bélgica e pela Alemanha. Os governos franceses enfatizam algumas precondições para que possam ratificar o tratado ou tentam negociar "protocolos adicionais". O secretário do Departamento de Estado, J. Foster Dulles, declara, em dezembro de 1953, que, se a França não ratificasse o tratado da CED, haveria uma revisão dilacerante da política americana na Europa. Em agosto de 1954, o novo presidente do Conselho, Pierre Mendès France, propõe aos cinco parceiros da França diversas modificações visando atenuar o caráter supranacional do tratado; tratado este que fora, no entanto, proposto e redigido por franceses. Diante da recusa dos outros Estados, a Assembleia Nacional francesa se opõe definitivamente à ratificação do tratado da CED pelo votação de uma simples questão preliminar, em 30 de agosto de 1954.

Os responsáveis pela política externa francesa

Ministros das Relações Exteriores		Presidentes da República
10 set. 1944 a 16 dez. 1946:	Georges Bidault	
16 dez. 1946 a 22 jan. 1947:	Léon Blum	Vincent Auriol
22 jan. 1947 a 25 jul. 1948:	Georges Bidault	jan. 1947 a
26 jul. 1948 a 8 jan. 1953:	Robert Schuman	dez. 1953
8 jan. 1953 a 19 jun. 1954:	Georges Bidault	René Coty
19 jun. 1954 a 20 jan. 1955:	P. Mendès France	dez. 1953 a
20 jan. 1955 a 23 fev. 1955:	Edgar Faure	jan. 1959
23 fev. 1955 a 1º fev. 1956:	Antoine Pinay	

1º fev. 1956 a 14 maio 1958: 14 maio 1958 a 1º jun. 1958: 1º jun. 1958 a 31 maio 1968: 31 maio 1968 a 22 jun. 1969:	Christian Pineau René Pleven Maurice Couve de Murville Michel Debré	Charles de Gaulle jan. 1959 a abr. 1969
22 jun. 1969 a 15 mar. 1973: 15 mar. 1973 a 5 abr. 1973: 5 abr. 1973 a 28 maio 1974:	Maurice Schuman André Bettencourt Michel Jobert	Georges Pompidou jun. 1969 a abr. 1974
28 maio 1974 a 27 ago. 1976: 27 ago. 1976 a 29 nov. 1978: 29 nov. 1978 a 22 maio 1981:	Jean Sauvagnargues Louis de Guiringaud Jean-François Poncet	Valéry Giscard d'Estaing maio 1974 a maio 1981
22 maio 1981 a dez. 1984: 7 dez. 1984 a 20 mar. 1986: 20 mar. 1986 a 12 maio 1988: 12 maio 1988 a 29 mar. 1993: 30 mar. 1993 a 17 maio 1995:	Claude Cheysson Roland Dumas J.-B. Raimond Roland Dumas Alain Juppé	François Mitterrand maio 1981 a maio 1995
17 maio 1995 a 2 jun. 1997: 2 jun. 1997 a 5 maio 2002: 5 maio 2002 a 30 mar. 2004: 30 mar. 2004 a 2 jun. 2005: 2 jun. 2005-18 maio 2007: A partir de 18 maio 2007:	Hervé de Charette Hubert Védrine D. de Villepin Michel Barnier Philippe Douste-Blazy Bernard Kouchner	Jacques Chirac a partir de maio 1995 Nicolas Sarkozy desde maio de 2007

A solução alternativa é encontrada nos dois meses seguintes. O ministro britânico das Relações Exteriores, Anthony Eden, teve a ideia de dar novamente vida à União Ocidental e fazer com que a Alemanha e a Itália também fossem admitidas. Assim, assegurou-se ao mesmo tempo algum controle europeu sobre o futuro exército alemão e a participação britânica no dispositivo militar europeu ocidental. Pelos acordos de Paris (23 de outubro de 1954), a União Ocidental torna-se a União da Europa Ocidental (UEO), que acolhe a Alemanha e a Itália. A Alemanha recupera sua total soberania e, em particular, o direito de se rearmar. Essa reconstituição de uma força militar alemã é, todavia, acompanhada de limitações: a Alemanha deve aceitar não fabricar armas atômicas, biológicas e químicas, mísseis de longo alcance, navios de guerra de mais de 3.000 toneladas e aviões de bombardeio estratégico. Os ocidentais abandonam seu direito de intervenção na Alemanha e declaram que querem associá-la em pé de igualdade "aos esforços dos povos livres para a paz e a segurança". Em maio de 1955, a Alemanha se torna o décimo quinto membro da Otan. E a *Bundeswehr* se constitui a partir de novembro de 1955.

Além disso, assiste-se a uma aproximação temporária da Iugoslávia com o Ocidente, por intermédio do tratado de amizade e de cooperação assinado em Ancara (28 de fevereiro de 1953), entre a Grécia, a Turquia e a Iugoslávia, e pelo tratado de Bled (9 de agosto de 1954), que é um acordo de defesa. Assim, o contencioso de Trieste é resolvido pelos acordos de Londres (5 de outubro de 1954), que preveem a evacuação das tropas inglesas e americanas, o estabelecimento de uma administração italiana e a manutenção do porto franco em Trieste. Mas o pacto balcânico perde toda coesão depois da aproximação soviético-iugoslava de 1956 e do conflito entre a Grécia e a Turquia a propósito de Chipre.

- *O campo oriental e os primeiros sinais de degelo Leste-Oeste*

A coerência do bloco oriental se manifesta pela arregimentação ideológica, e o maestro é o Kominform.

Ele denuncia o imperialismo americano, fomentador de guerras, exalta o modelo soviético, incensa o genial Stálin e vitupera o malandro Tito. Os opositores são perseguidos em toda parte na Europa do Leste. Não apenas a fé e os eclesiásticos são perseguidos, mas todo desviacionismo é proscrito por meio de expurgos e de processos que afastam do poder os dirigentes demasiadamente "nacionais", Gomulka na Polônia, Rajk na Hungria (1949) e Slansky na Tchecoslováquia (1952). Usufruindo da audiência de numerosos intelectuais e artistas, os partidos comunistas da Europa Ocidental são levados a participar da guerra ideológica e a denunciar a ingerência dos Estados Unidos nos assuntos europeus.

No plano econômico, enfatizam-se a indústria pesada e a coletivização das terras. Em resposta à constituição da Oece, os Estados da Europa Oriental (Bulgária, Hungria, Polônia, Romênia, Tchecoslováquia, União Soviética, seguidos pela Albânia e pela República Democrática Alemã) se reúnem, em 25 de janeiro de 1949, no Conselho de Ajuda Econômica Mútua (Caem), ou Comecon, que facilita suas relações comerciais, em benefício, em parte, da União Soviética.

No plano militar, a União Soviética assinou com as democracias populares e com a China Popular tratados bilaterais de assistência mútua. Isolado do mundo ocidental, o bloco oriental se alinha com "o grande irmão". Após a entrada da Alemanha Ocidental na Otan, o bloco oriental cria, em 14 de maio de 1955, o Pacto de Varsóvia, calcado quase que inteiramente sobre a Otan. Essa aliança reúne, sob o comando soviético, todas as forças armadas dos países da Europa do Leste, exceto a Iugoslávia, que haviam anteriormente pactuado alianças bilaterais.

A morte de Stálin (março de 1953) encerra, no plano político, não apenas um quarto de século de ditadura pessoal na União Soviética. Estabelece-se, de fato, uma direção coletiva, com Malenkov como chefe de governo e Nikita Kruchov como primeiro secretário do Partido Comunista. Ela inaugura um período de "degelo", termo tomado de um romance de Ilyá Ehrenburg, que pressentira a corrente de relativa liberalização que se esboçava na União Soviética. Degelo interior, com uma anistia, diminuições de penas e o começo de uma desestalinização que provoca, ao mesmo tempo, uma grande agitação: levantes na Tchecoslováquia, uma verdadeira revolta em Berlim Oriental (16-17 de junho de 1953). Em toda parte, nas democracias populares, assiste-se a um desdobramento das funções de presidente do Conselho de Ministros e de primeiro secretário do Partido. Na União Soviética, a aparente política de distensão se acentua com a substituição, à frente do governo, de Malenkov pelo marechal Bulganin (fevereiro de 1955).

O degelo da União Soviética na política externa. Os sinais de boa vontade se multiplicam. Em 20 de julho de 1953, as relações diplomáticas com Israel, rompidas cinco meses antes, são restabelecidas. Em 27 de julho é assinada uma convenção de armistício na Coreia. A União Soviética aceita a reunião proposta por Churchill de uma conferência dos quatro ministros das Relações Exteriores em Berlim (de 23 de janeiro a 18 de fevereiro), que não chega a nenhum resultado. Em 31 de março de 1954, a União Soviética propõe a conclusão de um pacto soviético de segurança coletiva. Faz uma contribuição à Conferência de Genebra sobre a Indochina (26 de abril-21 de julho de 1954).

Em 11 de outubro de 1954, as forças soviéticas evacuam Port Arthur. Em 26 de janeiro de 1955, Moscou põe fim ao estado de guerra com a Alemanha. Na primavera de 1955, a URSS promete tirar todas as tropas de ocupação da Áustria, sob a condição de que permaneça neutra. A partir de então, um tratado de paz é possível. Em 15 de maio de 1955, as quatro grandes potências assinam em Viena o Tratado de Estado que encerra a ocupação da Áustria, que se compromete a permanecer neutra e a recusar qualquer união com a Alemanha. A Áustria pode tornar-se membro da Otan e aderir às organizações não militares. Após o Tratado de Estado, o espírito de distensão permite que haja, em Genebra, uma conferência de cúpula (18-23 de julho de 1955) que reúne o presidente Eisenhower, o marechal Bulganin acompanhado de Kruchov, o primeiro-ministro britânico, Eden, e o presidente do Conselho francês, Edgar Faure. Os resultados da conferência são medíocres e o desacordo sobre a Alemanha é total, mas o "espírito de Genebra" deixa a esperança de que a distensão substituirá, a partir desse momento, a guerra fria. De fato, as aproximações da União Soviética com relação à República Federal Alemã se concretizam pela viagem do chanceler Adenauer a Moscou (9-13 de setembro de 1955) e pelo estabelecimento de relações diplomáticas entre a URSS e a RFA.

O problema alemão continua a ser, apesar de tudo, o principal polo de tensão entre o Leste e o Oeste. A URSS reage com vigor à possibilidade de criação de uma Comunidade Europeia de Defesa que abrangeria as unidades militares alemãs e à elaboração da União da Europa Ocidental em consequência do fracasso da CED. Ela multiplica os apelos ao desarmamento e à segurança da Europa e convoca, para Moscou, uma conferência (29 de novembro-2 de dezembro de 1954), à qual assistem apenas as democracias populares. Os soviéticos respondem à integração da Alemanha Ocidental na Otan com a criação do Pacto de Varsóvia, em 14 de maio de 1955. Agrupando ao redor da URSS sete democracias populares (Polônia, Tchecoslováquia, Alemanha Oriental, Romênia, Bulgária, Albânia e Hungria), o Pacto de Varsóvia é um tratado de amizade, de cooperação e de assistência mútua que comporta um comando militar único confiado a um marechal soviético. Ele confere ao bloco oriental uma estrutura sólida e, doravante, assume o papel de guardião do bloco.

A conferência de cúpula de 18-23 de julho de 1955 e a conferência dos ministros das Relações Exteriores que reúne Duller, MacMillan, Molotov e Pinay (27 de outubro-16 de novembro 1955) esbarram no problema alemão. Molotov recusa qualquer reunificação da Alemanha que não seja a absorção da RFA pela RDA. O diálogo Leste-Oeste parece bloqueado. Além disso, em 25 de dezembro de 1955, a URSS reconhece a soberania plena da República Democrática Alemã.

A relativa liberalização permite a aproximação da União Soviética com a Iugoslávia. Desde a ruptura, em junho de 1940, e a despeito do isolamento forçado da Iugoslávia, tratado como país cismático e separado do campo socialista, Tito fora bem sucedido em manter – para grande irritação de Stálin – o comando de um país independente e ligado ao socialismo, sem contudo juntar-se ao campo ocidental. Ao ir a Belgrado com Mikoyan e Bulganin (26 de maio-3 de junho de 1955), Kruchov faz um gesto de reconciliação. Ele reconhece a diversidade de caminhos que levam ao socialismo. Ao mesmo tempo, a competição Leste-Oeste se transporta para fora da Europa, onde a União Soviética explora a vontade de emancipação colonial que se alastra no Terceiro Mundo.

A PRIMEIRA FASE DE DESCOLONIZAÇÃO (1945-1955)

Os fatores próprios para a descolonização

De 1945 a 1962, a descolonização é feita em duas etapas: uma primeira, no imediato pós-guerra, concerne ao Oriente Médio e ao sudeste da Ásia; uma segunda, que começa em 1955, acontece essencialmente na África do Norte e na África Negra. A guinada se dá no ano de 1955, marcado pela Conferência de Bandung que, por unanimidade, decide apressar e generalizar a descolonização, e pela decisão dos Estados Unidos e da URSS de não mais limitar a admissão de novos membros nas Nações Unidas, decisão favorável à libertação dos povos colonizados.

A Segunda Guerra Mundial transformou profundamente as relações entre as metrópoles europeias e suas colônias: demonstrou a fragilidade dos impérios minados pelos fermentos nacionalistas semeados durante o conflito e propiciou o surgimento de duas grandes potências, Estados Unidos e URSS, que são, cada uma a seu modo, anticolonialistas.

Por ideologia, a URSS é favorável à descolonização, que vai terminar por enfraquecer os países ocidentais. Ela a preconiza ativamente a partir de 1956. Em princípio, os Estados Unidos apoiam o combate dos povos colonizados por razões sentimentais e históricas; além disso, concedem a independência às ilhas Filipinas, em 1946, mas não tomam posição oficial para não criar embaraços a seus aliados.

- *A atitude das potências coloniais*

O Reino Unido, dirigido por um governo trabalhista, praticou voluntariamente uma progressiva descolonização; os Países Baixos se resignaram diante da situação.

O caso da França é completamente diferente. Enfraquecida pela guerra, considera que seu império é o meio de reconquistar a imagem de uma grande potência, sem optar claramente por um estatuto de associação ou de assimilação. A Conferência de Brazzaville, reunida pelo general De Gaulle em 1944, não abre o caminho para a independência das colônias francesas, mas para mais modernismo e mais liberalismo. A mesma ideia preside o estabelecimento da União Francesa, prevista na Constituição da 4ª República. É o contexto no qual os territórios poderão evoluir seja para a assimilação, seja para a autonomia. Após 1958, a França se engaja na descolonização. A Bélgica, depois de ter esperado escapar do processo de descolonização, faz o mesmo.

A sorte das colônias italianas não fora resolvida pelo tratado de paz com a Itália, que entra em vigor em setembro de 1947. A missão fora dada às Nações Unidas. Um ano depois, ainda não há acordo. Na primavera de 1949, um compromisso foi finalizado por Ernest Bevin, ministro inglês das Relações Exteriores, e seu homólogo italiano, o conde Sforza. Ele prevê que a Líbia alcançará a independência após um regime de tutela partilhada entre a Itália, a França e a Inglaterra. Confia a tutela da Somália à Itália. Por fim, divide a Eritreia entre a Etiópia e o Sudão. Porém o compromisso Sforza-Bevin é rejeitado pela assembleia das Nações Unidas em junho de 1949, que decide finalmente que a Líbia deve tornar-se independente antes de 1952, e a Somália após dez anos de tutela italiana. Quanto à Eritreia, ela será federada à Etiópia. A Líbia alcança a independência em 1º de janeiro de 1951 e escolhe para si um regime monárquico; os Estados Unidos e sobretudo a Grã-Bretanha conseguem conservar as bases que lá mantinham.

- *O caso particular da América Latina*

Na América, a guerra contribui para reforçar os laços entre as repúblicas americanas, que contribuem em maior ou menor medida com a luta contra o Eixo, com exceção da Argentina. Na conferência interamericana do México (fevereiro-março de 1945), os Estados americanos assinam o ato de Chapultepec, que estabelece um sistema de segurança coletiva na América. Na Conferência do Rio de Janeiro (agosto-setembro de 1947), assinam o pacto do Rio, que é um tratado interamericano de assistência recíproca.

A união interamericana é reforçada pela carta da Organização dos Estados Americanos (OEA), assinada em 30 de abril de 1948, que reúne as vinte repúblicas americanas. Todavia, o pós-guerra leva a um esfriamento entre os Estados Unidos e os países latino-americanos, que reclamam a evacuação das bases instaladas em seus territórios e desejam beneficiar-se de um programa de ajuda econômica semelhante ao Plano Marshall. A chegada ao poder na Argentina de um regime militar, em 1944, e a eleição, em fevereiro de 1946, do coronel Perón à Presidência da República (1946-1955) terminam por instaurar um regime inspirado no exemplo fascista e caracterizado por um populismo social com tons nacionalistas e anti-imperialistas. Assim, as relações se tornam tensas entre os Estados Unidos e a Argentina. As repúblicas da América Latina questionam as possessões europeias (britânica, holandesa e francesa). É o caso das ilhas Falkland (Malvinas), sob domínio britânico, reivindicadas pela Argentina; das Honduras britânicas, cobiçadas pela Guatemala; e dos departamentos franceses ultramarinos (Martinica, Guadalupe e Guiana). Distúrbios sacodem os países da América Latina, onde os nacionalistas lutam pela independência econômica de seus países e onde estouram golpes de Estado, como no Paraguai (o do general Stroessner) em maio de 1954, e revoluções, como na Guatemala em junho de 1954.

A descolonização no Oriente Médio

No Oriente Médio, os países aos poucos recuperam sua total independência, ao passo que a criação do Estado de Israel, em 1948, e a exploração das riquezas petrolíferas já provocam sérias crises com o Ocidente.

O fim dos mandatos. No Líbano e na Síria, a contestação dos mandatos confiados à França pela SDN após o desmantelamento do Império Otomano e as manigâncias dos ingleses que dominam a região obrigam os franceses a abandonar qualquer veleidade de posse sobre esses territórios e a prometer a independência acordada em meio a violentos tumultos, em maio de 1945. Quando o exército francês começa a revidar, a Grã-Bretanha faz um ultimato à França para obrigá-la a ceder. Em agosto de 1945, a independência da Síria e da Líbia é obtida, mas nem de bom grado, nem com entusiasmo. A pressão dos ingleses foi determinante. O Reino Unido, por sua vez, concedeu sucessivamente a independência ao Iraque em 1930, ao Egito em 1936 (reservando-se o direito a algumas posições no Cairo, em Alexandria, e ao canal de Suez) e à Transjordânia em 1946, onde a única força armada aceita é a Legião Árabe dirigida por um oficial britânico, Glubb Pacha.

A criação do Estado de Israel, no entanto, está na origem do problema essencial. Nascido da convergência de uma convicção milenar – o retorno à Terra Prometida – e das ideias de Theodor Herzl (1860--1904), o sionismo (retorno a Sião = Jerusalém) leva os judeus dispersos no mundo inteiro a reunirem-se aos que permaneceram na Palestina. A potência tutelar, a Grã-Bretanha, após ter patrocinado a ideia de um lar nacional judeu na declaração de Balfour (1917), retornou a uma política pró-árabe, que consistia em interromper a emigração e a fracionar o território que permanecia sob influência inglesa, mas a Segunda Guerra desempenhou o papel de acelerador: a revelação do genocídio reforça na opinião pública a causa do sionismo e acelera a chegada de judeus à Palestina, que são 553 mil em 1945 contra 1.240.050 árabes. Um clima de guerrilha se desenvolve, fomentado por organizações judias, contra os ingleses impacientes por se desembaraçarem do fardo. Assim, a questão palestina é submetida, em 1947, a uma comissão de investigação da Organização das Nações Unidas, que recomenda a constituição de um Estado judeu, um estado árabe e a internacionalização de Jerusalém segundo um plano de partilha aceito pelos judeus, mas rejeitado pelos árabes.

Sem esperar a realização do plano, a Grã-Bretanha decide acabar com seu mandato em maio de 1948. Em 14 de maio, os judeus proclamam o Estado de Israel, imediatamente reconhecido pelos Estados

Unidos e pela União Soviética. No mesmo momento, os exércitos árabes entram na Palestina. As operações militares (maio de 1948-janeiro de 1949) favorecem os israelenses, que concluem com os árabes um armistício. Os acordos de cessar-fogo põem fim à luta armada, mas não ao estado de guerra. É o *statu quo* em relação ao plano de 1947, com um traçado de fronteiras mais vantajoso para o Estado de Israel. Mas essas fronteiras são apenas fronteiras de fato. Jerusalém é dividida entre israelenses e transjordanianos, que anexam a margem direita do rio Jordão e constituem assim a Jordânia, em 1950. O Egito anexa a faixa de Gaza. Em maio de 1949, Israel é admitido na ONU. A Liga Árabe se recusa a reconhecer o fato consumado e conclui um pacto de defesa entre países árabes em abril de 1950. O problema do Estado de Israel se complica com o problema dos refugiados árabes da Palestina, que fugiram da guerra e povoam os campos nos países limítrofes. Desde aquela época se encontram reunidas as condições de um problema insolúvel com consequências dramáticas.

Instabilidade política. Perante o novo homem forte, o rei Abdulah, da Jordânia, a Síria experimenta uma grande instabilidade política e parece hesitar entre uma orientação pró-ocidente e a tentação neutralista. O assassinato do rei Abdulah, em 20 de julho de 1951, acaba com o sonho de constituir uma "Grande Síria" em torno da dinastia hachemita. Buscando acalmar os conflitos no Oriente Médio, os Estados Unidos, a França e a Grã-Bretanha adotam uma posição comum, em maio de 1950. Em uma declaração tripartida, decidem restringir as vendas de armas apenas aos países que se comprometerem a não cometer nenhuma agressão e, principalmente, eles garantem o *statu quo* territorial.

A disputa do petróleo. As rivalidades – devidas às ricas jazidas de petróleo do Oriente Médio – se acrescentam aos problemas políticos. Os Estados Unidos, por companhias privadas interpostas, tentam assegurar uma parte da produção petrolífera da região. Eles se chocam com os interesses britânicos. As companhias petrolíferas, Irak Petroleum Company, Anglo Iraniam Company, Kuwait Oil Company e Aramco (na Arábia Saudita), são obrigadas a enfrentar os nacionalismos quando constroem oleodutos destinados a encaminhar o petróleo em direção ao Mediterrâneo ou negociam contratos. Os lucros são consideráveis já que, em 1950, o Irã obtém apenas 9% dos *royalties* da Anglo

Iranian Oil Company. Acontece que a situação é explosiva no país e o primeiro-ministro, Mossadegh, começa o combate. Em março de 1951, sob a pressão dos meios nacionalistas liderados por Mossadegh, o parlamento iraniano decide nacionalizar o petróleo e, em particular, os bens da Anglo Iranian Company. Essa crise se torna uma queda de braço anglo-iraniana e um conflito interno grave: Mossadegh é preso, por fim, em 24 de agosto de 1953. Os interesses ingleses e americanos encontram apoio em um regime autoritário sob a direção do Xá. Mas essa primeira batalha econômica prefigura a crise de Suez.

O conflito anglo-egípcio. O Egito vive uma efervescência. Em junho de 1948, os ingleses tomam a iniciativa de favorecer a independência do Sudão, cujo efeito é eliminar-lhe a influência egípcia. Em reação, em outubro de 1951, o governo de Nahas Pacha decide pedir ao parlamento a revogação do tratado anglo-egípcio de 1936 (que deveria permanecer em vigor até 1956) e a proclamação do rei Faruk, "rei do Egito e do Sudão". A Inglaterra se opõe a isso com vigor e envia uma grande quantidade de reforços à zona do canal, manifestando sua vontade de lá se manter. Os Estados ocidentais propõem ao Egito assegurar a defesa do canal por um organismo internacional comum ao qual ele aderiria. Na sequência de revoltas antibritânicas no Cairo em dezembro de 1951 e em janeiro de 1952, a tensão anglo-egípcia segue num crescente até a decisão do rei Faruk de substituir Nahas Pacha por um primeiro-ministro mais conciliador (janeiro de 1952). Após um golpe de Estado por um grupo de oficiais sob o comando do general Neguib, o rei Faruk abdica (28 de junho de 1952), a monarquia é abolida e o general Neguib torna-se presidente até sua reforma e sua substituição pelo coronel Nasser (primavera de 1954). O grande desígnio de Nasser é a união dos povos árabes. Ele consegue assinar com a Inglaterra um tratado definitivo (19 de outubro de 1954) que garante a evacuação das tropas britânicas. Nasser adota um neutralismo antiocidental e anuncia sua vontade de aniquilar o Estado de Israel.

Diante de toda essa agitação, a Grã-Bretanha apoia a iniciativa do Iraque e da Turquia de firmarem um tratado "para garantir a estabilidade e a segurança no Oriente Médio" (24 de fevereiro de 1955). Ao longo desse mesmo ano, o Paquistão (23 de setembro) e o Irã (3 de novembro) aderem ao Pacto de Bagdá. A Jordânia é objeto de intensas pressões para associar-se ao pacto. O Egito de Nasser e a União Soviética protestam vigorosamente contra o Pacto de Bagdá, que os Estados Unidos consideram como um dos pontos-chave de seu sistema de defesa.

A descolonização na Ásia

A emancipação da Ásia do sudeste é em parte consequência da derrota japonesa. Em 1945, apenas a Tailândia era independente. Em alguns anos, todas as colônias, exceto as possessões portuguesas de Goa e Timor, tornam-se soberanas. Em 1957, nascem dez novos Estados. Essa emancipação provém do sentimento nacionalista e antieuropeu, das promessas feitas durante a guerra, tanto pelos ocupantes japoneses como pelas potências europeias, e do encorajamento pelos americanos. A descolonização do sudeste da Ásia se faz com violência e não culmina em uma estabilidade total.

A *Índia* tinha um movimento nacionalista de longa data bastante organizado, o Partido do Congresso, criado em 1886. Durante a guerra, quando a expansão japonesa ameaçava a Índia, o líder do Partido do Congresso, Nehru, pede a independência imediata e quer a participação do exército indiano na luta contra o Japão. Ao fim da guerra, o novo primeiro-ministro trabalhista, Attlee, é bastante favorável à outorga da independência, mas a descolonização é dificultada pelo fato de a Índia ser um mosaico de raças e de religiões de onde emergem um grupo hindu e um grupo muçulmano. O Partido do Congresso deseja a manutenção da unidade indiana. Reunidos na "Liga Muçulmana", os muçulmanos não querem se encontrar na condição de minoria religiosa e política em uma Índia dominada pelo Partido do Congresso e reclamam a criação de um Paquistão independente. Os incidentes são cada vez mais violentos em agosto de 1946 e degeneram em uma verdadeira guerra civil. Diante de um impasse, os ingleses decidem, em fevereiro de 1947, evacuar a Índia.

Lorde Mountbatten, vice-rei das Índias, fica encarregado de encaminhar o país à independência (agosto de 1947) favorecendo sua divisão: de um lado, a Índia, Estado laico; de outro, o Paquistão, Estado religioso muçulmano, formado pelo Paquistão Ocidental, pelo Panjabe, pelo Paquistão Oriental, parte oriental da região de Bengala. Os dois Estados independentes se associam ao *Commonwealth*.

60 | As relações internacionais a partir de 1945

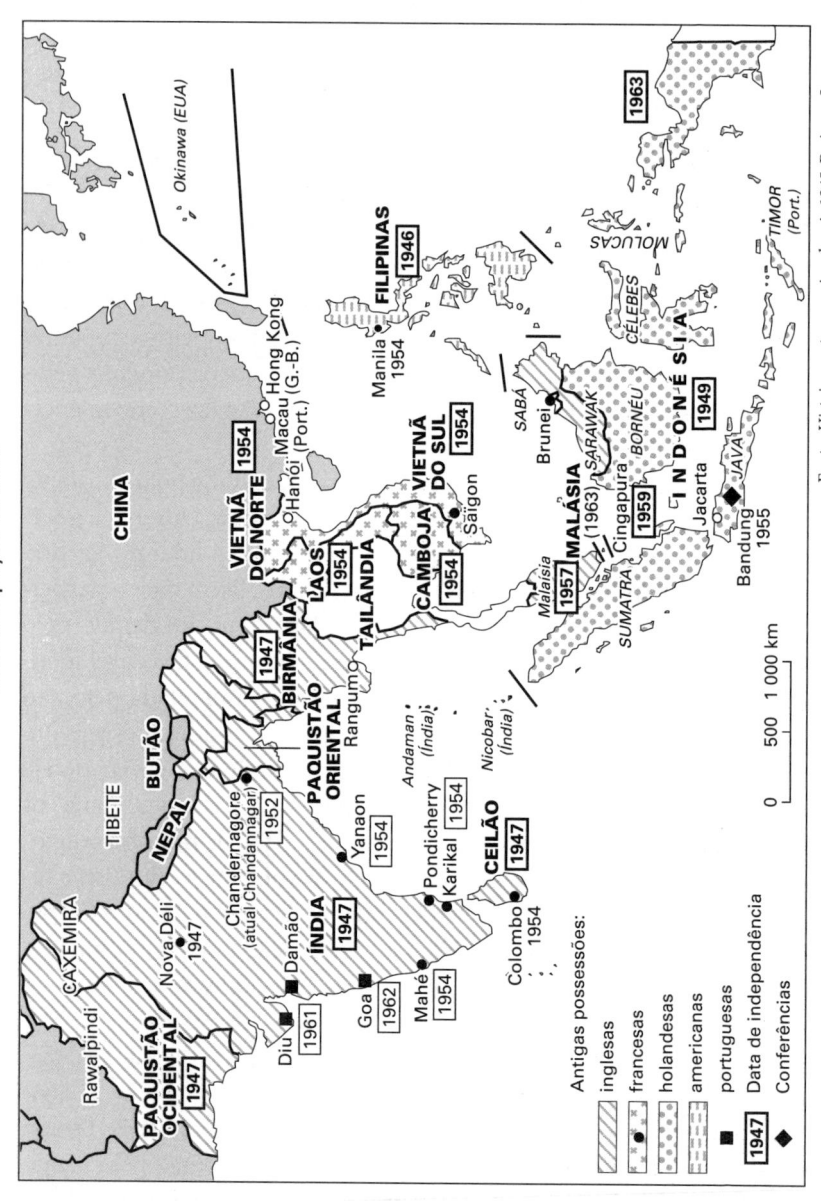

A emancipação da Ásia

Fonte: *Histoire contemporaine depuis 1945*, R. Aron, Larousse.

A Índia reclama, em seguida, a retrocessão dos enclaves estrangeiros, português (Goa) e franceses (Pondicherry, Yanaon, Karikal, Mahé e Chandernagor). Portugal recusa. A França espera até 1954 para ceder suas feitorias à Índia. Os paquistaneses reclamam o controle da região fronteiriça da Caxemira, atribuída à Índia. Uma guerra em 1947-1948 culmina em uma linha de demarcação, teatro de futuros conflitos territoriais. Quanto ao Tibete, de cuja autonomia a Índia era ciosa, a China Popular toma seu controle total em 1950.

Ocupada pelos japoneses durante a guerra, a *Birmânia* obtém do Reino Unido sua independência em 4 de janeiro de 1948 e se recusa a entrar no *Commonwealth*. O novo Estado é vítima de uma guerra civil conduzida ao mesmo tempo pelos comunistas e pelas populações karen, que reclamam sua autonomia. Colônia espanhola bastante antiga, atribuída aos Estados Unidos em 1898, depois da guerra hispano-americana, e ocupada pelos japoneses durante a Segunda Guerra Mundial, as *Filipinas* tornam-se independentes em 4 de julho de 1946 e permitem concessões econômicas e bases aéreas e navais aos Estados Unidos por 99 anos.

Para a Indonésia, a Segunda Guerra Mundial teve papel decisivo. O partido nacionalista indonésio do doutor Sukarno não hesita em colaborar com os japoneses, que lhe concedem a independência.

O *Commonwealth*

É o conjunto de Estados e territórios oriundos do Império Britânico e que conservaram entre si laços mais morais que jurídicos.
O termo aparece pela primeira vez em 1921, no tratado de Londres que reconhecia a existência de um novo domínio, o Estado Livre da Irlanda, que se junta aos outros domínios (territórios considerados suficientemente evoluídos para se beneficiarem de uma soberania interna sob a dependência do soberano britânico): Canadá, Austrália, Nova Zelândia e União Sul-Africana.
Em 1931, o estatuto de Westminster substitui o Império por uma comunidade de nações britânicas (*British Commonwealth of Nations*) ligadas por um juramento de fidelidade à Coroa britânica e por sua livre vontade de associação. Em 1932, os acordos de Ottawa estabelecem o princípio de uma "preferência imperial". A descolonização obriga a reconsideração das definições anteriores. Nem todos os territórios que se encontravam sob jurisdição britânica se juntam ao *Commonwealth*. Em 1949, o *Commonwealth* é definido como um grupo multiétnico e multilinguístico cujo chefe é o soberano britânico. Conferências periódicas de chefes de Estado ou de Governo garantem um mínimo de solidariedade, o que reforça a instituição, em Londres, de um secretariado para o *Commonwealth*.

Apesar da saída da Birmânia e da Irlanda (1948), do Sudão (1956), da Somália, do Kuait, da África do Sul (1961), da Rodésia (1965), de Áden (1967) e do Paquistão Ocidental (1972), o *Commonwealth*, em 1990, conta com 48 membros.

Estados-membros (por ordem de data de independência)

Reino Unido
Canadá: 01/07/1867
Austrália: 01/01/1901
Nova Zelândia: 26/09/1907
Índia: 15/08/1947
Sri Lanka: 04/02/1948
Gana: 06/03/1957
Malásia: 31/08/1957
Chipre: 16/08/1960
Nigéria: 01/10/1960
Serra Leoa: 27/04/1961
Tanzânia: 09/12/1961
Samoa Ocidental: 01/01/1962
Jamaica: 06/08/1962
Trinidad e Tobago: 31/08/1962
Uganda: 09/10/1962
Quênia: 12/12/1963
Malaui: 06/07/1964
Malta: 21/09/1964
Zâmbia: 24/10/1964
Gâmbia: 18/02/1965
Maldivas: 26/07/1965
Cingapura: 09/08/1965
Guiana: 26/05/1966
Botsuana: 30/09/1966

Lesoto: 04/10/1966
Barbados: 30/11/1966
Nauru: 31/01/1968
Maurício: 12/03/1968
Suazilândia: 06/09/1968
Tonga: 04/06/1970
Bangladesh: 16/12/1971
Bahamas: 10/07/1973
Granada: 07/02/1974
Papua-Nova Guiné: 16/09/1975
Seychelles: 29/06/1976
Ilhas Salomão: 07/07/1978
Tuvalu: 01/10/1978
Dominica: 03/11/1978
Santa Lúcia: 22/02/1979
Kiribati: 12/07/1979
São Vicente e Granadinas: 27/10/1979
Zimbábue: 18/04/1980
Vanuatu: 30/07/1980
Belize: 21/09/1981
Antígua e Barbuda: 01/11/1981
São Cristóvão e Névis: 19/09/1983
Brunei: 01/01/1984

A retomada do controle da Indonésia pelos holandeses é difícil. Eles criam, em 1947, uma Federação da Indonésia, abrangendo o território de Java, dirigido pelos indonésios, sendo os outros territórios dominados pelos holandeses. A ruptura ocorre em 1948 após vários incidentes e o fracasso da insurreição comunista em Java. Haia crê que chegou a hora de retomar o controle do país, mas depois de terem iniciado os combates, os holandeses – sob pressão de americanos, ingleses e das Nações Unidas – são obrigados a aceitar a independência total da Indonésia. Em 27 de dezembro de 1949, Haia abandona toda e qualquer soberania sobre o que eram as Índias neerlandesas, com exceção da parte ocidental da Nova Guiné, reivindicada pelos indonésios e cedida, em 1962, pelos holandeses.

Na Indochina, também, a ocupação japonesa foi decisiva. Em 9 de março de 1945, os japoneses liquidam, de fato, o que sobrou da administração francesa. Em 11 de março 1945, a independência do Vietnã é proclamada e leva à criação de um governo de coalizão dirigido por Ho Chi Minh, que proclama a República. O imperador Bao Dai reconhece essa República, mas prefere abandonar o território. Logo após o fim da guerra, o general De Gaulle decide constituir uma força expedicionária, confiada ao general Leclerc, para restabelecer a França na Indochina, evacuada pelos japoneses, ocupada ao norte pela China e ao sul pelos ingleses. As difíceis negociações entre franceses e vietnamitas terminam, em 9 de março de 1946, em um acordo que permite às tropas francesas reocuparem Tonquim. Em contrapartida, a França reconhece a república do Vietnã, que seria composta de três regiões: o Tonquim ao norte, o Anam no centro, e a Cochinchina ao sul. A federação dos Estados indochineses, composta de Vietnã, Camboja e Laos, seria associada à União Francesa. No entanto, é difícil pôr esse acordo em prática. O almirante Thierry d'Argenlieu, nomeado alto-comissário na Indochina, erige a Cochinchina em República independente sob a tutela francesa. Porém, em setembro de 1946, Ho Chi Minh e o governo francês assinam os acordos de Fontainebleau. A situação se agrava bruscamente na Indochina após os incidentes em Haiphong e o bombardeio da cidade pela marinha francesa. Em 19 de dezembro de 1946, começa uma guerra que durará quase oito anos; a França constata que não pode impor o retorno puro e simples da situação pré-guerra, de modo que, pelos acordos da baía de Along, ela estabelece, em junho de 1948, um Estado vietnamita sob a chefia do imperador Bao Dai, ao qual promete total independência.

A partir do desencadeamento do conflito da Coreia, a guerra da Indochina torna-se outro *front* da guerra ideológica entre o Oeste e o Leste. Em janeiro de 1950, Ho Chi Minh obtém o reconhecimento diplomático de seu governo por Moscou e Pequim, que lhe fornecem uma importante ajuda militar. Em outubro de 1950, as forças franco-vietnamitas sofrem um grave revés, o que comprova o aumento da força do Vietminh. Por sua vez, o exército francês, comandado pelo general De Lattre de Tassigny e fortemente ajudado no plano material e financeiro pelos americanos, consegue melhorar sua situação por algum tempo.

As guerras da Indochina

1945 – 9 de março: Golpe de Estado contra o protetorado francês.
 – 2 de setembro: Em Hanói, Ho Chi Minh proclama a independência do Vietnã.
 – 5 de outubro: O general Leclerc se instala em Saigon.
1946 – 6 de março: Acordo Sainteny-Ho Chi Minh: a França reconhece a República Democrática do Vietnã em troca de seu retorno ao Tonquim.
 – julho-setembro: Conferência de Fontainebleau.
 – 24 de novembro: Bombardeio de Haiphong.
 – 19 de dezembro: Insurreição em Hanói. Início da guerra da Indochina.
1948 – 5 de junho: Declaração da baía de Along: "A França reconhece solenemente a independência do Vietnã."
1950 – novembro: Graves reveses franceses em Tonquim.
 – dezembro: De Lattre, alto-comissário na Indochina.
1952 – 11 de janeiro: Morte do marechal De Lattre.
1954 – 26 de abril: Abertura da Conferência de Genebra.
 – 7 de maio: Queda de Dien Bien Phu.
 – 20-21 de julho: Acordos de Genebra: independência e divisão provisória do Vietnã. Fim da guerra da Indochina.
1956 – 9 de abril: No Vietnã do Sul, o governo de Diem adia a consulta eleitoral prevista sobre a reunificação do país.
1960 – 5 de outubro: O Vietnã do Norte estabelece o objetivo de libertar o do Sul.
 – 20 de dezembro: Criação no Vietnã do Sul de uma Frente Nacional de Libertação (FNL). Início da guerra do Vietnã.
1961 – 16 de dezembro: O presidente Kennedy decide elevar a 15 mil os efetivos militares americanos no Vietnã.
1963 – 11 de junho: Depois de incidentes sangrentos entre budistas e as forças de ordem, um monge se imola ateando fogo em si mesmo em Saigon.
 – 1º de novembro: Golpe de Estado em Saigon. Morte de Ngo Dinh Diem.
1964 – 2-5 de agosto: Incidente naval no golfo de Tonquim.
 – 7 de agosto: O Congresso adota uma resolução que permite uma intervenção americana no sudeste da Ásia.
1965 – 7 de fevereiro: Início dos ataques aéreos contra o Vietnã do Norte.
 – 8 de junho: Início oficial da participação de forças americanas em combates terrestres no Vietnã do Sul.

- 12-19 de fevereiro: Golpe de Estado militar em Saigon; o general Thieu se torna o chefe de Estado, o general Ky, chefe de Governo.
1966 – 30 de agosto: Discurso do general De Gaulle em Phnom Penh.
1967 – Grandes bombardeios americanos.
1968 – fevereiro: Ofensiva do Tet.
- 31 de março: O presidente Johnson anuncia uma suspensão parcial dos bombardeios.
- maio: Encontros em Paris entre representantes americanos e norte-vietnamitas.
- novembro: Suspensão total dos bombardeios.
1969 – janeiro: Início da Conferência de Paris.
- 12 de novembro: Manifestações nos Estados Unidos contra a guerra.
1970 – 29 de abril: Intervenção americana no Camboja.
1971 – 8 de fevereiro: Intervenção americana no Laos.
- 26-31 de dezembro: Ofensiva americana contra o Vietnã do Norte.
1972 – abril: Retomada dos bombardeios americanos, contatos secretos em Paris.
- 30 de dezembro: Suspensão dos bombardeios e retomada das negociações.
1973 – 27 de janeiro: Assinatura dos acordos de Paris.
- 29 de março: Partida dos últimos militares americanos das forças terrestres.
1975 – 17 de abril: Queda de Phnom Penh.
- 30 de abril: Queda de Saigon; fim da guerra. Reunificação do Vietnã.
- dezembro: O Laos torna-se uma República Popular.

Contudo, a posição militar franco-vietnamita não tarda a se agravar em razão do fortalecimento do Vietminh e da decisão do alto-comissário francês de organizar em Tonquim ocidental, em Dien Bien Phu, um centro de resistência que o exército vietminh ataca em março de 1954. Durante os cinquenta e seis dias de combate, a intervenção direta dos Estados Unidos inicialmente considerada é, em seguida, descartada.

Enquanto uma nova conferência se reúne em Genebra para discutir a paz na Coreia (após o armistício de Panmunjon, de 1953) e um armistício na Indochina, chega a notícia da queda de Dien Bien Phu, em 7 de maio, o que acelera o processo de paz. As negociações se arrastam em Genebra a propósito da linha de armistício entre o Sul e o Norte e da data das eleições que deveriam permitir a reunificação do Vietnã. Finalmente, em 20 de julho de 1954, é assinado um armistício que divide a Indochina em duas ao longo do paralelo 17: o Vietnã

A Indochina em tempo de guerra

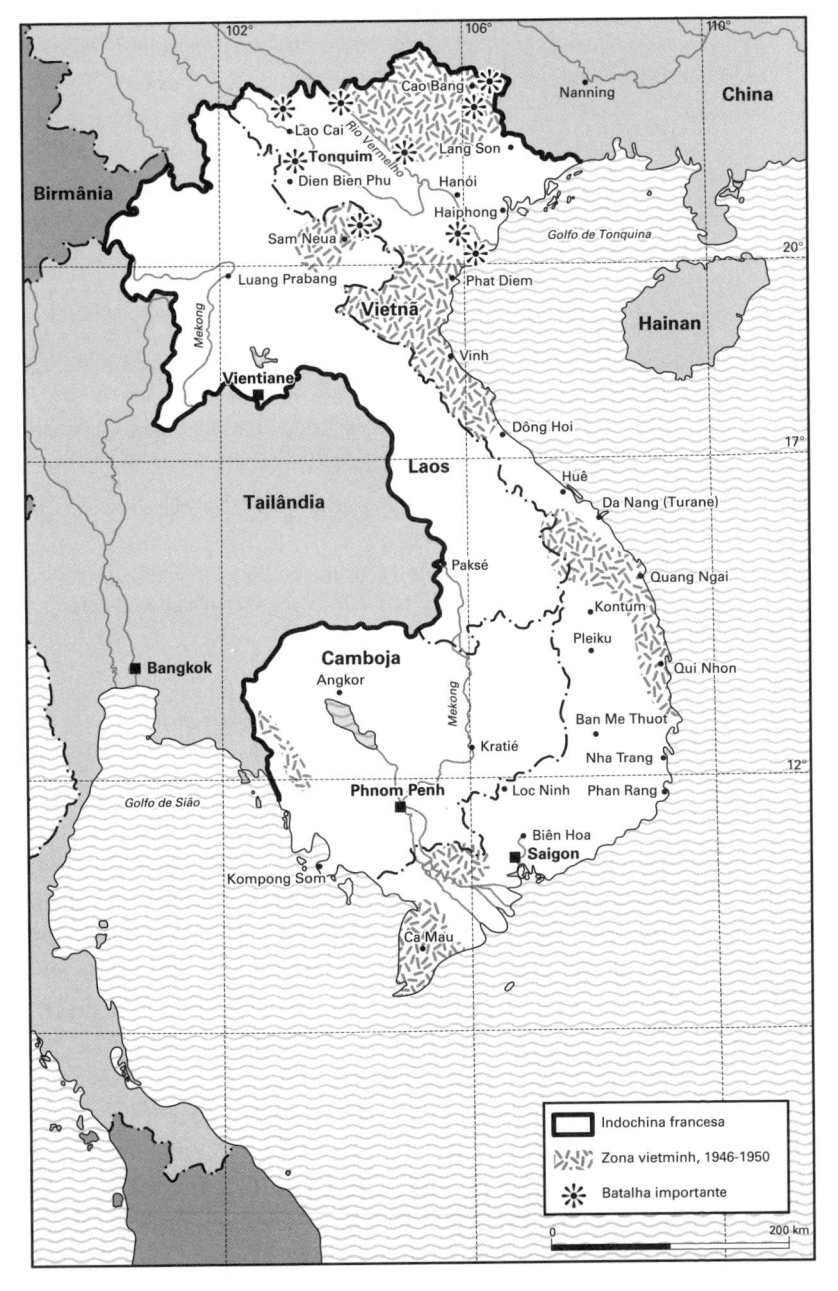

Indochina francesa

Zona vietminh, 1946-1950

Batalha importante

do Norte, onde dominam os comunistas, e o Vietnã do Sul, onde reinam os nacionalistas liderados por Ngo Dinh Diem e apoiados pelos americanos, cuja influência substitui a da França. As tropas francesas devem evacuar a Indochina no prazo de alguns meses e as eleições devem ser organizadas em um prazo de dois anos para que se considere a reunificação do Vietnã. Após a Coreia e a Alemanha, um novo país é dividido por uma fronteira ideológica, a "cortina de bambu". É também a fonte de novos conflitos, pois os Estados Unidos estão decididos a apoiar Ngo Dinh Diem, que elimina rapidamente o imperador Bao Dai, por meio de uma consulta popular. Para a França é, ao mesmo tempo, o fim do grilhão indochinês e o término de uma presença de quase três quartos de século nessa região do mundo, pois os acordos de Genebra sancionam a vitória de um movimento revolucionário sobre uma potência europeia e abrem caminho para a descolonização do segundo grande império colonial.

Enfim, na Conferência de Genebra, a China aparece como uma potência com a qual é preciso contar na Ásia. Os acordos sino-soviéticos (assinados em 12 de outubro de 1954) e os bombardeios das ilhas costeiras de Formosa (setembro de 1954) atestam o despertar Chinês.

Sob a direção de Nehru, a Índia se esforça em desempenhar um papel mundial e em tomar a frente do neutralismo e do anticolonialismo. Mesmo permanecendo no *Commonwealth*, a Índia rejeita a ajuda militar americana, em 1º de março de 1954; condena formalmente os pactos, a Otase e o Pacto de Bagdá, e, fiel à doutrina de Gandhi, é para ela uma questão de honra não empregar a força. Obtém a cessão de cinco feitorias francesas da Índia, cuja incorporação se realiza em 1º de novembro de 1954, mas esbarra na recusa de Portugal em ceder Goa. A ativa política externa da Índia se manifesta pelos numerosos encontros entre Nehru e Chou En-lai (junho de 1954, novembro de 1956) e, sobretudo, entre Nehru e os dirigentes soviéticos, que favorecem com todo seu peso o "neutralismo" indiano e o eixo neutralista em torno de Nehru, Tito e Nasser.

Mesmo que a confrontação entre os dois blocos persista, o papel dos novos Estados e sua vontade de ultrapassar a bipolarização e a guerra fria levam a outra concepção das relações internacionais. O confronto continua, mas a guerra fria, aos poucos, dá lugar à coexistência pacífica.

Capítulo **2**

A COEXISTÊNCIA PACÍFICA
(1955-1962)

Os anos 1955-1956 não anunciam o fim do mundo bipolar nascido logo após a Segunda Guerra Mundial. Não são tampouco os anos do fim da guerra fria. Mas esse período intermediário, que é a passagem de um mundo da confrontação de dois blocos à distensão, se situa sob o signo da coexistência pacífica. Esta última é, ao mesmo tempo, um novo modo de relações Leste-Oeste e uma consequência do "nascimento do Terceiro Mundo". De fato, à primeira onda de descolonização da Ásia sucede uma segunda, que é sobretudo africana. Em Bandung, em 1955, sem a presença das grandes potências, os Estados recentemente descolonizados proclamam seu desejo de independência e de coexistência pacífica, e, em Suez, em 1956, as duas grandes potências coloniais europeias sofrem reveses diplomáticos diante de um Estado do Oriente Médio.

O Terceiro Mundo anuncia mais ou menos pacificamente sua intenção de deixar de ser tratado como objeto da política internacional. Assim, ele complica e enriquece o jogo das relações de força Leste-Oeste. A competição econômica e as corridas armamentista e espacial substituem pouco a pouco a confrontação ideológica. A oposição ideológica torna impossível uma verdadeira paz. O equilíbrio nuclear torna improvável a guerra, segundo a fórmula de Raymond Aron: "Paz impossível, guerra improvável." Também entre os dois blocos a coexistência pacífica triunfa, mesmo que crises violentas, como as que afetam um antigo polo de tensão – Berlim – e um novo – Cuba –, pontuem o período. Até mesmo no interior dos blocos aparecem linhas de ruptura, principalmente no bloco oriental, no qual, após a desestalinização, crises sacodem a Polônia e a Hungria e fissuras nascem na aliança sino-soviética. No bloco ocidental, são os países europeus que, saídos da reconstrução, se organizam pouco a pouco.

A SEGUNDA FASE DE DESCOLONIZAÇÃO

Graças aos movimentos de emancipação, nasce um grupo de países situados na Ásia e na África que têm em comum o fato de serem subdesenvolvidos e de conhecerem um grande crescimento demográfico: é o "Terceiro Mundo" (expressão criada por Alfred Sauvy em 1952). Ele toma consciência de sua existência no momento da Conferência de Bandung, em abril de 1952, quando obtém uma vitória diplomática em Suez. No espaço de quatro anos, ele se torna múltiplo e transforma a Organização das Nações Unidas.

A competição Leste-Oeste se transporta para fora da Europa, onde a União Soviética explora a vontade de emancipação colonial que se alastra no Terceiro Mundo. Na verdade, Kruchov não obtém apenas vitórias: ele sofre reveses no Congo e em outros países africanos. Mas é do seu reinado que datam a implantação soviética no Oriente Médio e a instalação de um regime comunista em Cuba.

No Oriente Médio, o fornecimento de armas tchecoslovacas ao Egito cria uma situação perigosa de corrida armamentista que a nacionalização do canal de Suez transforma em ocasião de conflito.

O recuo diplomático franco-britânico abre as portas do Oriente Médio para as duas superpotências, que não cessarão de conduzir aí uma luta por influência, sem, contudo, se enfrentarem realmente. Os países não alinhados são recuperados pela diplomacia soviética à época da conferência de solidariedade afro-asiática no Cairo (dezembro de 1957) e na ONU, por ocasião de uma sessão tumultuada (1960) em que Kruchov vilipendia os ocidentais.

Bandung e Suez

É dos países asiáticos que vem a iniciativa da *Conferência de Bandung*. Ela intervém em uma conjuntura particular: o fim das guerras da Coreia e da Indochina e a solução do contencioso sino-indiano sobre o Tibete pelo tratado de 29 de abril de 1954, que confere à China uma imagem mais pacífica, mesmo que lhe reconheça o controle sobre o Tibete.

Essa conferência, que acontece entre 17 e 24 de abril de 1955 na antiga capital da Indonésia, marca uma reviravolta na história da descolonização. Os promotores da conferência são os chefes dos governos da Birmânia, do Ceilão, da Índia, da Indonésia e do Paquistão (grupo de Colombo), que decidem convocar na Indonésia uma conferência de países africanos e asiáticos. Entre os 24 governos representados, três tendências se afirmam: uma tendência pró-ocidental (Filipinas, Japão, Vietnã do Sul, Laos, Tailândia, Turquia, Paquistão, Etiópia, Líbano, Líbia, Iraque e Irã), uma tendência neutralista (Afeganistão, Birmânia, Egito, Índia, Indonésia e Síria) e uma tendência comunista (China e Vietnã do Norte). As posições dos outros Estados são menos definidas.

De qualquer forma, a condenação do colonialismo, principal tema da conferência, é a mais ampla possível. O segundo tema da conferência é a coexistência pacífica, pregada por Nehru, tomando por base de ação o *Panch Shila*, os cinco princípios inseridos pela Índia e pela China no preâmbulo do acordo que concluíram sobre o Tibete, considerados de certo modo um modelo das novas relações internacionais: respeito à integridade territorial e à soberania; não agressão; não ingerência nos assuntos internos; reciprocidade de benefícios nos contratos; coexistência pacífica.

Aos cinco princípios, o primeiro-ministro do Paquistão, Mohammed Ali, opõe os "sete pilares da paz", entre os quais o direito para todos os países de se defenderem coletivamente ou individualmente, o que justifica que o Paquistão pertença à Organização do Tratado do Sudeste Asiático (Otase). A China Popular, na pessoa do presidente do conselho chinês, Chou En-lai, age em grande medida como mediador entre a Índia e o Paquistão e aparece como uma referência e um modelo para o Terceiro Mundo em gestação.

Pela primeira vez, uma grande conferência reuniu os Estados do Terceiro Mundo sem a participação dos Estados europeus, dos Estados Unidos e da URSS. O encontro do afro-asiatismo coincide, de fato, com uma nova etapa da emancipação colonial. Emerge, confusamente, a ideia de que os países do Terceiro Mundo devem procurar outra via. O encontro de Nasser, Tito e Nehru, em Brioni (18-20 de julho de 1956), permite promover o não alinhamento. A tradução política desta ideia consiste em uma política pendular entre dois blocos, experimentada em circunstâncias reais no Oriente Médio.

No Oriente Médio, o fato novo é o desenvolvimento do nacionalismo árabe, que coincide com o avanço soviético no Terceiro Mundo. Por uma declaração publicada em 16 de abril de 1955, os dirigentes soviéticos anunciam sua recusa em aceitar por mais tempo o monopólio ocidental nessa região ainda mais fortalecida pelo Pacto de Bagdá, o que prefacia a intervenção ativa da URSS no Mediterrâneo. Assim, após a eliminação do general Neguib (março de 1954), o coronel Nasser torna-se o defensor do nacionalismo árabe e do pan-arabismo. Ele não esconde sua intenção de aniquilar Israel, com o qual os Estados árabes querelam permanentemente desde 1948. É sob essa perspectiva que ele conclui com a Tchecoslováquia, em 27 de setembro de 1955, um importante contrato de fornecimento de armas tchecas e soviéticas: caças, bombardeiros a jato e carros blindados. O monopólio britânico do comércio de armas no Oriente Médio é então quebrado.

Nasser quer tornar seu país mais independente e obtém dos ingleses a evacuação total de seu país, inclusive do canal de Suez. Com o iugoslavo Tito, liberado do conflito de Trieste, e o indiano Nehru, ele lança a ideia de não engajamento à qual a Conferência de Bandung (1955) dá um conteúdo positivo: a luta pela descolonização. Nasser quer tirar seu país do subdesenvolvimento e espera obter dos Estados Unidos o financiamento da barragem de Assuã, destinada a garantir a irrigação do Alto Egito e a produzir energia elétrica. Mas, depois de ter hesitado, o secretário do Departamento de Estado, Foster Dulles, recusa em 19 de julho de 1956 qualquer ajuda financeira a um país decididamente neutralista demais, no momento exato da conferência de Brioni (18-20 de julho).

A resposta de Nasser é imediata: em 26 de julho, ele anuncia a nacionalização do canal de Suez, propriedade de uma companhia em que os interesses franceses e britânicos são majoritários. Trata-se de um triplo desafio: desafio à antiga potência colonizadora britânica, que aceita mal a perda de uma das chaves de seu império, desafio à França, que censura o Egito por apoiar a rebelião argelina, e desafio a Israel, a cujos navios Nasser pretende proibir o direito de usar o canal de Suez. Assim, as três potências convergem em seu interesse de impedir os planos do coronel Nasser. Para os franceses, a nacionalização é a ocasião de eliminar o homem que – tal como os ditadores dos anos 1930 – pretende construir um império árabe e de pôr um fim à rebelião argelina. Para os ingleses, trata-se de impedir que um país se aproprie de um ponto de passagem vital para sua nação e controle o canal de Suez. Para os israelenses, trata-se de desarmar a ameaça mortal que pesa sobre seu abastecimento e, efetivamente, sobre sua própria existência como Estado. As negociações se arrastam. Uma conferência internacional reunida em Londres (1º de agosto de 1956) não consegue demover Nasser, como tampouco conseguem a conferência dos usuários em Londres (18-22 de setembro) e o Conselho de Segurança em Nova York (5-15 de outubro). Entre os franco-britânicos e os egípcios, o confronto se prepara, Moscou sustenta o Egito, Washington se recusa a considerar uma solução de força em pleno período de eleição presidencial. Uma operação franco-britânica, acertada em Sèvres, em 22 de outubro, sob a direção do presidente do Conselho francês, Guy Mollet, e do primeiro-ministro inglês, Anthony Eden, é finalmente lançada – após muitas tergiversações – em coordenação com um ataque preventivo israelense. As tropas egípcias perdem então o controle do Sinai e da maior parte do canal de Suez. Mas, em 5 de novembro, a União Soviética ameaça a França e a Grã-Bretanha com seus mísseis atômicos. Os Estados Unidos, que consideram a intervenção um golpe contra a Aliança Atlântica e as Nações Unidas, não se solidarizam com seus aliados e isso atinge a libra esterlina. As pressões conseguem fazer com que Eden ceda, depois Mollet. Na Assembleia Geral da ONU, a França e o Reino Unido são condenados. As forças franco-britânicas, já em movimento, são detidas, em 6 de novembro, à meia-noite. Os anglo-franceses evacuam sua cabeça de ponte em dezembro, e os israelenses, suas conquistas, no começo de 1957. A ONU coloca entre Israel e o Egito unidades internacionais dos Capacetes Azuis*, assim como em Charm el-Cheikh, garantindo, desse modo, a liberdade de navegação no estreito de Tiran.

A crise de Suez arruína a tradicional influência da França e da Grã-Bretanha na região. Sua intervenção aparece como a vontade de salvaguardar seus interesses econômicos e políticos, isto é, como uma manifestação evidente de colonialismo. Mas essa política de força fracassou de maneira lamentável. Assim, ela demonstra que as potências médias já não têm liberdade de ação. Elas foram "deixadas de lado" por

---

* Soldados da ONU. (N. do T.)

seus aliados, o que desencadeia uma crise no seio da Otan. O coronel Nasser, que impôs a nacionalização do canal, sai vitorioso dessa crise e se torna o paladino inconteste do nacionalismo árabe e da descolonização. A URSS constrói para si uma imagem de defensora das pequenas potências contra o imperialismo. Moscou aparece, assim, como o principal aliado do mundo árabe e registra um avanço no Oriente Médio, onde seu prestígio se confirma na opinião pública árabe. Sua influência se afirma não apenas no Egito, mas também na Síria.

Os Estados Unidos, graças a uma atitude cuidadosa, consegue preservar sua imagem na região. Por seu apoio à dinastia hachemita, eles fazem com que a Jordânia do rei Hussein se volte para seu campo. Eles não estão dispostos a abandonar à União Soviética o controle político do Oriente Médio. A doutrina Eisenhower (5 de janeiro de 1957), que comporta uma ajuda econômica e uma assistência militar dos Estados Unidos a todo país do Oriente Médio preocupado em prevenir a agressão ou a subversão, é destinada a preencher o vazio no Oriente Médio. A União Soviética responde a esta ameaça de paz com o plano Chepilov (11 de fevereiro de 1957), que preconiza a não integração dos Estados do Oriente Médio nos blocos militares, a liquidação das bases estrangeiras etc.

O efeito mais óbvio do caso de Suez é a eliminação das influências francesa e inglesa da região, onde as superpotências, apoiadas uma no Egito e na Síria, a outra no Pacto de Bagdá, na Jordânia e na Arábia Saudita, se encontram face a face. Quanto ao canal de Suez, ele se tornou inutilizável devido aos ataques dos navios pelos egípcios, o que prejudica enormemente o abastecimento de petróleo na Europa, e é doravante controlado pelo Egito. A Síria, controlada pelo partido Baath, preconiza a unidade do mundo árabe, começando por uma fusão com o Egito, o que se concretiza na efêmera (1958-1961) República Árabe Unida (RAU). Depois do golpe de Estado dado pelos militares iraquianos que abolem a monarquia (14 de julho 1958), até o Iraque rompe com o Pacto de Bagdá, transformado então em *Central Treaty Organization* (Cento). A fim de interromper a expansão do comunismo, americanos e britânicos intervêm no Líbano e na Jordânia para reprimir a agitação que cresce nesses países (julho de 1958). Às Nações Unidas, todos os países da Liga Árabe propõem uma resolução em que demandam que o Oriente Médio seja mantido afastado das querelas das grandes potências (21 de agosto de 1958). Além disso, é a partir da conferência de Bandung e da crise de Suez que se desenvolve a segunda fase de descolonização, que se situa principalmente na África.

A descolonização na África do Norte

A situação é bastante diferente conforme se trate da Argélia, território considerado francês, onde habita uma forte minoria de europeus, ou da Tunísia e do Marrocos, protetorados que conservaram seus soberanos, se não sua soberania. Mas, em toda parte, a Liga Árabe manifesta sua oposição à política francesa na África do Norte e traz seu apoio aos partidos nacionalistas nos protetorados da Tunísia e do Marrocos e na Argélia. Em agosto de 1951, os países árabes decidem levar o problema marroquino à Assembleia Geral das Nações Unidas e, em dezembro, eles intervêm junto ao Conselho de Segurança a propósito da Tunísia.

O movimento nacionalista tunisiano. Ele é encorajado pela situação do país durante a guerra; ocupada por italianos e alemães, a Tunísia é teatro de batalhas sangrentas e terreno de enfrentamento entre franceses. Desde sua libertação, o bei Moncef, destituído por haver colaborado com os alemães, é substituído por Lamine Bey. Em 1951, começa o drama. As reivindicações do partido tradicionalista, o Destour, do partido ocidentalizado de Habib Burguiba, o Neo-Destour, e do sindicato União Geral dos Trabalhadores Tunisianos (UGTT) são estimuladas pela chegada à independência, em outubro, da vizinha Líbia. O líder da oposição, Habib Burguiba, conclama à autonomia interna. O próprio bei exige a reunião de uma assembleia nacional tunisiana e a constituição de um governo tunisiano responsável.

A partir de dezembro de 1951, tumultos sacodem o campo no sul da Tunísia e a repressão se abate sobre os representantes do Neo-Destour (Burguiba é preso) e os ministros do governo tunisiano. Em julho de 1952, a França propõe um sistema de cossoberania no âmbito da União Francesa, o que é rejeitado. O terrorismo assola o país. Finalmente, o novo presidente do Conselho, Pierre Mendès France, vai a Túnis em julho de 1954 e, no discurso de Cartago, anuncia que a França concede autonomia interna à Tunísia. A Tunísia, assim, dispõe de seu próprio governo, mas permanece subordinada à França em matéria de defesa, política externa e relações econômicas internacionais. Após três anos de exílio, Habib Burguiba, o "combatente supremo", retorna a seu país (1º de junho de 1955). As negociações franco-tunisianas levam à independência total da Tunísia em março de 1956.

O papel do soberano Muhammad Ibn Yussef no Marrocos. Ele foi muito mais marcante. Durante a guerra, foi encorajado em sua vontade de independência pelo presidente americano Roosevelt. Desde o fim da guerra, as relações com a França tornaram-se tensas em razão da criação, por Allal al-Fasi, da "Istiqlal", partido da independência, e do discurso do sultão em Tanger, em 1947, no qual ele exalta a Liga Árabe. Sob a influência de uma parte da colônia francesa, a política dos residentes sucessivos (marechal Juin, general Guillaume) é cada vez mais firme: eles insistem para que o sultão desautorize o Istiqlal. Mas o discurso do trono de novembro de 1952 é um apelo ao nacionalismo marroquino, entrando-se, assim, no ciclo agitação-repressão. Após as intrigas do paxá de Marrakech, o Glaui, apoiado por tribos berberes, colonos franceses e alguns altos funcionários franceses, Muhammad Ibn Yussef é deposto, substituído por um de seus primos e exilado em Madagascar durante o verão de 1953. A partir desse momento, a situação se degrada, sobretudo com atentados nas cidades. Em 1955, o governo francês decide trazer o sultão para a França e negociar com ele os acordos de La Celle-Saint-Cloud. Em novembro de 1955, Muhammad Ibn Yussef obtém tanto seu retorno ao trono do Marrocos (sob o nome de Muhammad V) quanto a promessa de independência. Em 16 de novembro, retorna triunfalmente a Rabat. Em 2 de março de 1956, o Marrocos acelera sua independência, seguido algumas semanas depois pela Tunísia.

A Argélia, já abalada por uma intensa revolta a partir de 8 de maio de 1945, é em si mesma um caso à parte. Constituída de departamentos franceses com estatuto especial, povoada por uma importante minoria europeia (1 milhão de um total de 9 milhões de habitantes em 1954), é considerada parte integrante da França. Assim, quando a revolta irrompe no dia de Todos os Santos, em 1954, os sucessivos governantes estão resolvidos a fazer respeitar a manutenção da república, realizando algumas reformas, entre as quais a criação do colégio eleitoral único, isto é, um corpo eleitoral composto indistintamente de muçulmanos e europeus.

A descolonização da África

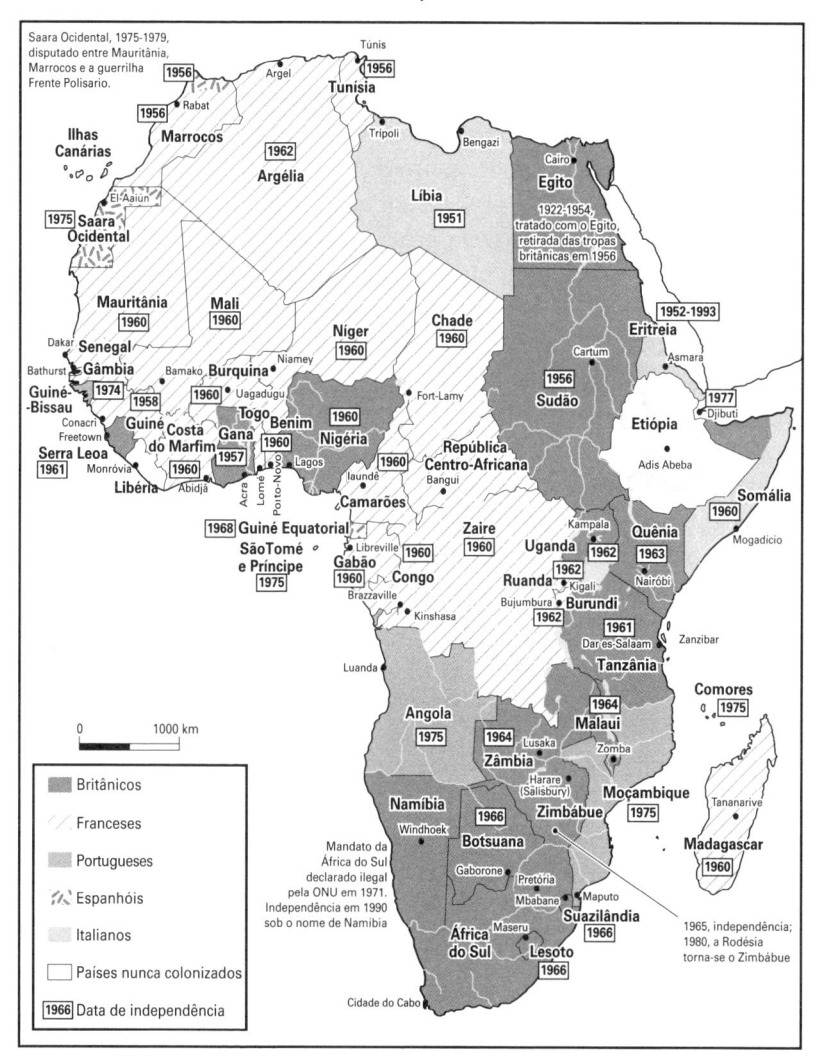

(mapa da África com datas de independência dos países e legenda: Britânicos, Franceses, Portugueses, Espanhóis, Italianos, Países nunca colonizados, Data de independência)

Pouco a pouco, a Frente de Libertação Nacional (FLN) consegue ampliar a rebelião pela guerrilha e pelo terrorismo. A partir de 1956, o governo Guy Mollet reconhece a especificidade argelina e propõe uma solução em três etapas: cessar-fogo, eleições e negociações. Mas ele reforça a ação militar na Argélia com o envio de jovens convocados do contingente – o que os governos precedentes não haviam ousado fazer na Indochina – e, no exterior, pela inspeção de um avião que transportava os dirigentes da rebelião (22 de outubro de 1956) e pela intervenção em Suez (novembro). O exército francês exerce seu "direito de sequela" bombardeando unidades da FLN refugiadas na aldeia tunisiana Sakiet Sidi Youssef (8 de fevereiro de 1958). As relações com o Marrocos, a Tunísia e os países árabes são cada vez mais tensas. Os Estados Unidos e a Grã-Bretanha fazem pressão sobre o governo francês para que aceite suas ofertas de mediação a fim de encontrar uma saída para o drama argelino que ameaça a Aliança Atlântica.

A internacionalização da questão argelina está em marcha. Todo ano, na Assembleia Geral da ONU, a França, levada a julgamento, deve manobrar para que não seja condenada por uma resolução afro-asiática. A perspectiva da abertura de negociações leva à revolta de 13 de maio de 1958, que dá ao general De Gaulle a oportunidade de retornar ao poder, pois ele é considerado o único homem capaz de evitar a guerra civil e de restaurar a unidade nacional. Perante o Governo Provisório da República Argelina (GPRA), criado pela FLN em 19 de setembro de 1958, firme em sua reivindicação de independência e dirigido por um moderado, Ferhat Abbas, o general De Gaulle está animado de uma dupla preocupação: evitar uma nova derrota colonial e livrar-se do grilhão argelino para ter as mãos livres na política externa. Ele formula progressivamente uma política de desenvolvimento econômico, de reconciliação com a rebelião, de associação, de autodeterminação (16 setembro de 1959) e, enfim, da Argélia argelina que leva, através de crises políticas e golpes de Estado ("semana das barricadas" em janeiro de 1950, *putsch* dos generais em abril de 1961), a longas e difíceis negociações e aos Acordos de Évian (18 de março de 1962). A França obtém a garantia dos direitos da população europeia, a manutenção de uma presença militar por três anos, de seus interesses econômicos no Saara por cinco anos e a promessa de uma estreita cooperação franco-argelina. O cessar-fogo acontece em 19 de março. A maioria dos europeus abandona a Argélia, que proclama sua independência em 3 de julho de 1963.

A descolonização na África Negra

Antes de 1957, havia ainda pouquíssimos países independentes na África Negra. No espaço de cinco anos, de 1957 a 1962, quase toda a África deixa de ser colônia.

• *A descolonização da África anglófona*

Ela se faz progressivamente, território por território, seguindo etapas, por processos de negociação e sondagens, geralmente de forma pacífica.

A primeira colônia britânica africana a tornar-se independente (6 de março de 1957) é a Gold Coast (Costa do Ouro), que, sob o comando do líder independentista Kwame Nkrumah, adota o nome de Gana.

A Nigéria torna-se independente em 1º de outubro de 1960, e Serra Leoa em 27 de abril de 1961. Tanganica, antiga colônia alemã, que passara ao controle britânico, chega à independência em 28 de dezembro de 1961, sendo Julius Nyerere seu primeiro-ministro. Tornada independente em dezembro de 1963, a ilha de Zanzibar, que vivera distúrbios étnicos e políticos violentos, constitui com Tanganica uma república unida sob o nome de Tanzânia, em 29 de setembro de 1964.

No Quênia, a descolonização é muito mais difícil porque, paralelamente ao partido independentista de Jomo Keniata, se desenvolve o movimento terrorista dos Mau Mau. A revolta dura até 1955. É somente em dezembro de 1963 que o Quênia alcança a independência. Enfim, em 9 de dezembro de 1962, Uganda entra no *Commonwealth* como país independente.

Na África austral, além da União Sul-Africana, independente no âmbito do *Commonwealth* desde 1910 e que depois o abandona em 1961, as possessões britânicas se compõem de três territórios: Rodésia do Sul, Rodésia do Norte e Niassalândia, reunidas em uma Federação da África Central. Essa Federação se desintegra em razão da independência do Niassalândia (julho de 1964), que adota o nome de Malaui, da secessão da Rodésia do Norte, que se torna a Zâmbia, e da situação particular da Rodésia do Sul, onde a forte minoria branca, que detém o poder, decide decretar unilateralmente e sem o acordo da Grã-Bretanha a independência do país (abril de 1964). Apesar do bloqueio instaurado pelos britânicos e por numerosos Estados africanos, a Rodésia do Sul persiste em sua política.

- *A descolonização da África Negra francesa*
Ela se dá de forma completamente diferente. A política francesa é, inicialmente, uma política de assimilação e, depois, evolui para uma de independência, seguindo normas gerais dentro da União Francesa.

Ao final da Constituição da 4ª República, todas as antigas colônias da África Negra e de Madagascar tornam-se "territórios ultramarinos", seus habitantes tornam-se cidadãos franceses e elegem seus representantes nas Assembleias francesas. Apesar de dúvidas sobre a ideia de um agrupamento federal, as elites africanas, que se libertavam pouco a pouco, aspiravam a mais autonomia em relação à França.

A lei de bases (ou lei Defferre). O movimento de descolonização que se iniciava no mundo inteiro, da Conferência de Bandung em 1955 à independência concedida a Gana, em 1957, leva o governo de Guy Mollet a estabelecer um padrão de evolução flexível para os países da África Negra e Madagascar. É a lei de bases, votada em 23 de junho de 1956, que prevê uma grande autonomia interna, com assembleias eleitas por sufrágio universal direto e colégio eleitoral único em cada território, capitaneados por uma assembleia geral. Essa lei, chamada "lei Defferre", nome do ministro responsável por ela, permite a aprendizagem da autogestão pelas elites africanas, com a ajuda da metrópole e em paz. Os territórios de Camarões e do Togo, atribuídos por mandatos da SDN em 1922 e transformados em territórios sob tutela em 1946, alcançam a independência. A república do Togo recebe autonomia completa em 1956 e se torna independente em 24 de abril de 1960. O mesmo ocorre com Camarões, em 1º de janeiro 1960, ao qual se une o Camarões anteriormente inglês.

A Comunidade. Após seu retorno ao poder, o general De Gaulle proclama o direito à independência dos povos de ultramar. No entanto, ele acentua que os africanos poderão escolher, por um referendo, entre a Comunidade com a França e a independência em secessão. Em 23 de setembro de 1958, 11 territórios das 12 antigas colônias da África ocidental e equatorial francesas aceitam a constituição da 5ª República e da Comunidade, que dá a esses Estados uma grande autonomia interna, mas que conserva as competências em política externa e defesa nacional. Apenas a Guiné de Sékou Touré se recusa a aderir à Comunidade. De fato, ao longo dos anos 1960, todos os Estados africanos membros da Comunidade solicitam à França a transferência de competências, chegam à independência e assinam em seguida um tratado de associação com a França. É o caso do Senegal e do Sudão (agrupados por algum tempo na Federação do Mali); de Madagascar (26 de junho de 1960); depois dos quatro Estados da África equatorial, Congo, Gabão, a República Centro-Africana, Chade; enfim, os países da "*Entente*", Costa do Marfim, Dahomey, Alto Volta, Níger; e, por último (19 de outubro de 1960), a Mauritânia, da qual uma parte do território é reivindicada pelo Marrocos.

• *A descolonização do Congo Belga*

Na sequência das modificações que afetam a África Negra francófona, a febre nacionalista toma conta do Congo Belga, que era a mais vasta e a mais rica (graças às reservas de cobre e urânio da província de Katanga) de todas as colônias europeias na África Negra. Se a Bélgica praticara até aquele momento uma política paternalista, ela concede bruscamente a independência (30 de junho de 1960) aos nacionalistas congoleses, Kasavubu e Lumumba, que a reclamam. Um se torna chefe de Estado, o outro primeiro-ministro. Mas, desde seu nascimento, esse Estado torna-se presa de incidentes antibelgas e de uma guerra civil em que se enfrentam os "centralistas" em torno de Lumumba, então chefe de governo, e os "federalistas" da província de Katanga, liderados por Moise Tshombe, que faz secessão e proclama a independência de sua província. O que está em jogo no Congo é tão importante que se assiste à internacionalização do conflito. As ameaças soviéticas e a intervenção dos Capacetes Azuis se somam aos conflitos internos (oposição entre Kasavubu e Lumumba, apoiado pela URSS) e a entrada em cena do exército congolês comandado pelo general Mobutu. A confusão atinge o ápice após a prisão e o assassinato de Patrice Lumumba (fevereiro de 1961) e a morte do secretário-geral das Nações Unidas, Dag Hammarskjold (18 de setembro de 1961), que não poupava esforços para chegar a uma solução. Finalmente, as secessões são vencidas e a unidade do Congo é restaurada graças às forças da ONU. Mas a ordem retorna apenas com a ascensão do general Mobutu ao poder (novembro de 1965).

Outros dois territórios sob tutela belga, Ruanda e Urundi (depois chamado de Burundi), alcançam a independência em 1º de julho de 1962.

- **Os "resíduos" de colônias europeias na África Negra em 1962**

Os únicos territórios africanos que ainda não conquistaram sua independência em 1962 são o Saara Espanhol, a Costa Francesa dos Somalis, que se tornou Território Francês dos Afares e dos Issas, e sobretudo as colônias portuguesas: as ilhas de Cabo Verde, de São Tomé e Príncipe, a Guiné Portuguesa, Angola e Moçambique. Portugal as considera como províncias e lhes aplica uma política de assimilação. A chegada à independência dos outros países africanos provoca revoltas mais ou menos latentes nesses países.

A evolução das Nações Unidas

Entre o movimento de descolonização e a organização das Nações Unidas, as interações são evidentes. Por meio de reiterados debates sobre a descolonização, a ONU certamente tem um peso na independência das colônias, como mostram as votações sobre a inscrição na ordem do dia da Assembleia das Nações Unidas sobre a questão argelina. É preciso, contudo, esperar 1961 para que as Nações Unidas votem uma declaração segundo a qual toda colônia deve receber imediatamente sua independência.

Por outro lado, a descolonização provoca uma transformação da estrutura diplomática internacional, em particular na Organização das Nações Unidas, onde a aparição de novos Estados abala uma maioria tradicionalmente inspirada pelos Estados Unidos na Assembleia Geral. Os novos membros se servem das Nações Unidas como de uma tribuna em que as posições ocidentais são questionadas.

O declínio do poder do Conselho de Segurança. É exatamente nesse momento que o poder real passa do Conselho de Segurança, paralisado pelo exercício do direito de veto, à Assembleia das Nações Unidas, onde os países do Terceiro Mundo detêm a maioria e o grupo afro--asiático comanda, privilegiando a luta contra o colonialismo. Ao mesmo tempo, o secretariado-geral da ONU, de simples órgão de execução, torna-se um verdadeiro governo internacional. Essa orientação é adotada pelo sueco Dag Hammarskjold, que sucede como secretário-geral da ONU (10 de abril de 1953-17 de setembro de 1961) a outro escandinavo, o norueguês Trygve Lie (fevereiro de 1946 a 1953). Esse diplomata se cerca de colaboradores autenticamente "desnacionalizados", o que lhe faz entrar em conflito com a URSS, à qual ele recusa qualquer posto elevado no aparelho das Nações Unidas. Ele organiza com eficácia a força de emergência chamada a estacionar no território egípcio após a crise de Suez de 1956, os grupos de observadores militares encarregados de uma investigação sobre os distúrbios no Líbano em 1958 e, sobretudo, a intervenção das Nações Unidas no Congo, onde ele morre, em 18 de setembro de 1961, em um acidente de avião.

O declínio da autoridade do secretariado-geral. Com a finalidade de conseguir influência sobre o secretariado-geral, a União Soviética reclama a substituição de um só homem por um grupo de três homens: a *"troika"*, composta de um ocidental, um comunista e um neutro, sendo que cada um deles disporia do direito de veto. De certo modo, ela deseja transpor para o secretariado o mecanismo do Conselho de Segurança. Uma vez que esse projeto conseguiu apenas um número modesto de votos, a URSS, com o objetivo de restringir a importância do secretariado-geral e a autonomia de suas atividades, apoia, em 3 de novembro de 1961, a nomeação do candidato dos afro-asiáticos, o birmanês U Thant. Sua longa administração (1961-1971) é marcada por um declínio contínuo da autoridade do secretário-geral, ainda que, em um primeiro momento, consiga liberar as Nações Unidas de sua participação no conflito congolês, depois de haver reduzido a secessão de Katanga, e empregue a força da ONU destinada a se interpor, em Chipre, entre a comunidade grega e a turca.

Uma série de outros fatores contribui para a diminuição da credibilidade das Nações Unidas e de suas instituições. A influência do grupo afro-asiático decresce depois da violação da Carta pela própria Índia, que se apodera pela força do enclave português de Goa (1961), dos conflitos indo-paquistanês e sino-indiano e também dos múltiplos golpes de Estado na África. As diatribes inflamadas lançadas por delegados afro-asiáticos contra os regimes sul-africano, rodesiano e português dão a impressão de verbalismo e contribuem para a alteração da imagem da ONU perante a opinião internacional. Dois dos cinco membros permanentes do Conselho de Segurança – a União Soviética e a França – desejam limitar o papel político do secretário-geral e recusam a U Thant toda e qualquer delegação excessiva em matéria de operações de manutenção da paz. E o general De Gaulle não se priva de criticar publicamente o "troço".

Enfim, as intermináveis discussões sobre o desarmamento também causam danos à ONU. Em 15 de novembro de 1945, pela primeira resolução que vota, a Assembleia Geral das Nações Unidas cria a Comissão de Energia Atômica (CEA), composta de doze membros do Conselho de Segurança e do Canadá. É a essa comissão que, em junho de 1946, o representante americano Bernard Baruch propõe o plano que leva seu nome, e que consiste em estabelecer uma "Autoridade de Desenvolvimento Atômico" encarregada de controlar a produção mundial de matérias físseis. O representante soviético Andrei Gromyko imediatamente rejeita o plano, pois a União Soviética não aceita o controle internacional de suas instalações atômicas. Ele preconiza, por sua vez, a proibição de armas atômicas e a destruição dos estoques existentes. O impasse é total.

Em 13 de fevereiro de 1947, o Conselho de Segurança cria uma Comissão de Armamentos de tipo clássico. O representante soviético, Litvinov, pede a redução proporcional a um terço de todas as forças terrestres, aéreas e navais. As potências ocidentais reclamam o recenseamento prévio dos armamentos existentes, mas esbarram no veto da União Soviética, que rechaça qualquer controle.

É nítido o impasse tanto no que se refere às armas convencionais quanto às armas atômicas. E, como forma de protesto contra a recusa de substituir a China de Formosa pela China de Pequim, a União Soviética se retira das comissões de desarmamento em 1950.

Quando as discussões são retomadas, em 1954, o representante soviético, Vichinski, aceita, diante da Assembleia das Nações Unidas, um plano de compromisso franco-inglês. A URSS adere à imbricação de medidas de desarmamento clássico e nuclear, já não insiste sobre a redução proporcional dos efetivos e dos armamentos convencionais e parece aceitar a necessidade de um controle. Porém, na conferência de cúpula de Genebra (18-23 de julho de 1955), os chefes de Estado ou de Governo não conseguem estabelecer um acordo. A partir daí, a questão do desarmamento será tratada, sobretudo, fora do âmbito das Nações Unidas, pelo diálogo entre as duas superpotências. Trata-se de mais um fracasso da ONU.

A EVOLUÇÃO DOS BLOCOS

Aos poucos, os blocos começam a perceber que suas relações não tendem necessariamente à guerra aberta. Os primeiros sinais de degelo remontam à morte de Stálin, mas a coexistência pacífica está na ordem do dia no relatório de N. Kruchov ao XX Congresso do Partido Comunista da União Soviética. A desestalinização está na origem das fissuras que aparecem no bloco oriental. No bloco ocidental, um novo polo de poder está nascendo em torno do Mercado Comum. A coexistência pacífica não significa, no entanto, o fim das tensões. No sistema de equilíbrio do terror, as crises de Berlim e de Cuba abalam o mundo.

A desestalinização e as crises polonesa e húngara

O XX Congresso do Partido Comunista da União Soviética é marcado pela apresentação de dois relatórios – um deles secreto – pelo secretário-geral do PCUS. No texto, Nikita Kruchov admite a pluralidade de orientações na construção do socialismo. É o caminho aberto para alguma autonomia às democracias populares.

A desestalinização está na ordem do dia à época do XX Congresso do Partido Comunista da União Soviética (14-25 de fevereiro de 1956), ao longo do qual os discursos condenam o "culto à personalidade", evocam novas relações Leste-Oeste, insistem na importância dos países "neutralistas" e na diversidade dos percursos nacionais na construção do socialismo. O essencial reside no relatório secreto em que Nikita Kruchov, que se tornou nesse meio-tempo o homem forte do regime, denuncia o período stalinista e o culto à personalidade de Stálin. A dissolução do Kominform (17 de abril de 1956) parece possibilitar às democracias populares uma maior independência em relação à União Soviética. No entanto, as crises polonesa e húngara vão mostrar os limites da desestalinização.

Desde 1953, um afrouxamento geral se opera na Polônia e na Hungria; manifestações de escritores e de estudantes criticam alguns aspectos do regime. Na Hungria, o enfrentamento opõe o secretário-geral do partido, Rákosi, ao primeiro-ministro, Imre Nagy, que, após denunciar os abusos da polícia e a coletivização sistemática das terras, é exonerado de suas funções em 14 de abril de 1955 e excluído do partido.

Na Polônia, a "desestalinização" leva à reabilitação do antigo secretário-geral do partido operário, Wladyslaw Gomulka, preso em 1951. De fato, após as revoltas dos trabalhadores de Poznan (junho de 1956), a União Soviética parece prestes a intervir no confronto que irrompe, em outubro, entre stalinistas e antistalinistas. Kruchov chega a deslocar-se para Varsóvia e termina por aceitar o novo poder polonês. O confronto vira a favor do antistalinista Gomulka, eleito primeiro secretário do Partido (21 de outubro de 1956), ao passo que o ministro da Defesa, o marechal soviético Rokossovski, é excluído do órgão de direção política do partido e de seu posto. Apesar desse verdadeiro golpe de Estado, os soviéticos aceitam essa mudança, pois os novos dirigentes poloneses declaram que permanecerão fiéis ao Pacto de Varsóvia.

Na Hungria, os acontecimentos são muito mais dramáticos. A efervescência política se desenvolve tendo por pano de fundo uma crise econômica grave. Impotente diante da agitação, Rákosi é obrigado a se demitir em julho. As manifestações de outubro se transformam em insurreição geral e nacional após uma primeira intervenção militar soviética, em 24 de outubro. Sob pressão popular, o novo governo dirigido por Imre Nagy proclama a neutralidade da Hungria (1º-3 de novembro de 1956), o pluripartidarismo e denuncia o Pacto de Varsóvia. A União Soviética, que num primeiro momento retirara suas tropas, decide matar no ovo a revolução húngara. Ela não pode aceitar nem o desmentido político que esse caso inflige ao dogma do caráter irreversível das conquistas comunistas, nem a perda estratégica das bases militares no centro da Europa, nem a perspectiva de eleições livres na Hungria. O exército soviético entra em Budapeste em 4 de novembro e destroça toda resistência que encontra. Prende Nagy e instala János Kádár no poder. Este último restabelece o poder absoluto do partido comunista húngaro; a Hungria reintegra o Pacto de Varsóvia e a normalização segue seu curso. A repressão da revolta húngara pela União Soviética é aprovada pelos comunistas. Em contrapartida, é denunciada pelos países ocidentais, que a veem como a prova da dominação implacável do "Grande Irmão" na Europa do Leste. Após um arremedo de processo, Nagy é executado em 17 de junho de 1958. E János Kádár torna-se o senhor absoluto do país em dezembro de 1961.

A União Soviética marcou claramente, portanto, os limites da autonomia que concedia a seus satélites. É uma freada abrupta na busca de caminhos nacionais para o socialismo. Durante a celebração do 40º aniversário da Revolução de Outubro (em novembro de 1957), os partidos comunistas afirmam a unidade do mundo socialista em uma declaração que Tito não aprova. Mas, avivadas pelos desacordos entre chineses e soviéticos, fissuras apareceram no bloco soviético oriental. No campo ocidental, a Europa também se organiza perante os Estados Unidos.

A retomada da construção europeia

Assiste-se, de fato, à construção de um conjunto econômico europeu que seria suscetível de contrabalançar o poder americano. Após o fracasso da CED, a ocasião parece favorável para explorar as vias de uma "retomada europeia".

A conferência dos seis ministros da Ceca, reunidos em Messina a convite do novo ministro italiano das Relações Exteriores, G. Martino, em 1º de junho de 1955, decide essa retomada pelo desenvolvimento de instituições comuns, pela fusão progressiva de suas economias nacionais, criação de um Mercado Comum, harmonização de suas políticas sociais e pela criação de uma Comunidade Europeia de Energia Atômica.

Os trabalhos de especialistas reunidos em Bruxelas sob a presidência do ministro belga das Relações Exteriores, Paul Henri Spaak, resultam nos projetos da Euratom e do Mercado Comum, onde a dose de supranacionalidade é mais fraca que aquela existente na Ceca. A Alta Autoridade é substituída por um Conselho de Ministros e uma Comissão, inicialmente composta por 9 membros, depois por 14. Os comissários, que são especialistas, são designados pelos governos dos Estados-membros, mas não os representam. Eles são encarregados de elaborar a política a ser seguida. O Conselho de Ministros, que reúne os representantes dos governos, é o órgão de decisão. Ele examina as proposições da Comissão e decide segundo a regra de unanimidade. Após um prazo de seis anos, o tratado estipula que a regra da maioria simples deverá prevalecer. Também estão previstas uma assembleia e uma corte de justiça.

O nascimento do Mercado Comum. Os tratados que o instituem são assinados em Roma, em 25 de março de 1957. O Mercado Comum é concebido como uma união aduaneira. Sua realização deve ser progressiva: três períodos de quatro anos; em cada fase, os países-membros reduzirão suas tarifas aduaneiras em relação aos outros membros. Uma tarifa exterior seria estabelecida em relação a terceiros países. De outra parte, as fronteiras se abririam progressivamente aos movimentos internos de trabalhadores e de capitais. Os territórios ultramarinos seriam admitidos a título de experiência.

A Euratom. Originalmente, o objetivo da Euratom é fornecer, por boas condições, a energia de que necessita a Europa e garantir uma maior independência à Europa dos Seis em matéria atômica. Na verdade, o objetivo designado à Euratom não consiste em reunir a produção de energia atômica no conjunto dos seis países. Uma agência de abastecimento dispõe de uma opção de compra sobre os minerais, matérias brutas e matérias fósseis produzidos nos países-membros e do direito exclusivo de firmar contratos relativos ao fornecimento dessas matérias provenientes do exterior. Um controle minucioso, acompanhado de inspeções *in loco*, seria exercido pela Comunidade. Apesar das esperanças depositadas nesse organismo, a Euratom se revela um fracasso. As segundas intenções da França, que deseja conservar sua independência atômica para poder construir sua bomba, e a vontade americana de limitar o grau de autonomia dos países europeus nessa área levam ao fracasso dos projetos mais ambiciosos. Quando, em 1957, os seis países europeus, sob a iniciativa francesa, consideram a construção de uma usina de separação isotópica que lhes forneceria seu próprio urânio enriquecido, os americanos abaixam o preço desse produto à disposição dos países europeus, o que os dissuade de empreender esses dispendiosos investimentos.

Os dois tratados instituem uma zona econômica particular, aquela da Europa dos Seis, uma Europa continental.

A Aelc. O Reino Unido, que se recusou a entrar no Mercado Comum, tenta criar uma vasta zona de livre comércio abrangendo todos os países-membros da Oece, que englobaria, portanto, o Mercado Comum e lhe retiraria toda sua especificidade. Diante da recusa francesa, os britânicos criam com outros países europeus (Portugal, Suíça, Áustria, Dinamarca, Noruega e Suécia) a Associação Europeia de Livre Comércio (Aelc), por meio do tratado de Estocolmo (20 de novembro de 1959).

Efetivamente, o Mercado Comum entra em vigor em 1º de janeiro de 1959 e adquire, apesar da concorrência da Associação Europeia de Livre Comércio, uma real importância. A diminuição dos tributos aduaneiros e a ampliação do número de mercadorias se sucedem regularmente. As modalidades de uma política agrícola e de uma política financeira comuns são estudadas. A tal ponto que o primeiro-ministro britânico, Harold MacMillan, decide abrir negociações durante o verão de 1961, visando entrar no Mercado Comum.

A solução do conflito sobre o Sarre, se não encaminha para uma integração europeia, suprime o principal elemento de tensão entre a França e a Alemanha. Para resolver esse problema, o chefe do governo do Sarre, J. Hoffmann, lançara a ideia, em março de 1952, de europeizar o Sarre. É difícil encontrar um acordo sobre as modalidades entre a França e a Alemanha, enquanto a França faz disso uma condição prévia à ratificação da CED, e a opinião pública do Sarre, por sua vez, evolui para a vinculação pura e simples com a República Federal. O plano Van Naters (nome do relator do Conselho da Europa), de 17 de setembro de 1953, propõe que o Sarre se torne um território europeu e sede de instituições europeias, com um governo local, no âmbito econômico e monetário francês. Após o fracasso da CED, a França ainda considera a solução da questão do Sarre como condição de um acordo mais global. Em 23 de outubro de 1954, franceses e alemães adotam o plano Van Naters, especificando que o estatuto do Sarre será submetido a um referendo. A consulta popular que ocorre em 23 de outubro de 1955 é vencida pelos partidários da união com a Alemanha, que rejeita o estatuto europeu proposto. A fim de acertar as modalidades do retorno à Alemanha, as negociações franco-alemãs culminam no acordo de outubro de 1956. O Sarre deve ser incorporado à Alemanha, no plano político, a partir de 1º de janeiro de 1957 e, no plano econômico, em 1º de janeiro de 1960. Em troca, a França obtém remessas de carvão do Sarre e a canalização do Mosela, que deveria acabar com o isolamento da siderurgia lorena. Assim, desaparece a principal fonte de tensão entre a França e a Alemanha.

A coexistência pacífica e seus limites

Entre os dois campos, Leste e Oeste, a coexistência pacífica sucede à guerra fria. O degelo começara desde a morte de Stálin, mas, em

1955, torna-se mais nítida a mudança da política externa soviética, como demonstram a assinatura do tratado de paz concernente à Áustria e a reconciliação dos dirigentes soviéticos com Tito.

Os fatores são essencialmente a emergência do Terceiro Mundo e o equilíbrio do terror. Graças à descolonização, nasceram na Ásia e na África Estados que se recusaram a alinhar-se ao Leste ou ao Oeste e querem viver em paz: um novo ator, o Terceiro Mundo, vem perturbar o jogo bipolar. De outro lado, a ameaça de aniquilamento representada pelas armas nucleares já não é monopólio de uma única potência. Ela é bilateral e equilibrada, em suma: ela se neutraliza. No plano do equilíbrio mundial, a crise de Suez, assim como a da Hungria, demonstra que as duas superpotências preferiram não se enfrentar. Os dirigentes soviéticos, e em particular Nikita Kruchov, são mais rápidos que os americanos em adaptar sua política a essa evolução. Em seu relatório ao Soviete Supremo, em 31 de outubro de 1959, Kruchov abandona a ideia de confronto militar inevitável entre os sistemas capitalista e comunista. Mesmo que a vitória do comunismo continue sendo o objetivo a longo prazo, a competição deve se limitar aos terrenos econômico e ideológico.

De fato, entre 1955 e 1962, o estilo das relações diplomáticas muda: os dirigentes soviéticos multiplicam as viagens ao exterior. Kruchov encontra Eisenhower nos Estados Unidos em setembro de 1959, De Gaulle na França em março de 1960, Kennedy em Viena em 1961. E ele privilegia, doravante, a competição econômica com os Estados Unidos, profetizando que em 1980 a União Soviética terá amplamente superado os Estados Unidos em matéria de produção. A vitória comunista deve se realizar no campo econômico.

No entanto, apesar de tudo, a guerra fria continua. Ela afeta particularmente seu epicentro, Berlim, a partir de 1958, e se estende à África durante os conflitos de descolonização, à América Latina, com a crise de Cuba, e à Ásia, no estreito de Formosa, onde os comunistas chineses bombardeiam as ilhas da China Nacionalista, Quemoy e Mazu (22-23 de agosto de 1958). Os americanos, pela voz de seu secretário de Estado, J. F. Dulles, levam muito a sério o assunto e se declaram prontos a irem até mesmo à guerra. Essa crise no estreito de Formosa ocorre num contexto ambíguo das relações entre a União Soviética, que prometeu a seu aliado ajuda técnica para a fabricação de um arsenal atômico, e a China, que se lança em uma profunda transformação interna conhecida pelo nome de "Grande Salto Adiante", criticada por Kruchov em sua viagem a Pequim, em julho de 1958. É preciso ver nessa crise um sinal de independência da China em relação à União Soviética, mesmo que Kruchov informe o presidente Eisenhower que qualquer ataque contra a China comunista será considerado dirigido contra a URSS. A crise se acalma por si mesma. A questão de Taiwan é congelada.

• *O equilíbrio do terror*

A diplomacia soviética sabe tirar partido do jogo de dissuasão nuclear brandindo contra a França e a Inglaterra, durante a crise de Suez, a ameaça do fogo nuclear e intimidando os Estados Unidos com seu sucesso no espaço.

O sucesso soviético no espaço. O lançamento do primeiro satélite artificial da Terra – o Sputnik – pelos soviéticos, em 4 de outubro de 1957, e o primeiro voo de um homem no espaço, o soviético Gagarin (12 de abril de 1961), representam grandes feitos científicos e parecem provar que a URSS dispõe de mísseis de longa distância que, lançados de seu território, podem atingir os Estados Unidos. Estes tomam consciência do que creem ser seu atraso, o *missile gap*, e decidem empreender um esforço gigantesco para recuperá-lo. Em 25 de maio de 1961, o presidente Kennedy aceita o desafio e pede ao Congresso um esforço redobrado para a conquista espacial. É também o início de uma nova corrida armamentista destinada não a aniquilar o adversário, mas a esgotá-lo e a manter a superioridade.

A nova estratégia americana. Ao mesmo tempo, os Estados Unidos fazem uma nova inflexão em sua estratégia. O novo presidente, o democrata J. F. Kennedy, afirma a vontade dos Estados Unidos de proteger o mundo livre, mas, sob o impulso do secretário de Defesa, R. MacNamara, os democratas substituem a doutrina das represálias maciças por aquela da resposta gradativa. Essa visa tornar proporcional a resposta em relação à ameaça e ao que está em jogo, seguindo numa escalada complexa, indo do conflito convencional à guerra nuclear. Essa estratégia implica, consequentemente, a posse de uma panóplia completa de armas e, em especial, o reforço das forças convencionais americanas, tornadas mais móveis, assim como, no campo nuclear, o desenvolvimento de novos meios de resposta, tais como os mísseis Polaris. Ela é acompanhada de uma profunda reforma da administração da Defesa americana, o Pentágono, no sentido de uma centralização do comando supremo. Apesar das inquietações americanas sobre o *missile gap*, a URSS está, de fato, bastante atrasada em relação aos Estados Unidos na corrida aos armamentos estratégicos. Em 1962, Moscou dispõe de 75 mísseis intercontinentais em bases terrestres e fabrica apenas 25 por ano; os Estados Unidos possuem 294 mísseis intercontinentais e fabrica 100 por ano. A superioridade americana é ainda mais esmagadora no terreno dos mísseis submarinos e dos bombardeiros intercontinentais.

As primeiras negociações para o desarmamento. Outra consequência do equilíbrio do terror é o impulso para o desarmamento. A União Soviética torna-se a campeã da ideia e apoia o projeto Rapacki de desnuclearização da Europa Central (1957-1958) e decreta moratória dos testes nucleares. Em 1958 são abertas, entre as três potências então dotadas de armas atômicas, negociações que visam a suspensão das experiências nucleares na atmosfera. Paralelamente a essas conversações que se arrastam, em abril de 1961 os governos americano e soviético decidem retomar as negociações em um novo organismo, "o Comitê dos 18", formado por representantes das potências ocidentais, orientais e não alinhadas. Durante o encontro na cúpula de Viena (3 e 4 de junho), Kruchov pede a Kennedy que as negociações sobre os testes nucleares sejam remetidas ao âmbito mais geral do desarmamento. Em setembro de 1961, os negociadores americano e soviético, MacCloy e Zorine, estabelecem um objetivo ambicioso: o desarmamento geral e completo. No entanto, sua realização será progressiva, por etapas, de duração determinada, equilibrada. Na verdade, a convergência americano-soviética vai conduzir ao abandono da perspectiva de uma redução geral dos armamentos. As duas superpotências vão preferir de agora em diante a negociação de acordos parciais e seletivos.

- *As crises de Berlim e de Cuba*

Quando se poderia acreditar que a guerra fria terminara, ela ameaça especialmente seu "epicentro", Berlim, a partir de 1958, mas agora também afeta os mundos extraeuropeus, a África e a América Latina, em particular Cuba. Através do desenrolar dessas duas crises, dá-se uma longa aprendizagem de coexistência que desemboca na distensão.

A questão de Berlim. Desde 1948, a antiga capital do *Reich* hitlerista constitui uma questão fundamental entre o Leste e o Oeste. Berlim Ocidental torna-se um símbolo da liberdade e o próprio objeto da vontade ocidental de defender essa liberdade. Porém a manutenção da presença ocidental em Berlim é percebida como um questionamento permanente da esfera de influência soviética e da construção de uma Alemanha comunista. O fluxo de refugiados alemães orientais que passa por Berlim não para de aumentar. Em quinze anos, 3 milhões de alemães emigraram desse modo do Leste para o Oeste, aproveitando o estatuto de Berlim. Esse voto "com os pés" atinge a credibilidade da Alemanha Oriental.

Apesar da evolução geral da Alemanha, o estatuto de Berlim não muda. Quando, em 23 de outubro de 1954, os acordos de Paris instauram a soberania da Alemanha Ocidental, eles mantêm, no entanto, os direitos das potências ocidentais em Berlim, em particular a ocupação militar.

Em 10 de novembro de 1958, Kruchov retoma brutalmente a questão de Berlim ao endossar a tese alemã oriental que denuncia o estatuto quadripartido. A nota soviética de 27 de novembro declara que Berlim Ocidental deve ser incorporada à RDA ou internacionalizada sob o controle das Nações Unidas. Se, em um prazo de seis meses, a União Soviética não obtiver satisfação, ela ameaça assinar um tratado de paz em separado com a Alemanha Oriental, que deteria assim o controle das vias de acesso a Berlim Ocidental. É uma crise muito séria, pois o problema está em saber se os americanos aceitariam correr o risco de uma guerra nuclear para defender um território pequeno e longínquo, mas simbólico. Os ocidentais se recusam a tratar da questão de Berlim separada de uma solução global do problema alemão, a que não se chega na conferência de ministros das Relações Exteriores em Genebra (maio-julho de 1959). A viagem de Kruchov aos Estados Unidos permite apaziguar a tensão e antecipar uma conferência de cúpula das quatro potências. Organizada em Paris em maio de 1960, a conferência também fracassa, pois tropeça na exigência de Kruchov de um pedido de desculpa por causa de um sobrevoo do território soviético por um U-2, avião espião americano. Apesar dos esforços de conciliação, a conferência é interrompida imediatamente. Os quatro grandes se separam. A tensão reaparece. A atmosfera fica ainda mais pesada por causa das acusações violentas de Kruchov na Assembleia das Nações Unidas, em setembro de 1960. Por ocasião do encontro Kennedy-Kruchov em Viena (3 e 4 de junho de 1961), o dirigente soviético novamente exige a transformação de Berlim Ocidental em cidade livre, no âmbito de um tratado de paz com as duas Alemanhas. A crise chega a seu apogeu no momento da construção, na noite de 12 para 13 de agosto de 1961, do "muro de Berlim" pelas autoridades alemãs-orientais. Os limites entre os setores oriental e ocidental de Berlim são hermeticamente fechados. A hemorragia da população é estancada, mas o preço político do "muro da vergonha" é considerável. Logo após a crise, o papel de Berlim como peça política nas relações Leste-Oeste parece perder em intensidade.

Cuba: o braço de ferro das duas superpotências. A ilha de Cuba, antiga possessão espanhola, é, desde a guerra hispano-americana de 1898, independente no plano político. Porém, situada a 150 de quilômetros da costa da Flórida, Cuba vive sob a tutela econômica dos Estados Unidos, que possuem nela também a base militar de Guantánamo. A preponderância do açúcar nas exportações cubanas (80% do total das exportações) reforça essa dependência: se os Estados Unidos param suas importações de açúcar cubano, é a ruína. Uma revolta latente reina na ilha, dirigida pelo ditador Batista, contra o qual um jovem advogado, Fidel Castro, anima desde 1952 uma luta armada que se transforma em guerrilha. Em 26 de julho de 1953, ele lança um ataque, que fracassa, contra o quartel de Moncada e precisa deixar o país. De volta em 1956, refugiado nas bases da Sierra Maestra, Fidel Castro realiza, em 1958, uma ofensiva vitoriosa. Em 31 de dezembro de 1958, Batista, abandonado pelos americanos, foge, deixando o poder a Fidel Castro e a seus "Barbudos".

As relações entre o novo regime cubano e os Estados Unidos não se deterioram imediatamente. Mas, à medida que Castro quer libertar Cuba da influência americana, ele estabelece laços cada vez mais estreitos com a União Soviética nos planos diplomático e econômico. Em julho de 1960, o anúncio feito por um homem próximo de Castro, Che Guevara, de que Cuba faz parte do campo socialista é visto como um golpe inadmissível contra a doutrina Monroe, que recusa qualquer intervenção de países não americanos nos assuntos americanos. Em outubro de 1960, os Estados Unidos suspendem toda ajuda financeira, interrompem toda importação de açúcar na esperança de asfixiar Cuba e rompem, enfim, as relações diplomáticas.

A tensão aumenta também por causa dos refugiados cubanos e dos efeitos da reforma agrária nas grandes companhias americanas proprietárias de terras. Exilados cubanos, hostis ao regime de Fidel Castro, preparam uma intervenção militar com apoio americano. Entretanto, o desembarque na baía dos Porcos fracassa (15 de abril de 1961), o que é um duro golpe no prestígio do novo presidente americano e aumenta a inflexibilidade do castrismo. Visando reforçar os regimes anticomunistas na América Latina e assim canalizar a transmissão do anticastrismo, Kennedy propõe, em agosto de 1961, à Organização dos Estados Americanos (OEA) um vasto programa de ajuda, a "Alian-

A crise de Cuba

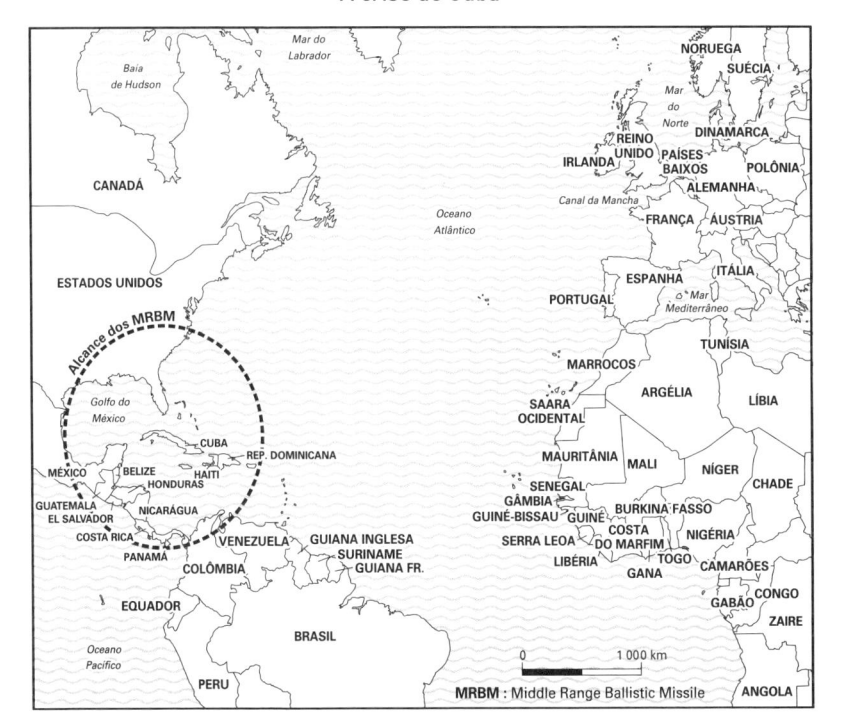

MRBM : Middle Range Ballistic Missile

ça para o Progresso", e, em janeiro de 1962, a exclusão de Cuba da OEA. Os cubanos, por sua vez, pedem e obtêm armas da URSS.

Em outubro de 1962, os serviços americanos têm certeza de que, na verdade, os soviéticos instalam em Cuba rampas de lançamento de mísseis de alcance intermediário, capazes de atingir o território americano. Além disso, informado da chegada iminente de cargueiros soviéticos transportando mísseis e bombas, o presidente Kennedy tem de enfrentar um desafio tanto mais grave na medida em que ultrapassa o que está em jogo em Cuba. Os soviéticos procuram medir a disposição de retaliação dos americanos? Ou querem obrigar os americanos a fazer concessões a respeito de Berlim? Decidido a uma política linha-dura, Kennedy vai negociar "à beira do precipício". Ele anuncia, em 22 de outubro, que a marinha americana estabeleceu um bloqueio ao redor da ilha para interceptar os navios soviéticos e exige da União Soviética que desmonte as instalações existentes e pare de armar Cuba. Parece que se está à beira de uma terceira guerra mundial. Em 26 de outubro, graças a discretas tratativas, Kruchov cede: ele dá a seus navios a ordem de fazer meia-volta e pede como moeda de troca por sua aceitação das condições americanas a promessa de que os Estados Unidos renunciarão a invadir Cuba e retirarão seus mísseis instalados na Turquia. Em 25 de outubro, os soviéticos aceitam desmontar e levar de volta para a URSS os armamentos ofensivos instalados em Cuba. Porém a resolução definitiva do conflito tarda em razão da má vontade e da desconfiança de Fidel Castro.

A crise de Cuba é uma data importante na história das relações internacionais, pois constitui, em primeiro lugar, uma verificação da teoria da dissuasão, com a escalada nuclear seguida de uma solução pacífica. Ela confere um prestígio excepcional ao presidente Kennedy, que pôde reagir à provocação soviética. E revela a superioridade americana no setor das armas estratégicas.

Além disso, a crise prova que o diálogo das duas superpotências é não apenas necessário, mas também possível: resolveram, assim, a crise cubana sem se preocupar com o governo cubano, que protestava e tentava impor suas condições. A consciência de sua responsabilidade nuclear comum as incita a racionalizar suas relações. Em 1962, a coexistência pacífica já não aparece como um tema de discurso ou um argumento de propaganda, mas como uma necessidade que tem por nome "distensão".

Capítulo **3**

A DISTENSÃO
(1962-1973)

O ano de 1962 abre uma nova era de aproximação e de cooperação. A solução da questão dos mísseis de Cuba, que corresponde também ao fim da crise de Berlim, funda a distensão e põe fim à guerra fria. As consequências disso são imensas.

Ao longo dos anos 1960, constata-se ao mesmo tempo uma bipolarização crescente da vida internacional e uma erosão do monolitismo dos dois blocos. A coerência do Pacto Atlântico, bem como a do Pacto de Varsóvia, se enfraquece e um cisma se desenvolve entre a União Soviética e a China Popular. As superpotências dão início a um diálogo visando limitar a corrida armamentista: é a era da distensão. Essa acomodação faz delas "adversárias-parceiras". O confronto não deixa de existir através dos conflitos localizados na Ásia, na África e no Oriente Médio. Já contestada, a partir da conferência de Bandung pelas nações do Terceiro Mundo, a ordem bipolar aparece ao mesmo tempo consolidada pela convergência relativa dos interesses dos dois Grandes e ameaçada por novas forças que emergem no seio dos dois blocos e no Terceiro Mundo. Quaisquer que sejam suas fraquezas militares e econômicas, os países do Terceiro Mundo exercem influência crescente: de simples peças do confronto Leste-Oeste, tornam-se pouco a pouco agentes da política mundial.

O DUOPÓLIO AMERICANO-SOVIÉTICO

A evolução mais espetacular desse período é o desejo de apaziguamento dos dois Grandes, que renunciam a uma estratégia de tensão e se empenham na via da distensão.

Do lado americano, ao democrata John F. Kennedy, assassinado em 22 de novembro de 1963, sucedem seu vice-presidente Lyndon B. Johnson (1963-1968), depois o republicano Richard Nixon (1968-1974). Esse período corresponde ao mesmo tempo ao apogeu da potência americana, tanto no plano estratégico quanto no econômico, e também aos limites dessa potência, com a intrusão de um satélite soviético no hemisfério ocidental e o atoleiro vietnamita, que vai paralisar sua política externa e macular seu prestígio.

Do lado soviético, após a queda de Kruchov (1964), criticado por seus fracassos na política agrícola, mas também na política externa, começa o longo reinado de Leonid Brejnev, morto em 10 de novembro de 1982. A equipe de Brejnev registra seus maiores sucessos no terreno da política externa. Dando mostra de um dinamismo contrastante com o imobilismo no interior, a União Soviética entra amplamente no Terceiro Mundo, fortalece a integração dos "países irmãos" e, sobretudo, obtém um diálogo privilegiado com os Estados Unidos, o que dá uma base à diplomacia soviética e significa que Washington renunciou a tentar conter a influência de Moscou. Os dirigentes soviéticos veem no duopólio que lhes consentem os Estados Unidos a consagração de seu poder. Aquilo que Kruchov jamais conseguira eles obtiveram.

A distensão não significa o desarmamento. O período corresponde a um aumento considerável de armamentos, em particular no campo soviético, que faz um enorme esforço para recuperar-se de seu atraso no domínio dos armamentos estratégicos, pois, em 1962, Washington dispõe de uma nítida superioridade. Assiste-se assim a uma corrida armamentista, principalmente no terreno dos mísseis de médio alcance (2.000 a 4.000 km) *Intermediate Range Ballistic Missile* (IRBM), dos mísseis de longo alcance (10.000 km) *Intercontinental Ballistic Missile* (ICBM) e dos mísseis lançados a partir do submarino *Submarine Launched Ballistic Missile* (SLBM). As duas grandes potências chegam, no início dos anos 1970, à acumulação de um arsenal impressionante e, provavelmente, a uma paridade de fato.

Ainda que as duas superpotências aumentem sem cessar seu poder militar, elas evitam cuidadosamente qualquer enfrentamento direto e se poupam; aliás, tanto uma quanto a outra passam por dificuldades internas que as obrigam a procurar um *modus vivendi*.

O avanço americano no campo tecnológico. Depois de ter tomado a frente no desenvolvimento científico e militar (Sputnik, 1957; Gagarin, 1961), a União Soviética acumula atrasos no terreno das tecnologias de ponta. De fato, são os americanos os primeiros a andar sobre a Lua (21 de julho de 1969) e são ainda eles que lançam, em 1973, o primeiro laboratório espacial. Quanto aos computadores, o avanço americano é considerável. Na competição mundial desejada pelos próprios dirigentes da URSS, os méritos do socialismo soviético não triunfam sem dificuldade. Do lado americano, enquanto a expansão econômica continua, a dúvida substitui a confiança em razão da permanência de zonas de pobreza, da segregação racial, da Guerra do Vietnã e dos escândalos políticos.

A convergência de interesses para a redução das tensões internacionais. Os anos 1960 também são marcados pela busca de acordos entre os Estados Unidos e a União Soviética. Mas a fase mais fecunda da distensão é sobretudo o período 1969-1973. Ela corresponde à passagem ao poder em Washington da equipe formada pelo presidente Richard Nixon e seu conselheiro para os assuntos de segurança nacional, Henry Kissinger, e à convicção de ambos da necessidade do desengajamento americano. Os Estados Unidos se consideram ainda a primeira potência mundial, mas já não querem reinar sozinhos. Aceitam a paridade nuclear com a URSS e logo vão optar por uma diplomacia triangular Washington-Pequim-Moscou. Kissinger considera que todos os problemas devem estar ligados em uma negociação (*linkage*), o que explica o fato de os acordos abrangerem tanto a área científica e comercial quanto a área militar. Uma espécie de conivência entre americanos e soviéticos se instaura estabelecendo uma cogestão dos assuntos internacionais: cada Grande se reconhece o direito de fazer reinar a ordem em seu próprio campo e evita cuidadosamente qualquer enfrentamento direto. A Guerra do Vietnã é um exemplo notável de um conflito no tempo da distensão que concerne a um país do campo socialista, o Vietnã apoiado por Moscou, exposto ao imenso aparato militar americano. Nos piores momentos do engajamento americano, Moscou mantém e reforça suas relações com Washington. A intervenção soviética na Tchecoslováquia tampouco perturba o processo de distensão.

Os acordos de limitação de armamentos

Em 1º de dezembro de 1959, as duas principais potências haviam concordado com a desmilitarização da Antártica. Após a crise de 1962, a convergência dos interesses soviético-americanos aparece mais claramente.

• *A política de "arms control"*
Diferentes acordos são negociados no seio de comitês *ad hoc* ou graças a um diálogo bilateral. Americanos e soviéticos, inicialmente, concordam em estabelecer um contato direto para evitar uma escalada fatal. Donde a criação anunciada, em 20 de junho de 1963, de uma ligação permanente entre Washington e Moscou, o telefone vermelho.

O Tratado de Moscou. A outra medida é simbólica, ainda que não se trate de uma medida de desarmamento propriamente dita. Desde 1958, falava-se em proibir os testes nucleares na atmosfera, testes que já haviam sido objeto de uma moratória interrompida em setembro de 1961. Uma conferência de 18 nações se mantinha regularmente em Genebra sobre o desarmamento. Após a crise de Cuba, os Estados Unidos e a União Soviética colocam um ponto final a anos de negociações. Eles são os iniciadores do Tratado de Moscou (5 de agosto de 1963), assinado por mais de 100 países, que proíbe as experiências nucleares na atmosfera, no espaço extra-atmosférico e sob o mar. A França e a China, que ainda estão aperfeiçoando suas forças atômicas e precisam fazer experiências para ajustar seus equipamentos, se recusam a aderir ao tratado. O Tratado de Moscou, na verdade, não limita o arsenal nuclear dos grandes (Estados Unidos, Grã-Bretanha e URSS), que conservam, sem o menor controle, estoques enormes e podem aumentá-los. Essas potências atômicas não se proíbem grande coisa: em contrapartida, convidam os outros países, ao aderirem ao tratado, a se privarem dos meios de possuírem eles mesmos armas nucleares. O alcance militar do Tratado de Moscou é, portanto, nulo; seu alcance político, no entanto, é imenso. Ele concretiza uma mudança de clima entre os dois Grandes, que fecham um acordo que a China, no campo oriental, e a França, no campo ocidental, rejeitam com indignação.

O tratado sobre a não proliferação de armas atômicas. O encontro do presidente Johnson com o presidente do Conselho Kossiguin, em

Glassboro (Nova Jersey), de 23 a 25 de junho de 1967, permite a conclusão, em julho de 1968, de um Tratado de Não Proliferação de Armas Nucleares (TNP), assinado por Estados Unidos, URSS e Grã-Bretanha e rejeitado novamente pela China e pela França, que testam, aliás, suas respectivas bombas de hidrogênio em 1967 e 1968 e se recusam a aderir a um tratado que consiste em lhes proibir o acesso ao clube atômico. O impacto desse tratado é considerável, pois trata-se, para americanos e soviéticos, de evitar que as armas atômicas caiam nas mãos de qualquer um e, para os soviéticos em particular, de impedir que a Alemanha possua armas nucleares.

Outros tratados são menos diretamente significativos. Em 27 de janeiro de 1967, o tratado sobre o espaço prevê a não militarização da Lua e dos corpos celestes, assim como a proibição da colocação em órbita de armas nucleares. Em 14 de fevereiro de 1971 é assinado o Tratado de Tlatelolco, que deve levar à criação de uma zona isenta de armas nucleares na América Latina. O Comitê para o desarmamento sediado na ONU, composto de 18 membros, serve de quadro para a elaboração de um tratado de desnuclearização do fundo do mar (11 de fevereiro de 1971) e da convenção que proíbe as armas biológicas (10 de abril de 1972).

A maioria desses acordos foi concluída segundo a filosofia de "*arms control*". Não se trata de desarmar, mas de estabelecer limites ao superarmamento. Os acordos seguintes afetam diretamente o potencial militar das grandes potências e seu equilíbrio nuclear.

• *A limitação das armas estratégicas*

Os Estados Unidos e a URSS acumulam armas cada vez mais sofisticadas e se preocupam com o custo crescente dos mísseis antibalísticos (*Anti Ballistic Missile* ou ABM). Os ABMs, cujo custo é considerável, são capazes de atingir em voo os mísseis inimigos antes que atinjam seu objetivo. Os soviéticos colocam ABMs em torno de Moscou, e os americanos em torno de Washington. Ao colocarem, assim, uma parte da população sob proteção, constata-se o ressurgimento da questão do equilíbrio do terror: reaparece o risco de um primeiro ataque e, portanto, de uma guerra nuclear. O segundo progresso é o surgimento do míssil de múltiplas cabeças, o *Multiple Independently Tar-*

geted Re-entry Vehicle (Mirv), que permitiria atingir vários objetivos de uma só vez.

Os acordos Salt 1. Em junho de 1968, começa uma negociação sobre a limitação das armas estratégicas. Esses *Strategic Arms Limitation Talks* (Salt), conduzidos pelo conselheiro especial do presidente Nixon, Kissinger, são abertos em Helsinque, em novembro de 1969, e, após inúmeras reuniões, permitem a Nixon e Brejnev assinar, em Moscou, em 26 de maio de 1972, os acordos Salt. Os Salt compreendem duas partes: um acordo provisório e um tratado. O acordo consiste em um congelamento dos armamentos estratégicos por cinco anos e na interrupção da construção de rampas de lançamento fixo para os mísseis intercontinentais (ICBM), e de lançadores balísticos instalados em submarinos (SLBM).

O teto para os ICBM é de 1.054 para os americanos e 1.409 para os soviéticos; para os SLBM, de 650 para os americanos e de 950 para os soviéticos. O tratado limita a dois locais os sistemas de defesa antimísseis (ABM), aqueles existentes em torno de Moscou e de Washington e outro para uma zona de ICBM. A lógica do equilíbrio do terror é tal que, para que a dissuasão chegue a impedir a guerra, é preciso que cada um entregue, ao fogo nuclear do outro, sua população como refém.

É a primeira vez que as duas grandes potências, superando o problema do controle, concluem um acordo relativo aos armamentos que não exige nada de outros países. Pela primeira vez, também, limitam efetivamente a produção de alguns tipos de armamentos. É, enfim, a primeira vez que um acordo reconhece a chegada à paridade da URSS, o que constitui para ela uma grande vitória. A União Soviética obtém a concessão de uma superioridade numérica sob pretexto de um atraso tecnológico.

Os encontros dos dois Grandes. Por ocasião da visita de Nixon à Moscou (maio de 1972), que é a primeira visita oficial de um presidente americano à URSS, uma declaração comum de doze pontos define "as bases das relações mútuas entre os Estados Unidos e a União Soviética", um verdadeiro código de conduta. Esse acordo reforça o duopólio americano-soviético e aproxima dois sistemas políticos em que a razão de Estado prevalece sobre as exigências ideológicas. Em menos de três anos os dirigentes dos dois países se encontram quatro vezes.

No outono de 1972, uma comissão consultiva permanente institucionaliza o diálogo americano-soviético. Trata-se de transformar um acordo provisório em tratado definitivo. É o que é feito por ocasião da viagem de Brejnev aos Estados Unidos (18-25 junho de 1973). Nove acordos, convenções ou declarações são assinados, dentre os quais o compromisso das duas potências de prevenir a guerra nuclear, não somente entre elas, mas também entre uma delas e terceiros países. Desse modo, os dois Grandes se outorgam o papel de árbitro para controlar as crises que correm o risco de degenerar. A terceira cúpula (27 de junho-3 de julho de 1974) permite a Nixon e a Brejnev assinar diversos acordos, tal como aquele sobre a limitação das experiências nucleares subterrâneas. O encontro de Leonid Brejnev com o novo presidente Ford em Vladivostok, em 23 e 24 de novembro de 1974, é a última cúpula da distensão. O acordo, que prevê para todos os lançadores de mísseis (ICBM, SLBM) um teto de 2.400, deve servir de parâmetro para o futuro Salt 2. Mas as negociações destinadas a preparar o acordo definitivo soçobram posteriormente.

- *O desenvolvimento das trocas pacíficas com o Leste*

As trocas Leste-Oeste também se beneficiam da atmosfera de distensão. No tempo da guerra fria, as relações comerciais foram praticamente interrompidas entre a URSS e os Estados ocidentais. Desse modo, o princípio do embargo, concretizado pela instituição em 1949 do *Coordination Committee for Multilateral Exports Controls* (Cocom) – Comitê de coordenação para o controle multilateral das exportações Leste-Oeste) e pelo estabelecimento de uma lista de produtos proibidos para a exportação para o Leste, prevaleceu por muito tempo. Toda transferência tecnológica era considerada perigosa visto que poderia ser utilizada para fins estratégicos.

No final do Export Administration Act (1969), o Congresso dos Estados Unidos se pronuncia a favor do aumento de transações pacíficas com o Leste. O desenvolvimento das trocas não se limita ao comércio. A cooperação na área espacial é coroada no verão de 1975 pelo encontro, no cosmo, de duas cápsulas, uma soviética, Soyuz, e uma americana, Apolo.

As trocas comerciais progridem nitidamente após 1965. Em cinco anos (1970-1975), as exportações ocidentais destinadas à União Soviética quadruplicam. Os soviéticos desejam obter no Oeste os produtos agrícolas e industriais de que carecem. Os partidários da distensão – como o advogado Samuel Pisar – sustentam que a multiplicação dos laços econômicos e comerciais entre o Leste e o Oeste favorece a paz e acelera a liberalização interna do sistema comunista. Desde o início dos anos 1960, a URSS compra em quantidades maciças e crescentes o trigo ocidental. Ela começa ainda a adquirir inúmeras fábricas chave na mão, em particular nos setores da construção automobilística e da química. No rastro do encontro de maio de 1972, o acordo comercial americano-soviético, assinado em outubro de 1972, concede à URSS a cláusula de nação mais favorecida (questionada pela emenda Jackson de dezembro de 1974) e prevê o fornecimento de produtos agrícolas e industriais, inclusive computadores; o volume do comércio americano-soviético passa de menos de 200 milhões de rublos em 1971 a mais de 3 bilhões em 1979! A abertura do comércio ocidental concerne também aos outros Estados do campo socialista, em particular a Polônia.

A distensão na Europa e a *"Ostpolitik"*

Toda distensão repousava sobre a solução do problema alemão e a melhora das relações da Alemanha Ocidental com os Estados da Europa do Leste.

Três questões ainda estavam sem solução durante o período da guerra fria: a situação territorial herdada da guerra, o estatuto de Berlim e a existência de duas entidades políticas alemãs, símbolo da divisão do mundo: a RFA e a RDA.

• *A solução do problema territorial*

Até 1969, a política externa da RFA conduzida pelos três chanceleres democratas cristãos (Konrad Adenauer, 1949-1963; Ludwig Erhard, 1963-1966; Kurt Kiesinger, 1966-1969) é aquela que fora definida pelo chanceler Adenauer, que a fundara sobre a escolha do Ocidente. É verdade que ele estabelece, desde 1955, relações diplomáticas com a União Soviética e dá início a uma aproximação prudente com a

Polônia, mas o peso político dos refugiados e repatriados obriga-o a uma grande prudência e imprime alguma rigidez à política externa alemã-ocidental. Essa política é fundada sobre dois princípios em parte contraditórios: a vontade de ancorar a Alemanha Federal no Ocidente e, em particular, na construção europeia e, simultaneamente, a reivindicação de uma Alemanha reunificada, isto é, a recusa em reconhecer a Alemanha Oriental, considerada zona de ocupação soviética, e a pretensão da RFA de representar todos os alemães. A doutrina Hallstein (do nome do secretário de Estado das Relações Exteriores) consiste em ameaçar romper relações diplomáticas com qualquer Estado que reconhecesse o regime de Pankow (Berlim Oriental).

A Ostpolitik. Depois dos esforços de distensão americano-soviéticos e da política do general De Gaulle para o Leste, a RFA, que se beneficia dos mercados da Europa Oriental, se abre para o Leste. A *Ostpolitik*, esboçada desde 1966 pelos governos da "Grande Coligação" (composta de democratas cristãos, sociais-democratas e liberais), é desenvolvida a partir de 1969 por W. Brandt, que sai vencedor das eleições, à frente de uma coalizão restrita a sociais-democratas e liberais. É ele quem vai conduzir a política de aproximação com o Leste, a exemplo do que fez De Gaulle e do que tenta fazer o presidente Nixon.

A aproximação das duas Alemanhas é preparada pelas encontros de Erfurt, em 19 de março 1970, e de Kassel, em 21 de maio de 1970, entre Willy Brandt e o primeiro-ministro da Alemanha Oriental, Willi Stoph.

O acordo RFA-URSS. Mas é com os soviéticos que os alemães iniciam negociações que culminam no Tratado de Moscou de 12 de agosto de 1970. Nos termos desse acordo, alemães-ocidentais e soviéticos declaram que o objetivo mais importante das duas partes é a paz e a distensão, reconhecem a inviolabilidade das fronteiras europeias e mantêm explicitamente os direitos das quatro potências a Berlim.

O reconhecimento da fronteira germano-polonesa. As discussões com a Polônia esbarram na questão da linha Oder-Neisse, que os alemães-ocidentais jamais quiseram reconhecer. Finalmente, o tratado assinado em 7 de dezembro de 1970 afirma a intangibilidade dessa fronteira. A imagem do chanceler W. Brandt ajoelhado diante do monumento erigido em memória das vítimas do gueto de Varsóvia dá uma dimensão humana à reconciliação germano-polonesa.

O estatuto de Berlim. Entre as duas Alemanhas, a dificuldade essencial permanece sendo o problema de Berlim, em particular a liberdade de acesso a Berlim Ocidental. Longas negociações permitem a conclusão, em 3 de setembro de 1971, de um acordo quadripartido sobre Berlim, que estipula a manutenção dos direitos das quatro potências ocupantes e o estabelecimento de um estatuto especial. Os ocidentais aceitam que a cidade deixe de ser considerada um *Land* da RFA; as vias de acesso são regulamentadas com minúcia. Por sua vez, a União Soviética se compromete a não mais entravar a circulação e a melhorar a situação decorrente da existência do "muro". Esse acordo permite, enfim, que se entabule a reconciliação entre a RFA e a RDA.

O reconhecimento das duas Alemanhas. As negociações se concluem com um texto nos termos do qual os dois Estados se reconhecem e vão trocar representantes diplomáticos. Até então, a RFA se considerava representante de direito da totalidade da Alemanha. O tratado com a Alemanha Oriental reconhece explicitamente que nenhum dos dois Estados tem soberania fora de suas fronteiras atuais.

É preciso ainda que o *Bundestag*, onde o partido democrata cristão é majoritário, aprove o tratado. Os tratados de Moscou e de Varsóvia são votados em 17 de maio de 1972 e quase não passam. Após uma dissolução do *Bundestag* e novas eleições que dão uma maioria mais tranquila ao governo de Willy Brandt, o tratado fundamental entre as duas Alemanhas é finalmente ratificado em 21 de dezembro de 1972.

Uma das consequências essenciais desse tratado é o reconhecimento da RDA por inúmeros Estados ocidentais e a admissão das duas Alemanhas nas Nações Unidas em setembro de 1973. A consagração da separação jurídica dos dois Estados alemães e a *Ostpolitik* têm o mérito de humanizar a condição das populações alemãs separadas; mas o fato de ter acesso à via internacional consolida as estruturas do Estado alemão-oriental.

• *A Conferência de Helsinque*

A mesma ambiguidade preside a ata final da Conferência de Helsinque, apogeu da distensão. Desde 1954, a URSS, preocupada em garantir as fronteiras europeias nascidas da guerra, reclama uma conferência sobre a segurança europeia. Os ocidentais, que não haviam

A distenção (1962-1973) | 107

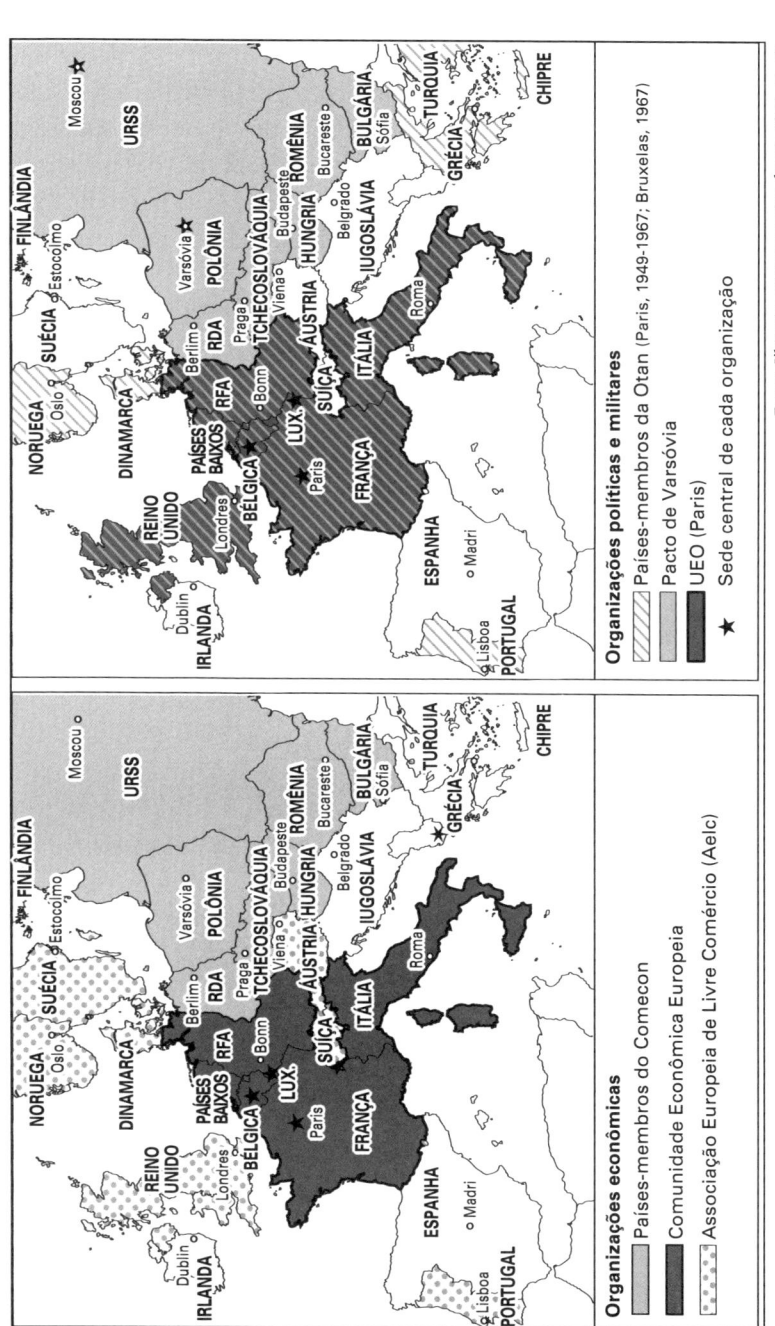

Organizações internacionais na Europa em 1968

Organizações políticas e militares

- ▨ Países-membros da Otan (Paris, 1949-1967; Bruxelas, 1967)
- ▢ Pacto de Varsóvia
- ▮ UEO (Paris)
- ★ Sede central de cada organização

Organizações econômicas

- ▢ Países-membros do Comecon
- ▮ Comunidade Econômica Europeia
- ▦ Associação Europeia de Livre Comércio (Aelc)

Fonte: *L'histoire contemporaine depuis 1945*, op. cit.

aceitado formalmente a situação de fato que a Europa vivia desde Yalta e a cortina de ferro, colocam suas condições, em particular a conclusão de um acordo sobre Berlim e a participação dos Estados Unidos e do Canadá. A distensão permite que se encetem conversações preparatórias em Helsinque, de 22 de novembro de 1972 a 8 de junho de 1973, depois de 3 a 7 de julho de 1973 e, enfim, verdadeiras negociações de setembro de 1973 a julho de 1975.

Essa Conferência sobre a Segurança e a Cooperação na Europa (CSCE), na qual estão representados 35 Estados europeus, adota em 1º de agosto de 1975 um ato final assinado por vários chefes de Estado e de governo, dentre os quais Leonid Brejnev e Gerald Ford (que sucedeu a Nixon em 1974). Subdividido em três capítulos ou "cestos", o ato final consagra grandes princípios: igualdade dos Estados, não ingerência nos assuntos internos de outro Estado, autodeterminação dos povos, inviolabilidade das fronteiras europeias e renúncia ao recurso à força para resolver conflitos. Prevê o desenvolvimento da cooperação econômica, científica e técnica. Enfim, garante a defesa dos direitos humanos e, em particular, a noção de livre circulação de pessoas e de ideias.

A questão alemã de 1945 a 1990

1945 – 4-11 de fevereiro: Conferência de Yalta: acordo sobre a ocupação e o desarmamento da Alemanha.
  – 7-9 de maio: Capitulação do exército alemão, firmada em Reims e em Berlim.
  – 17 de julho-2 de agosto: Conferência de Potsdam: acordo sobre as quatro zonas de ocupação, a desnazificação e as reparações.
  – 20 de novembro: Processo de Nuremberg (até 1º de outubro de 1946).
1947 – 10 de março-25 de abril: Conferência dos Quatro em Moscou: entrave acerca da Alemanha.
1948 – fevereiro: Bizona anglo-americana
  – 23 de fevereiro: Em Londres, conferência anglo-franco-americana para a organização da Alemanha Ocidental, sua integração à Europa Ocidental e a autoridade internacional do Ruhr.
  – 23 de junho: Início do bloqueio de Berlim.
1949 – 23 de maio: Entra em vigor a "Lei Fundamental".
  – 15 de setembro: K. Adenauer é eleito chanceler da República Federal da Alemanha.
  – 7 de outubro: É proclamada a República Democrática Alemã.

- 22 de novembro: Acordos de Petesberg entre a RFA e os Três ocidentais.
1950 – 23 de julho: W. Ulbricht é eleito secretário-geral do partido comunista da Alemanha Oriental (SED).
1951 – 18 de abril: A RFA adere à Ceca.
1952 – 10 de março: Stálin propõe a reunificação de uma Alemanha que seria independente dos dois blocos.
- 26 de maio: Acordos de Bonn que revogam o estatuto da ocupação.
1954 – 25 de janeiro-18 de fevereiro: Conferência dos Quatro em Berlim: entrave acerca da questão alemã.
- 25 de março: A Alemanha Oriental torna-se um "Estado soberano".
- 21-23 de outubro: Acordos de Paris: os aliados ocidentais afirmam seus direitos e obrigações sobre a Alemanha em seu conjunto.
1955 – 9 de maio: A RFA adere à Otan.
- 14 de maio: Criação do Pacto de Varsóvia, ao qual a RDA adere.
- 18-23 de julho: Em Genebra, conferência de cúpula dos Quatro Grandes: entrave sobre a Alemanha.
- 9-13 de setembro: Visita de Adenauer a Moscou.
- 8 de dezembro: Bonn declara que o reconhecimento da RDA por terceiros países constitui um ato de inimizade para com a RFA.
1957 – 1º de janeiro: Integração do Sarre à RFA.
1958 – 14 de setembro: Primeiro encontro entre K. Adenauer e o general De Gaulle em Colombey-les-Deux-Églises.
- 9 de novembro: Início da segunda crise de Berlim.
1959 – 10 de janeiro: A URSS propõe a assinatura de um tratado de paz com as duas Alemanhas.
1960 – 16 de maio: Insucesso da conferência "de cúpula" de Paris.
1961 – 13 de agosto: Construção do muro de Berlim.
1963 – 22 de janeiro: Tratado de cooperação franco-alemã do Eliseu.
- 16 de outubro: Adenauer é sucedido por Erhard.
1966 – 10 de novembro: Erhard é sucedido por Kiesinger.
1967 – 1º de janeiro: W. Ulbricht propõe mais uma vez sua oferta de confederação dos dois Estados alemães.
1969 – de julho a setembro: O governo federal renuncia à doutrina Hallstein. Willy Brandt torna-se chanceler da RFA.
1970 – 19 de março-21 de maio: Encontros de Erfurt e de Kassel entre Willy Brandt e Willi Stoph.
- 12 de agosto: Assinatura do Tratado de Moscou entre a RFA e a URSS.
- 7 de dezembro: Tratado germano-polonês: reconhecimento da linha Oder-Neisse.
1972 – 21 de dezembro: Assinatura em Berlim Oriental do "tratado fundamental" entre os dois Estados alemães.
1973 – 19 de junho: Tratado Bonn-Praga que anula os Acordos de Munique.
- 18 de setembro: A RFA e a RDA entram na ONU.

1974 – 7 de maio: Helmut Schmidt sucede a W. Brandt.
1975 – 30 de julho-1º de agosto: Ato final da Conferência de Helsinque.
1982 – outubro: H. Kohl torna-se chanceler.
1983 – 23 de outubro: Chegada dos mísseis Pershing à RFA.
1984 – março-abril: Afluxo de alemães-orientais para a Alemanha Ocidental.
1987 – 7-11 de setembro: Primeira visita de E. Honecker, chefe do Estado alemão-oriental, à RFA.
1988 – 7-9 de janeiro: Visita oficial de Honecker a Paris.
 – agosto: Êxodo dos alemães-orientais via Hungria.
1989 – 10 de setembro: Budapeste deixa os alemães-orientais que estão na Hungria ganharem "o país de sua escolha".
 – 25 de setembro: Manifestação em Leipzig.
 – 9 de novembro: As autoridades alemãs-orientais decidem abrir as fronteiras. Milhares de berlinenses atravessam o muro.
 – 28 de novembro: O chanceler H. Kohl apresenta ao Bundestag um plano de reunificação.
1990 – janeiro: Manifestações na RDA.
 – 10 de fevereiro: M. Gorbatchov aceita a ideia da reunificação.
 – 14 de março: As quatro potências aliadas e os dois Estados alemães iniciam negociações.
 – 18 de março: Eleições na RDA: vitória da "Aliança pela Alemanha", favorável a uma rápida reunificação.
 – 1º de julho: O deutsche mark [marco alemão] torna-se a moeda da RDA.
 – 16 de julho: Gorbatchov aceita a manutenção de uma Alemanha unida na Otan.
 – 31 de agosto: RFA e RDA assinam em Berlim o tratado de união.
 – 12 de setembro: Tratado de Moscou solucionando a questão alemã.
 – 3 de outubro: Unificação da Alemanha.

A CRISE DOS BLOCOS

A crise no bloco ocidental

Vários fenômenos concorrem para modificar a fisionomia do mundo ocidental: a evolução estratégica, a nova potência econômica dos Estados europeus que se organizam no seio da CEE, a vontade francesa de independência nacional e a crise do sistema monetário internacional.

O crescimento, que conhecera um impulso notável desde os anos 1950, é particularmente claro nos anos 1960. Ele beneficia os Estados

Unidos, cuja atividade econômica e financeira é onipresente. Mas é também tempo de milagres econômicos e aumento do poder da Europa e do Japão.

• *O temor de uma supremacia americana*

A evolução do pensamento estratégico nos Estados Unidos introduz no cerne da Aliança Atlântica, a partir de 1961-1962, uma contradição entre as necessidades técnicas e políticas. Como associar os aliados à decisão em uma estratégia de dissuasão? Tecnicamente, a necessidade de uma vontade unitária em tempo de crise é inegável. No entanto, se cada decisão deve ser concertada, a credibilidade da dissuasão se enfraquece, e é então que se consagra o monopólio absoluto da decisão em proveito da principal potência da Aliança e se confina os aliados em uma situação de subordinação. Numa estratégia de represálias maciças, os interesses coletivos aliados estavam protegidos. Com a estratégia das represálias gradativas, os aliados podem sempre temer que apenas os interesses da potência dominante sejam levados em conta. Assim que começa seu mandato, o presidente Kennedy faz uma importante viagem à Europa, onde evoca seu desejo de transformar as relações transatlânticas.

A proposição americana de uma comunidade atlântica. Em 4 de julho de 1962, na Filadélfia, o presidente dos Estados Unidos, John F. Kennedy, propõe uma redefinição das relações de força entre Estados Unidos e aliados segundo a fórmula "*partnership*". A comunidade atlântica, que ele deseja instaurar, repousaria sobre dois pilares, os Estados Unidos da América e os "Estados Unidos da Europa". Em questões estratégicas, a contrapartida ao monopólio americano de decisão do uso da força, "um único dedo no gatilho", seria a constituição de uma força multilateral.

Isso consistiria em fazer da Otan uma nova potência nuclear pela criação de uma força atlântica integrada. Essa força seria composta de 25 embarcações de superfície, levando cada uma delas 8 mísseis Polaris A3 de um alcance de 4.600 km: a tripulação de cada embarcação seria pelo menos de três nacionalidades diferentes. Seriam assim absorvidas a pequena força atômica britânica e a força francesa, ainda embrionária. Mas esse projeto, de alcance limitado, pois seu potencial corresponderia a 3% da força nuclear dos Estados Unidos, não resolve as contradições políticas. O emprego da força pode ser decidido apenas por consentimento unânime dos Estados participantes (entre os quais os Estados Unidos), que têm todos o direito de veto, enquanto os Estados Unidos conservam liberdade de ação sobre sua própria força. Em dezembro de 1962, em Nassau, o presidente Kennedy propõe aos britânicos entregar-lhes mísseis Polaris, em troca dos mísseis Skybolt encomendados aos americanos. É um primeiro passo na direção da absorção da pequena força estratégica britânica na força americana.

O Reino Unido aceita não utilizar força nuclear senão em acordo com os americanos, a França gaullista não pretende renunciar à constituição de sua própria força de ataque nuclear e faz fracassar o projeto de força multilateral.

- *A política francesa de independência nacional*

O desafio gaullista se opõe ao grande projeto de Comunidade atlântica. Desde seu retorno ao poder, o general De Gaulle proclama sua intenção de obter uma nova partilha das responsabilidades no interior da Aliança Atlântica. Por um memorando dirigido ao presidente Eisenhower e ao primeiro-ministro MacMillan, em 14 de setembro de 1958, De Gaulle propõe criar um diretório de três, habilitado a tomar decisões conjuntas sobre os problemas que interessam ao mundo inteiro e não somente ao território abarcado pela Otan. A recusa oposta pelo presidente Eisenhower, em 1958, se funda ao mesmo tempo sobre a ideia de que os outros aliados não podem ser mantidos à margem das decisões do diretório e sobre a vontade de não ter as mãos atadas na hora de um eventual emprego de uma arma atômica. O general De Gaulle, que insiste em dispor de uma força de ataque, instrumento de uma política de independência nacional, ordena a continuação do programa atômico francês, a despeito das discretas pressões dos Estados Unidos. Leis de base vão aos poucos dar a essa força as estruturas indispensáveis. De Gaulle também se opõe, na coletiva de imprensa de 14 de janeiro de 1963, ao mesmo tempo à entrada da Grã-Bretanha no Mercado Comum e à integração das forças atômicas nacionais à Otan.

Ante os presidentes dos Estados Unidos, Eisenhower, Kennedy e depois Johnson, De Gaulle pratica uma política de independência nacional. Colocado diante da recusa de sua ideia de diretório, ele começa a afrouxar os laços da França com a Otan. De Gaulle continua o esforço da 4ª República para dotar a França de um armamento atômico independente. Recusando-se a vergar-se às pressões dos dois grandes para deter a proliferação das armas nucleares, a França chega ao restrito clube das potências que possuem armas atômicas em 13 de fevereiro de 1960 e ao clube termonuclear em agosto de 1968.

No plano da política externa, a França se distancia cada vez mais dos Estados Unidos. Em 1964, De Gaulle realiza um périplo pela América Latina e reconhece, nesse mesmo ano, a China Popular, contrariando a vontade dos americanos. Ele se distancia da Otase. Favorável à distensão, De Gaulle desenvolve contatos com o Leste. Em 23 de julho de 1964, ele observa que a "divisão do mundo em dois campos corresponde cada vez menos a uma situação real", e aceita, em fevereiro de 1965, a proposição soviética de acordo entre Paris e Moscou sobre o sudeste asiático: "a Europa do Atlântico aos montes Urais" lhe parece o único quadro possível da solução dos problemas europeus. Uma longa série de decisões e de gestos semelhantes culmina na retirada francesa da organização integrada da Otan, anunciada na coletiva de imprensa de 21 de fevereiro de 1966.

A tese francesa é fundada na distinção entre a Aliança e a Organização. Esta última, estabelecida progressivamente desde os anos 1951--1952, segundo De Gaulle, é fruto de um verdadeiro desvio do espírito atlântico. A França recusa a integração mesmo aceitando a manutenção da Aliança. A decisão francesa coloca vários problemas. Ela implica a evacuação das bases americanas e canadenses estabelecidas na França. Cria uma dificuldade com a Alemanha, onde 60 mil soldados franceses fazem parte de unidades da Otan. Seriam eles mantidos? E sob qual estatuto? Em abril de 1967, as bases da Otan na França são evacuadas. Mais de 20 mil soldados americanos, mais 80 mil toneladas de material, nove bases e cerca de trinta depósitos americanos são transferidos para fora da França. O Shape, comandado pelo general Lemnitzer, que se encontrava em Rocquencourt, e o Estado-Maior americano, que estacionava em Saint Germain-en-Laye, são deslocados para Bruxelas. O Conselho da Otan, instalado na praça Dauphine em Paris, é transferido para Bruxelas.

É também um enfraquecimento da Aliança. A França continua a participar do Conselho Atlântico, visto que ele trata de questões políticas, e a colaborar para alguns elementos de infraestrutura da Aliança Atlântica, como a rede de radares NADGE, sistema de alerta que cobre toda a Europa Ocidental. Os 14 parceiros da França – 13, após a retirada do governo grego em 1973 – estão associados em uma organização militar integrada dirigida por um conselho rebatizado de Comitê dos Planos de Defesa. A substituição do chanceler Erhard por Kurt Georg Kiesinger, em novembro de 1966, contribui para facilitar o acordo sobre o estacionamento e o estatuto das tropas francesas da Alemanha, realizado em 21 de dezembro de 1966. E o relatório Harmel (nome do ministro belga das Relações Exteriores), adotado pela Aliança em dezembro de 1967, pretende não baixar a guarda no plano militar, mesmo encorajando os esforços de distensão.

A aproximação franco-soviética ilustrada pela viagem à URSS, em julho de 1966, é vista pelos americanos como o prefácio de uma verdadeira reviravolta das alianças. A viagem ao Camboja, em setembro de 1966, é a ocasião de criticar abertamente a política americana no Vietnã. Assim como no conflito do Vietnã, De Gaulle se afasta da posição americana em relação à Guerra dos Seis Dias (junho de 1967), tomando, deliberadamente, partido contra Israel e, portanto, contra os Estados Unidos. Seu "Viva o Quebec livre!", dito em Montreal em julho de 1967, causa escândalo na América do Norte. O governo canadense vê nisso uma intervenção nos assuntos internos do Canadá, pois o general De Gaulle parece defender os partidários da independência de uma das províncias do Estado federal canadense.

Forte em razão da recuperação monetária realizada desde 1958 pela França, o general De Gaulle não hesita, numa estrepitosa coletiva de imprensa, em fevereiro de 1965, em preconizar o retorno a um sistema fundado no ouro e o abandono do padrão dólar, cujos abusos e perigos ele denuncia. A seus olhos, o déficit contínuo da balança de pagamentos dos Estados Unidos desde o fim dos anos 1950 dá a essa potência um privilégio anormal, alimenta a inflação e mina todo o sistema monetário internacional.

• *A crise do sistema monetário internacional*

A crise do sistema monetário opõe os europeus, que querem ao mesmo tempo a proteção americana e uma total autonomia política e econômica, aos Estados Unidos, que, por sua vez, pretendem reduzir seus encargos financeiros sem renunciar às suas prerrogativas.

O déficit comercial americano. No fim dos anos 1950, o sistema monetário internacional é o *Gold Exchange Standard*, segundo o qual o dólar, cuja taxa de câmbio é absolutamente fixa (35 dólares por uma onça de ouro), é considerado o equivalente do ouro para todas as transações. Porém a situação econômica evolui em proveito dos países europeus e às expensas da economia americana. Os investimentos maciços de empresas multinacionais e as despesas dos Estados Unidos no exterior (Guerra do Vietnã) terminam por desequilibrar a balança comercial até então superavitária. Devido a esse déficit, dólares demais circulam no mundo e o mercado livre que se instaura junto ao mercado oficial torna completamente impossível a manutenção da paridade do dólar, pois a onça de ouro custa de 40 a 43 dólares no mercado livre. Além disso, o estoque de ouro nos Estados Unidos diminui, e, em 1967, a França decide trocar seus dólares por ouro. A RFA vê seus recursos aumentarem graças a suas exportações. Sua balança comercial e sua balança de conta-corrente são superavitárias. Ela se recusa a valorizar o marco, solução que preconizam os americanos. Em 1968, após abalos internos, o franco é atacado em julho e em novembro, mas resiste graças à solidariedade dos presidentes dos bancos centrais dos dez países mais ricos do mundo. Se o general De Gaulle está decidido, em 24 de novembro, a não desvalorizá-lo, seu sucessor Georges Pompidou precisa resignar-se a fazê-lo já em agosto de 1969.

Ao longo de toda a década de 1960, os Estados Unidos precisam defender o dólar. A queda de suas reservas em ouro chega a obrigá-los, em 1968, a reservar a conversibilidade do dólar em ouro apenas aos bancos centrais estrangeiros. Mas a balança comercial americana torna-se deficitária em 1971, pela primeira vez desde 1893.

A suspensão do Gold Exchange Standard. Para interromper o mais rapidamente possível a fuga especulativa dos capitais desencadeada no verão em razão do anúncio dos maus resultados do comércio exterior americano, o presidente Nixon suspende brutalmente em 15 de agosto de 1971 toda convertibilidade do dólar em ouro, inclusive para os bancos centrais, o que significa deixar flutuar o dólar. Ele toma medidas protecionistas (em particular, sobretaxa em 10% as importações) e anuncia que os Estados Unidos não flexibilizarão sua atitude a menos que seus aliados ocidentais aceitem partilhar "o fardo comum". Nixon exige concessões comerciais e monetárias em contrapartida da proteção militar americana. A flutuação do dólar leva a um marasmo monetário e comercial, fator de inflação e de crise generalizada.

A desvalorização do dólar. Em dezembro de 1971 (acordo da *Smithsonian Institution*) e em fevereiro de 1973, os Estados Unidos aceitam desvalorizar o dólar e obtêm uma série de valorizações das moedas de melhor desempenho, em particular o iene e o marco. Essas medidas têm por efeito rachar a Europa em duas: de um lado, os Estados cuja moeda é forte, de outro, aqueles cuja moeda é fraca. O funcionamento da CEE é perturbado, ainda mais porque a crise acontece simultaneamente à entrada no Mercado Comum, em 1972, do Reino Unido, da Irlanda e da Dinamarca.

• *A constituição da Europa dos Nove*

O tratado de Roma previra um período transitório de doze anos para a abolição progressiva das barreiras tarifárias entre os Estados-membros da CEE e o estabelecimento de uma tarifa exterior comum.

Ao longo da primeira etapa (1959-1962), a liberação das trocas intracomunitárias de produtos industriais se faz mais rapidamente que o previsto, mas a passagem à segunda etapa é mais delicada em razão do começo do Mercado Comum Agrícola.

O sucesso da Europa dos Seis. Longas negociações ("maratonas" agrícolas de janeiro de 1962, dezembro de 1963 e dezembro de 1964) permitem ao Mercado Comum continuar a progredir. Ele não comporta apenas aspectos aduaneiros, mas implica também uma política agrícola comum, abrangendo a organização de vários mercados importantes (cereais, leite, carne), a fixação de preço comum e a criação de um Fundo Europeu de Orientação e de Garantia Agrícola (Feoga) encarregado do financiamento dessa política, da qual a França é muito ciosa em razão da importância do setor agrícola em sua economia.

A Europa dos Seis se revela um sucesso, mesmo que no plano político as oposições entre duas concepções europeias, aquela dos parceiros da França (uma Europa federal, de caráter supranacional) e aquela do general De Gaulle (a Europa de pátrias), impeçam a organização de uma Europa política em 1961-1962, no momento dos projetos de plano Fouchet. Limitam-se, em abril de 1965, a decidir a fusão dos executivos das três comunidades (Ceca, CEE, Euratom). Um Conselho das Comunidades e uma Comissão única entram em funcionamento em julho de 1967.

As medidas aduaneiras. Em outubro de 1962, Kennedy obtivera do Congresso o voto de uma lei aduaneira, o *Trade Expansion Act*, segundo a qual os americanos negociariam com os europeus, no âmbito do Gatt, uma baixa recíproca de 50% de seus direitos aduaneiros, a fim de estimular o comércio transatlântico. Essas negociações, chamadas de *Kennedy Round*, terminam em 16 de maio em Genebra; a CEE afirma-se nessas negociações como o parceiro principal dos Estados Unidos, capaz de enfrentar a primeira potência econômica do mundo, visando aplicar a partir de 1968 um desarmamento aduaneiro recíproco.

A crise de 1965. Provocada pela recusa da França em aceitar uma extensão do papel do Feoga e a substituição da regra de unanimidade por aquela da maioria, ela é um reflexo do desacordo entre as duas concepções de Europa. Durante seis meses, a França se abstém de participar das reuniões do Conselho de Ministros da CEE e pratica a "política da cadeira vazia". Em janeiro de 1966, o compromisso de Luxemburgo permite à França retomar seu lugar no Conselho em contrapartida da manutenção da regra da unanimidade quando "interesses importantíssimos" estiverem em jogo. O reinício efetivo do Mercado Comum no mês de maio permite concluir a união aduaneira em 1º de julho de 1968 (um ano e meio antes da data prevista).

A implantação da "serpente monetária europeia". Em compensação, a união monetária planejada na conferência de Haia, em dezembro de 1969, e definida em Bruxelas, em fevereiro de 1971, sobre a base do "relatório Werner" vai rapidamente se encontrar bloqueada pelas dificuldades do sistema monetário internacional de 1969 a 1971 e pela crise econômica mundial que começa em 1973. Para escapar às variações do valor do dólar, que continua a flutuar ao bel-prazer da especulação, os países da CEE organizam em abril de 1972 a "serpente monetária" europeia, que fixa paridades entre suas moedas e limita as margens de flutuação a fim de preservar a regularidade de suas trocas. Para corrigir as disparidades de concorrência que aparecem no seio da Comunidade quando as paridades das moedas são modificadas, cria-se um sistema de taxas e de subvenções, os "montantes compensatórios monetários" (MCM).

Os novos pedidos de adesão. Seduzidos pelo atrativo do Mercado Comum, muitos países solicitam sua adesão ou uma forma de associação. A CEE conclui assim acordos com a Grécia (1961), a Turquia (1963), Malta (1970) e sobretudo, pelos acordos de Iaundê (1963 e 1969), com dezoito países da África francófona.

O pedido de conversações exploratórias do Reino Unido, em 1961, seguido de pedidos de outros países da Associação Europeia de Livre Comércio (Aelc), esbarra em 1963 na análise do general De Gaulle, que estima "que a natureza, a estrutura e a conjuntura próprias à Grã-Bretanha diferem profundamente daquelas do continente". Um novo pedido de adesão britânico é feito pelo primeiro-ministro trabalhista Wilson, em 1967, menos por convicção europeia do que para socorrer uma economia em situação precária. O pedido é rejeitado mais uma vez pelo general De Gaulle.

As mudanças políticas na França e na Grã-Bretanha vão favorecer a solução desses problemas. Na França, após o referendo de 1969, que leva à demissão do general De Gaulle, Georges Pompidou chega à Presidência da República. Ele continuará a política externa de seu predecessor, com exceção da questão da admissão da Inglaterra no Mercado Comum, quando, na conferência de Haia em dezembro de 1969, propõe o tríptico: conclusão da Europa agrícola, ampliação à Grã-Bretanha e aprofundamento por meio da reativação da construção comunitária. Nas eleições gerais de 18 de junho de 1970, na Grã-Bretanha, os trabalhistas são vencidos e o poder passa ao conservador Edward Heath. A chegada dos conservadores facilita muito a negociação já empreendida à época de Harold Wilson. Porém as dificuldades continuam a existir: são a contribuição da Grã-Bretanha ao orçamento comunitário, o papel da libra como moeda de reserva e os laços econômicos preferenciais com o *Commonwealth* (em especial, em relação ao açúcar e à manteiga) que a Grã-Bretanha queria preservar apesar de se recusar a respeitar o tratado de Roma, que implica, em caso de importações exteriores, pagar ao orçamento da Comunidade uma porcentagem. As negociações chegam a um compromisso, em junho de 1971, segundo o qual a Grã-Bretanha deve contribuir para o orçamento comunitário com um pouco mais de 8% em 1973 e quase 19% ao fim de oito anos. O caso das exportações de manteiga da Nova Zelândia para a Inglaterra é regido por um estatuto especial. A integração da libra ao futuro sistema monetário europeu fica indefinida.

Em 22 de janeiro de 1972, é assinado em Bruxelas o tratado de adesão não apenas da Grã-Bretanha como também da Dinamarca, da Irlanda e da Noruega. Em seguida, os noruegueses se recusam, por referendo, a entrar no Mercado Comum. A Europa dos Seis torna-se, em 1º de janeiro de 1973, a Europa dos Nove.

A crise no mundo comunista

Os anos 1960 se traduzem por uma desaceleração do desenvolvimento econômico na URSS, que não consegue superar os problemas agrícolas nem se recuperar de seu atraso na produção de bens de consumo. Apesar das promessas de Kruchov, para quem o nível de vida na União Soviética deveria alcançar e ultrapassar o do Ocidente, há não apenas um atraso nesse plano, mas também uma defasagem tecnológica crescente. A *intelligentsia* soviética questiona a burocracia, isto é, em última análise, o aparelho do partido. Essas dificuldades são a causa direta da queda de Nikita Kruchov, que acumulava as funções de primeiro secretário do Comitê Central do Partido e de presidente do Conselho de Ministros, vítima de uma revolução palaciana em 15 de outubro de 1964.

Os sucessores, Leonid Brejnev, secretário-geral do Partido Comunista da União Soviética, e Kossiguin, primeiro-ministro, são confrontados com o mesmo problema da modernização da economia e da sociedade soviética. A linha de Brejnev, que se recusa a liberalizar a vida dos soviéticos, prevalece e tem imediatamente repercussões tanto no interior quanto no exterior do país. Em fevereiro de 1966, o processo contra os intelectuais Siniavski e Daniel e suas respectivas condenações provam a vontade dos ideólogos do partido, apoiados pelo Exército Vermelho, de enquadrar a *intelligentsia* e mantê-la na linha a fim de que sirva à causa do partido. É o início do "regelo cultural" e do exílio interno de Aleksandr Soljenitsyn.

O modelo soviético, maculado pelas revelações sobre o Gulag, é contestado pela China Popular e pelas democracias populares, onde ao mesmo tempo começam a aparecer aspirações nacionais e liberais.

- *O cisma sino-soviético*

O nascimento do antagonismo entre a China e a União Soviética remonta aos anos 1950, quando acordos de cooperação ligam estreitamente os dois países. O conflito é simultaneamente um clássico conflito de interesse de poder e de território e também uma oposição ideológica, que irrompe no momento do XX Congresso do Partido Comunista da União Soviética, em 1956.

Desde 1957, diante do estreitamento dos laços entre os Estados Unidos e a China Nacionalista, a União Soviética não reage. O governo de Pequim acusa os soviéticos de procurarem a paz a qualquer custo e de abandonar a estratégia revolucionária para se engajar no revisionismo. Após uma viagem a Moscou, Mao Tsé-tung lança, em 1958, o "Grande Salto Adiante" e as comunas populares e, ao mesmo tempo, bombardeia as ilhas de Mazu e Quemoy e reforça os laços da China com os elementos mais revolucionários do Terceiro Mundo. É um duplo desafio da China à União Soviética e aos Estados Unidos. Kruchov condena a experiência das comunas chinesas e chega a suspender sua ajuda econômica e técnica e a repatriar milhares de peritos e estagiários que a União Soviética mantinha em território chinês. Desse momento em diante, à rivalidade dos partidos e aos enfrentamentos ideológicos se sobrepõe a luta implacável de dois Estados, que irrompe em 1962. Padecendo dos erros do "Grande Salto Adiante" e isolada do bloco socialista, a China estreita laços com a Albânia (acordos de janeiro de 1962). Isso dá uma ideia do isolamento chinês.

Em abril de 1962, Moscou fomenta revoltas na fronteira do Xinjiang e apoia a Índia no conflito que a opõe à China em relação ao Tibete. Trata-se de um conflito de fronteira agravado pela persistência do nacionalismo tibetano, personificado no Dalai-Lama, que se refugia na Índia. Em setembro e outubro de 1962, a China lança uma ofensiva vitoriosa contra a Índia. Os chineses aproveitam a ocasião da crise de Cuba para acusar os soviéticos de haverem capitulado diante do imperialismo americano. Em 12 de dezembro de 1962, em uma reunião dos representantes dos partidos comunistas em Moscou, Kruchov estima que "o principal perigo é o dogmatismo dos dirigentes chineses" e ironiza a passividade do regime de Pequim diante das "usurpações imperialistas" em Hong Kong, Macau e Formosa.

A partir de 1963, à ruptura doutrinal entre Moscou e Pequim é acrescido um litígio territorial, ao qual a ascensão da China ao clube atômico, em 1º de outubro de 1964, dá um lustro especial. Os dirigentes chineses respondem, em 8 de março de 1963, desenterrando o problema dos "tratados desiguais" impostos, no século XIX, pela Rússia à China, da qual teria conquistado importantes territórios, aos quais seria ainda preciso acrescentar um contencioso quanto a 600 ilhas dos rios Amur e Ussuri. Os soviéticos replicam que as aquisições feitas no século XIX são inalienáveis e que as fronteiras da URSS são intangíveis.

Essa reivindicação territorial não atenua o confronto ideológico. Em 15 de junho de 1963, Mao Tsé-tung envia a Kruchov uma carta na qual, em vinte e cinco pontos, recusa a preeminência do partido comunista da União Soviética. Aos olhos dos chineses, "os czares do Kremlin" são revisionistas que se tornaram aliados objetivos dos Estados Unidos. Começa uma luta entre os dois Estados pela liderança do comunismo mundial, apesar de uma breve trégua após a queda de Kruchov.

Quando estoura, em 1966, a Revolução Cultural na China, os soviéticos tomam partido contra Mao Tsé-tung e tentam manobrar contra o poder central as minorias nacionais do Xinjiang. Depois de explodir sua primeira bomba A em 16 de outubro de 1964, a China testa a bomba H em 17 de junho de 1967. A ascensão da China à classe de potência termonuclear poderia ter incitado os soviéticos a considerar um ataque nuclear "preventivo" ao arsenal atômico chinês em Xinjiang. Em 1969, o enfrentamento parece iminente. Ocorrem combates no rio Ussuri; e a China, que leva a sério a ameaça soviética, se prepara para uma volta-face diplomática.

• *A contestação na Europa Oriental*

A contestação ideológica empreendida por Pequim altera, nos anos 1960, o prestígio soviético e tem grande repercussão nas relações entre a União Soviética e as democracias populares. Se a União Soviética tolera que a Romênia tome algumas iniciativas, não hesita em reprimir a revolução tchecoslovaca.

Na Iugoslávia, o problema fundamental – a coexistência de várias comunidades nacionais – se complica com a perspectiva da sucessão de Tito e os protestos estudantis importados do Ocidente.

Tito consegue acalmar as tensões entre sérvios e croatas e desarmar os protestos generalizados que se desenrolam em 1963, difundidos na Iugoslávia pela oposição liberal de Milovan Djilas. Mas após a intervenção soviética na Tchecoslováquia, a Iugoslávia – que a desaprova – está mais do que nunca isolada.

Na Polônia, W. Gomulka, no poder há quatorze anos, reprime com rigor as revoltas de Gdansk (14-15 de dezembro de 1970); os tumultos que se prolongam levam à substituição de Gomulka por Edward Gierek no posto de primeiro secretário.

A Romênia inicialmente manifesta uma relativa autonomia no interior do Conselho de Ajuda Econômica Mútua (Comecon); recusa a especialização econômica que a URSS quer lhe impor; em seguida mantém alguma neutralidade no conflito que opõe Moscou a Pequim e publica, em 1964, uma verdadeira declaração de independência. A partir da primavera de 1966, os dirigentes romenos passam a impressão de considerar que o Pacto de Varsóvia é uma aliança como qualquer outra, que a independência de seus membros não é uma ficção. Eles adotam uma política externa original, desenvolvendo uma atitude de neutralidade ativa no conflito do Oriente Médio, estabelecendo relações diplomáticas com a Alemanha Federal desde 31 de janeiro de 1967, no momento em que a Hungria, a Bulgária e a Tchecoslováquia aderem à "doutrina Ulbricht", que coloca o reconhecimento da RDA e a inviolabilidade de suas fronteiras como condição prévia ao estabelecimento de relações normais com o governo de Bonn. Quando ocorre a intervenção do Pacto de Varsóvia na Tchecoslováquia, em 21 de agosto de 1968, Bucareste não participa da operação e chega mesmo a culpar a URSS por tê-la realizado. Em agosto de 1969, a Romênia é o primeiro país socialista – fora da URSS – a acolher um presidente americano, na pessoa de Richard Nixon.

A *Tchecoslováquia e a "Primavera de Praga"*. Diferentemente da Romênia, que conserva um regime interno bastante rigoroso, a Tchecoslováquia experimenta desde 1963 uma certa liberalização. No Congresso do Partido Comunista Tchecoslovaco, em 1962, a desestalinização prospera, apesar da manutenção no poder do stalinista Novotny. A aspiração à reforma econômica acrescenta-se à aspiração a uma maior autonomia da Eslováquia em relação à Boêmia e à vontade claramente expressa após a guerra árabe-israelense de junho de 1967 de uma política mais aberta. Uma ala "liberal" liderada pelo secretário do partido eslovaco, Alexander Dubcek, contesta abertamente Novotny, abandonado pelos soviéticos. Em 4 de janeiro de 1968, ele se demite de seu posto de secretário-geral do Partido Comunista. O comunista moderado Dubcek lhe sucede, enquanto o general Ludvik Svoboda é eleito em março chefe de Estado. Cada vez mais popular entre os intelectuais e entre os trabalhadores, Dubcek acredita poder conciliar o sistema socialista com o respeito às liberdades. O programa de ação do partido comunista tcheco, adotado em abril de 1968, admite a criação de outros partidos políticos e a liberalização da informação. É a "Primavera de Praga".

Uma nova lei constitucional é preparada; um novo governo é estabelecido, dirigido por Cernik, partidário da liberalização, e pelo economista Ota Sik. A Assembleia Nacional elege como presidente o mais "liberal" dos comunistas tchecoslovacos, Smrkovsky. A preparação do Congresso do Partido Comunista Tchecoslovaco ocasiona um confronto apaixonado entre novotnistas e partidários de reformas.

Os soviéticos veem a "Primavera de Praga" com desconfiança. Os meios dirigentes das democracias populares temem o contágio, que já é perceptível na Polônia, e fazem pressão para que os dirigentes soviéticos intervenham. Em julho de 1968, Dubcek recusa um acordo proposto pelos dirigentes do Pacto de Varsóvia. Ainda que o projeto de revisão dos estatutos do partido tchecoslovaco, adotado por unanimidade em 9 de agosto de 1968 pelo Presídium, restabeleça algumas liberdades (voto secreto e liberdade de expressão), as reformas não vão tão longe quanto na Hungria: o partido comunista deve conservar uma situação preeminente, mesmo que se fale de um retorno a um sistema multipartidário, e, longe de pretender um estatuto de neutralidade formal, reafirma-se incessantemente o pertencimento ao Pacto de Varsóvia. Esse governo comunista tchecoslovaco se beneficia de um amplo apoio popular.

Em 21 de agosto, tropas do Pacto de Varsóvia pertencentes a cinco países (URSS, Alemanha Oriental, Polônia, Hungria e Bulgária) penetram em solo tchecoslovaco e se precipitam em direção aos objetivos mais importantes de Praga.

O embaixador soviético em Praga, Tchervonenko, e os tchecos pró-soviéticos conseguem a prisão dos dirigentes da "Primavera de Praga". Mas a resistência se organiza ao redor do presidente da República, Svoboda, com uma greve de protesto decidida pelo Congresso do Partido reunido clandestinamente.

Os dirigentes tchecos libertados e reintegrados às suas funções são convocados ao Kremlin e assinam, em 26 de agosto, os acordos de Moscou, que marcam uma pesada limitação à liberalização e às reformas empreendidas. A partir de 16 de outubro, os soviéticos impõem um novo tratado que implica o estacionamento "temporário" de suas tropas em território tchecoslovaco. A agitação antissoviética continua. Em março e abril de 1969, após um verdadeiro ultimato do marechal Gretchko, ministro soviético da Defesa, incidentes culminam na destituição de Dubcek de seu posto de secretário-geral do Partido e na sua substituição por Gustáv Husák; a normalização segue seu curso. Uma vasta depuração do partido é organizada. A censura é restabelecida.

A URSS preserva assim do contágio os outros satélites e faz triunfar uma nova interpretação do Pacto de Varsóvia, conhecida pelo nome de "doutrina Brejnev". A soberania nacional do Estado socialista é limitada. Ela deve ser abolida em benefício do interesse geral da comunidade dos Estados socialistas. Mas a intervenção na Tchecoslováquia provocou uma reprovação geral no Ocidente, inclusive por parte dos partidos comunistas italiano, francês e espanhol. No interior do Pacto de Varsóvia, a Romênia se pronuncia contra essa ação, enquanto a Albânia chega até a se retirar do Pacto em setembro de 1968.

Quando a conferência dos setenta e cinco partidos comunistas se reúne em Moscou, de 5 a 7 de junho de 1969, é ao mesmo tempo o reconhecimento para a União Soviética de seu papel de direção do movimento comunista internacional e o fim do monolitismo, pois a conferência proclama o princípio dos caminhos diferentes para o socialismo.

O TERCEIRO MUNDO NA ERA DA DISTENSÃO (1962-1973)

É no contexto de crises (da crise de Suez à crise de Cuba) que nasce o papel internacional do Terceiro Mundo. Mas ele só toma impulso plenamente na era da distensão.

O enfraquecimento do papel moral da ONU. A afirmação de países recém-independentes se faz por intermédio da entrada para a Organização das Nações Unidas, que vê aumentar o número de seus membros e crescer seus problemas. Em 1973, as Nações Unidas têm 135 membros. Os únicos Estados que não fazem parte então são a Suíça, as duas Coreias, os dois Vietnãs, Formosa, Rodésia do Sul e Bangladesh. Do total de países, 25 Estados se aliam ao campo ocidental, 12 ao campo oriental e a maior parte dos outros se diz ou se pretende não engajada. Os países do Terceiro Mundo são, portanto, majoritários e chegam a dispor da maioria de dois terços necessária para fazer passar as resoluções na Assembleia Geral. A ONU torna-se assim a caixa de ressonância do Terceiro Mundo e, em razão disso, sofre também seus contragolpes. A herança da descolonização é pesada. A ONU se engaja em uma guerra no Congo sem ter os recursos necessários em tropas e em dinheiro. Ela é ameaçada de uma falência financeira enorme. O secretário-geral das Nações Unidas, Dag Hammarskjold, que considera seu papel o de um árbitro, entra em conflito aberto com vários chefes de governo. No início de seu mandato (1961-1971), o birmanês U Thant, que representa precisamente o mundo afro-asiático, consegue retirar as Nações Unidas do Congo e afirma reiteradas vezes a independência da Organização. Mas o período vê também o enfraquecimento das Nações Unidas. Sob a influência do grupo afro-asiático, a ONU passa seu tempo a protestar contra o regime de *apartheid* na República Sul-Africana, contra o regime racista na Rodésia do Sul e contra todas as formas de colonialismo. Muitas dezenas de resoluções extremamente firmes se revelam sem alcance real. O secretário-geral sofre a corrosão do papel moral das Nações Unidas.

Os primeiros encontros dos países não engajados. A maioria dos países do Terceiro Mundo se afirma também não engajada e diz rejeitar o alinhamento tanto ao campo ocidental quanto ao campo soviético. A primeira conferência dos países não engajados ocorre em Belgrado, de 1º a 6 de setembro de 1961, a convite do presidente iugoslavo

Tito, do presidente egípcio Nasser e do presidente indiano Nehru. Trata-se para os 25 Estados participantes de manifestar sua reprovação da política de blocos, do neocolonialismo que substitui os laços políticos pelos constrangimentos econômicos e do superarmamentismo das grandes potências. Os não alinhados continuam seu combate ao reunirem-se em novas conferências, no Cairo (1964), depois em Lusaka (1970), ao longo das quais insistem cada vez mais sobre a independência econômica. A conferência de Argel, em setembro de 1973, é a confirmação de uma nova estratégia de concertação entre países produtores de matérias-primas.

Os não alinhados não têm então uma coesão real. Eles conhecem também querelas internas. Em última análise, a aliança se resume a condenar o imperialismo dos ocidentais, esforçando-se para manter o equilíbrio entre as duas Grandes, e a afetar um neutralismo de fachada. Mas divisões aparecem entre os defensores de um neutralismo estrito e os partidários de uma ação decidida contra o neocolonialismo. As tensões internacionais no campo oriental trazem à luz as divergências ideológicas entre Moscou e Pequim, entre os quais não é simples a escolha. No entanto, reagrupamentos se operam em uma esfera regional.

Os agrupamentos de Estados do Terceiro Mundo

Resultantes das fronteiras herdadas da colonização, os territórios desses Estados são frequentemente heterogêneos e constituem entidades artificiais. A partir da independência, duas tendências contrárias aparecem: uma tende ao esfacelamento, a outra ao agrupamento. A união do Senegal ao Sudão no Mali durou apenas alguns meses. A união do Egito com a Síria na República Árabe Unida durou de 1958 a 1961. Os Estados do Terceiro Mundo preferiram, frequentemente, reagrupamentos com formas menos precisas. O Conselho da *Entente* compreende Costa do Marfim, Alto Volta, Dahomey e Níger. O pan-africanismo, por sua vez, ambiciona realizar a unidade econômica e política do continente negro.

Em dezembro de 1960, todos os Estados francófonos – com exceção do Togo, do Mali e da Guiné – constituem o "grupo de Brazzaville", favorável à cooperação com a França, que se transforma em União Africana e Malgaxe (UAM) na primavera de 1961 e em Organização

Comum Africana e Malgaxe (Ocam) em fevereiro de 1964. O novo presidente do ex-Congo Belga (que se tornou Congo-Léopoldville, depois Congo-Kinshasa e, por fim, Zaire) adere à organização. O conflito de Biafra contribui para dividir a Ocam.

Em oposição aos moderados do "grupo de Brazzaville" e do "grupo de Monróvia", que reúnem os doze países do grupo de Brazzaville e outros países africanos, principalmente anglófonos, se constitui, em janeiro de 1961, o "grupo de Casablanca", do qual fazem parte Marrocos, Gana, Guiné, Mali e a República Árabe Unida, grupo hostil ao neocolonialismo e aos testes nucleares franceses no Saara. A África se mostra bastante dividida.

Graças ao fim da guerra da Argélia, as tensões entre os dois grupos de países africanos se atenuam. A convite do imperador da Etiópia, Hailé Selassié, a Conferência de Adis-Abeba, reunindo 30 chefes de Estado africanos, adota, em maio de 1963, a Carta da Organização da Unidade Africana (OUA, ver boxe abaixo).

Países-membros da Organização da Unidade Africana (março de 1933)

Angola	Guiné Equatorial
Argélia	Lesoto
Benim	Libéria
Botsuana	Líbia
Burkina Fasso	Madagascar
Burundi	Malaui
Cabo Verde	Mali
Camarões	Marrocos*
Chade	Maurício (ilha)
Comores	Mauritânia
Congo	Moçambique
Costa do Marfim	Namíbia
Djibuti	Níger
Egito	Nigéria
Eritreia	Quênia
Etiópia	República Árabe do Saara
Gabão	República Centro-Africana
Gâmbia	Ruanda
Gana	São Tomé e Príncipe
Guiné	Senegal
Guiné-Bissau	Serra Leoa

Seychelles
Somália
Suazilândia
Sudão
Tanzânia
Togo

Tunísia
Uganda
Zâmbia
Zaire
Zimbábue

*Após a admissão, em 1982, da República Árabe do Saara, o Marrocos deixou a OUA.

Se a OUA não fez com que a África progredisse no sentido de uma união mais estreita, teve, em contrapartida, um papel nada negligenciável promovendo os interesses dos Estados Africanos, por exemplo opondo-se ao desmembramento da Nigéria.

No Oriente Médio, a Liga Árabe tenta favorecer o agrupamento dos Estados árabes. Mas a unidade do mundo árabe é igualmente reivindicada pelos diferentes líderes, como Nasser, e por forças políticas, como o partido Baath.

Na América Latina, a Organização dos Estados Americanos enfrenta o problema de Cuba, excluída em 1962 e readmitida em 1973, e a questão das guerrilhas fomentadas pelos cubanos na Bolívia, na Colômbia e na Venezuela. Em janeiro de 1966, uma conferência reunindo delegados de governos e de movimentos revolucionários da África, da Ásia e da América Latina escolhe Havana como sede da Organização "Tricontinental" que supostamente deveria organizar a luta anti-imperialista em toda parte.

O desenvolvimento econômico e a ajuda ao Terceiro Mundo

O fosso entre o nível de vida dos países desenvolvidos e o dos países subdesenvolvidos cresce ao longo dos anos 1960, de sorte que a diferença entre o produto nacional bruto por habitante de uns e de outros é enorme: 3.320 dólares para os Estados Unidos e 60 dólares para o Haiti, em 1964. A taxa de crescimento da população, muito maior nos países pobres que nos ricos, constitui um obstáculo suplementar às mudanças profundas da economia desses países.

A decolagem econômica é limitada a alguns países que criaram centros industriais. Apesar do grande esforço de industrialização, os países subdesenvolvidos permanecem essencialmente exportadores de matérias-primas. Assim, os termos da troca (relação entre o valor das exportações e o das importações) são desfavoráveis aos países em vias de desenvolvimento. Enquanto os preços de produtos industriais provenientes do Norte aumentam sem parar, em razão da inflação, os preços das matérias-primas vendidas pelo Sul diminuem visivelmente. Assiste-se, de fato, a uma "troca desigual" que desestabiliza o Terceiro Mundo, tornando impossível seu crescimento. Ante nações "ricas", erguem-se nações "proletárias" que reclamam ajuda.

As formas de ajuda aos países subdesenvolvidos. A ajuda é tanto privada quanto pública. Pode tomar a forma de investimentos, de empréstimos ou de doações. A ajuda ocidental é preponderante. De 1945 a 1970, de uma ajuda total de 165 bilhões de dólares ao Terceiro Mundo, os ocidentais forneceram 90%.

A ajuda americana é, sobretudo, econômica e militar, abrangendo ainda o envio de técnicos ou de missões, em particular no âmbito do *Peace corps.* A ajuda financeira, que pode ser direta por meio da *Agency for International Development* (AID), passa mais frequentemente pelo canal das firmas privadas ou organizações internacionais, como o Banco Mundial. Essa ajuda se destina sobretudo à Ásia (China Nacionalista, Coreia do Sul, Tailândia, Paquistão, Vietnã do Sul), em segundo lugar ao Oriente Médio, por fim à América Latina e à África. O caso de Cuba leva os dirigentes americanos a concentrar seus esforços na América Latina, com um programa de ajuda decidido em agosto de 1961 na conferência de Punta del Este. No entanto, a Aliança para o Progresso não obtém o sucesso esperado em razão das reticências tanto das empresas privadas quanto do Congresso. Após 1963, a ajuda americana tende a diminuir devido ao custo da Guerra do Vietnã.

A assistência soviética, destinada a favorecer a independência econômica dos países subdesenvolvidos, é seletiva. Ela intervém no âmbito de projetos de desenvolvimento planificado e dá prioridade à eletrificação e à indústria pesada. Como o Egito, onde a URSS financia a construção da barragem de Assuã de 1958 a 1960, e a Índia, onde financia a siderurgia, os beneficiários dessa ajuda são quase todos países neutralistas: Etiópia, Guiné, Gana, Egito, Síria, Índia, Afeganistão, Indonésia, Iêmen, Ceilão e Iraque. Os donativos são limitados a casos excepcionais. Os empréstimos são fechados por doze anos a uma baixa taxa de juros e os pagamentos previstos em moeda local ou em produtos locais. Essa ajuda é subordinada ao recurso a material e técnicos soviéticos. A assistência técnica está longe de ser negligenciável, sobretudo no Egito, Iêmen, Afeganistão, Índia e Indonésia.

A assistência britânica é principalmente econômica e financeira, organizada em torno da unidade monetária que dá seu nome ao conjunto de países, a zona esterlina.

A França consagra uma parte importante de seu produto nacional bruto (quase 2% em 1960) à ajuda aos países da África do Norte, da África Negra e do oceano Índico. A cooperação (institutos, liceus, escolas, jornais, sociedades científicas, escavações arqueológicas) também é importante. Mais de 30 mil professores franceses trabalham no exterior, a maioria na África do Norte.

A diminuição e os limites da ajuda. Desde 1960, a quantidade de ajuda aos países subdesenvolvidos tende a diminuir em razão das reticências da opinião pública e do ceticismo crescente em relação à sua eficácia. De quase 2%, a parte do PNB francês que lhe é consagrada cai no fim dos anos 1960 a 0,68%. Apenas a cooperação cultural e técnica se desenvolve. A França está à frente com 52.300 cooperantes, em 1970, dos quais 25.500 são professores. O Reino Unido envia 29 mil pessoas, a República Federal Alemã 27 mil.

Os países do Terceiro Mundo, por sua vez, conscientes dos limites e dos constrangimentos dessas políticas de ajuda, prefeririam uma organização dos mercados de matérias-primas que lhes permitisse escoar sua produção.

De fato, o comércio entre os Estados desenvolvidos e os Estados subdesenvolvidos torna-se o problema preponderante. Para os subdesenvolvidos, cujas exportações são ou de produtos agrícolas ou de matérias-primas, a influência das cotações mundiais desses produtos é determinante.

O fracasso das Unctad (sigla em inglês). O objetivo das Conferências das Nações Unidas para o Comércio e o Desenvolvimento (Cnuced, sigla em português) é tentar resolver esses problemas. Na primeira Unctad, que acontece em Genebra de 23 de março a 15 de junho de 1964, 120 Estados estão representados, dos quais 77 estão em via de desenvolvimento. Duas teses se enfrentam: a tese francesa, que propõe um acordo internacional para fixar os preços (então determinados pelo livre funcionamento do mercado mundial) e alimentar um fundo de ajuda aos países subdesenvolvidos, e a tese anglo-saxã, hostil a qualquer tentativa de aumentar o custo das matérias-primas e favorável à outorga de facilidades para a exportação de produtos manufaturados dos países subdesenvolvidos. Fica-se num impasse. A única resolução da conferência consiste em recomendar que se consagre ao menos 1% da renda dos países industrializados à ajuda ao Terceiro Mundo. Os 77 países em via de desenvolvimento participantes dos trabalhos da Unctad decidem criar uma estrutura específica, por ocasião de uma conferência em Argel, em outubro de 1967, a fim de falarem com uma só voz. Mas a unanimidade de fachada não deve criar ilusões: ela esconde situações variadas demais e dá lugar às divisões.

A segunda Unctad, que acontece em Nova Déli de 1º de fevereiro a 29 de março de 1968, se pronuncia, após as resoluções da conferência de Argel, a favor do sistema de preferências tarifárias a serem concedidas aos países subdesenvolvidos.

A terceira Unctad, que ocorre em Santiago do Chile de 13 de abril a 21 de maio, faz essencialmente a constatação do fracasso: enquanto os países desenvolvidos ocidentais têm em 1970, em média, um PNB de 3.200 dólares por habitante, a cifra correspondente para a América Latina é de 750, 270 para a África, 260 para a Ásia. A única resolução importante consiste na ajuda especial aos 25 países menos desenvolvidos, que têm um PNB *per capita* de menos de 100 dólares por ano e cujo PNB proveniente da indústria é inferior a 10%.

É forçoso constatar que nem a ajuda nem o comércio mundial permitem aos países subdesenvolvidos superar seu subdesenvolvimento. Alguns países produtores de petróleo vão então escolher o caminho da união para impor seu preço.

A criação da Opep. Ao fim da Segunda Guerra Mundial, os *royalties* – somas pagas pelas grandes companhias petrolíferas aos países proprietários de jazidas – eram baixos: 12,5% no Oriente Médio. A Venezuela inaugura em 1948 o sistema *Fifty-Fifty*, isto é, *royalties* de 50%. E uma situação de conflito se desenvolve entre os Estados e as grandes companhias americanas (Standard New Jersey, Socony Vacuum, Standard California, Texaco, Gulf) e anglo-holandesas (British Petroleum, Royal Dutch Shell), reunidas em consórcio. Este decide, em agosto de 1960, reduzir o preço do petróleo bruto. Os países produtores de petróleo reagem criando, em 15 de setembro de 1960, a Organização dos Países Exportadores de Petróleo (Opep), da qual inicialmente fazem parte Venezuela, Irã, Iraque, Arábia Saudita, Kuait e Qatar, depois a Líbia, a Argélia, a Nigéria e Abu Dhabi. A ação da Opep consiste, primeiro, num aumento dos *royalties* e, em seguida, na nacionalização da produção. Assim, o Iraque nacionaliza em 1972 a Irak Petroleum Cy. Antes mesmo da crise de 1973, os países do Terceiro Mundo começam a utilizar a arma econômica de que dispõem.

A MODIFICAÇÃO DAS RELAÇÕES INTERNACIONAIS NO TERCEIRO MUNDO

O Terceiro Mundo adquire ainda mais importância à medida que se torna um elemento de disputa entre o Leste e o Oeste. A crise dos dois blocos é ao mesmo tempo causa e consequência de profundas alterações nas relações Norte-Sul. Tudo ocorre como se, em uma atmosfera de distensão, os confrontos continuassem por peões interpostos nas zonas periféricas, em particular na Ásia e na África, com a Guerra do Vietnã e a crise do Oriente Médio.

O mapa do sudeste da Ásia sofre grandes alterações com a continuidade da descolonização, a afirmação dos nacionalismos locais e o avanço do comunismo. Em 1954, os Estados Unidos tentam federar os Estados pró-ocidentais Paquistão, Filipinas e Tailândia em torno das três grandes potências ocidentais. Mas essa organização, a Otase, logo começa a morrer. O Paquistão se distancia ao fechar, em 1963, um acordo com a China para se premunir contra a política de seu principal vizinho, a Índia, que continua uma política de estreita amizade com a URSS, inaugurada com a visita de Kruchov e Bulganin em 1955. Quanto à Tailândia, à medida que os americanos aprofundam seu engajamento no Vietnã, ela se transforma numa imensa base militar, em prejuízo dos tailandeses.

Os sucessivos governos filipinos, inclusive o do presidente Marcos, também tendem a reclamar a evacuação das bases americanas, mas eles precisam do apoio americano em suas reivindicações sobre a região do Sabá, ao nordeste da ilha de Bornéu, concedida à Malásia. Nessa região do mundo, tudo gira em torno da Guerra do Vietnã.

A Guerra do Vietnã

Os acordos de Genebra de 1954 não restabeleceram a paz na Indochina. Dois Estados se constituem de um lado e do outro do paralelo 17, o Vietnã do Norte comunista e o Vietnã do Sul, que se torna uma república após ter eliminado, por referendo, o imperador Bao Dai. A cláusula que previa um referendo sobre a unificação do Vietnã em um prazo de dois anos não é respeitada.

Os Estados Unidos sustentam no Vietnã do Sul o regime católico de Ngo Dinh Diem, o sucessor de Bao Dai. Mas o descontentamento de uma população majoritariamente budista favorece ao sul do paralelo 17 a propaganda da Frente Nacional de Libertação (FNL) e a subversão dos vietcongues apoiados pelo regime do Vietnã do Norte. Unidades norte-vietnamitas se infiltram no Vietnã do Sul. A engrenagem da guerra é acionada. Os americanos estimam ser essencial intervir para manter o Vietnã do Sul independente e livre de toda influência comunista. Conselheiros militares americanos prestam assistência a Saigon. Em janeiro de 1961, o presidente Kennedy decide aumentar o número de conselheiros, que chega a 16 mil no outono de 1963, no momento da queda de Ngo Dinh Diem (1º de novembro de 1963), que se tornara cada vez mais impopular. O governo americano decide então encarregar-se diretamente da Guerra do Vietnã. O incidente do golfo de Tonquim (agosto de 1964), quando navios da marinha americana são atacados por vedetas norte-vietnamitas, lhes fornece o pretexto.

A intervenção militar americana. O presidente Johnson decide, em agosto de 1964, com o acordo do Congresso, intervir maciçamente no Vietnã. A partir de então, os efetivos não param de aumentar até atingir 543 mil homens em 1968. Os bombardeios ao norte do paralelo 17 visam, a partir de fevereiro de 1965, os objetivos militares e, em julho de 1966, os arredores de Hanói e de Haiphong.

A aviação opera sem trégua no Norte e no Sul. Apesar de sua enorme superioridade material, o exército americano atola-se em uma guerra feita simultaneamente de guerrilha e de batalhas de grande amplitude. No Vietnã do Sul, a guerra transtorna a sociedade e desestabiliza o poder; a população aspira à paz, os budistas reclamam a abertura de negociações. Hanói intensifica, com a ajuda conjugada de Pequim e de Moscou, sua ajuda à FNL. Além disso, no fim do ano de 1967, a opinião americana evolui. Segundo uma pesquisa realizada em outubro de 1967, há mais americanos hostis à Guerra do Vietnã que americanos favoráveis. Assiste-se à multiplicação de passeatas pela paz em várias cidades americanas, em especial a de 22 de outubro, em Washington, visando fazer com que cessem os bombardeios no Vietnã do Norte.

A ofensiva vietcongue. Os responsáveis americanos acreditam em uma solução militar até 31 de janeiro de 1968 quando, para sua total surpresa, os vietcongues desencadeiam a "ofensiva do Tet" (nome do Ano-Novo vietnamita): mais de cem cidades e bases são atacadas simultaneamente, inclusive Huê e Saigon. A base americana de Khe Sanh é sitiada durante várias semanas; a cidadela de Huê é conquistada. Comandos vietcongues penetram até o centro de Saigon. Tamanha ofensiva mostra que a situação é muito mais grave do que se havia imaginado. As tropas americanas não podem esperar a vitória. O mal-estar no exército e a resistência crescente de uma parte da opinião americana a respeito da Guerra do Vietnã obrigam o presidente Johnson a anunciar, em 31 de março de 1968, a interrupção parcial dos bombardeios no Vietnã do Norte e a retirada das tropas americanas do Vietnã do Sul se o Vietnã do Norte também o fizer. Hanói aceita abrir em maio negociações em Paris.

A retirada americana. Junto a outras dificuldades do mundo ocidental, o caso vietnamita provoca nos Estados Unidos uma crise moral que é tanto mais profunda por se exporem à reprovação mundial. A crise salienta os limites do poder americano; ela provoca igualmente uma grande inquietude nos regimes anticomunistas da Coreia do Sul e do Vietnã do Sul, pois os americanos evocam a "vietnamização da guerra" e a necessidade cada vez maior de encontrar com a URSS um *modus vivendi*.

Enquanto os bombardeios continuam entre os paralelos 17 e 20 e as manifestações hostis crescem, as negociações, que se iniciam em 13 de maio de 1968, em Paris, malogram rapidamente. Em 1º de novembro de 1968, Johnson anuncia a interrupção total dos bombardeios e a extensão da Conferência de Paris ao Vietcongue e ao Vietnã do Sul, se bem que os dois beligerantes se recusem a sentar-se lado a lado.

Desde sua posse, em janeiro de 1969, o novo presidente dos Estados Unidos, Nixon, coloca em prática seus objetivos: a paz com honra

O Vietnã em tempo de guerra

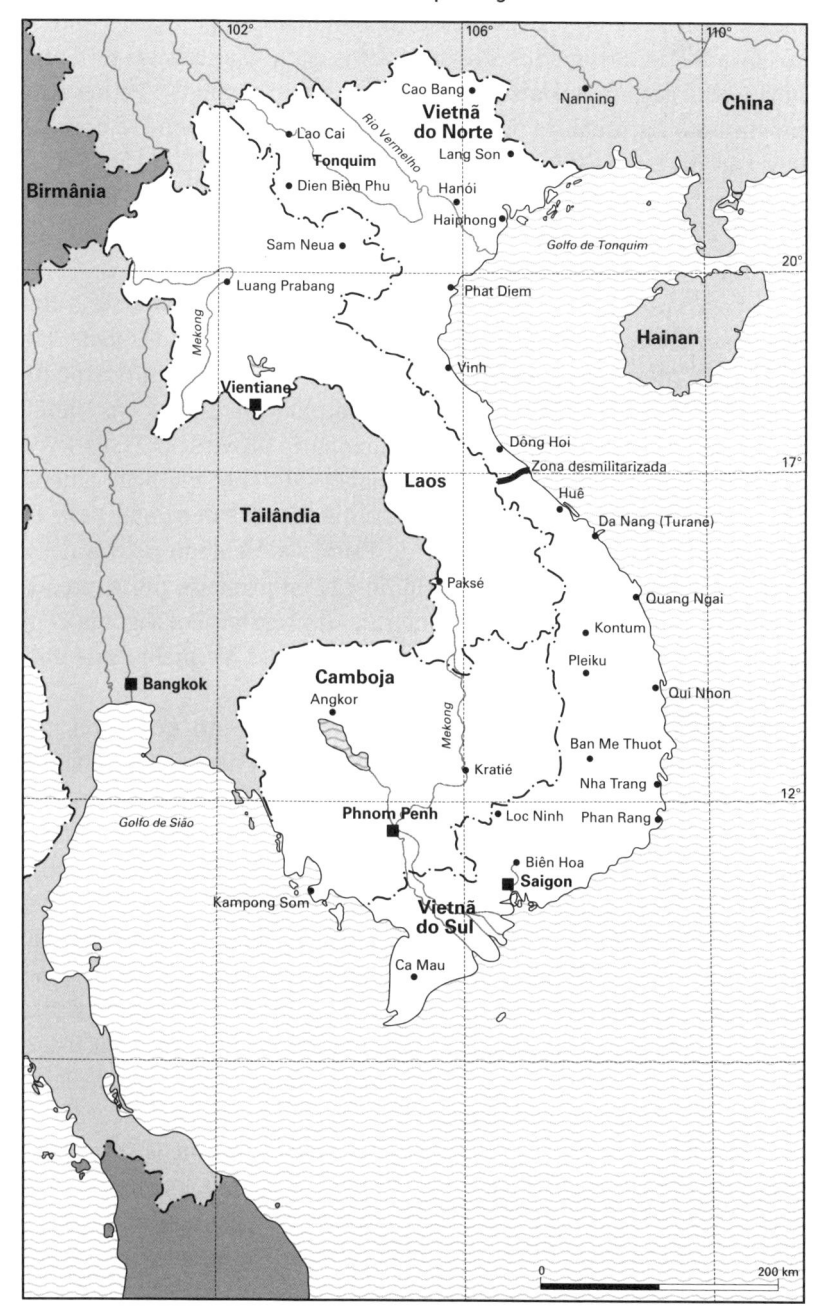

e a vietnamização do conflito, o que permitiria repatriar progressivamente as tropas americanas. Mas, ao mesmo tempo, os Estados Unidos são levados a intervir contra os santuários norte-vietnamitas no Camboja e no Laos, onde Hanói apoia o Khmer Vermelho e o Pathet Lao, movimento nacionalista progressista nascido em 1950 que se opõe ao governo do Laos e que depois toma o nome de Neo Lao Hak Sat. A primeira retirada de soldados americanos – 25 mil homens – acontece a partir de julho de 1969. Em 1º de maio de 1971, não restam mais que 325 mil soldados americanos.

A *vietnamização do conflito* não significa necessariamente o fim das hostilidades, uma vez que o Vietnã do Norte – cujo dirigente, Ho Chi Minh, morre em 3 de setembro de 1969 – insiste na unificação do país e a península indochinesa é abalada por convulsões. No Vietnã do Sul, a FNL cria um "governo revolucionário provisório" (GRP).

No Camboja, cuja neutralidade havia sido elogiada pelo general De Gaulle em 1966, o príncipe Norodom Sihanuk é derrubado, em 18 de março de 1970, por um golpe de Estado fomentado pelo general Lon Nol, apoiado pelos Estados Unidos. Num primeiro momento, os Estados Unidos atravessam a fronteira e vão intervir em seguida com sua aviação para bombardear grupos do Khmer Vermelho que animam a guerrilha.

Durante esse período, Norodom Sihanuk cria um governo cambojano no exílio. Comunistas cambojanos e partidários de Sihanuk começam a luta contra Lon Nol e contra seus aliados americanos. Em 3 de junho de 1970, diante da pressão da opinião americana, Nixon anuncia que as forças de intervenção no Camboja – aproximadamente 30 mil homens – serão retiradas antes de 1º de julho.

Quanto ao Laos, o regime neutralista estabelecido no início de 1960 com a concordância americana, consagrado pelo tratado de 1962 e dirigido pelo príncipe Suvana Phuma, é solapado pelas intervenções da CIA e atacado pelos revolucionários laocianos, reunidos em torno do Pathet Lao e comandados pelo príncipe Suphanuvong, que é meio-irmão de Suvana Phuma.

O "fim" da guerra e a situação do Camboja. Uma ofensiva generalizada do exército norte-vietnamita e do Governo Revolucionário Provisório (GRP) desencadeada em março de 1972 leva os americanos a retomar seus bombardeios no Vietnã do Norte. O fracasso dessa ofensiva facilita a retomada de negociações secretas iniciadas em Paris entre Henry Kissinger, conselheiro de Nixon, e o norte-vietnamita Le Duc Tho. Os americanos e os norte-vietnamitas entram em acordo em outubro, mas o general Thieu, que governa o Vietnã do Sul, não quer saber de nada e os bombardeios americanos são retomados. Em 27 de janeiro de 1973, enfim, é concluído, em Paris, o acordo de cessar-fogo acompanhado de disposições complexas: retirada total das tropas estrangeiras (isto é, sobretudo americanas) do Sul, formação do conselho nacional de reconciliação, abrangendo membros da FNL, agora GRP, e eleições livres proximamente. Um acordo semelhante é concluído no Laos, um governo provisório de união nacional rapidamente controlado pelo Pathet Lao é criado, e um regime comunista instaurado. Os acordos de janeiro de 1973, confirmados pela Conferência de Paris (março de 1973), teoricamente põem fim à Guerra do Vietnã.

No Camboja, o general Lon Nol, pró-americano, é cada vez mais ameaçado pelo Khmer Vermelho. No próprio Vietnã, as hostilidades continuam entre sul-vietnamitas, norte-vietnamitas e GRP. Mas os Estados Unidos recuperaram alguma liberdade de ação diplomática. Em 29 de março de 1973, as tropas americanas terminaram de evacuar o Vietnã.

Em agosto de 1973, a aviação americana para de intervir no Camboja. A situação então se deteriora progressivamente. O enfraquecimento, e depois a substituição de Nixon, demissionário em 8 de agosto de 1974 em razão do caso Watergate, por Gerald Ford acentuam a degradação da situação. Apoiados pela China e pela URSS, o Khmer Vermelho se apodera de Phnom Penh em 17 de abril de 1975. Sob o pretexto de criar um homem novo, o novo regime se entrega a um verdadeiro genocídio.

Paralelamente, os soldados de Hanói e do GRP avançam para o Vietnã do Sul. Enquanto os últimos americanos partem em condições pavorosas, aqueles que realizam a ofensiva rejeitam qualquer negociação com o general Duong Van Minh, novo chefe do Vietnã do Sul, e, em 30 de abril de 1975, Saigon é tomada e rebatizada de Ho Chi Minh. É a falência da política americana de intervenção direta. O prestígio da América, gigante que combateu com obstinação um país pequeno sem vencê-lo, sai de lá maculado.

A relação de forças na Ásia

No início dos anos 1970, três forças dominam o sudeste da Ásia: o Vietnã, a Índia e a China. Forte por seu poderoso exército, o Vietnã tem certamente os meios e a ambição de se expandir por todo o sudeste da Ásia. Apoiado pela União Soviética, desafia ao mesmo tempo os Estados Unidos, cujo exército colocou em xeque, e a China Popular.

É verdade que a Indonésia, quanto à população, é o quinto país do mundo (após China, Índia, URSS e Estados Unidos), mas, constituída de um rosário de ilhas, não é uma forte potência militar. Em setembro de 1965, um golpe de Estado leva à eliminação sangrenta do partido comunista indonésio, à destituição do presidente Sukarno e à tomada do poder pelo exército.

- *A supremacia da Índia no subcontinente indiano*

A Índia é forte não apenas por sua imensa população, mas também por um exército bem treinado e pelo apoio inequívoco da União Soviética.

Um conflito de fronteira a opõe ao Paquistão a propósito da Caxemira, a qual anexara progressivamente. Após os choques entre comunidades, em 1962, o Paquistão fecha, em 1963, um acordo de delimitação de fronteiras com a China para se premunir contra a política de seu principal vizinho, a Índia. Uma breve guerra estoura em agosto de 1965, à qual o encontro de Tashkent, organizado por iniciativa da União Soviética em janeiro de 1966 entre os dirigentes paquistaneses e indianos, põe fim sem, no entanto, resolver o problema da Caxemira.

O Paquistão, Estado muçulmano, é ainda perturbado em razão das más relações entre suas duas províncias, separadas por mais de 1.500 km, o Paquistão Ocidental, onde a língua principal é o urdu, e o Paquistão Oriental, composto pelo Bengala Oriental, onde a língua principal é o bengali. O único ponto comum a todos é o pertencimento à religião muçulmana. As dificuldades se devem ao fato de a riqueza do Paquistão provir essencialmente das exportações de juta e de outros produtos agrícolas cultivados em Bengala, região superpovoada e muito pobre, mas que não se beneficia disso.

Essa situação provoca, no início dos anos 1960, a criação de um movimento de protesto dirigido contra o Paquistão Ocidental e a ditadura do general Ayub Khan, no poder desde 1958. O chefe do partido bengali, o xeque Mujibur Rahman, é preso em 1968 sob pretexto de ter conspirado com a Índia contra o Paquistão. Em 1969, o regime de Ayub Kahn desmorona em todos os sentidos. Ele é derrubado, em 1970, por outro general, Yahya Khan, que organiza eleições com sufrágio universal.

A *Awami League* reivindica a autonomia do Paquistão Oriental em um regime federal que deixaria a região senhora de sua economia e de suas finanças. Nas eleições de 1970, ela obtém a maioria, muito à frente do Partido do Povo, dirigido por um assessor de Yahya Khan, Ali Bhutto, sem conseguir, no entanto, chegar ao poder.

Ao mesmo tempo que a tensão aumenta no início de 1971 entre a Índia e o Paquistão, um apoiado pela URSS, o outro pelos Estados Unidos, a *Awami League* reivindica a independência de Bangladesh, que ela proclama, aliás, em 26 de março de 1971, em um clima de guerra civil e de tensão internacional. A URSS e a Índia assinam em 9 de agosto de 1971 um tratado de paz, amizade e cooperação que modifica o equilíbrio estratégico na região e permite à Índia tirar partido da situação. Em 3 de dezembro de 1971, a Índia intervém no Paquistão Oriental. O Paquistão reage invadindo a Caxemira. Os combates, nos quais a Índia leva vantagem, culminam em dezembro de 1971 com a substituição de Yahya Khan por Ali Bhutto à frente do Paquistão Ocidental, com a independência de Bangladesh e, por fim, com a onipotência estratégica da Índia no subcontinente indiano.

• *A entrada da China no sistema internacional*

Após vinte anos de isolamento, devido tanto ao ostracismo imposto pelas potências quanto à revolução interna permanente, a China entra no concerto mundial no fim dos anos 1970. Na verdade, a diplomacia chinesa fizera progressos decisivos no sudeste da Ásia, na África do Norte e no Oriente Médio após a Conferência de Genebra (1954) e a Conferência de Bandung (1955).

Dez anos depois de sua proclamação, a República Popular da China é um país que conta, mesmo proscrito da ONU por vontade americana. Mas a revolução cultural e o cisma sino-soviético fazem com que a China se retraia, o que se manifesta por um recuo de sua influência no mundo, inclusive no sudeste da Ásia. A China se isola na denúncia da dupla hegemonia americano-soviética e tenta estabelecer relações com países que recusam o alinhamento, como a França, que reconhece a China Popular em 27 de janeiro de 1964. O isolamento e os fracassos de sua política externa levam a China a transformar suas orientações, aproximar-se do Ocidente e se abrir ao estrangeiro. Seu potencial demográfico e econômico e seu poderio militar fazem dela imediatamente um dos atores de peso. Mas quais são seus desígnios em política externa? Ela quer se afirmar no plano mundial como a terceira superpotência? Ou limita suas ambições a seu papel de potência regional asiática? Passada da segunda posição no campo socialista à terceira posição no concerto mundial, a China quer difundir sua própria mensagem ideológica apoiando movimentos de libertação ou deseja se converter à *Realpolitik* e estabelecer laços com os Estados, não importando o campo ideológico a que pertençam?

Inaugurada em abril de 1971, a nova política externa chinesa tem como eixos a recusa da hegemonia soviética e a aproximação com os Estados Unidos. Diante do congresso do partido comunista chinês, em 24 de agosto de 1973, Chou En-lai desafia Moscou a provar sua vontade de distensão: "Retire suas tropas da Tchecoslováquia, da República Popular da Mongólia ou das quatro ilhas japonesas das Kurilas setentrionais!"

Preparada pela missão secreta de Henry Kissinger em Pequim em julho de 1971 e por diversas diligências como a turnê na China da equipe americana de pingue-pongue, a aproximação sino-americana é uma surpresa e tanto. Desde 1949, os Estados Unidos negam, com uma notável continuidade, qualquer representatividade à China Popular e têm fé em Formosa. A China de Mao, por sua vez, sempre recusou energicamente a teoria das duas Chinas assim como execrou publicamente o imperialismo americano. Essa reviravolta, concretizada pela surpreendente viagem do presidente Nixon a Pequim de 21 a 28 de fevereiro, é denunciada por Moscou, mas permite à China sair de seu isolamento no momento em que a Índia reforça seus laços com a União Soviética.

Quando a China entra, em 26 de outubro de 1971, na ONU, por substituição pura e simples da China Nacionalista pela China Popular, inclusive quanto ao assento permanente e ao direito de veto no Conselho de Segurança, esse acontecimento tem alcance mundial. Um dos porta-vozes do Terceiro Mundo ascende ao primeiro plano da cena internacional.

A China, que mantém relações tanto com países próximos da URSS quanto com Estados moderados, por vezes ditatoriais, ganha terreno em relação à URSS. Na África, sua ajuda aos jovens Estados aparece simultaneamente mais desinteressada que a assistência soviética e mais próxima das necessidades dos países subdesenvolvidos. Apesar da insuficiência de meios, ela se compromete com centenas de ações de cooperação: infraestrutura rodoviária e ferroviária na Tanzânia e na Somália, por exemplo. No Oriente Médio, dá seu apoio aos movimentos palestinos e tenta se distinguir aos olhos dos países árabes denunciando, quando da Guerra do Yom Kippur, o conluio americano-soviético e recusando votar o projeto de resolução de cessar-fogo apresentado pelos dois grandes em 22 de outubro de 1973. Na Ásia, a China, vendo no tratado indo-soviético e no projeto Brejnev de sistema de segurança coletiva manobras destinadas a isolá-la, sabota o plano soviético. Na América Latina, a China concede ao Chile de Salvador Allende uma ajuda financeira superior àquela dada por Moscou. Ela procura – em vão – se opor à influência soviética preponderante na ilha de Cuba. Sustenta as reivindicações dos Estados latino-americanos e subscreve o tratado de desnuclearização da América Latina. Em setembro de 1973, na cúpula dos países não alinhados, em Argel, a União Soviética está no banco dos réus. O assédio chinês produziu seus frutos no Terceiro Mundo.

A China estabelece ainda relações com os Estados da Europa Ocidental e a Comunidade Europeia, na qual vê "zonas intermediárias", adequadas para arruinar a hegemonia dos Grandes. O discurso de boas-vindas de Chou En-lai por ocasião da viagem do presidente francês Pompidou, em setembro de 1973, é claro: "Apoiamos os povos europeus que se unem para preservar sua soberania e sua independência nacionais."

O papel do Japão. Em um continente em profunda mutação, a situação do Japão é original: asiático por sua geografia, é radicalmente diferente de seus vizinhos e pertence de fato ao mundo ocidental. Dirigido por governos conservadores, ligado estreitamente aos Estados Unidos e a seus aliados – entre os quais, Formosa –, ele se reconcilia com a Coreia do Sul (22 de junho de 1965). Ansiando por sair do *tetê--à-tête* exclusivo com os Estados Unidos e, além disso, incitado pelo presidente Nixon (discurso de Guam, 1969) a um esforço adequado em matéria de defesa, o Japão não pode permanecer indiferente à modificação das relações internacionais e, em particular, ao despertar da China. Os dois países concluem, em março de 1971, um acordo comercial. A aproximação se concretiza pela viagem do primeiro-ministro Tanaka (25-30 de setembro de 1972). O Japão reconhece a República Popular como o único governo chinês.

A América Latina, novo elemento de disputa entre Leste e Oeste

Poder-se-ia imaginar uma América Latina pacífica, distante das tensões internacionais. De fato, em 1967, pelo Tratado de Tlatelolco, chega-se ao acordo de desnuclearização da América Latina. E os Estados Unidos, após a ascensão de Fidel Castro ao poder em Cuba, parecem querer preocupar-se mais com seu continente, mas a "Aliança para o Progresso", lançada por Kennedy em resposta ao castrismo e ao risco de subversão na América Latina, fracassa. O Congresso dos Estados Unidos, preocupado com o déficit na balança de pagamentos americana, mede de forma mesquinha os créditos e os destina de preferência aos regimes mais conservadores.

De fato, a América Latina é palco de violentos confrontos. Forças revolucionárias, confrontadas com a miséria de seus países, impulsionadas pelo exemplo cubano e se beneficiando por vezes do apoio de algumas frações da Igreja Católica, se lançam na luta, recorrendo à violência.

Diante dessa situação, que ameaça sua esfera de influência tradicional, os Estados Unidos são levados a apoiar ditaduras como a de Duvalier no Haiti ou a intervir, com o objetivo de impedir uma subversão comunista. É assim que, após graves incidentes, os Estados Unidos intervêm, em abril de 1965, para restabelecer a ordem na República Dominicana. O presidente Johnson pretende demonstrar a determinação dos Estados Unidos em defender a região contra as tentativas de subversão.

Contrariando o objetivo almejado, cresce o sentimento antiamericano, o que favorece os empreendimentos castristas. Em muitos Estados (Colômbia, Bolívia, Peru, Chile) surgem focos revolucionários.

Em 1966, Fidel Castro reúne em Havana a conferência conhecida como "Tricontinental" para criar uma organização de solidariedade entre os povos da Ásia, África e América Latina; e líderes cubanos, em particular Che Guevara (morto na Bolívia em outubro de 1967), se engajam na guerrilha.

Os golpes de Estado se sucedem, sendo o do Chile, em setembro de 1973, *o que mais repercute.* O advento de um regime socialista cujo presidente, Salvador Allende, eleito legalmente, perde rapidamente o apoio das classes médias termina por tensionar as relações com os Estados Unidos. Em 11 de setembro de 1973, um golpe de Estado militar dirigido pelo general Pinochet e apoiado pela CIA derruba o governo de Salvador Allende e provoca sua morte.

As decorrências da descolonização na África

Por suas fronteiras serem uma herança da colonização, os Estados africanos são frequentemente construções artificiais que não respeitam as unidades das etnias. Existe, potencialmente, toda uma série de conflitos. Assim, a República da Somália, criada em 1960 pela reunião da Somália britânica e da Somália italiana, reivindica um território situado no sudeste da Etiópia, o Ogaden, e a ex-Costa Francesa dos Somalis, que se tornou o Território dos Afares e dos Issas, também cobiçada pela Etiópia em razão da importância estratégica de Djibuti. Um outro conflito opôs o Marrocos à República Islâmica da Mauritânia, que se tornara independente em 1960 e que o reino marroquino pretendia anexar. O conflito se acalma e o Marrocos termina por reconhecer a Mauritânia em 1969, mas os dois Estados têm pretensões sobre o Saara Espanhol. Há ainda um conflito argelo-marroquino em relação ao Saara, do qual o Marrocos reivindica uma parte. Após a independência da Argélia, que tem reconhecida pela França a soberania sobre a totalidade do Saara, um breve conflito armado eclode em outubro de 1963, sem resultar em nada. Mas desde a crise do Congo, em 1961, emerge a convicção de que qualquer modificação de fronteiras corre o risco de ter graves repercussões na África inteira e de que a constituição de Estados-nações, como na Europa, poderia gerar problemas graves. O princípio da intangibilidade das fronteiras é assim adotado pela Organização da Unidade Africana.

A *Guerra de Biafra* é o mais grave conflito territorial desse período na África. A Nigéria (928.000 km², 55 milhões de habitantes em 1963), território mais rico da África ocidental – graças, principalmente, a seus recursos petrolíferos –, tornou-se independente em 1960. É uma federação dominada politicamente pelos hauçás e peúles, muçulmanos do norte. Ao sudeste, os ibos, cristãos cuja maior parte vive em Biafra, suportam mal essa dominação e a repressão que se seguiu ao assassinato do primeiro-ministro, sir Abubakar Tafewa Balewa, em 17 de janeiro de 1966, e de seu sucessor, o general Ironsi. A tensão aumenta e culmina na proclamação, em 30 de maio de 1967, da independência de Biafra e em uma guerra civil, uma vez que o governo federal não aceita a secessão dessa região rica em petróleo.

O governo nigeriano, apoiado pela maior parte dos países do Terceiro Mundo, submete Biafra a uma guerra impiedosa. Biafra, por sua vez, fica isolado. Ele obtém o reconhecimento internacional de apenas quatro Estados africanos e do Haiti. As grandes potências também tomam o partido do governo federal. Convidado a reconhecer Biafra por alguns Estados africanos, o general De Gaulle se pronuncia pelo direito dos povos de disporem de si mesmos; e a França não deixa de encorajar a secessão de Biafra, assim como a China Popular, mas esses apoios limitados são insuficientes para ajudar eficazmente Biafra, que, vencido, depõe as armas em janeiro de 1970.

O ORIENTE MÉDIO DE GUERRA EM GUERRA

O Oriente Médio é a região mais inflamada do mundo. Ela passa por reviravoltas políticas e duas guerras.

A Guerra dos Seis Dias

A Guerra dos Seis Dias, em junho de 1967, dá a Israel o controle da Cisjordânia e do Golan e cria problemas duradouros. Os palestinos enfrentam o Estado judeu, e alguns Estados árabes não hesitam em recorrer ao terrorismo internacional. Em 1973, a Guerra do Yom Kippur, por suas consequências em matéria energética, contribui para abalar o curso da economia mundial.

Após a crise de Suez (1956), os Capacetes Azuis estacionam ao longo da fronteira israelo-egípcia, do lado egípcio, e em Charm el-Cheikh, posição fortificada ao leste do Sinai, no golfo de Ácaba, perto do porto israelense de Eilat, a única desembocadura de Israel no mar Vermelho. Essa paz instável vê confirmarem-se as posições das grandes potências na região. A União Soviética reforça seus laços com o Egito de Nasser e os Estados Unidos substituem a França no papel de protetor do Estado de Israel.

Em 18 de maio de 1967, Nasser pede ao secretário-geral da ONU, U Thant, a retirada das forças da ONU do território egípcio – em particular, de Charm el-Cheikh – e interdita de pronto o golfo de Ácaba a todo tráfego israelense. Enquanto o Egito recebe o apoio da URSS e dos países árabes (Síria e Jordânia), a decisão pela guerra prevalece em Israel, que recebe o apoio dos Estados Unidos.

A guerra preventiva, desencadeada em 5 de junho por um ataque da aviação israelense, resulta em uma vitória espetacular de Israel. O exército israelense avança em direção ao Sinai, apoderando-se de Gaza a oeste e de Charm el-Cheikh a leste, instala-se na margem oriental do canal de Suez e levanta o bloqueio do golfo de Ácaba. A partir de 7 de junho começa uma ofensiva em direção ao nordeste, à Cisjordânia e à antiga cidade de Jerusalém, que até aquele momento era parte da Jordânia. Os israelenses tomam dos sírios as colinas de Golan. Enquanto o cessar-fogo não é aceito, os israelenses continuam a avançar e fortalecer suas posições ao longo do canal. O Egito se resigna ao cessar-fogo no dia 8, e a Síria no dia 10. No momento em que termina essa ofensiva, o território ocupado pelos israelenses passa de 20.300 km^2 a 102.400 km^2. Já em 23 de junho, apesar da oposição das Nações Unidas e das grandes potências, o parlamento israelense anexa a parte árabe de Jerusalém.

As negociações no interior e à margem das Nações Unidas levam, em 22 de novembro de 1967, à votação da Resolução 242 das Nações Unidas, que estipula que Israel deve se retirar de todos os territórios ocupados, segundo o texto francês, e de alguns territórios ocupados, segundo uma interpretação da versão inglesa, e afirma o direito de cada Estado da região de viver em paz no interior de fronteiras seguras e reconhecidas.

Do ponto de vista israelense, a Guerra dos Seis Dias é ambígua, pois resulta em uma vitória, mas coloca o problema de saber o que fazer com os territórios ocupados. Guerra humilhante para os árabes, que, por sua vez, pretendem recuperar os territórios perdidos.

Diferentes vias são exploradas para buscar uma solução. O general De Gaulle, que de imediato tomou partido contra a agressão israelense e decidiu, assim, o embargo aos aviões, depois, às peças de reposição, propõe uma concertação das quatro grandes potências, ideia rejeitada tanto pelos israelenses quanto pelos árabes. As Nações Unidas decidem enviar um mediador, o embaixador sueco Gunnar Jarring, que propõe um plano que abarca a retirada das tropas israelenses, o fim da beligerância, a garantia da liberdade de navegação, inclusive dos navios israelenses no canal de Suez e no golfo de Ácaba, e, por fim, uma solução para o problema dos refugiados palestinos. A despeito de muitos anos de esforços, essa missão fracassa em 1971.

Os americanos empreendem uma grande atividade diplomática porque estimam que o desequilíbrio a favor de Israel criado pela Guerra dos Seis Dias é ruim. O secretário de Estado William Rogers conduz uma negociação limitada para chegar a um verdadeiro cessar-fogo. De fato, de ambos os lados do canal de Suez, egípcios e israelenses continuam uma guerra de desgaste: fuziladas e operações limitadas. A missão Rogers permite a conclusão de um acordo de cessar-fogo em 7 de agosto de 1970, prorrogado até março de 1971. Esse acordo não é renovado, mas as escaramuças quase que cessaram. Foram necessários mais de três anos para se chegar à suspensão dos combates após a Guerra dos Seis Dias.

Os conflitos árabes-israelenses

1896:	Theodor Herzl publica *O Estado judeu*.
1916:	Acordo Sykes-Picot.
Novembro de 1917:	Declaração Balfour.
1919:	Mandato britânico sobre a Palestina.
1939:	Livro branco britânico sobre a Palestina.
Novembro de 1947:	Plano da ONU para a partilha da Palestina.
14 de maio de 1948:	Proclamação do Estado de Israel.
Maio 1948-junho 1949:	**1ª Guerra Árabe-Israelense.**
26 de julho de 1956:	Nasser nacionaliza o canal de Suez.
22-24 de outubro de 1956:	Acordos secretos de Sèvres.
29 out.-6 nov. 1956:	**Guerra israelo-egípcia.**
	O exército israelense avança sobre o Canal.
15 de novembro de 1956:	Chegada das forças da ONU.

19 de maio de 1967:	O Egito exige a retirada dos Capacetes Azuis e depois bloqueia o estreito de Tiran.
5-10 de junho de 1967:	**3ª Guerra Árabe-Israelense.** O exército de Israel conquista a Cisjordânia e o Golan.
22 de novembro de 1967:	A ONU vota a Resolução 242.
1969:	Yasser Arafat torna-se presidente da OLP.
28 de setembro de 1970:	Morte do coronel Nasser.
6-22 de outubro de 1973:	**4ª Guerra Árabe-Israelense.**
19-21 nov. 1977:	Visita de Sadat a Israel.
Setembro de 1978:	Conversações em Camp David entre Carter--Sadat-Begin.
26 de março de 1979:	Tratado de paz israelo-egípcio.
6 de junho de 1982:	Operação "Paz na Galileia", lançada por Israel no Líbano.
Dezembro de 1987:	Início da *Intifada* nos territórios ocupados.
Novembro de 1988:	A OLP proclama o Estado palestino e aceita a Resolução 242.
Outubro de 1991:	Abertura da Conferência de Madri.
13 de setembro de 1993:	Acordos de Oslo assinados em Washington. Reconhecimento mútuo Israel-OLP.
17 de outubro de 1994:	Tratado de paz israelo-jordaniano.
Setembro de 1995:	Acordos de Oslo II.
23 de outubro de 1998:	Acordos de Wye Plantation: restituição de territórios à autoridade palestina.
Julho de 2000:	Fracasso de Camp David II.
Setembro de 2000:	Início de uma nova *Intifada*.
Dez. 2000-jan. 2001:	Plano Clinton. Negociações de Taba.
Março-abril de 2002:	Reocupação parcial da Cisjordânia: operação "Muro de proteção".
Abril de 2003:	Lançamento do "Mapa do Caminho".
Setembro de 2005:	Evacuação, por Israel, da faixa de Gaza.
Julho de 2006:	Operação do exército israelense no Líbano (chamada de "Punição adequada").
Primavera de 2007:	Bloqueio da faixa de Gaza.

(*cf.* também Cronologia Israel-Palestina, p. 277)

O outro aspecto da política americana é a regulamentação das vendas de armas. Os americanos se esforçam para conseguir que se interrompa a entrega de armas a ambos os lados do conflito e que, caso contrário, isso ocorra numa perspectiva de equilíbrio. Mas não obtêm êxito. Assim, a França, que pretende não enviar armas aos países do

Israel de 1967 a 2002

1967: DEPOIS DA GUERRA DOS SEIS DIAS

- Territórios ocupados por Israel (evacuação do Sinai em abril de 1982)

SITUAÇÃO EM 2001

- Autonomia parcial da Cisjordânia e do território de Gaza
- Zonas e cidades controladas pela Autoridade Nacional Palestina

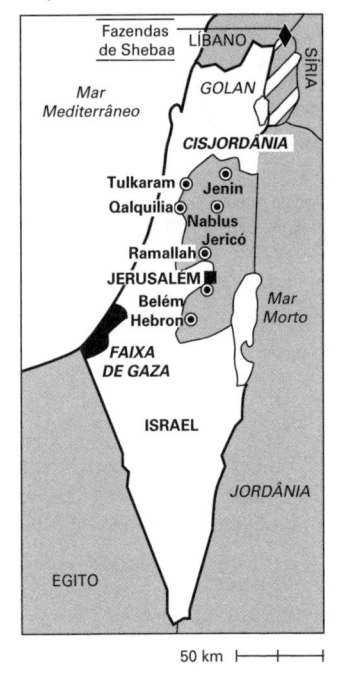

Fonte: *Le Monde*.

campo de batalha (isto é, os países limítrofes de Israel), vende cem aviões Mirage à Líbia, provocando protestos dos Estados Unidos e a indignação de Israel, que faz referência à utilização desses Mirage pelos egípcios.

Dessa forma, os israelenses solicitam armas americanas de última geração, principalmente aviões Phantom, que os americanos lhes fornecem a conta-gotas.

O problema palestino

Não apenas a Guerra dos Seis Dias não resolve nada como ainda desestabiliza toda a região, daquele momento em diante afligida por

Jerusalém

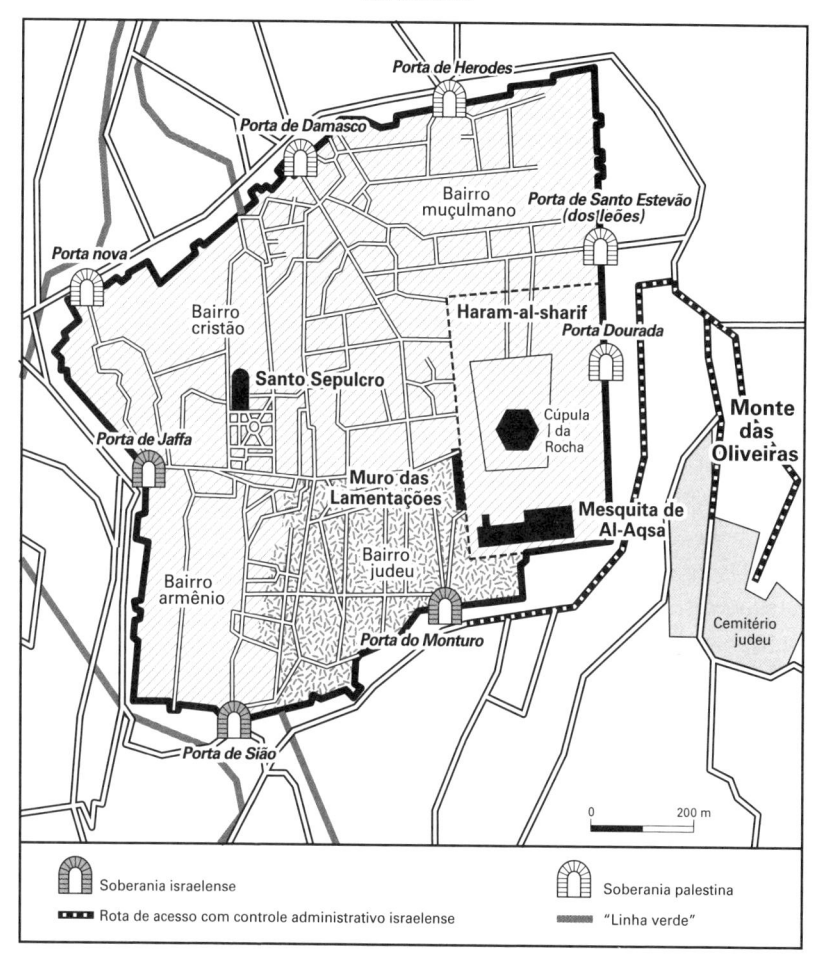

Mapa de Jerusalém com as seguintes indicações:

- Porta de Herodes
- Porta de Damasco
- Bairro muçulmano
- Porta de Santo Estêvão (dos leões)
- Porta nova
- Bairro cristão
- Haram-al-sharif
- Porta Dourada
- Santo Sepulcro
- Cúpula da Rocha
- Monte das Oliveiras
- Porta de Jaffa
- Muro das Lamentações
- Mesquita de Al-Aqsa
- Bairro armênio
- Bairro judeu
- Porta do Monturo
- Cemitério judeu
- Porta de Sião

0   200 m

- Soberania israelense
- Soberania palestina
- Rota de acesso com controle administrativo israelense
- "Linha verde"

uma violência mais ou menos contida. Além disso, acelera a afirmação da resistência palestina que se desenvolve desde a criação, em maio-junho de 1964, no primeiro Congresso Nacional Palestino, da Organização para a Libertação da Palestina (OLP), cuja carta revista em junho de 1968 recusa a partilha da Palestina e a criação do Estado de Israel.

O problema palestino não nasceu em 1967, mas se exacerba consideravelmente a partir da Guerra dos Seis Dias. Até 1967, de fato, a Jordânia detinha uma parte da Palestina, a Cisjordânia. Em 1967, a

Jordânia a perde, bem como perde Jerusalém. Ela é, assim, limitada a uma fronteira que costeia o lago de Tiberíades, o Jordão e o mar Morto. No entanto, era na Jordânia que já estava refugiada a maior parte dos palestinos que fugiram de Israel. Os militantes da nação palestina se organizam para lutar contra Israel e instituir a subversão na Cisjordânia. Utilizam-se de táticas de guerrilha, preparam atentados; terminam por constituir um Estado dentro do Estado e ameaçam a autoridade da dinastia hachemita (do nome da família que reinou sobre os lugares santos do Islã por um milênio e dirige o reino da Jordânia).

Em setembro de 1970, o rei Hussein decide utilizar o exército para restabelecer a ordem nos campos palestinos. É a operação "Setembro Negro". Os confrontos são sangrentos e as prisões numerosas, apesar de um início de intervenção da Síria. A repressão é tão forte que muitos palestinos abandonam a Jordânia e vão para o Líbano, para a Síria e até mesmo para Israel, e o regime do rei Hussein é posto de quarentena pelos outros países árabes.

Os palestinos expulsos da Jordânia, estritamente vigiados por Israel, se refugiam no Líbano e multiplicam seus atos de terrorismo em aeroportos ou de pirataria aérea. Um comando palestino semeia o terror atacando a equipe israelense nos Jogos Olímpicos de Munique, em setembro de 1972.

As convulsões internas

Da Guerra dos Seis Dias à do Yom Kippur, a violência que sacode o Oriente Médio convulsiona a arena regional. Aproveitando-se do desengajamento americano devido ao processo de distensão e à Guerra do Vietnã, a União Soviética marca pontos na região, mesmo que não registre apenas sucessos.

No Sudão, um golpe de Estado em maio de 1969 conduz ao poder o general Nimayri, que põe fim às boas relações que existiam com a URSS. Os 2 mil conselheiros soviéticos são expulsos do país, e os comunistas sudaneses, perseguidos. Apesar de uma tentativa de golpe de Estado desses últimos, em julho de 1971, o general Nimayri se mantém no poder.

No Iraque, em julho de 1968, o general Aref é derrubado pelo general Bakr, para grande satisfação da União Soviética. O partido

Baath, laico, socialista e nacionalista, retorna ao poder. Além disso, um dos dirigentes do Baath, Saddam Hussein, vai negociar em Moscou uma aproximação importante que leva à assinatura de um verdadeiro tratado de aliança entre o Iraque e a URSS, em 9 de abril de 1972. Segundo os termos desse acordo, a URSS se compromete a fornecer ao Iraque armamentos soviéticos e a comprar seu petróleo para se opor à poderosa Irak Petroleum Company, que o governo iraquiano decide nacionalizar em 1º de junho de 1972.

Na Síria, o golpe de Estado de 13 de novembro de 1970 conduz ao poder Hafiz al-Assad, que elimina os dirigentes pró-soviéticos. Todavia, os soviéticos fazem de tudo para manter boas relações com Damasco fornecendo grande quantidade de armas à Síria, assim como MIGs-21 e mísseis SAM. E os soviéticos intervieram para reconciliar os irmãos inimigos do Baath, o Iraque e a Síria.

No Egito, o coronel Nasser, que morre em 28 de setembro de 1970, é substituído por seu adjunto, Anwar al-Sadat. As boas relações egípcio-soviéticas continuam graças à entrega de MIG-23 e de mísseis SAM e ao envio de conselheiros militares, que chegam a 20 mil. Em 1971, o presidente Podgorni vem inaugurar a barragem de Assuã. E, em 27 de maio de 1971, é assinado no Cairo um tratado de amizade egípcio-soviético, segundo o qual os dois países se comprometem a uma não ingerência recíproca nos assuntos internos, a aumentar sua cooperação militar e a ajuda econômica soviética em troca de facilidades de escalas para a frota soviética do Mediterrâneo em portos sírios e egípcios. Todavia, o Egito teme por uma demasiada dependência em relação à União Soviética. O Egito apoia a luta do general Nimayri no Sudão contra o golpe de Estado comunista. Em 18 de julho de 1972, ele expulsa os conselheiros militares soviéticos e anuncia uma "fusão total" com a Líbia e a Síria.

Na Líbia, o exército fomenta um golpe de Estado que expulsa do poder, em 1º de setembro de 1969, o rei Idris e proclama a República Líbia. O coronel Kadhafi se torna o chefe do governo. Essa revolução nacionalista de tipo pró-nasseriana é inicialmente anticomunista. Na cúpula dos países não engajados, em Argel em 1973, Kadhafi ataca violentamente Fidel Castro, acusado de ser o aliado da URSS e, por isso, de não estar em condições de participar de uma conferência de não alinhados.

A União das Repúblicas Árabes entre o Egito e a Líbia, iniciada em 1971 e confirmada em 1972, esbarra em inúmeros obstáculos, entre os quais a dissimetria entre um país de 3 milhões de habitantes e um de 40 milhões. Em 1973, quando Sadat comunica sua falta de entusiasmo, Kadhafi organiza uma marcha de líbios sobre o Egito. Ocorrem incidentes na fronteira, perto de Marsa-Matruh. O caso não tem consequências.

A Guerra do Yom Kippur

Em 1973, o pretexto para uma guerra parece propício ao sucessor de Nasser, Anwar al-Sadat. Israel é desaprovado por muitos Estados europeus, entre eles a França, por sua obstinação em manter os territórios conquistados em 1967. Seu isolamento diplomático é crescente. Apesar dos esforços da nova primeira-ministra israelense, Golda Meir, que viaja por toda parte, os países árabes conseguem obter de inúmeros países, principalmente africanos, que rompam relações com Israel.

Os esforços da ONU estão num impasse. O Conselho de Segurança se pronuncia, em 26 de julho de 1973, sobre um texto vago que menciona a evacuação dos territórios ocupados por Israel, votado por treze Estados, sendo que a China se abstém e os Estados Unidos vetam. O mundo árabe reencontrou uma certa unidade e até mesmo algum poder. Ele granjeou a cooperação da URSS, que apoia como nunca a causa árabe.

O ataque egípcio-sírio se desencadeia em 6 de outubro de 1973, em pleno Ramadã (festa muçulmana), o próprio dia do Yom Kippur (festa judaica). A surpresa é, portanto, total. Os egípcios atropelam a defesa israelense, atravessam o canal e avançam sobre o Sinai em uma frente de 180 km, enquanto os sírios penetram no Golan, se apoderam do monte Hermon e da cidade de Quneitra. Os primeiros contra-ataques israelenses são infrutíferos, pois se chocam contra uma forte resistência síria e egípcia, muito bem equipada com armas modernas. No entanto, a partir de 12 de outubro, os israelenses ganham terreno. Em 19 de outubro, não apenas reconquistaram todo o Golan, mas avançam até 30 km de Damasco. A recuperação israelense é mais lenta no Sinai, já que as forças egípcias são mais numerosas. Todavia, em 8 de outubro, uma divisão israelense, comandada pelo general Ariel Sharon, penetra entre o segundo e o terceiro exército egípcio, atingindo o canal de Suez dia 15 e chega mesmo a estabelecer uma cabeça de ponte sobre a margem oeste.

Cada uma das grandes potências, por sua vez, se esforça para conseguir um cessar-fogo. Em 19 de outubro, Brejnev convida Kissinger para ir a Moscou, e é na noite de 21 para 22 de outubro que o Conselho de Segurança, por 14 votos e uma abstenção (China), aprova a Resolução 338: cessar-fogo em doze horas, aplicação da Resolução 242, negociações por uma paz justa e duradoura. Mas os israelenses continuam as operações até o dia 23 para completar o cerco do 3º exército egípcio e chegar a 70 km do Cairo. Logo em seguida, os soviéticos ameaçam intervir em socorro de Sadat, e os americanos colocam suas forças estratégicas em alerta. A guerra atômica é evitada porque a colaboração global americano-soviética decorrente dos acordos Salt é mais importante que o confronto regional. Os americanos, por sua vez, forçam os israelenses a negociar com os egípcios. Essas negociações do quilômetro 101 chegam a um primeiro acordo, em 11 de novembro, e, posteriormente, a um segundo acordo mais completo, em janeiro de 1974.

A Guerra do Yom Kippur tem várias consequências importantes. Em primeiro lugar, revela algo totalmente novo: o equilíbrio no campo de batalha entre árabes e israelenses. Ainda que Israel tenha vencido, os árabes lutaram bem tanto no plano humano quanto no plano técnico. A humilhação de junho de 1967 ficou para trás. A segunda lição da guerra é a vulnerabilidade de Israel, o que incita o Estado judeu a uma prudência ainda maior quanto ao destino dos territórios ocupados. A terceira lição é que a guerra não resolve nada. Ela incita, portanto, à negociação. A iniciativa diplomática retorna aos Estados Unidos, os únicos suscetíveis de fazer pressão sobre Israel. Mas os árabes continuam a recusar a conclusão de qualquer paz separada. A questão palestina, de agora em diante, aparece como o problema nº 1.

O efeito essencial da guerra do Yom Kippur é ter instigado os Estados produtores de petróleo do golfo Pérsico a utilizar um formidável meio de pressão sobre o mundo ocidental, o aumento do preço do petróleo, que quadruplica em três meses. Essa decisão é a causa imediata da crise econômica em que o mundo cai em 1973 e que muda radicalmente o contexto internacional. Enquanto os dois grandes impõem aos beligerantes uma arbitragem que põe fim à guerra e confirmam, assim, um verdadeiro condomínio americano-soviético sobre os assuntos mundiais, sob o signo da distensão, a desestabilização se propaga aos poucos até culminar em uma "nova guerra fria". O balanço dos anos de distensão é impressionante. A questão alemã parece resolvida. A China Popular entra no concerto das nações. A paz retorna ao Vietnã. E os dois grandes, de comum acordo, põem fim à guerra do Yom Kippur. A Conferência de Helsinque, que consagra o triunfo da distensão, é também sua última manifestação, pois, desde 1973, o mundo entrou em uma era de instabilidade, e os ocidentais constatam que os soviéticos tiraram maior proveito da situação do que eles ao fazerem reconhecer o *statu quo* territorial na Europa e ao estenderem sua influência na Ásia e no Oriente Médio.

Capítulo **4**

UM MUNDO DESESTABILIZADO
(1973-1985)

Se a cesura de 1973 parece justificada, não significa que de repente a distensão desaparece e dá lugar a uma "nova guerra fria". De fato, a dinâmica da distensão continua até 1975, ponto de equilíbrio de um mundo em plena evolução.

Em 1975, a Conferência de Helsinque consagra o *statu quo* territorial da Europa e os participantes confirmam a vontade de continuar e aprofundar a distensão. No entanto, sob o efeito da crise petrolífera, da desordem monetária e da multiplicação de tensões, é a desestabilização que domina em todos as áreas. A queda de Saigon, em 30 de abril de 1975, significa o fim de uma guerra de trinta anos, mas também o desmoronamento da política de contenção realizada pelos Estados Unidos e ainda seu primeiro grande revés desde o fim da Segunda Guerra Mundial. A potência americana parece condenada ao declínio. Ela perde toda influência na Indochina. Recua na América Central. A União Soviética tira proveito dessa perda de prestígio marcando pontos no sudeste da Ásia, na América Central e na África.

As dificuldades de diálogo entre as duas superpotências aparentam substituir por uma nova guerra fria a distensão, que muitos começam a se perguntar se não era ilusória. Os conflitos locais se multiplicam tanto em lugares antigos quanto em novos terrenos de enfrentamento, sem, contudo, ameaçarem a paz mundial. A ascensão do integralismo islâmico, a revolução iraniana, o aventureirismo da Líbia de Kadhafi, o expansionismo do Vietnã, os distúrbios que abalam a América Latina e a África são outras tantas manifestações desse mundo desestabilizado.

É o fim da distensão? Ou é o fim do mundo bipolar e a manifestação da reorientação das relações internacionais, substituindo a dimensão Leste-Oeste por uma Norte-Sul? As características desse período são o aumento dos problemas no Sul e o nascimento de tensões em partes do planeta tidas como calmas: mais nenhum lugar parece estar ao abrigo de conflitos que têm alcance planetário. Além do mais, o antagonismo entre o Norte e o Sul, fundado sobre a troca de matérias-primas e de produtos industrializados, se exacerba. A tônica se desloca dos problemas Leste-Oeste para os problemas Norte-Sul, ou, mais frequentemente, Oeste-Sul.

A CRISE ECONÔMICA E SEUS EFEITOS

A crise econômica que começa em 1973 põe fim ao crescimento que prevalecera ao longo dos "Trinta Gloriosos". Os choques do petróleo não são o único fator de desarranjos no aumento de preços e no emprego.

Os diferentes aspectos da crise

• *A desordem no sistema monetário internacional*

A situação de desordem monetária internacional, ainda que não seja nova, desempenha um papel importante.

Essa desordem deve-se à queda do dólar, verdadeiro padrão monetário, minado pela decisão tomada, sem nenhuma concertação, pelo presidente Nixon de desvincular o dólar do ouro (15 de agosto de 1971) e pela sanção dessa política anárquica. Assim, o déficit da balança de pagamentos americana se aprofunda e o tamanho das reservas internacionais, provenientes dos lucros das exportações de capitais americanos na Europa (eurodólares) ou de petróleo do Oriente Médio (petrodólares), aumenta. As principais moedas flutuam e o sistema imaginado em Bretton Woods está morto. No entanto, somente na conferência da Jamaica, em janeiro de 1976, os países ocidentais decidem substituí-lo. Ao término dessa reunião, já não há preço oficial do ouro e os câmbios flutuantes são legalizados dentro de certas margens. O verdadeiro capital de reserva do sistema monetário é garantido doravante pelos Direitos Especiais de Saque (DES), em função dos quais são definidas as novas paridades.

Os DES são um novo padrão de câmbio internacional que funciona no âmbito do Fundo Monetário Internacional (FMI). O valor dos DES é definido por um conjunto de moedas de diferentes países industrializados em proporções variáveis. A ponderação do sistema dá 30% do conjunto ao dólar e mantém, consequentemente, a primazia financeira dos Estados Unidos. Trata-se de um passo decisivo visando a estabilidade das taxas de câmbio e a estabilização do comércio mundial, bastante perturbado, além disso, pelos efeitos dos choques do petróleo de 1973 e 1979-1980.

- *Os choques do petróleo*

O detonador do choque do petróleo de 1973 reside nas decisões tomadas pelos países árabes produtores em 16 e 17 de outubro daquele ano, enquanto a guerra árabe-israelense ainda não terminara, decisões estas que tratam do embargo à venda de petróleo a determinados países, da redução da produção e, sobretudo, do aumento do preço.

De fato, os fatores de uma crise estão presentes já há bastante tempo: por um lado, o aumento enorme da utilização do petróleo como fonte de energia, por outro, a vontade dos países produtores de obter o maior lucro possível com a venda do petróleo.

O crescimento da parcela do petróleo no consumo de energia é notável. Em 1950, representava 37,8% contra 55,7% de consumo de carvão. Em 1972, petróleo e gás representam 64,4% do total. *Grosso modo*, a parcela do petróleo passou de um terço para dois terços no momento em que a quantidade de energia consumida anualmente no mundo triplicava.

O segundo fator é a vontade crescente dos Estados produtores de lucrarem eles mesmos com o petróleo. Até 1960, a exploração de jazidas de petróleo era essencialmente feita por grandes companhias petrolíferas que, em troca das concessões de exploração, pagavam *royalties* aos Estados. Diversos Estados se esforçaram para se livrar dessa dependência, como o México e o Irã em 1951. Entretanto, excetuando os Estados Unidos e a União Soviética, a maioria dos países industrializados grandes consumidores de petróleo não o produzem ou produzem pouco. É o caso da Europa Ocidental, com exceção da Grã-Bretanha e da Noruega (graças ao petróleo descoberto no mar do Norte), e do Japão.

A produção está concentrada na Venezuela, na Nigéria, na Indonésia e, sobretudo, ao redor do golfo Pérsico, principalmente na Arábia Saudita, no Irã, no Iraque, no Bahrein, no Kuait e no Qatar. A concentração tem implicações estratégicas e políticas. O essencial da produção de petróleo passa pelo estreito de Ormuz, donde a importância do golfo Pérsico e do oceano Índico no plano da geoestratégia. Os produtores podem se concertar mais facilmente; cinco deles (Venezuela, Irã, Iraque, Arábia Saudita e Kuait) criaram, aliás, em 15 de setembro de 1960, em Bagdá, a Organização dos Países Exportadores de Petróleo (Opep), à qual aderem aos poucos os outros Estados. Doravante, todo ano, os países da Opep tentam inicialmente obter mais *royalties*; em seguida, a nacionalização total da produção de petróleo. A iniciativa nesse campo é da Argélia e da Líbia. Em 24 de fevereiro de 1971, o presidente Huari Bumediene anuncia que a Argélia nacionaliza em 51% as companhias petrolíferas francesas. Assim, a Argélia garante com poucos gastos o controle do petróleo produzido em seu território. A Líbia faz o mesmo, em 1º de setembro de 1973. Aproveitando-se, durante o ano de 1972, de um aumento da demanda dos Estados do Norte, os países do Sul produtores de matérias-primas que não sejam o petróleo agem na alta das cotações e tomam o controle dos setores econômicos até então controlados por companhias estrangeiras. Os sinais precursores de uma reviravolta na ordem mundial se mostram, portanto, antes de outubro de 1973.

Em 16 de outubro de 1973, os países da Opep decidem que o preço do barril de petróleo passe de 3 dólares para mais de 5 dólares. Em 17 de outubro, os produtores árabes consideram um sistema de embargo aos países que aparentam apoiar Israel, em particular Estados Unidos e Países Baixos. De fato, esses embargos serão realizados entre março e julho de 1974. Eles decidem ainda reduzir a produção em relação à de setembro de 15 a 20%, em seguida de 5% ao mês, enquanto o Estado de Israel não tiver evacuado os territórios ocupados. Porém, desde o início de 1974, esse sistema – que prejudica principalmente os produtores – é praticamente abandonado. Em dezembro de 1973, os países da Opep decidem elevar o preço do barril a 11,65 dólares. Em três meses o preço do petróleo quadruplicou.

Enquanto os efeitos do primeiro choque do petróleo se atenuam, o efeito da demanda provoca um segundo choque (marcado pela duplicação do preço entre dezembro de 1978 e dezembro de 1979). E a revolução iraniana e a guerra Irã-Iraque provocam um terceiro choque. O preço do petróleo atinge a marca de 34 dólares o barril no final de 1981.

• *As consequências da crise*

As consequências, que concernem inicialmente aos países industrializados, são graves. Elas remodelam aos poucos a fisionomia do planeta.

Ameaçados de penúria, a Europa Ocidental e o Japão, cujas economias repousam sobre o petróleo, entram em pânico. Em toda parte, o aumento dos preços resulta em graves perturbações. A inflação, que era da ordem de 4 a 5% ao ano, se acelera, particularmente na Grã--Bretanha e na Itália. Nos Estados Unidos, na Alemanha e no Japão, a inflação é combatida com planos de austeridade que provocam uma baixa real da produção e do nível de vida. Na França, o plano Barre de setembro de 1976 tem por efeito a diminuição do crescimento. Em todos os países a alta dos preços freia a expansão. Ao longo de 1975, por exemplo, o crescimento do PIB é negativo nos Estados Unidos (-0,7%), no Reino Unido (-0,7%), na Alemanha (-1,6%), e na França é ínfimo (0,2%). Os efeitos são claros: maiores dificuldades para as empresas, falências e aumento do desemprego. Essa crise é a combinação de uma recessão limitada e de alguma inflação: a "estagflação".

Quanto aos países subdesenvolvidos, fica visível a disparidade entre eles, pois não são afetados da mesma maneira pela crise. De um lado, encontram-se Estados produtores de matérias-primas, em particular exportadores de petróleo, ou aqueles que se beneficiam da deslocalização de atividades e se tornam os novos países industriais, tal como a Arábia Saudita, cujo PNB aumenta 250% em um ano (1973-1974). De outro, os países pobres que não são produtores de petróleo e para os quais os custos de importação do petróleo são insuportáveis. Mesmo dentro da Opep, assiste-se a uma divisão entre os Estados preocupados em não abusar das economias ocidentais, e que não aumentam irrefletidamente os preços do ouro negro, como a Arábia Saudita, e aqueles que, como o Irã e a Líbia, estão decididos a lucrar ao máximo do maná petrífero.

As tentativas de resposta à crise

Para responder às decisões da Opep, a diplomacia americana sugere a criação, perante o sindicato dos produtores, de um sindicato de consumidores, no âmbito da Organização de Cooperação e Desenvolvimento Econômico (Ocde). É a Agência Internacional de Energia (AIE), da qual fazem parte os países da CEE (exceto a França), Estados Unidos, Japão, Canadá, Espanha, Suécia, Áustria e Turquia. A França, que rejeita esta fórmula contrária à sua política de amizade com os países em vias de desenvolvimento, tenta instaurar um diálogo Norte-Sul em duas conferências preparatórias em Paris, para as quais convida países do Norte (Estados Unidos, Japão e CEE) e países do Sul (Argélia, Arábia Saudita, Irã, Venezuela, Índia, Brasil e Zaire): uma em abril de 1975, que malogra quanto à ordem do dia (uns querem restringi-la ao petróleo, outros, estendê-la à totalidade das matérias-primas), a outra, em setembro de 1975, que decide pela realização de uma conferência ampliada e não restrita ao petróleo. A conferência ocorre em Paris de 16 a 18 de dezembro de 1975 e reúne 7 membros da Opep, 12 países subdesenvolvidos e 8 países industrializados. Ela esbarra novamente na questão do petróleo. A negociação é reaberta em Paris de maio de 1977 ao começo de 1978, mas não resulta em nada além da reafirmação dos grandes princípios de uma nova ordem econômica internacional e prevê a criação de um fundo especial de ajuda, de 1 bilhão de dólares, ao Terceiro Mundo.

Na conferência de cúpula de Cancún (México), em 22 de outubro de 1981, 22 chefes de Estado ocidentais e do Terceiro Mundo concordam em reabrir as negociações globais no âmbito das Unctad. Nessa iniciativa de diálogo Norte-Sul, a CEE mostra-se original ao estabelecer relações privilegiadas com 35, depois 46 e, por fim, com 58 países da África, do Caribe e do Pacífico (ACP) pelos acordos de Lomé I (28 de fevereiro de 1975) e Lomé II (31 de outubro de 1979), que abrangem, além de facilidades comerciais e ofertas de ajuda financeira, garantias de receitas de exportação. Essa convenção prevê uma ajuda financeira quatro vezes maior que aquela prevista na de Iaundê. Ela põe em prática uma estabilização dos preços das matérias-primas agrícolas. Trata-se de uma política de cooperação multilateral cuja vantagem consiste em não poder ser acusada de neocolonialista.

Entre os grandes países industrializados, constata-se um início de concertação, mas os resultados ainda são limitados. Os 6 membros originais do clube (Estados Unidos, França, Grã-Bretanha, Alemanha, Japão e Itália) que se reúnem em Rambouillet, em novembro de 1975, por iniciativa de V. Giscard d'Estaing, tornam-se 7 (donde o nome "Grupo dos Sete" ou G7) com a associação do Canadá em 1976, e até 8, no ano seguinte, com a participação do presidente da Comissão da CEE. Eles se encontram todo ano no nível mais elevado.

As reuniões de cúpula dos países industrializados (G7 e G8)

1975	– 15 a 17 de novembro:	Rambouillet
1976	– 27 e 28 de junho:	Porto Rico
1977	– 7 e 8 de maio:	Londres
1978	– 16 e 17 de julho:	Bonn
	– 28 e 29 de dezembro:	Jamaica (encontros não oficiais)
1979	– 5 e 6 de janeiro:	Guadalupe (reunião de cúpula informal)
	– 28 e 29 de junho:	Tóquio
1980	– 22 e 23 de junho:	Veneza
1981	– 19 a 21 de julho:	Ottawa
1982	– 4 a 6 de junho:	Versalhes
1983	– 28 a 30 de maio:	Williamsburg
1984	– 7 a 9 de junho:	Londres
1985	– 2 e 3 de maio:	Bonn
1986	– 5 e 6 de maio:	Tóquio
1987	– 8 a 10 de junho:	Veneza
1988	– 19 a 21 de junho:	Toronto
1989	– 14 e 15 de julho:	Paris ("reunião de cúpula de l'Arche")
1990	– 9 a 11 de julho:	Houston
1991	– 15 a 17 de julho:	Londres
1992	– 6 a 8 de julho:	Munique
1993	– 7 a 9 de julho:	Tóquio
1994	– 8 a 10 de julho:	Nápoles
1995	– 16 e 17 de junho:	Halifax
1996	– 27 e 28 de junho:	Lyon
1997	– 20 e 21 de junho:	Denver (o G7 torna-se G8)
1998	– 15 a 18 de maio:	Birmingham
1999	– 18 e 19 de junho:	Colônia
2000	– 21 a 23 de julho:	Okinawa
2001	– 20 a 22 de julho:	Gênova
2002	– 26 e 27 de junho:	Kananaskis (Canadá)
2003	– 1º a 3 de junho:	Évian
2004	– 6 a 8 de junho:	Sea Island (Estados Unidos)

2005 – 6 a 8 de julho: Gleaneagles (Grã-Bretanha)
2006 – 15 a 17 de julho: São Petersburgo
2007 – 6 a 8 de junho: Heiligendamm (Alemanha)
2008 – 7 a 9 de julho: Toyako (Hokkaido)

Do mesmo modo, no plano comercial, as negociações do Gatt conhecidas pelo nome de *Tokyo Round* [Rodada de Tóquio] (1973--1979) levam a um acordo que prevê novas reduções tarifárias e a adoção de regras destinadas a combater os entraves nas trocas comerciais. Mas esses acordos não impedem a multiplicação de medidas protecionistas. Os desejos de cooperação internacional são frequentemente deixados em segundo plano pelas exigências do interesse nacional. Na verdade, a mudança mais importante vem dos Estados Unidos quando, em 1979, sob a influência do diretor do *Federal Reserve Board*, Paul Volcker, os americanos fazem a escolha de atacar a inflação limitando o crescimento da massa monetária graças a um aumento sem precedentes das taxas de juro. Os capitais afluem para os Estados Unidos e fazem aumentar o valor do dólar. O preço cada vez mais elevado do dólar acentua por toda parte o recuo deflacionista e obriga todos os países a uma política de austeridade. Assim, as economias ocidentais atingem o fundo da depressão: crescimento zero, taxa recorde de desemprego. Todos os países do Terceiro Mundo, bastante endividados em dólares, veem aumentar o peso de seus encargos financeiros devido à alta do valor do dólar. Para evitar a bancarrota, recorrem a empréstimos de instituições financeiras internacionais que os obrigam a uma política de austeridade frequentemente dramática.

Em suma, a crise torna mais intensa a competição econômica, inclusive entre os países aliados; provoca uma deterioração profunda dos pagamentos externos; dá às relações internacionais uma aspereza devido ao medo de penúria de produtos de base necessários para a salvaguarda do nível de vida. A luta pelo controle dos produtos de base e das grandes vias de comunicação também se torna mais austera.

A CRISE DAS RELAÇÕES AMERICANO-SOVIÉTICAS

Da metade dos anos 1970 à metade dos anos 1980, o mundo atravessa uma nova fase de tensão internacional. As razões são numerosas e complexas. A crise econômica e seus efeitos tornam mais difíceis as relações internacionais. A conjuntura política e o papel dos dirigentes à frente da URSS e dos Estados Unidos são também importantes.

O duopólio é questionado

• *A erosão da influência americana*

Com o caso Watergate somando-se ao traumatismo profundo provocado pela Guerra do Vietnã, a renúncia de Nixon (8 de agosto de 1974) resulta ao mesmo tempo em uma perda de influência e em uma crise de consciência da política externa americana. Em 1973-1974, obcecados pela ideia de evitar qualquer nova intervenção (*no more Vietnam*), os americanos parecem renunciar ao exercício de suas responsabilidades no mundo. Eles sentem a erosão de seus meios de influência. Já não têm nem a superioridade econômica nem a superioridade estratégica. O recuo diplomático é geral, exceto no Oriente Médio, onde o presidente Carter assina os acordos de Camp David, em 17 de setembro de 1978.

Diante das perturbações no Irã e do fato de os membros da embaixada americana terem sido tomados como reféns em Teerã, em 4 de novembro de 1979, e diante da invasão do Afeganistão, os Estados Unidos parecem impotentes. O fracasso da incursão americana na tentativa de recuperar os reféns (25 de abril de 1980) é um sério golpe na credibilidade do aparelho militar americano e do Executivo, paralisado por esse caso. As divergências da equipe no poder e a vontade moralizadora do presidente Carter, que coloca em primeiro plano a defesa dos Direitos Humanos e abandona a fabricação da bomba de nêutrons, reforça a impressão de um Estados Unidos indeciso e decadente. Na verdade, a mudança de orientação ocorre ainda no período Carter, que adverte, em janeiro de 1980, que qualquer tentativa de garantir o controle do golfo Pérsico será considerada um ataque lançado contra os interesses vitais dos Estados Unidos.

Com a eleição de Ronald Reagan (1980-1988), os Estados Unidos se afirmam como líderes do mundo livre, decididos a reerguerem-se, para rearmarem-se maciçamente e restaurarem sua autoridade no mundo perante uma União Soviética ameaçadora, o "império do mal".

• *As zonas de expansão da influência soviética*

Na União Soviética, é o fim do reinado de Brejnev, muito doente e que morre em novembro de 1982, e um interregno sob seus efêmeros e idosos sucessores Iuri Andropov (novembro de 1982-fevereiro de 1984) e Konstantin Tchernenko (fevereiro de 1984-março de 1985). A interrupção do diálogo entre as duas superpotências é também consequência dessa ausência de relações e dessa falta de confiança entre os dirigentes americanos e a equipe soviética. Assim, esse período corresponde a uma grande ofensiva soviética no Terceiro Mundo, onde, ao mesmo tempo que combate a influência chinesa, a União Soviética obtém um império estendido. Entre outras coisas, intervém militarmente na África (Angola, Etiópia) por meio dos cubanos e invade o Afeganistão. Ela age frequentemente por meio de Estados ou de forças delegadas como Cuba, RDA, Líbia e Vietnã. Nem sempre os soviéticos utilizam abertamente a força, a maioria das vezes é a assistência econômica e militar; e, sobretudo, multiplicam os tratados com os Estados mais longínquos. Tudo ocorre como se Moscou tivesse explorado o desengajamento americano para avançar seus peões por todos os lugares.

• *O duopólio em questão*

Essa crise das relações americano-soviéticas não põe fim à concertação mútua a fim de evitar qualquer confronto armado, mas coloca em questão a cogestão dos assuntos internacionais pelas duas superpotências. Os sinais visíveis dessa crise são a denúncia dos acordos comerciais, a diminuição dos acordos militares e, sobretudo, a rarefação dos encontros americano-soviéticos. Em dezembro de 1974, o Congresso liga a outorga à União Soviética da cláusula de nação mais favorecida a um relaxamento das obrigações que pesam sobre os judeus que desejam imigrar. Não há encontro de cúpula entre a reunião de Viena (Carter-Brejnev), em junho de 1979, e aquela de Genebra, em novembro de 1985 (Gorbatchov-Reagan). Os americanos não participam das Olimpíadas de Moscou em 1980; em retaliação, a União Soviética, seguida por treze outros países, não participa das Olimpíadas de Los Angeles de 1984. Um novo espírito de "guerra fria" ganha as relações internacionais. Antes mesmo da Conferência de Helsinque, Aleksandr Soljenitsyn considerava que a distensão era um engodo. As consequências de Helsinque confirmam as previsões mais pessimistas. A Conferência de Belgrado (outubro de 1977), que deve dar continuidade a Helsinque, termina em um completo fracasso em razão do antagonismo das posições ocidentais e soviéticas sobre os Direitos Humanos...

Os americanos acusam os soviéticos de tirarem partido da distensão para conseguir vantagens unilaterais, como o reconhecimento sem contrapartida do *statu quo* herdado da guerra, a progressão do campo socialista no sudeste da Ásia e na África, acordos de cooperação que lhes permitem receber produtos da tecnologia ocidental e cereais. Enfim, os ocidentais recriminam os soviéticos por terem aproveitado a distensão para continuar seus esforços armamentistas.

A corrida armamentista

Enquanto americanos e russos estavam de acordo em limitar o número de seus mísseis intercontinentais (acordo Salt de 1972), a URSS se lança em uma modernização furiosa de seu arsenal e consegue, sem violar a letra dos acordos, triplicar o número de suas ogivas adaptando ogivas múltiplas aos lançadores da nova geração. De fato, desde 1973, os soviéticos experimentaram com sucesso mísseis de múltiplas ogivas (Mirv). Além disso, os soviéticos concluíram um míssil de alcance intermediário (4.000 a 5.000 km), escapando assim às limitações do acordo Salt: é o SS-20, que pode atingir toda a Europa Ocidental e cujo primeiro lançamento experimental ocorre em 1975, no mesmo ano da Conferência de Helsinque.

No início dos anos 1980, o balanço das forças, segundo o Instituto Internacional de Estudos Estratégicos de Londres, mostra a URSS como a primeira potência militar do globo no plano das forças nucleares. Não apenas a superioridade das forças convencionais do Pacto de Varsóvia é esmagadora, mas a União Soviética instala ainda, na Europa Oriental, a partir de 1977, uma rede de 330 mísseis SS-20. Esse arsenal gigantesco cresce à custa de um esforço financeiro considerável: 5% do PNB para os Estados Unidos; em torno de 15% do PNB para a União Soviética, até onde se pode saber. Assim, a força de ataque obtida seria capaz de aniquilar várias dezenas de vezes toda a vida sobre o planeta. Isso quer dizer que a concepção que prevalecia no tempo de Nixon, de uma distensão fundada sobre a paridade nuclear e o congelamento das tensões, falhou.

As negociações sobre a limitação dos armamentos se tornam mais difíceis a partir de então. Os discursos soviéticos sobre o desarmamento refletiriam a preocupação dos dirigentes soviéticos em consagrar mais energia à economia soviética ou uma fachada destinada a acalmar a vigilância do adversário enquanto a URSS se recupera de seu atraso estratégico? Apesar de tudo, as negociações Salt II resultam, em Viena (15-18 de junho de 1979), na assinatura por Brejnev e Carter de um acordo sucinto. Ele limita o número (2.250) e o tipo (máximo de 1.320 mísseis de múltiplas ogivas, dos quais 820 mísseis ICBM solo-solo) de mísseis nucleares intercontinentais para cada um dos dois países. O tratado não reduz a corrida armamentista, ele se contenta em frear sua progressão. Além disso, o Senado americano se recusa a ratificá-lo, pois os acordos são julgados favoráveis demais à União Soviética. Negociações sobre a redução de forças na Europa, os *Mutual Balanced Forces Reduction* (MBFR), iniciadas em Viena, em outubro de 1973, com a participação de 12 países da Otan e de 7 países do Pacto de Varsóvia, marcam passo. Seus encontros intermináveis não permitem nem avaliar o peso dos respectivos efetivos dos dois blocos nem propor reduções e estabelecer um sistema de controle aceitável por todos. Principalmente as conversas sobre as forças nucleares de alcance intermediário (FNI), que se realizam em Genebra, em 30 de novembro de 1981, não levam a nenhum resultado positivo. As negociações (*Strategic Arms Reduction Talks* (Start) começam em 29 de junho de 1982, em Genebra, mas chegam rapidamente a um impasse. A questão dos euromísseis é a mais grave.

Os euromísseis e a iniciativa de defesa estratégica. A instalação progressiva, na Europa Oriental, dos SS-20, mísseis soviéticos com três ogivas nucleares de 150 quilotons cada uma, de alcance intermediário (5.000 km), dirigidos para a Europa Ocidental, e dos bombardeiros *Backfire* causam alarme nos europeus. Se esses mísseis soviéticos são incapazes de atingir os Estados Unidos, eles ameaçam diretamente a Europa e não entram nos cálculos de limitação das armas estratégicas (+ de 5.500 km) abarcadas pelos Salt II.

Após o discurso alarmista do chanceler alemão H. Schmidt (outubro de 1977) e do encontro de cúpula informal de Guadalupe (janeiro de 1979), a Otan denuncia a instalação dos SS-20 e toma, em dezembro de 1979, a "dupla decisão" de oferecer a negociação à URSS ou, na ausência desta, modernizar e reforçar os armamentos da Otan na Europa. Até então, as armas nucleares táticas americanas instaladas nos Estados europeus não eram capazes de atingir o território da União Soviética. A instalação de mísseis intermediários americanos na Europa Ocidental (108 mísseis Pershing II de uma ogiva apenas e alcance de 1.800 km e 464 mísseis de cruzeiros de 2.500 km de alcance) expõe, portanto, o território soviético a um ataque nuclear em série e mais intenso. Assim, a URSS tenta se opor à colocação em prática dessa decisão por meio de propostas de congelamento e redução dos armamentos e por uma campanha de propaganda. Os Estados Unidos lançam a ideia da "opção zero" proposta por Reagan em 18 de novembro de 1981 (desmantelamento dos mísseis soviéticos em contrapartida ao abandono da instalação dos Pershing e Cruise). De 1981 a 1983, uma onda de pacifismo se afirma na Europa, sobretudo na Alemanha e na Inglaterra. Mas, após a vitória da coalizão CDU-FDP nas eleições alemãs de março de 1983, os primeiros mísseis Pershing II são instalados na Alemanha Ocidental no fim de 1983. É um sucesso inesperado para a Aliança Atlântica, um grave revés para a URSS. Por conseguinte, esta se retira de todas as negociações de desarmamento e anuncia um forte aumento em seu arsenal nuclear. A confrontação se sucede à concertação e a corrida armamentista é retomada de forma ainda mais intensa. Apresentada como o meio de dar fim ao equilíbrio do terror, é reativada nos Estados Unidos sob o nome de "guerra nas estrelas".

A Iniciativa de Defesa Estratégica (IDE) [*Strategic Defense Initiative*, SDI], anunciada em 23 de março de 1983 pelo presidente Reagan, consiste em um projeto de instalação de um escudo espacial de proteção contra mísseis balísticos. Para o presidente Reagan, trata-se de libertar os Estados Unidos do medo nuclear e talvez libertar a humanidade do risco atômico. A ideia é criar um sistema defensivo que deveria, tendo o ano 2000 como horizonte, tornar obsoletas as armas de ataque nucleares interceptando-as e destruindo-as antes que atinjam o solo dos Estados Unidos. A amplitude do programa (26 bilhões de dólares) e a inovação tecnológica que ele supõe têm um caráter desestabilizador que coloca em questão o princípio da dissuasão mútua, constitui um risco suplementar de desvinculação da defesa americana e da europeia, e, enfim, aparece como um desafio à União Soviética. Seus dirigentes vão reclamar sem cessar a renúncia dos Estados Unidos à IDE, assim como a retomada das negociações sobre o desarmamento.

A *corrida armamentista*, aliás, não está limitada aos dois Grandes. Os gastos militares ultrapassaram, em 1981, 450 bilhões de dólares, isto é, um gasto médio superior a 2 milhões de dólares por minuto. As vendas de armas constituem uma das posições-chave do comércio mundial. Apenas os Estados Unidos e a União Soviética representam mais de 72% das vendas. Atrás deles, a França e a Grã-Bretanha detêm 18% das vendas. Do lado dos países compradores, os países do Oriente Médio são responsáveis por algo como 57% das compras mundiais de armamentos contra 13% da África e 12% da América Latina.

As dificuldades no diálogo americano-soviético são acompanhadas pelo questionamento da cogestão das relações internacionais. O princípio de não ingerência nos assuntos internos dos blocos é infringido, por exemplo, quando os Estados Unidos apoiam os dissidentes dos países do Leste ou quando a União Soviética intervém na Nicarágua, situada na esfera de influência americana. Essa crise das relações americano-soviéticas marca também o fim de um certo condomínio das duas superpotências. Sua influência decresce no momento em que emergem novas potências ávidas de responsabilidade: China, Japão, Comunidade Europeia, países da Opep, países não alinhados. Consequentemente, as grandes potências encontram dificuldades em controlar os conflitos periféricos e mais ainda os atores regionais e o terrorismo internacional.

AS INCERTEZAS EUROPEIAS

Engajados na construção europeia e perturbados pela crise econômica, os países da Europa Ocidental estão antes de tudo preocupados com seus próprios problemas. Em 1983, há mais de 12 milhões de desempregados na CEE, ou seja, mais de 10% da população ativa. As tentativas de desestabilização por grupos terroristas na Alemanha e na Itália (sequestro e assassinato de Aldo Moro, março-maio de 1978) fracassam. Em contrapartida, a democracia marca pontos: na Espanha, após a morte de Franco (20 de novembro de 1975); na Grécia, depois da queda dos coronéis (24 de julho de 1974) que haviam instaurado a ditadura em abril de 1967; e, em Portugal, após a Revolução dos Cravos (25 de abril de 1974), que põe fim ao regime ditatorial que sobrevivia à morte de Salazar (27 de julho de 1970), e sobretudo após a vitória dos moderados sobre os extremistas nas eleições de 1976.

Uma construção mais lenta da Europa

A construção europeia progride menos rapidamente que no período precedente. Com 252 milhões de habitantes, a "Europa dos Nove", que entra em vigor em 1º de janeiro de 1973, aparece como a segunda potência econômica do mundo após os Estados Unidos. Considera-se a conclusão da união aduaneira, já realizada entre os seis antigos países-membros, para 1º de janeiro de 1978 e até mesmo a criação de uma verdadeira união econômica e monetária.

• *As dificuldades da união econômica e monetária*

Na presença de dificuldades, a Comunidade Europeia reage em ordem dispersa. Diante da desordem do sistema monetário internacional, constata-se uma falta de cooperação e de solidariedade entre os países-membros da CEE; perante o choque do petróleo e o bloco da Opep, falta uma política energética comum.

As atitudes de alguns Estados, ansiando proteger suas respectivas economias, também colocam em questão as disposições e o espírito comunitário. A Itália e a Dinamarca tomam medidas protecionistas. Sobretudo o Reino Unido, onde os trabalhistas retornam ao poder em fevereiro de 1974, solicita uma renegociação do tratado de adesão, tanto no que se refere à Política Agrícola Comum quanto à contribuição britânica ao orçamento comunitário. Os países finalmente entram em acordo sobre mecanismos corretores que prolongam o período de transição.

A Comunidade se concentra na conclusão da união aduaneira, pois, devido a concepções políticas demasiadamente divergentes, o projeto da união econômica e monetária deve ser adiado. A manutenção da Política Agrícola Comum esbarra, além disso, no descontentamento dos agricultores (manifestações em Estrasburgo e em Bruxelas em 1980) e nas vicissitudes das flutuações monetárias entre os países-

-membros. A produção leiteira cada vez mais excedentária e o aumento dos gastos agrícolas obrigam as instituições comunitárias à decisão de limitar uma e frear o outro.

A criação de um sistema monetário europeu. O mecanismo da "serpente monetária europeia" estabelecido em 1972 para limitar as variações entre as divisas europeias, sendo elas próprias mantidas próximas ao dólar ("a serpente no túnel"), é colocado em questão várias vezes, implicando várias revalorizações do marco alemão e o enfraquecimento de outras moedas comunitárias. O estabelecimento de um sistema monetário europeu (SME), que entra em vigor em 13 de março de 1979, permite uma relativa estabilização das taxas de câmbio graças à instituição de uma moeda de referência, o *European Currency Unit* (ECU), definido por uma "cesta" de moedas europeias cuja composição reflete a parte de cada país na economia comunitária.

Por outro lado, a Comunidade Europeia tem dificuldade para adotar uma atitude comum no plano energético, e, em particular, em relação ao petróleo, ou para lutar contra a inflação e o desemprego e no campo da tecnologia; ante a IDE, a Comunidade tenta fazer uma Europa da tecnologia, sob a forma do projeto "Eureka". Uma crise grave estoura em 1984 a propósito da contribuição britânica aos recursos da Comunidade, elevada demais aos olhos da primeira-ministra, sra. Thatcher, que reclama e por fim obtém uma compensação financeira.

- *A Europa em pane*

A Europa tampouco progride no plano político. Em outubro de 1972, a conferência de cúpula de Paris planeja para 1980 a transformação da CEE em uma União Europeia suscetível de falar com uma só voz em matéria de política externa. Mas o caminho é mais longo do que o previsto. Em 9-10 de dezembro de 1974, por iniciativa do presidente Giscard d'Estaing, os chefes de Estado e de governo decidem institucionalizar seus encontros periódicos, transformando-os em um novo organismo comunitário, o Conselho Europeu, que se reúne três vezes por ano. O Conselho se afirma rapidamente como um órgão essencial. Para reativar a construção europeia, confia-se ao primeiro-ministro belga, Léo Tindemans, um relatório sobre a União Europeia.

A construção europeia

1930 – maio: Plano Briand de União Europeia.
1944 – 5 de setembro: Assinatura do tratado de união aduaneira Benelux.
1947 – 5 de junho: O general Marshall propõe um plano de ajuda econômica para a Europa.
1948 – 17 de março: Pacto de Bruxelas instituindo a União Ocidental.
– 16 de abril: Criação da Oece.
– 7/10 de maio: Congresso do movimento europeu em Haia.
1949 – 4 de abril: Assinatura do Tratado do Atlântico Norte.
– 5 de maio: Criação do Conselho da Europa.
1950 – 9 de maio: Robert Schuman propõe compartilhar os recursos de carvão e aço dos países da Europa Ocidental.
1951 – 18 de abril: Assinatura do tratado instituindo a Ceca.
1952 – 27 de maio: Assinatura do tratado instituindo a CED.
1954 – 30 de agosto: A Assembleia Nacional francesa rejeita o tratado CED.
– 23 de outubro: Acordos de Paris, criação da União da Europa Ocidental, aberta à Itália e à Alemanha Ocidental.
1955 – 1º/2 de junho: Conferência de Messina: a "retomada europeia".
1956 – 29/30 de maio: Conferência de Veneza, início das negociações em vista da instituição da CEE e da Euratom.
1957 – 25 de março: Assinatura dos tratados de Roma.
1959 – 1º de janeiro: Primeira etapa do Mercado Comum.
1960 – 4 de janeiro: Convenção de Estocolmo cria a Aelc.
– 14 de dezembro: A Oece torna-se Ocde.
1961 – 10/11 de fevereiro: Os Seis pronunciam-se a favor de uma união política europeia.
– 9 de agosto: Harold Macmillan pede a adesão do Reino Unido à CEE.
1962 – 14 de janeiro: O Mercado Comum passa à segunda etapa e adota os princípios da Política Agrícola Comum.
– 17 de abril: Fracasso do plano Fouchet.
1963 – 14 de janeiro: Veto francês à entrada do Reino Unido na CEE.
– 20 de julho: Assinatura, em Iaundê, da convenção de associação entre a CEE e dezoito países africanos e Madagascar.
1965 – 8 de abril: Tratado de fusão dos executivos das três comunidades.
– 30 de junho/1º de julho: Rompimento das negociações sobre o financiamento da Política Agrícola Comum.
1966 – 28/29 de janeiro: Compromisso dito "de Luxemburgo".
– 10 de novembro: Nova candidatura britânica.
1967 – 3 de junho: A Comissão única entra em funcionamento.
– 27 de novembro: Novo veto francês à adesão do Reino Unido ao Mercado Comum.

1968 – 1º de julho: Conclusão da união aduaneira entre os Seis.
 – 11 de dezembro: Plano Mansholt de modernização agrícola.
1969 – 29 de julho: Iaundê II.
 – 1º/2 de dezembro: Cúpula de Haia. Acordo sobre o tríptico: conclusão, aprofundamento e ampliação.
1972 – 22 de janeiro: Assinatura em Bruxelas dos tratados de adesão dos novos membros da CEE (Dinamarca, Reino Unido, Irlanda e Noruega).
 – 26 de setembro: Os noruegueses pronunciam-se, por referendo, contra a adesão à CEE.
1973 – 1º de janeiro: Nascimento oficial da Comunidade dos Nove.
1974 – 9/10 de dezembro: Os Nove decidem reunir-se regularmente no Conselho Europeu e propõem eleger a Assembleia Europeia por sufrágio universal.
1975 – 28 de fevereiro: Assinatura em Lomé de uma convenção entre a Comunidade e os quarenta e seis Estados da África, do Caribe e do Pacífico.
1979 – 13 de março: Entra em vigor o SME e o ECU.
 – 7/10 de junho: Primeira eleição por sufrágio universal da Assembleia Europeia.
1981 – 1º de janeiro: Entrada da Grécia na Comunidade.
1986 – 1º de janeiro: Adesão da Espanha e de Portugal.
1987 – 1º de julho: Entra em vigor o Ato Único Europeu.
1989 – 9 de dezembro: O Conselho Europeu adota um plano de União Econômica e Monetária.
1990 – 1º de julho: Entra em vigor a liberação dos movimentos de capitais.
1991 – 9/10 de dezembro: Acordos de Maastricht (Países Baixos) sobre a união política e a união econômica e monetária.
1992 – 7 de fevereiro: Assinatura do Tratado de Maastricht, que institui a União Europeia.
 – 21 de maio: Reforma da Política Agrícola Comum (PAC).
 – 20 de setembro: Por referendo, a França aprova o tratado de União europeia por 51,04% contra 48,95%.
1993 – 1º de janeiro: Entra em vigor o "mercado único" da Europa dos Doze.
 – 1º de novembro: A CEE torna-se União Europeia (UE).
1995 – 1º de janeiro: Entrada da Áustria, Finlândia e Suécia na UE.
1997 – 2 de outubro: Assinatura do Tratado de Amsterdam.
1999 – 1º de janeiro: O euro entra em vigor.
2000 – 10/11 de dezembro: Reunião de cúpula em Nice: acordo sobre a ampliação da União.
2002 – 1º de janeiro: O euro torna-se a moeda única de doze Estados.
2004 – 1º de maio: Entrada de dez novos países na União.
 – 24 de outubro: Os Vinte e Cinco adotam, em Roma, um tratado constitucional.

2005 – maio-junho: França e Países Baixos rejeitam a Constituição.
2007 – 1º de janeiro: Entrada da Bulgária e da Romênia.
– 13 de dezembro: Assinatura, em Lisboa, do projeto de tratado simplificado.
2008 – A Irlanda rejeita o tratado de Lisboa.

Depois de inúmeras discussões, o Conselho Europeu decide, em 15 de julho de 1976, eleger um Parlamento Europeu por sufrágio universal. Essa eleição deve ser feita segundo modalidades diferentes em todos os países e se apresenta, de fato, como uma justaposição de eleições nacionais, nas quais as clivagens da política interna predominam. Em junho de 1979, a primeira eleição do Parlamento Europeu por sufrágio universal resulta na condução à presidência da francesa Simone Veil, que cede sua cadeira em janeiro de 1982 ao socialista holandês Piet Dankert. Depois das eleições europeias de junho de 1984, é o francês Pierre Pflimlin que é eleito para a presidência, à qual ascendem, depois, sir Henry Plumb (1987) e Enrique Baron Crespo (1989), Ergon Klepsch (1992) e Klaus Hansch (1994). Apesar de sua melhor representatividade, o Parlamento Europeu não tem ainda um papel incontestável, mas se esforça constantemente para ampliar suas competências e seu controle.

A ampliação da Comunidade Europeia aos Estados do sul da Europa (Grécia, Espanha e Portugal) representa outro desafio na medida em que as economias desses Estados são menos avançadas que aquelas da Europa do Norte e do Oeste. A adesão da Grécia, já associada à CEE desde 1961, acontece em 1981. Quanto a Espanha e Portugal, que apresentaram suas candidaturas em 1977, o acordo é feito não sem dificuldades, devido às reticências francesas diante da concorrência que eles poderiam representar. O acordo é selado entre 29 e 30 de março de 1985. Os dois Estados entram no Mercado Comum em 1º de janeiro de 1986. A Comunidade Europeia engloba então 315 milhões de habitantes.

O passo decisivo é dado em dezembro de 1985 graças a um acordo entre os Dez para revisar o tratado de Roma e estabelecer de então até 31 de dezembro de 1992 um espaço econômico sem fronteiras, eliminando as barreiras que limitam as quatro liberdades (circulação de pessoas, de mercadorias, de serviços e de capitais). Em 17 de dezembro de 1985 é adotado o Ato Único Europeu (reunindo em um único instrumento os textos do tratado de Roma revisado, o tratado sobre a cooperação política e um preâmbulo sobre a União Europeia). A criação do grande mercado interno terá consequências consideráveis tanto para os produtores quanto para os consumidores.

Os mal-entendidos transatlânticos

Entre as potências industrializadas que pertencem ao mundo liberal e capitalista, as relações estão mais tensas no plano econômico e no plano estratégico.

- *Os mal-entendidos econômicos*

Conflitos econômicos dividem cada vez mais os Estados Unidos, a Europa Ocidental e o Japão. A crise cria divisões, as acentua e revela uma resistência desigual à conjuntura difícil. Os Estados Unidos evitam o pior ao preço de uma política de cada um por si. O Japão alcança então o primeiro lugar, mantendo a melhor taxa de crescimento anual entre os países industrializados. De 1975 a 1986, o total de suas exportações quadruplica, o que suscita vívidas tensões com os países concorrentes, Estados Unidos e Estados da CEE. Cada Estado é tentado pelo protecionismo e acusa de deslealdade seus parceiros comerciais nos setores sensíveis da siderurgia, da indústria automobilística e da eletrônica. Desavenças manifestam-se, em 1981 e 1982, a propósito do comércio Leste-Oeste, em particular sobre os contratos assinados com a União Soviética e as sanções americanas impostas às firmas europeias que trabalham sob licença para a construção do gasoduto soviético na Sibéria. Em 1982, a CEE faz uma advertência aos Estados Unidos, acusados de entravar por diferentes meios o comércio internacional e de desestabilizá-lo pelas flutuações do dólar. Uma disputa opõe, em 1985, a França aos Estados Unidos a propósito da abertura no Gatt de negociações comerciais multilaterais após a *Tokyo Round* (1973-1979). No âmbito da *Uruguay Round* [Rodada do Uruguai], os Estados Unidos tentam obter que a CEE renuncie às subvenções que concede à sua agricultura (5-9 de dezembro de 1988).

- *Os mal-entendidos políticos*

Fatos de política interna afetam o flanco sul da Otan, e os aliados estão divididos diante do retorno da tensão Leste-Oeste.

A deterioração das relações atlânticas. A Aliança Atlântica, fundada sobre uma divisão de responsabilidades e encargos financeiros, deixa a parte mais pesada para os Estados Unidos, que, a bem da verdade, assumem também o comando. Essa situação herdada do pós-guerra, do período em que a Europa Ocidental estava em processo de reconstrução, se modifica nos anos 1970, quando os americanos querem reduzir seu esforço de defesa e pedem aos europeus que assumam uma maior participação nos gastos de defesa. Alguns senadores chegam a propor a retirada das forças americanas da Europa. Em 1971, a ruptura com o sistema monetário é outro golpe desferido na Europa. A fim de melhorar as relações atlânticas, Kissinger lança, em 1973, a ideia de um "ano da Europa", que resulta na Declaração de Ottawa, adotada em junho de 1974. Esse texto evoca os fundamentos e os ideais da Aliança Atlântica e reconhece o valor das forças nucleares francesas e inglesas para a dissuasão global da Aliança.

Porém a crise já se iniciou e coloca problemas cuja gravidade é de outra ordem. Abaladas pelo primeiro choque do petróleo, as democracias liberais tomam consciência de sua interdependência. A chegada ao poder, na Europa, de dirigentes mais preocupados em buscar um compromisso com os americanos, tais como o trabalhista Harold Wilson na Grã-Bretanha (1964-1970 e 1974-1976), o social-democrata Helmut Schmidt na RFA (1974-1982) e o liberal Giscard d'Estaing na França (1974-1981), facilita a instituição de conferências de cúpula na esteira da Comissão Trilateral que reunia personalidades da Europa, dos Estados Unidos e do Japão. As cúpulas pontuam a evolução das relações ocidentais (Rambouillet, novembro de 1975; Jamaica, 1976). A partir da cúpula de Versalhes (1982), um papel particular em matéria monetária é atribuído aos ministros da Fazenda dos Cinco (Estados Unidos, Reino Unido, RFA, Japão e França), aos quais se juntam por vezes os do Canadá e da Itália, o chamado "grupo G7". A concertação trilateral é ao mesmo tempo original e importante, mas atinge rapidamente seus limites. As reuniões discretas dão lugar a grandes encontros com inclinação para o espetáculo, desfigurados pela midiatização. Acima de tudo, a cooperação é demasiadamente incompleta e esbarra em divergências de interesses, em especial no plano das relações Leste-Oeste.

Até no âmbito da defesa, os aliados estão divididos e consideram de modo muito diferente o problema do futuro da distensão. Com exceção do Reino Unido, que anseia preservar e reforçar seus laços com os americanos, a Europa Ocidental, cujos movimentos pacifistas denunciam a instalação dos euromísseis, está de fato mais preocupada que os Estados Unidos em preservar o diálogo com o Leste. A favor da onda pacifista, um verdadeiro nacional-neutralismo se desenvolve na RFA, que se recusa a sacrificar a *Ostpolitik* a uma nova guerra fria americano-soviética. Porém, por meio das eleições de 1983, a Alemanha Ocidental reafirma sua fidelidade atlântica ao mesmo tempo que reivindica – por ocasião do ano Lutero – sua identidade nacional alemã. Os Estados Unidos veem no comportamento europeu um risco de neutralização, ainda mais que os contratos de compra maciça de gás siberiano são interpretados como sinal de uma dependência das economias europeias em relação ao fornecedor soviético.

A própria Iniciativa de Defesa Estratégica (IDE) divide os europeus, que percebem assim a ameaça de uma dissociação entre a defesa americana e a defesa da Europa, e a questão de uma participação dos aliados no programa da IDE, proposta pelos americanos, suscita reticências entre os europeus; no entanto, ingleses, alemães e italianos negociam com Washington em 1985 e 1986. A França, por sua vez, propõe aos países europeus o projeto *Eureka* "para constituir a Europa da tecnologia".

Americanos e europeus estão também divididos quanto ao conflito árabe-israelense: política pró-árabe da parte dos governos francês e italiano; política pró-israelense dos outros governos. Turbulências da política interna ou de conflitos bilaterais ameaçam também a coesão da Aliança.

Tensão no seio da Otan. O conflito de Chipre leva a Grécia a abandonar, de 1974 a 1980, a organização integrada e provoca uma crise profunda entre ela e a Turquia, que são, não obstante, parceiras na Aliança Atlântica. A chegada ao poder dos socialistas gregos, em outubro de 1981, suscita um novo resfriamento das relações com a Otan. A revolução portuguesa de abril de 1974, que põe fim a quarenta anos de ditadura, leva ao poder uma equipe de governo composta num primeiro momento também de ministros comunistas. A ascensão ao poder em Malta, em 1971, de um governo trabalhista leva a Otan a transferir, em 1974, seu quartel-general instalado na ilha, a qual aceita, aliás, em janeiro de 1981, um acordo com a URSS. Por outro lado, a Espanha entra na Otan em junho de 1982, mas sem se aproximar da organização militar integrada.

A crise da liderança soviética

A sedução suscitada no Ocidente pelo comunismo está muito menos viva que outrora. Esse enfraquecimento fica evidente ao se observar os resultados eleitorais dos partidos comunistas ocidentais. Apesar do abandono do princípio da ditadura do proletariado e da vontade de realizar doravante "o socialismo na democracia e na liberdade", sua audiência estagna ou declina.

• *O eurocomunismo*

Nos Estados da Europa Oriental, a URSS esbarra cada vez mais na recusa de uma direção do Partido Comunista Soviético, denominada "internacionalismo proletário".

É pelo viés de conferências europeias comunistas que os soviéticos tentaram manter sua influência sobre os partidos comunistas europeus. A primeira conferência europeia ocorreu em Karlovy Vary, na Tchecoslováquia, em abril de 1967. A segunda conferência se reuniu em 29 e 30 de junho de 1976, em Berlim Oriental, após longas negociações, mas não consagra – como queria Brejnev – nem a supremacia do Partido Comunista da União Soviética nem o internacionalismo proletário. Os partidos tchecoslovaco, alemão, húngaro, búlgaro, polonês e português estão prontos a aceitar, mas outros não hesitam em recusá-lo.

Entre os partidos comunistas que querem manifestar sua independência em relação ao órgão soviético, o Partido Comunista Italiano tem papel de liderança, com seu primeiro secretário, Enrico Berlinguer, aureolado com seu sucesso nas eleições gerais italianas de 20 de junho de 1976 (33,7% de votos). Na verdade, o Partido Comunista Italiano, que não hesita em criticar a URSS, considera a eventualidade de um "compromisso histórico" com a Democracia Cristã, que lhe permitiria ascender ao poder. O partido aprova o Mercado Comum e admite a presença da Itália no Pacto Atlântico. O Partido Comunista Francês adota uma posição intermediária. Em 1968, ele se distingue pela primeira vez da linha soviética ao condenar moderadamente a URSS pela intervenção militar na Tchecoslováquia, e, em 1972, no âmbito de um "programa comum" com o partido socialista, ele aceita a Otan e a Comunidade Europeia. Por fim, o Congresso de 1976 afirma os princípios de independência e igualdade soberana de cada partido e a livre escolha dos diferentes caminhos para o socialismo. Construído em torno do Partido Comunista Italiano, que atrai os partidos comunistas francês e espanhol, o "eurocomunismo" rejeita a ideia de um partido-guia e de um Estado-guia e ambiciona apresentar uma alternativa tanto ao Ocidente quanto ao Oriente. Ele se define pela vontade de estabelecer um forte vínculo entre o socialismo, a liberdade e a democracia – o conteúdo do programa é detalhado na reunião do PCI e do PCF em Roma em novembro de 1975. Porém, logo em seguida, as posições dos partidos divergem cada vez mais em razão dos acontecimentos no Afeganistão e na Polônia.

- *A crise polonesa*

Na Europa Oriental, com exceção da Bulgária e da Alemanha Oriental, as democracias populares questionam o modelo soviético e a hegemonia moscovita. A Romênia, sob a direção do governo de Nicolae Ceausescu, se destaca cada vez mais ao mesmo tempo que endurece a ditadura interna. Sua autonomia se manifesta várias vezes na crise do Oriente Médio. Na Hungria, János Kádár tenta proporcionar um bem-estar material às populações. Na Tchecoslováquia, após a "normalização" que se seguiu aos acontecimentos de 1968, o movimento de protesto se restringe à elite intelectual, os "signatários da Carta 77".

Na Polônia, ao contrário, a revolta dos intelectuais ganha, graças à crise econômica, a maioria dos trabalhadores e camponeses ao se apoiar em um forte sentimento nacional e no interesse da Igreja Católica, ainda maior devido à eleição ao pontificado do arcebispo de Cracóvia, Karol Wojtyla, que se torna papa sob o nome de João Paulo II, em 16 de outubro de 1978. A visita de João Paulo II a Varsóvia confirma o magistério de influência da Igreja na Polônia. Depois de uma alta de preços, ondas de greves iniciadas em fevereiro de 1980 nos estaleiros de Gdansk obrigam o partido comunista polonês a reconhecer a existência legal de um sindicato independente, "Solidariedade", dirigido por Lech Walesa, e a assinar os acordos de Gdansk, em 31 de agosto de 1980. Em 6 de setembro de 1980, E. Gierek cede seu posto de primeiro secretário do PC polonês a S. Kania, e o general Jaruzelski torna-se primeiro-ministro, em fevereiro de 1981.

No decorrer de 1981, aprofunda-se o fosso entre o partido comunista polonês, centro do poder legal, e a massa de trabalhadores, apoiados pela Igreja Católica e, sobretudo, organizados no sindicato livre Solidariedade, que reúne quase 10 milhões de pessoas. A persistência dos distúrbios e a inquietação dos países do Pacto de Varsóvia diante da evolução incitam a um confronto. A União Soviética vai se lançar numa intervenção armada? Os soviéticos terminam por forçar o general Jaruzelski, novo secretário-geral do partido polonês, a proceder, em 13 de dezembro de 1981, a um golpe de Estado militar destinado a restabelecer a autoridade do partido.

Após um período de repressão – estado de sítio, repressão policial, a colocação do Solidariedade na ilegalidade em outubro de 1982 –, o poder tenta colaborar com a hierarquia católica. Apesar da libertação do líder do Solidariedade, Lech Walesa, em novembro de 1982, coroado pelo Prêmio Nobel da Paz em 1983, da suspensão do estado de guerra no fim do mesmo ano e das dificuldades da resistência interna, a estabilização demora para ser alcançada. A crise polonesa ressoa dramaticamente nas relações Leste-Oeste: os americanos e os franceses adotam uma política de sanções e suspendem toda e qualquer relação com a Polônia até a "visita de trabalho" do general Jaruzelski, em novembro de 1985.

AS TENSÕES NO SUDESTE DA ÁSIA, NA AMÉRICA LATINA E NO ORIENTE MÉDIO

Devido à crise econômica, não é somente o diálogo entre as grandes potências que é perturbado. Atingido por um superendividamento e por um crescimento demográfico não controlado, o Terceiro Mundo também se afunda na guerra e na pobreza. Contrariamente ao período precedente, que havia visto uma aproximação relativa e uma certa solidariedade entre os países do Terceiro Mundo, a regra do egoísmo nacional aparentemente triunfa. O diálogo Norte-Sul desanda. O mundo árabe se dilacera. A África desmorona quase inteira. E, na Conferência dos Países Não Alinhados em Havana (3-9 de setembro de 1979), o marechal Tito se opõe a Fidel Castro, que deseja fazer do movimento uma simples correia de transmissão das vontades dos soviéticos. Se os Estados Unidos tendem a se retrair, a União Soviética intervém por toda parte, seja direta, seja indiretamente. Às repercussões de seus confrontos se acrescentam os conflitos bilaterais, que as grandes potências já não conseguem deter nem mesmo controlar. Às regiões tradicionais de tensão – Oriente Médio, sudeste da Ásia e América Latina – vêm se juntar novos terrenos de confronto: oceano Índico, África, Pacífico.

Os distúrbios no Mediterrâneo e no Oriente Médio

• *Permanência do papel estratégico do Mediterrâneo*

Se, em razão dos fechamentos do canal de Suez e da construção dos superpetroleiros, o Mediterrâneo viu seu papel diminuir no plano econômico, em contrapartida seu papel estratégico permanece muito importante, e a União Soviética conseguirá encontrar aí uma passagem buscada desde sempre.

O Mediterrâneo escoa um sexto do tráfego comercial geral e um terço do tráfego petroleiro mundial. Ele se tornou um dos pontos potenciais de enfrentamento no qual ombreiam as forças das superpotências.

Perante a sexta frota americana, que pode fazer escala praticamente em qualquer lugar, uma frota soviética cruza o Mediterrâneo e encontra costas acessíveis apenas na Argélia e na Síria.

Para complicar as coisas, os dois aliados orientais da Otan estão em conflito por causa de Chipre. Povoada principalmente por gregos (80%) e por uma minoria turca (18%), e liberta da soberania do Império Otomano, que cede sua administração à Grã-Bretanha em 1878, a ilha de Chipre, lugar privilegiado de trânsito entre as diferentes margens do Mediterrâneo, adquiriu um novo valor estratégico desde a abertura do canal de Suez (1869). A solução do problema da coabitação das populações grega e turca na ilha de Chipre não podia ser nem a anexação do país à Grécia (a *Enosis*) nem a união com a Turquia. É um Estado independente e neutro, dirigido pelo mons. Makários, que nasce em 16 de agosto de 1960, após os acordos de 1959. Contra o pano de fundo da rivalidade americano-soviética no Mediterrâneo oriental, graves conflitos opõem as duas comunidades (1963, 1965, 1967), a ponto de uma força das Nações Unidas (Unficyp) estar pre-

Um mundo desestabilizado (1973-1985) | 181

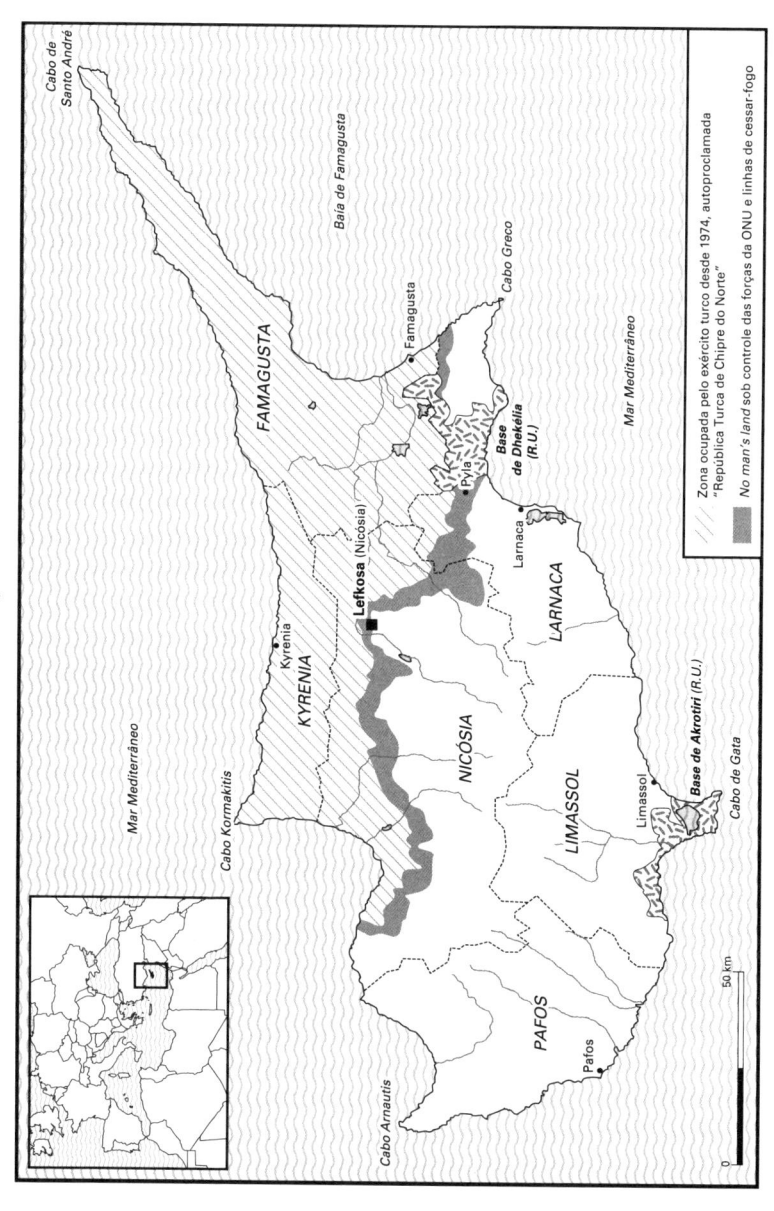

sente na ilha desde 1964. Pouco depois dos incidentes de novembro de 1973, que abalam a ditadura dos coronéis (no poder desde 1967), o novo governo grego comanda um golpe de Estado contra Makários, em 15 de julho de 1974, e instala dirigentes favoráveis à *Enosis*. Imediatamente a Turquia decide intervir, e, em agosto, forças turcas ocupam aproximadamente 40% do território no norte da ilha, o que provoca o êxodo de uma parte da população turca em direção ao sul, e uma linha de demarcação ("linha verde") separa de agora em diante uma República Turca de Chipre do Norte (proclamada em 1983) do resto da ilha. Mais uma vez, a Grécia e a Turquia estão em guerra aberta, ao passo que ambas são membros da Aliança Atlântica, colocando os Estados Unidos na difícil situação de ter de escolher entre dois aliados. Sem sair da Aliança, a Grécia abandona, então, a organização militar da Otan, à qual se reintegra em outubro de 1980. Apesar das negociações, a divisão da ilha em dois Estados se torna aos poucos fato consumado. Os encontros dos chefes de governo turco e grego em janeiro e junho de 1988 não permitiram que o problema de Chipre evoluísse.

Chipre, da independência à Europa

1960 Independência de Chipre.
1964 Primeiros choques entre as comunidades gregas e turcas. Uma força das Nações Unidas é enviada para lá (Unficyp).
1974 Golpe de Estado grego visando anexar a ilha à Grécia. Em 20 de julho, o exército turco invade o norte da ilha, que se encontra dividida em dois.
1982 O norte da ilha se proclama "República Turca de Chipre".
1996 Fracasso da mediação americano-britânica.
2004 24 de abril, referendo sobre a reunificação. Os cipriotas gregos respondem não. Os turcos, sim.
1º de maio, entrada de Chipre na União Europeia.

Os incidentes líbio-americanos. Após a queda, em 1969, da dinastia Senusis, que era estreitamente ligada aos Estados Unidos, a Líbia estabelece laços privilegiados com a União Soviética em 1974; engaja-se em uma política armamentista desenfreada e começa sua política de desestabilização sistemática na África e no Oriente Médio. As relações de hostilidade entre a Líbia do coronel Kadhafi e os Estados Unidos do presidente Reagan degeneram em muitos enfrentamentos, entre os quais os reides americanos sobre Bengazi e Trípoli em 15 de abril de 1986, após atos terroristas líbios.

- *A guerra sempre presente no Oriente Médio*

Ao conflito árabe-israelense se somam novas tensões que contribuem para fazer do Oriente Médio uma zona perigosa para a paz do mundo. Assiste-se, de fato, a uma renovação do Islã, à progressão do integrismo muçulmano e ao desejo de autonomia dos atores regionais. As riquezas consideráveis extraídas das rendas petroleiras permitem a alguns Estados (Líbia, Arábia Saudita, Iraque, Emirados Árabes Unidos e Kuait) adquirir um armamento moderno. Sob a influência sempre crescente dos muçulmanos xiitas, o Islã desempenha o papel principal na revolução iraniana que institui a "República Islâmica" (submissão do povo ao Alcorão e ao poder do imã Khomeini). Senhor da Síria, principal aliado dos soviéticos na região, o presidente Hafiz al-Assad aspira a ser o unificador dos árabes e o restaurador da Grande Síria, reagrupando em torno de Damasco o Líbano, a Jordânia e o futuro Estado palestino. Rico por seus petrodólares, o coronel Kadhafi também tem a ambição de construir, em torno da Líbia, a unidade do mundo árabe. A Arábia Saudita, que ficou com a parte do leão do *boom* petroleiro, adquire uma situação preeminente.

Diante desses desdobramentos, as superpotências têm dificuldade de controlar a situação. A União Soviética dota a Síria de um material militar considerável e apoia os Estados revolucionários, como a Etiópia, a Líbia e o Iêmen do Sul. Marca, principalmente, por sua intervenção direta no Afeganistão, sua vontade de participar do controle do golfo Pérsico. Os Estados Unidos se esforçam para contra-atacar as ambições soviéticas na região por uma política que mistura intervenções diretas (Líbano, golfo Pérsico) e o apoio aos Estados moderados como a Arábia Saudita e o Egito.

A ação dos Estados Unidos – e em particular do secretário do Departamento de Estado, Kissinger – é decisiva para a aproximação israelo-egípcia iniciada pelos contatos entre militares no Sinai no "quilômetro 101". A diplomacia dos "pequenos passos" de Henry Kissinger permite aos Estados Unidos recuperar sua influência na região. Mas a coragem do presidente egípcio Anwar al-Sadat permite ir ainda mais longe. A aproximação das posições israelenses e egípcias se concretiza pela surpreendente viagem do presidente Sadat a Jerusalém (19-21 de novembro de 1977), depois pelos acordos de Camp David (5-17 de setembro de 1978), negociados sob a égide do presidente Carter por Begin e Sadat, e, enfim, pelo tratado de paz assinado em Washington entre Israel e Egito (26 de março de 1979). Graças à participação e ao apoio dos Estados Unidos, é basicamente o fim do estado de guerra existente havia trinta anos entre Israel e o mais poderoso de seus vizinhos árabes. O Egito obtém a restituição de suas terras ocupadas desde 1967: cumprindo esse tratado, a evacuação do Sinai pelo exército israelense é feita em abril de 1982. Mas todas as tentativas ulteriores para conduzir a uma paz geral na região se revelaram vãs.

Essa política resulta no isolamento completo do Egito, não somente em relação aos países árabes (Argélia, Líbia, Iraque, Iêmen do Sul, OLP) que constituem a "frente da recusa" (dezembro de 1977), mas também aos países árabes moderados como a Arábia Saudita e a Jordânia. A nona cúpula árabe de Bagdá exclui o Egito da Liga Árabe e transfere sua sede para Túnis (novembro de 1976). Sua política audaciosa e a ofensiva das correntes conservadoras custam a vida do presidente Sadat, assassinado em 6 de outubro de 1981 por integristas islâmicos. Os fatores religiosos se somam às causas políticas para romper a unidade do mundo árabe, mais dividido do que nunca em razão da guerra Irã-Iraque. A religião islâmica, com as duas grandes correntes sunita e xiita, e com suas numerosas seitas, se afirma como um fermento de divisão, contribuindo para levantar os Estados uns contra os outros e atiçar as guerras civis.

Não apenas a questão palestina não é solucionada como a situação ainda piora. Desde sua criação, em 1964, a Organização para a Libertação da Palestina (OLP) se esforça para obter reconhecimento internacional. Em setembro de 1974, pela primeira vez, a ONU inscreve em sua ordem do dia a questão palestina e não "o problema dos refugiados". E o líder da OLP, Yasser Arafat, convidado a falar diante da Assembleia Geral, prega a instauração de um só Estado democrático da Palestina (13 de novembro de 1974).

A política israelense, conduzida pelo chefe do partido conservador Menahem Begin (1977-1983), consiste em negar a nação palestina e não quer ouvir falar em reconhecimento *de facto* da OLP. Ela faz de

Jerusalém sua capital em julho de 1980, anexa o território sírio do Golan em dezembro de 1981 e estimula a colonização judia na Cisjordânia. Os países árabes reconhecem a OLP como único representante dos palestinos e apoiam-na moral e materialmente. A URSS, por sua vez, a reconhece e proclama sua simpatia pela confirmação de um Estado palestino. Os Estados Unidos preconizam a solução de uma pátria palestina nos limites da Jordânia, compreendendo a Cisjordânia. Na cúpula de Veneza (13 de junho de 1980), os membros da Comunidade Europeia recomendam associar a OLP ao processo de paz. E o presidente Mitterrand se torna advogado da criação de um Estado palestino em seu discurso, em Jerusalém, em 4 de março de 1982. Entre o imobilismo israelense e o terrorismo palestino, fica-se num impasse.

Antigo mandato francês, independente desde 1945, e cidade modelo de equilíbrio intercomunitário, o Líbano já não é um porto de paz e prosperidade. Ele é dilacerado por rivalidades tradicionais entre cristãos maronitas (católicos de rito sírio) e muçulmanos (drusos e xiitas), mas também diretamente tocado pelo conflito árabe-israelense, pois as organizações palestinas lá se implantaram desde sua expulsão da Jordânia, em setembro de 1970. De fato, o Líbano torna-se presa de uma guerra civil iniciada em 13 de abril de 1975 com os enfrentamentos entre militantes das falanges cristãs e palestinos. Aos poucos o Estado libanês se dissolve em uma série de microcomunidades, ainda mais porque a Força Interina das Nações Unidas no Líbano (Finul) é impotente e os Estados vizinhos intervêm. Primeiro a Síria, que se esforça a partir de 1976 para arbitrar a situação por um apoio alternado aos palestino-progressistas e às forças cristãs. Em seguida Israel, confrontado com os reides de palestinos refugiados nos campos do sul do Líbano (*Fathaland*), faz represálias, como em março de 1978. No entanto, a operação "Paz na Galileia", de junho de 1982, é de outra amplitude. Israel espera expulsar as forças da OLP e instaurar no Líbano um poder forte, que estabeleceria a paz com Israel. O cerco a Beirute leva efetivamente à eliminação da OLP do Líbano, mas termina por desagregá-lo, e seu novo presidente da República, chefe das milícias cristãs, Bachir Gemayel, é assassinado (14 de setembro de 1982). A intervenção de Israel, que encontra maior resistência do que previsto, se transforma em derrota e culmina na retirada de suas tropas (julho de 1983). A situação interna do Líbano leva à intervenção de uma força multina-

O Líbano

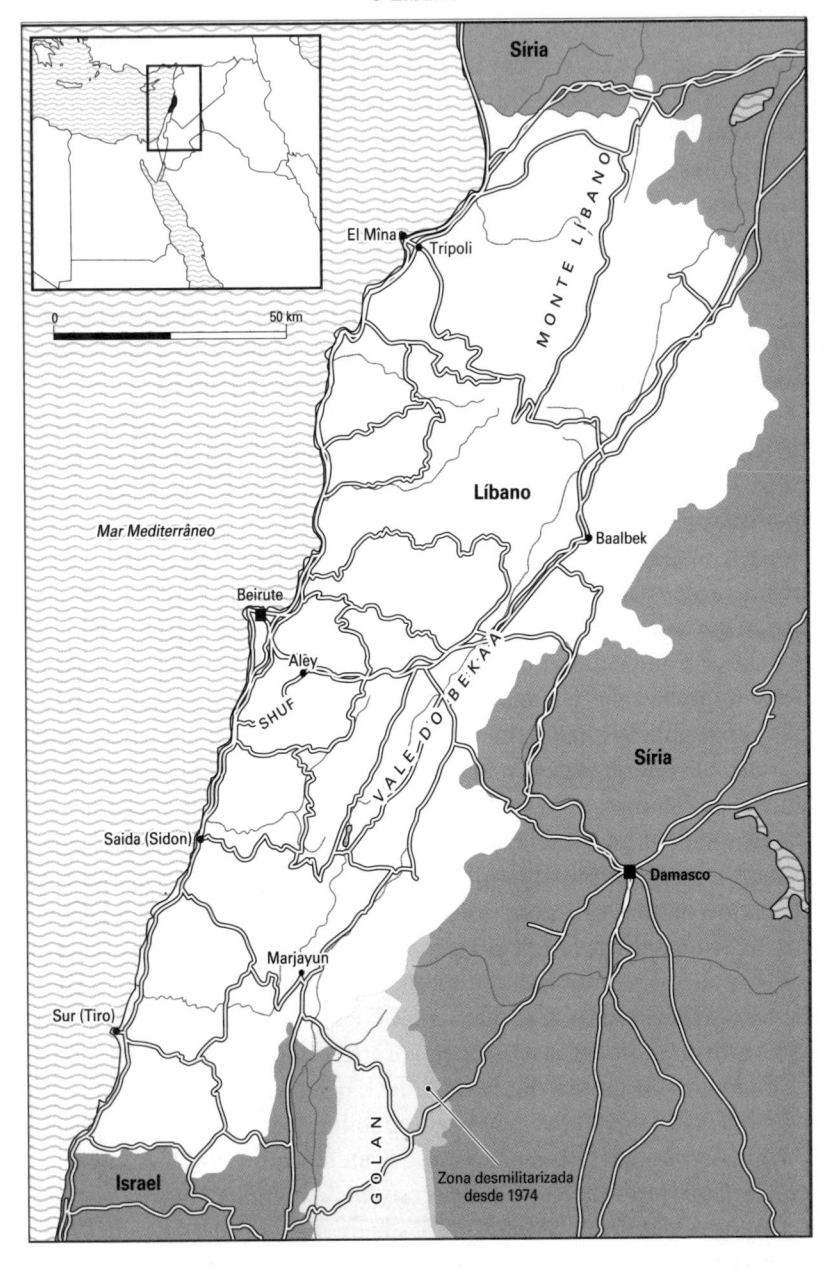

cional de "interposição" composta de contingentes americano, francês, italiano e inglês. Essa força, que contraria os planos da Síria, é vítima, em 23 de outubro de 1983, de um atentado que custa a vida de 58 soldados franceses e 241 soldados americanos. Ela, então, se retira do Líbano. A paz parece mais distante do que nunca em um país cujas estruturas estáticas se decompõem literalmente, onde as grandes potências não ousam intervir, deixando o domínio do terreno à Síria.

As lutas por influência no sudeste da Ásia

Assiste-se à reorganização das grandes potências nessa região; reorganização marcada pelo desengajamento dos Estados Unidos na península indochinesa e por sua substituição pela União Soviética, cuja influência é cada vez maior, pelo expansionismo vietnamita e pelo desenvolvimento de um eixo Pequim-Tóquio-Washington, que se opõe ao eixo Moscou-Hanói.

• *O expansionismo vietnamita*

O fim da guerra. O problema essencial continua a ser o do Vietnã: os acordos de Paris, de 27 de janeiro de 1973, não deram fim à guerra entre o Norte e o Sul, onde as forças do GRP ganham terreno sem parar à custa do general Thieu. O processo de reunificação do Vietnã, em proveito do regime de Hanói, constitui uma etapa no projeto estratégico que consiste em unificar a antiga Indochina para melhor protegê-la das ambições chinesas. Começa com a absorção do Sul pelo Norte. Em abril de 1975, a ofensiva comunista é irresistível, ainda mais porque o presidente americano Gerald Ford não pode enviar a ajuda militar de urgência solicitada pelo governo de Saigon, mas recusada pelo Congresso. A resistência do Sul desmorona brutalmente.

À queda de Saigon e de Phnom Penh (abril de 1975) sucede a transformação do Laos em República popular pela vitória do Pathet Lao (dezembro de 1975). Toda a antiga Indochina torna-se comunista. No entanto, a desordem continua, agravada pelo genocídio ao qual se entrega o Khmer Vermelho no Camboja, rebatizado de Kampuchea Democrático.

A Guerra do Vietnã acaba, assim, como um grande fracasso para o prestígio americano, e o desengajamento das potências ocidentais se manifesta também pela dissolução da Otase (30 de junho de 1977). Todavia, a "teoria do dominó" não é verificada para além das fronteiras da antiga Indochina francesa: a Tailândia, apesar de sérias dificuldades fronteiriças com o Camboja e do desenvolvimento de maquis comunistas ao norte, resiste à pressão revolucionária. Ela constitui, em agosto de 1967, com a Malásia, a Indonésia, as Filipinas e Cingapura um grupo regional, a Associação das Nações do Sudeste Asiático, *Association of South East Asian Nations* (Asean), organismo de cooperação econômica e política cuja regra é o neutralismo. Trata-se de constituir no sudeste da Ásia uma zona de paz e neutralidade, livre de qualquer interferência da parte das potências exteriores à região. Mas o temor da expansão vietnamita leva a Asean a se aproximar dos Estados Unidos a fim de barrar as ameaças subversivas. Os Estados Unidos conservam, assim, um papel na região graças às relações estreitas com o Japão, a Coreia do Sul e os países da Asean, que lhe alugam as bases de Clark Field e de Subic Bay, e, sobretudo, com a China.

Os protetorados vietnamitas: Laos e Camboja. A República Democrática do Vietnã, unificada em 1975 por sua vitória e primeira potência militar da região, impõe, em julho de 1977, seu protetorado ao Laos, que se torna também um satélite da URSS. No Camboja, a estratégia expansionista do Vietnã esbarra no apoio ativo de Pequim ao regime de Pol Pot. Os combates fronteiriços nascidos de disputas territoriais e a denúncia de massacres realizados pelo Khmer Vermelho fornecem ao Vietnã um pretexto para uma intervenção militar (25 de dezembro de 1978-7 de janeiro de 1979) e a ocupação do Camboja. O Vietnã elimina o regime de Pol Pot e instaura um protetorado de fato. Todo o conjunto indo-chinês é reformado sob a égide política e militar do Vietnã. O estado de guerra endêmica que assola a região, os massacres e as pilhagens desencadeiam migrações de vietnamitas e cambojanos, que fogem de seus países principalmente por mar (donde seu nome *boat people*) e frequentemente arriscando a vida.

- *A atitude chinesa em face da dupla hegemonia*

O sudeste da Ásia constitui um elemento essencial no conflito sino-soviético que persiste. A sucessão de Mao Tsé-tung e de Chou En-

-lai – ambos falecidos em 1976 – não traz muitas mudanças à política externa da China; esta continua dominada por sua rejeição da dupla hegemonia dos Estados Unidos e da União Soviética, mas, na prática, frequentemente apoia tudo que possa se opor à URSS na Ásia e na África e reivindica territórios ocupados pela Índia. Considerando que a URSS se tornara seu "principal inimigo", os dirigentes chineses elaboram "a teoria dos três mundos": Estados Unidos e URSS formam o "primeiro mundo", aquele dos imperialismos; a Europa, o Canadá e o Japão constituem um mundo intermediário, suscetível de se opor às duas hegemonias; enfim, "o terceiro mundo" abrange os países em vias de desenvolvimento, do qual a China se pretende o líder. De fato, é a rivalidade global que opõe as duas grandes potências comunistas. Em geral, a China adota uma política que dificulta aquela da URSS: mantém suas reivindicações sobre todas as regiões de fronteira com a URSS, como o Pamir, ou com a Índia, mas pretende, sobretudo, ser a grande potência do sudeste da Ásia.

Ante a União Soviética e o Vietnã, ligados por um tratado de amizade assinado em novembro de 1978, a China se inquieta com a expansão vietnamita no Laos e no Camboja. Temendo ficar prensada entre a União Soviética e seu aliado vietnamita e desejando infligir uma "lição" ao Vietnã, invade provisoriamente as regiões fronteiriças (17 de fevereiro-3 de março de 1979), sem que a URSS intervenha a não ser pelo envio de material. Por sua "operação de polícia", a China de agora em diante faz as vezes de gendarme da região.

A aproximação sino-americana. Por outro lado, a China persegue uma aproximação com o Ocidente, iniciada no começo dos anos 1970. Ela conclui, em agosto de 1978, um tratado de paz e de amizade com o Japão, que contém uma cláusula "anti-hegemônica" que visa, na verdade, a URSS. Desde a viagem de Nixon a Pequim (21-28 de fevereiro de 1972), as negociações sino-americanas tropeçam no problema de Taiwan, que os americanos se recusam a deixar de lado. Após a chegada ao poder de Deng Xiaoping na China e Carter nos Estados Unidos, a China estabelece, em dezembro de 1978, relações diplomáticas com os Estados Unidos, que reconhecem a República Popular como o único governo legal da China. A viagem de Deng Xiaoping aos Estados Unidos, em fevereiro de 1979, e a crise afegã confirmam a aproximação espetacular entre Pequim e Washington. Ainda que a China permaneça um Estado marxista-leninista, trata-se de uma verdadeira aliança às avessas com o Ocidente contra a URSS.

A melhora das relações sino-soviéticas. Desde 1982, Pequim aparenta buscar relações equidistantes entre Moscou e Washington. Depois da morte de Mao Tsé-tung, a China vira as costas para a revolução cultural; desde então, os conflitos com a União Soviética perdem uma parte de sua dimensão ideológica. Sob o impulso de Deng Xiaoping, o regime se converte ao realismo. As relações se intensificam em 1985, apesar da persistência de "obstáculos" a uma normalização, como a intervenção soviética no Afeganistão e a vietnamita no Camboja. O retorno a relações mais cordiais continua com a viagem de Gorbatchov à China, de 15 a 18 de maio de 1989, que sela a normalização entre os dois países após trinta anos de desentendimentos.

- *O papel do Japão e da Índia*

O Japão, embora tenha se tornado uma superpotência econômica, permaneceu um anão político. As relações exteriores de um país que por muito tempo limitou seu esforço militar e confiou sua segurança à aliança com os Estados Unidos são essencialmente comerciais e financeiras. As relações diplomáticas com a URSS foram restabelecidas em 1956, mas não resultaram em um tratado de paz em razão da reivindicação, pelo Japão, das ilhas mais meridionais das Kurilas (ao norte de Hokkaido), ocupadas pelos soviéticos desde 1945. Com a China, o Japão assinou, em 12 de agosto de 1978, um tratado de paz e de amizade. Além disso, o Japão se tornou um parceiro comercial privilegiado da URSS e da China. Posteriormente, o Japão quer se desligar de seu alinhamento tradicional com Washington e estabelecer uma política regional independente. Ele conquista, um após o outro, os mercados dos americanos, cuja maioria acredita mais em uma ameaça econômica japonesa que na ameaça militar soviética. O Japão inquieta também os europeus em razão de sua expansão comercial em vários setores industriais estratégicos, como o siderúrgico, o automobilístico e o eletrônico. Enfim, se o programa de defesa for levado até o fim, o Japão tem boas chances de se tornar uma potência militar maior na Ásia-Pacífico.

Quanto à Índia, ela usufrui de certa autoridade moral, graças ao papel histórico desempenhado por Nehru na criação do movimento dos não alinhados, e a despeito de ter muitas vezes sacrificado posições neutralistas ao se alinhar à diplomacia soviética (tratado de aliança de 1971) a fim de obter seu apoio contra seus dois principais rivais, o Paquistão e a China. No entanto, a Índia está preocupada em resolver suas contradições nacionais e religiosas. O descontentamento dos sikhs, minoria religiosa implantada no Pendjab e que reclama uma maior autonomia, se transforma em revolta e provoca o assassinato da primeira-ministra, Indira Gandhi (31 de outubro de 1984).

- *O avanço dos países do "arco do Pacífico"*

A Ásia é também a região de conflitos "dormentes". A questão da Coreia, que não foi resolvida pelo armistício de 1953, ressurge em se-

A Ásia-Pacífico

Fonte: *Le Monde*.

tembro de 1983, quando caças soviéticos abatem um avião de carreira sul-coreano.

A situação da Coreia simboliza, ao mesmo tempo, a divisão de uma nação em dois Estados, o reflexo da divisão do mundo e um risco permanente de retomada das hostilidades entre Pyongyang e Seul. É, enfim, um elemento estratégico para as quatro grandes potências presentes na região Ásia-Pacífico: os Estados Unidos, que lá mantêm forças militares desde os anos 1950; a União Soviética, cujo papel tem aumentado na Ásia; a China e o Japão, que se rivalizaram por muito tempo pelo controle da Coreia. Os interesses paralelos terminaram por perpetuar o *statu quo*. A Coreia do Sul tornou-se uma potência industrial e comercial que conhece tensões devidas à persistência de uma ameaça militar do Norte e ao regime ditatorial.

A *questão de Taiwan (Formosa)* é a de um país, modesto por sua superfície e sua população, isolado pela vontade do Ocidente. Tornou-se ainda mais paradoxal à medida que o extraordinário desenvolvimento econômico de Taiwan faz dela uma das novas potências industriais da Ásia, um dos quatro "dragões". A solução para o problema de Taiwan se encontra em um impasse, pois a integração com a China Popular é recusada por Taipé.

Os países do "arco do Pacífico", a Coreia do Sul, Taiwan, Hong Kong e Cingapura, que conseguiram um grande avanço sobre os mercados mundiais, rivalizam com os antigos centros industriais da Europa e da América no Norte e participam, assim, da redistribuição dos polos de poder no mundo.

A desestabilização da América Latina

Golpes de Estado e guerrilhas marcam o período e fazem da América Latina uma das regiões mais instáveis do planeta. As causas desses conflitos já são conhecidas. As fragilidades das estruturas econômicas, as disparidades sociais e a fraqueza dos sistemas políticos facilitam a extensão das guerrilhas e a progressão das correntes marxistas. A dominação norte-americana é cada vez mais insuportável aos países da América Latina – e, em particular, da América Central –, que exprimem seu desejo de independência diante de seu poderoso vizinho, cuja política, além do mais, evoluiu.

- *A influência do modelo cubano*

O período é, portanto, marcado por violentos sobressaltos devidos à luta entre os movimentos revolucionários marxistas e os regimes conservadores no momento em que várias ilhas ou territórios britânicos (Jamaica, Barbados, Bahamas, Granada, Bermudas, Belize) e holandeses (Suriname) alcançam a independência. O desenvolvimento econômico é acompanhado de tamanhas disparidades sociais que favorece o contágio revolucionário conduzido a partir de Cuba.

Não apenas Cuba se tornou a primeira democracia popular da América, como não esconde o desejo de exportar sua revolução por toda a América Latina. A hostilidade do governo americano reforça a popularidade de Cuba e faz de Fidel Castro um dos heróis do anti-imperialismo. Cuba apoia os movimentos de emancipação na África (Angola, Guiné-Bissau) e age ao mesmo tempo por sua própria conta, como missionária da revolução, bem como por conta de Moscou. De 1975 a 1985, 200 mil cubanos participam dos combates em Angola e na Etiópia. Apesar de sua dependência em relação à União Soviética, cresce seu prestígio no Terceiro Mundo, como o atesta a realização em Havana (3-9 de setembro de 1979) da sexta cúpula dos países não alinhados.

- *A crise da liderança americana*

Até o final dos anos 1970, os Estados Unidos zelam pela manutenção do *statu quo* político do hemisfério ocidental, ainda que este já não seja uma área privativa dos Estados Unidos. Desde 1962, eles toleram a existência de um regime comunista, aliado da União Soviética, na sua esfera de influência, mas em toda parte praticam uma política de contenção do comunismo, conforme seus interesses econômicos e estratégicos. Desaprovam a experiência marxista conduzida no Chile por Salvador Allende, que é deposto em 11 de setembro de 1973 por um complô cujo líder é o general Pinochet. Trazem assim seu apoio às ditaduras e eliminam os dirigentes dos Estados julgados perigosos para seus interesses e para a estabilidade da região.

A política de Carter (1976-1980). A atitude dos Estados Unidos em relação à América Latina sofre uma profunda transformação sob a presidência de Jimmy Carter, que proclama seu apego aos direitos humanos e ao princípio da soberania das nações. Assim, os Estados Unidos praticam uma política de ajuda seletiva para com os Estados latino--americanos, reduzindo o apoio financeiro e militar às ditaduras do Chile e da Argentina. O tratado sobre o canal do Panamá (16 de junho de 1978) concede à República do Panamá a soberania progressiva sobre o canal transoceânico e deve suprimir, em prazo fixado, a zona do canal, território cedido pela República do Panamá aos Estados Unidos em 1903. Assim, desaparece uma marca do imperialismo dos Estados Unidos na América Latina.

No entanto, o balanço da aplicação da "doutrina Carter" é incerto. As forças revolucionárias, inspiradas pelo castrismo, aproveitam para ocupar o terreno. Tomam, assim, o poder na ilha de Granada, em março de 1979. Na Nicarágua, em julho de 1979, os guerrilheiros da Frente Sandinista de Libertação expulsam o presidente Anastasio Somoza. O risco de contágio revolucionário e a ajuda trazida pelo novo regime aos guerrilheiros de El Salvador e da Guatemala inquietam os Estados Unidos que, a partir da chegada ao poder de Ronald Reagan, em novembro de 1980, reagem com ajuda militar e financeira aos Estados e às forças contrarrevolucionárias e com um plano de ajuda ao Caribe.

O plano Reagan de fevereiro de 1982 para a América Central (Iniciativa para a Bacia do Caribe) visa conter a subversão promovendo a democracia, o diálogo, o desenvolvimento e a defesa. A intervenção na ilha de Granada, à mercê da desordem, em 25 de outubro de 1983, traduz a vontade do governo Reagan de reafirmar sua autoridade no Caribe. No entanto, o principal problema é a Nicarágua. Essa pequena república, que ocupa uma posição estratégica no Caribe, vive, em 1978, uma crise aguda devido ao confronto entre a Frente Sandinista (do nome de Augusto Sandino, 1895-1934, resistente nicaraguense que se opôs com sucesso a uma intervenção americana em seu país, em 1933) e a família do presidente Somoza, que reina no país há mais de quarenta anos. Abandonado pelos Estados Unidos, o general Somoza deixa o poder (17 de julho de 1979) em uma atmosfera de guerra civil. A ajuda americana à Nicarágua dirigida por sandinistas é suspensa e a guerra civil recomeça em 1982, animada pelas forças contrarrevolucionárias ("Contras") apoiadas pela América de Reagan, que se inquieta com a presença de cubanos e conselheiros militares soviéticos. Mas o Congresso recusa a renovação da ajuda militar aos Contras, e o Grupo de

Contadora (México, Venezuela, Colômbia e Panamá), criado em abril de 1983, tenta uma mediação.

Em sua vontade de manter a *pax americana* na América Latina, os Estados Unidos devem levar em conta a vontade de independência dos dirigentes latino-americanos, a emergência de novos atores como o México, o Brasil ou a Venezuela, assim como as reservas formuladas por dirigentes ocidentais (como as de F. Mitterrand) em relação à sua política.

Essa "crise da liderança americana" sobre a América Latina se manifesta claramente por ocasião da Guerra das Malvinas (abril-junho de 1982). Trata-se de um conflito territorial entre a Grã-Bretanha, que ocupa as ilhas Malvinas (ou Falkland) desde 1833, e a Argentina, que não aceita a soberania britânica e as reivindica como seu território. Esse conflito potencial degenera em enfrentamento aeronaval quando o presidente argentino, Galtieri, ocupa, de surpresa, em 2 de abril de 1982, Port Stanley, a capital das Malvinas. A guerra vira a favor da Grã-Bretanha, dirigida desde 1979 por Margaret Thatcher, a "dama de ferro", que não hesita em enviar toda a marinha inglesa a 11.000 km de Londres para recuperar as ilhas onde vivem apenas 1.600 pessoas. Em 14 de junho de 1982, as forças britânicas retomam Port Stanley.

Do ponto de vista geoestratégico, a questão talvez seja o controle do estreito de Drake, isto é, o itinerário dos submarinos soviéticos entre o oceano Atlântico e o oceano Pacífico. No plano político, a crise das Malvinas é malvista pelo Ocidente, que enfrenta uma contradição fundamental. Os Estados Unidos devem escolher entre dois tipos de aliança, a do Atlântico Norte e a do continente americano. O presidente Reagan toma a decisão de apoiar o Reino Unido, o que atrai o ressentimento da Argentina e de vários Estados latino-americanos (a Organização dos Estados Americanos reconhece a soberania argentina sobre as Malvinas), bem como permite que russos e cubanos marquem pontos na região. A derrota diante do Reino Unido explica a queda do regime militar e o advento de um regime liberal na Argentina. O presidente Raúl Alfonsín é eleito presidente da República e o novo regime dá início a processos contra os militares da antiga Junta. De modo geral, a democracia progride na América Latina. A Venezuela e a Colômbia, desde 1958, o Peru em 1978, a Bolívia em 1981, o Brasil, a Argentina e o Uruguai, em 1984, passam da ditadura e do regime militar à democracia, ao passo que, após a queda de Duvalier (fevereiro de 1986), o Haiti procura seu equilíbrio.

NOVOS TERRENOS DE ENFRENTAMENTO E NOVAS DISPUTAS

Durante muito tempo, as ambições soviéticas no Terceiro Mundo pareciam se limitar à Ásia e ao Oriente Médio. A partir dos anos 1970, a presença e os interesses soviéticos se diversificaram consideravelmente no oceano Índico, no Caribe, no oceano Pacífico e na África, onde a penetração soviética é espetacular.

O golfo Pérsico e o oceano Índico

O sudeste da Ásia é uma região vulnerável onde os antagonismos religiosos, as rivalidades étnicas e as disparidades sociais mantêm um clima de tensão permanente, ilustrado por uma forte instabilidade política (golpes de Estado no Paquistão, assassinatos políticos na Índia). É também uma região vital para o Ocidente.

Desde a crise do petróleo, as grandes potências atribuem uma importância estratégica maior ao golfo Pérsico, zona essencial da produção petrolífera, e às rotas do oceano Índico. Além disso, a península da Somália, também conhecida como "chifre da África", controla a saída do mar Vermelho. O Ocidente se inquieta com o impulso soviético que se manifesta nessa parte do mundo graças ao desaparecimento de dois de seus aliados no Terceiro Mundo. Após a queda do imperador da Etiópia (12 de setembro de 1974), uma junta militar toma o poder em 1977 e se alinha ao modelo soviético. A Etiópia torna-se o aliado privilegiado da URSS, que se apoia igualmente na Índia (tratado de 1971), no Afeganistão (tratado de 1978) e na República Popular do Iêmen do Sul (tratado de 1984). A frota soviética dispõe assim de vários pontos de apoio no oceano Índico. A fim de reequilibrar a relação de forças Leste-Oeste na Ásia meridional, os Estados Unidos não têm outra escolha senão oferecer, em 1981, sua ajuda econômica e militar ao Paquistão – ajuda suprimida em 1979 – e reforçar sua base de Diego García (ilhota no oceano Índico alugada da Grã-Bretanha).

O oceano Índico

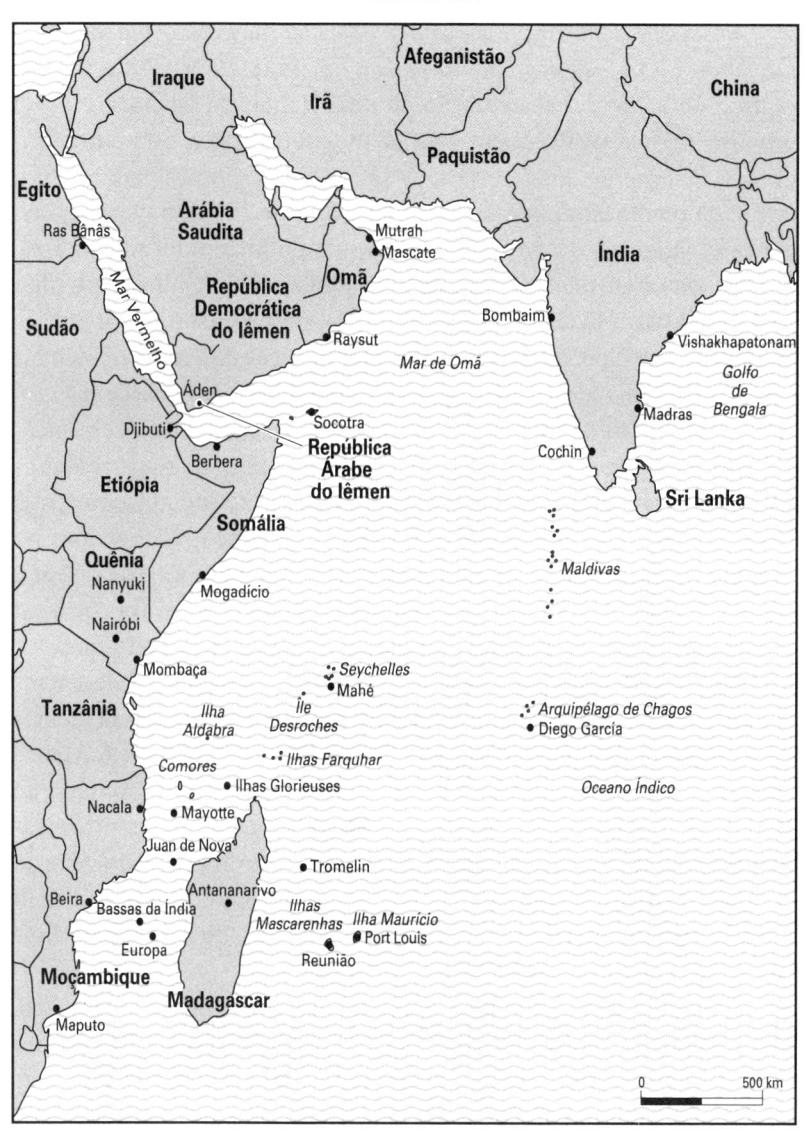

• *As repercussões da guerra Irã-Iraque*
Nascida das frustrações de uma modernização excessivamente rápida, a revolução islâmica, que incendeia em 1978-1979 o Irã e abate o regime do xá, leva à instauração de uma República Islâmica e causa uma reviravolta na paisagem política do golfo Pérsico. Sob o impulso do imã Khomeini, que retornou de seu exílio na França para tomar a frente da revolução iraniana (1º de fevereiro de 1979), o novo regime adota em todos os campos o contrário da política praticada pelo xá, considerado pelos Estados Unidos "o gendarme do Golfo", no tempo de Reza Pahlavi. O Irã se fecha sobre si mesmo, reduzindo em 50% as vendas de petróleo, fechando suas fronteiras às influências ocidentais e pregando a revolução integrista em todo o mundo muçulmano. É um duro golpe para o Ocidente, que perde um desses seus bastiões avançados, diretamente sob influência da URSS em razão de suas fronteiras comuns. A revolução iraniana, devido ao proselitismo xiita, sustenta, reforça e estimula os movimentos radicais islâmicos não apenas no Oriente Médio, mas no mundo inteiro, da Indonésia à África Negra, passando pelo Magreb. Todavia, é no golfo Pérsico que o Irã constitui um agente de desestabilização e inquieta o Estado laico do Iraque.

É nesse momento que estoura a guerra Irã-Iraque. Em 22 de setembro de 1980, o Iraque decide atacar o Irã sob o pretexto de incidentes de fronteira e denunciando a partilha das águas do Chatt al-'Arab – conflito tradicional entre dois países separados por uma fronteira de 1.500 km. Trata-se de aproveitar as dificuldades do novo regime iraniano para retomar aquilo que o xá arrancara do Iraque pelo Acordo de Argel de 6 de março de 1975, que dividia o Chatt al-'Arab – estuário formado pela reunião do Tigre e do Eufrates – em duas partes atribuídas a cada um dos ribeirinhos.

O comandante iraquiano acredita em uma guerra-relâmpago, aproveitando a oportunidade oferecida com a revolução islâmica no Irã e a fraqueza momentânea do exército iraniano. Aos ataques iraquianos (setembro de 1980-março de 1982) se sucedem as contraofensivas iranianas (março de 1982-abril de 1984). A guerra-relâmpago se transforma em uma guerra longa: o Irã, forte, com 40 milhões de habitantes, não desaba, e o Iraque, cuja população é de 14 milhões, se enfraquece. O instinto patriótico iraniano e os *slogans* de Khomeini fornecem ao exército iraniano energia suficiente para realizar ofensivas contra o Iraque. Durante os quatro anos seguintes (abril de 1984-agosto de 1988), iraquianos e iranianos bombardeiam alternadamente as cidades do inimigo e atacam navios petroleiros, provocando a internacionalização do conflito. A guerra tem então efeitos no mundo árabe e no Oriente Médio. Revela as dissensões interárabes. Acelera o realinhamento na região. O Irã é apoiado pela Síria e pela Líbia. O Iraque é apoiado pelos governos árabes moderados – entre os quais, a Arábia Saudita –, assustados com os possíveis efeitos da extensão da revolução iraniana. Por fim, o conflito tem consequências no cenário internacional e modifica as condições da competição entre o Leste e o Oeste.

O móvel dessa guerra, exaustiva para os dois protagonistas, passa a ser o controle sobre o estreito de Ormuz, por onde transita todo o petróleo da região. Assim, a situação do golfo Pérsico torna-se cada vez mais incerta e nele afrontam-se as intervenções concorrentes de Estados Unidos e União Soviética. A União Soviética realiza, inicialmente, uma aproximação com o Irã, depois reata seus laços com o Iraque. Os Estados ocidentais perdem todo o contato com o Irã à medida que ele se radicaliza política e religiosamente e se confirma seu apoio a sequestradores e terroristas. Os Estados Unidos apoiam o Iraque, mas fornecem secretamente armas ao Irã. Eles encorajam os Estados do golfo (Arábia Saudita, Emirados Árabes Unidos, Qatar, Bahrein e Kuait) a se unirem no seio do Conselho de Cooperação do Golfo (26 de maio de 1981) a fim de não perder o controle do golfo Pérsico e de consideráveis reservas de petróleo.

- *As reações diante da intervenção soviética no Afeganistão*

O acontecimento de maiores consequências para a paz mundial é a intervenção do exército soviético no Afeganistão, a partir de dezembro de 1979. Em 1978, esse país arcaico, e, desde sempre, um Estado-tampão entre a Rússia e a Índia, é vítima de um golpe de Estado militar que derruba a monarquia e estabelece em seu lugar um governo pró-soviético, dominado por Nur Mohammad Taraki, chefe da linha dura do partido comunista afegão. Ele é assassinado em setembro de 1979 por partidários do secretário do partido, Hafezollah Amin, que os soviéticos consideram incapaz de enfrentar a guerrilha contrarrevolucionária. A rebelião se generaliza e se transforma em guerra civil. Moscou decide, então, intervir no Afeganistão, em 27 de dezembro de 1979, enviando dezenas de milhares de homens, bem como uma quantidade considerável de material, e estabelecendo um novo governo dirigido por Babrak Karmal. Trata-se, para Moscou, de um abandono deliberado da política de distensão ou de um simples contratempo quanto à coexistência? Por que esse uso da força bruta contra um Estado limítrofe, correndo o risco de macular sua imagem? Seria para defender seu *glacis* ou para conquistar uma vantagem estratégica às portas do golfo Pérsico?

Os soviéticos apresentam a intervenção como uma operação ideológica justificada pela "solidariedade proletária". Trata-se de impedir, conforme a doutrina de Brejnev, que um país, uma vez que tenha entrado no campo socialista, abandone-o. Mas é também um ato estratégico: permite tomar posição próxima ao golfo Pérsico, em contato direto com o Paquistão, aliado dos Estados Unidos, e com o Irã, em plena revolução.

Os soviéticos provavelmente não calcularam a amplitude das reações que sua intervenção suscitaria. A Assembleia Geral das Nações Unidas condenou-a por 104 votos contra 18 e 18 abstenções. Os ministros das Relações Exteriores dos países islâmicos, reunidos em janeiro de 1980 em Islamabad (Paquistão), são unânimes em denunciar "a agressão contra o povo afegão". Os países ocidentais percebem essa intervenção como uma agressão que coloca em questão a distensão, pois, sob pretexto ideológico, a União Soviética exige a expansão infinita de seu famoso *glacis*.

A resposta do presidente Carter, sob a forma de um embargo parcial às vendas de cereais e de equipamentos de alta tecnologia à União Soviética e do boicote dos Jogos Olímpicos de Moscou de 1980, não a fazem recuar. Em contrapartida, o caso afegão sacode os Estados Unidos, por muito tempo inibidos pela síndrome do Vietnã, e pesa no movimento de opinião que leva à eleição, em novembro de 1980, do republicano Ronald Reagan, conhecido por seu antissovietismo e sua hostilidade em relação à distensão. Em solo afegão, a tenacidade da resistência impede o exército soviético de obter uma solução militar e leva, de fato, a uma situação de fracasso similar à da Guerra do Vietnã.

A África

Até 1975, a África permaneceu em grande medida afastada do confronto entre o Leste e o Oeste, e na esfera de influência dos Estados da Europa Ocidental. No período entre 1975 e 1985, a África, vítima da rivalidade das grandes potências, atormentada pela fome, devastada por conflitos armados, conhece um infortúnio mais profundo que durante o período da colonização.

- *A independência das últimas colônias*

É verdade que na Argélia e no Congo a descolonização se realizou com violência e provocou enfrentamentos; mas, de modo geral, a maior parte dos Estados que obtiveram sua independência na paz manteve laços com suas antigas metrópoles, em particular pelo viés de agrupamentos de Estados, como o *Commonwealth*, a Comunidade Francesa ou o grupo de Estados francófonos.

Os únicos territórios que ainda não haviam sido descolonizados eram as colônias portuguesas, que se tornam independentes após a revolução portuguesa de 25 de abril de 1974. Desde 6 de maio, a junta propõe um cessar-fogo geral às colônias. Em 26 de agosto de 1974 é assinado, em Argel, um acordo sobre a independência da Guiné Portuguesa (Bissau) e das ilhas do Cabo Verde. Em 6 de setembro, ocorre o acordo de Lusaka sobre a independência de Moçambique, onde a Frelimo (organização armada da Frente de Libertação de Moçambique) toma imediatamente o poder. Em 26 de novembro, é a vez das ilhas de São Tomé e Príncipe. Em Angola, vários movimentos de libertação disputam entre si o poder e proclamam a República, em 11 de novembro de 1975. A União Nacional para a Independência Total de Angola (Unita) é ajudada pela África do Sul. A URSS e Cuba dão apoio cada vez maior em material e voluntários ao Movimento Popular de Libertação de Angola (MPLA), o que lhe permite se impor, sem no entanto acabar com a guerrilha conduzida pela Unita. Angola, portanto, alcança a independência em uma atmosfera de guerra civil.

- *As razões econômicas das disputas na África*

O continente africano se torna, no fim dos anos 1970, um elemento capital por várias razões. Ele é constituído de Estados economicamente frágeis e politicamente instáveis, com fronteiras artificiais, frequentemente dilacerados por conflitos sociopolíticos. Ele contém imensas riquezas minerais.

No começo dos anos 1980, a África produz uma parte importante dos minérios vitais para o mundo industrializado, isto é, 75% dos diamantes, 70% do ouro e do cobalto, 50% do vanádio e da platina, 30 a 35% do cromo e do magnésio, 20% do urânio e do cobre.

Além disso, em virtude da multiplicação dos superpetroleiros, o tráfego petroleiro proveniente do golfo Pérsico para a Europa deixa o canal de Suez e toma a rota do cabo da Boa Esperança, no extremo sul da África. No início dos anos 1980, 60% do petróleo destinado à Europa e 30% do petróleo destinado à América passam por lá. O controle dessa rota e de suas etapas é essencial. Por todas essas razões, a África, principalmente a África austral, torna-se um elemento estratégico importante e uma nova zona de competição entre os dois blocos.

• *A implantação do comunismo*

O fato novo é a intrusão dos Estados comunistas – URSS, Cuba e China – no cenário africano, os quais, graças à descolonização portuguesa e às revoluções malgaxe e etíope, avançam seus peões na África.

O avanço de Moscou na África se deve à sua solidariedade incondicional com as lutas de libertação e a uma importante ajuda financeira aos movimentos revolucionários (Swapo, da Namíbia; ANC, da Rodésia). A viagem pela Tanzânia, Zâmbia e Moçambique, de Nikolai Podgorni (22 de março-1º de abril de 1977), é a primeira de um chefe de Estado soviético na África Negra. A intervenção soviética, fundada sobre meios de transporte consideráveis – aviões de grande porte com grande raio de ação, poderosas frotas mercantes e militares –, não é isenta de problemas, como mostram os fracassos ocorridos no Egito, no Sudão e na Somália. É por isso que sua ação é frequentemente indireta. Ela toma a forma de envio de especialistas, originários da Alemanha Oriental ou de Cuba.

A vocação africana de Cuba, manifesta desde a viagem de Che Guevara em 1965, se concretiza em 1975 pela intervenção maciça dos cubanos em Angola. Em Angola e em Moçambique, a intervenção de soldados cubanos (operação "Carlota"), eles próprios apoiados pelo envio de material soviético graças a uma ponte aérea, permite à Frelimo triunfar em Moçambique e ao MPLA vencer em Angola contra os dois movimentos de libertação próximos dos ocidentais. A implantação militar de Cuba em Angola, Moçambique, Etiópia, Tanzânia, Congo e Serra Leoa faz dela a primeira potência estrangeira no continente negro. A relação Moscou-Havana na África é complexa. Cuba age ao mesmo tempo como mercenária de Moscou e de forma autônoma como "missionária". De 12 a 30 de março de 1977, Fidel Castro vai sucessivamente à Líbia, Somália, Etiópia, Tanzânia, Moçambique e Angola.

Na África oriental, a União Soviética se implanta inicialmente na Somália, após o golpe de Estado de Ziyad Barre, em 1969. Ela lhe traz ajuda econômica e militar e chega a concluir um tratado de amizade e de cooperação. Depois, em 1976, ao final de uma verdadeira reviravolta de alianças, ela abandona a Somália pela Etiópia, que se tornou comunista após a queda do imperador Hailé Selassié (12 de setembro de 1974), substituído por jovens oficiais convertidos ao marxismo-leninismo. Após uma tentativa de golpe de Estado (3 de fevereiro de 1977), o tenente-coronel Mengistu Hailé Mariam torna-se chefe de Estado. Uma repressão impiedosa se segue. E, sobretudo, a Etiópia se lança na reconquista do Ogaden, vasto planalto semidesértico povoado por uma população somali que as tropas da Somália anexaram ao seu país. Ajudados por 20 mil soldados cubanos, os etíopes retomam o Ogaden em março de 1978 e acabam com a guerrilha conduzida pelos autonomistas da Eritreia, colônia italiana até 1941, administrada pelos britânicos até 1952 e confiada depois à Etiópia pela ONU.

Em poucos anos, a influência soviética, portanto, realiza progressos consideráveis. Angola e Etiópia (membros do Comecon), Moçambique, Congo e Benim tornam-se bastiões da política de Moscou, que mantém, além do mais, boas relações com a Argélia e a Líbia.

• *As reações ocidentais*

Diante dessa ofensiva, as reações ocidentais parecem limitadas. Sob a presidência de J. Carter, os Estados Unidos se distanciaram da África do Sul; favoreceram o advento, no Zimbábue (ex-Rodésia), de um governo dominado por uma maioria negra e se abstiveram de intervir diretamente. Além disso, assombrado pelo caso vietnamita, o Congresso se recusa a votar créditos para uma nova ajuda militar. A presidência de Reagan corresponde a uma retomada da política de apoio à África do Sul, aos maquis anticomunistas, em particular em Angola, e aos regimes conservadores, como o do Zaire. A política britânica é discreta e eficaz em certos casos, como na transição do Zimbábue para a independência, em 1980. Porém a posição da primeira-ministra Margaret Thatcher em relação à África do Sul é considerada conciliadora demais e suscita, em 1986, uma grande crise no seio do *Commonwealth*.

A França, por sua vez, se constituiu um freio, quase sem interrupção, à desestabilização do continente africano e ao expansionismo soviético. De fato, ela exerce o papel de gendarme regional. A França conservou laços privilegiados com alguns Estados, tais como Senegal, Costa do Marfim e Gabão, ou estabeleceu novos laços com o Zaire. A instalação militar da França (10 mil homens) se situa, em primeiro lugar, nos departamentos ou territórios ultramarinos: ilhas Reunião e Mayotte (que votou no referendo de 8 de fevereiro de 1976 pela manutenção da união com a França, ao contrário das outras ilhas do arquipélago de Comores), no território francês dos Afares e dos Issas, que se tornou independente em 27 de junho de 1977, e em três bases francesas, no Senegal, na Costa do Marfim e no Gabão. A França fez também acordos com a maior parte de suas antigas colônias para o fornecimento de armas e conselheiros militares.

A França apoia os poderes estabelecidos. Ela fornece ajuda ao Zaire para salvar o regime do presidente Mobutu, ameaçado em abril de 1977 pela incursão em Shaba de tropas estrangeiras vindas de Angola, depois por ocasião da operação de Kolwezi (19 de maio de 1978), cidade mineira que os angolanos ameaçavam. Intervém militarmente no Chade contra as incursões da Líbia e a guerrilha do Front de libération nationale du Tchad [Frente de Libertação Nacional do Chade] (Frolinat), e ajuda o Marrocos e a Mauritânia em sua luta contra a Frente Polisario.

Mas a África não é apenas local de confronto das potências. Há, também, atores regionais, como a Argélia e a Líbia.

- *Os atores regionais*

A *Argélia*, sob a direção de Huari Bumediene (1965-1978), desempenha, nos anos 1970, grande papel na orientação do movimento dos não alinhados com seus esforços por uma nova ordem econômica mundial e suas numerosas ações de mediação entre o Irã e o Iraque, a Líbia e o Chade, e entre as facções da resistência palestina. A Argélia encarna o Estado terceiro-mundista por excelência.

A *Líbia*, país parcamente povoado (4 milhões de habitantes), mas dotado de imensos recursos petrolíferos, é dirigida, desde a revolução de 1º de setembro de 1969 que derrubou a monarquia, pelo coronel Kadhafi. Sua política externa, marcada desde o início pela recusa da política de blocos e por sua hostilidade aos dois Grandes, transformou-se em uma aproximação mais estreita com a União Soviética. No entanto, ele é antes de tudo um nacionalista árabe que coloca as riquezas petrolíferas de seu país a serviço do Islã e da propaganda revolucionária. No começo dos anos 1980, o Ocidente enxerga a mão de Kadhafi em toda parte, e a tensão entre americanos e líbios atinge seu apogeu quando do bombardeio de Trípoli e de Bengazi por cerca de cinquenta aviões de caça e bombardeiros americanos na noite de 14 para 15 de abril de 1986. Entretanto, a influência de Kadhafi sofreu um desgaste com o desabamento do preço do petróleo a partir do início dos anos 1980 e por suas declarações intempestivas, assim como por suas intervenções militares no Chade.

- *Os conflitos regionais*

O *Chade*, com 1.284.000 km² e menos de 8 milhões de habitantes, é composto de uma população bastante variada – cristãos e animistas ao sul, muçulmanos ao norte –, cujos conflitos internos, atiçados pela vizinha Líbia, levam a uma situação de rebelião e a uma intervenção de tropas francesas e líbias (abril de 1978-março de 1980). Em 1979, os acordos de Lagos reconhecem o governo de Goukouni Oueddei como o governo legítimo que, expulso do poder por outro líder, Hissene Habré, em junho de 1982, parte para a conquista da capital, Ndjamena, ajudado pelos líbios. A parte norte do Chade é cobiçada pela Líbia, cujas forças se apoderam de Faya-Largeau, em julho de 1983. Após muita hesitação, o governo francês envia unidades de paraquedistas no âmbito da operação Manta, que tem curta duração (agosto de 1983-novembro de 1984) em razão do acordo realizado entre Paris e Trípoli, relativo à evacuação total do Chade (7 de setembro de 1984). Porém os ataques das tropas pró-líbias de Goukouni Oueddei continuam, a França intervém novamente pelo dispositivo aéreo Épervier (fevereiro de 1986) e apoia Hissene Habré, cujas tropas reconquistam as regiões setentrionais ocupadas pelos líbios (março de 1987), com exceção da faixa de Aouzou (114.000 km^2), situada no extremo norte do Chade e anexada por Trípoli desde 1973.

O *Saara Ocidental*, à época da colonização, tornara-se espanhol por acordos com a França. Esse espaço desértico de 256.000 km^2 atrai a cobiça dos países vizinhos que se tornaram independentes: Argélia, Mauritânia e Marrocos. Para apoiar suas reivindicações sobre esse território, o rei Hassan II do Marrocos lança uma marcha pacífica em direção ao Saara Ocidental (novembro de 1975). Na agonia do general Franco, negociações tripartidas terminam em um acordo assinado em 14 de novembro de 1975 entre Espanha, Marrocos e Mauritânia a favor da autodeterminação do território povoado por 74 mil habitantes, que deveria levar a uma partilha entre o Marrocos e a Mauritânia. O movimento de libertação, a Frente Popular para a Libertação da Saguia El-Hamra e do Rio de Ouro (Frente Polisario), constituído em 1973, favorável então à união com a Mauritânia, é impelido pela Argélia a reclamar sua autodeterminação. No momento da partida dos soldados espanhóis, ele proclama em 27 de fevereiro de 1976 a "República Árabe Democrática do Saara", reconhecida logo em seguida pela Argélia. As relações ficam tensas entre o Marrocos e a Argélia, a ponto de ocorrerem enfrentamentos violentos de suas respectivas tropas no Saara Ocidental (janeiro de 1977). A Frente Polisario, por sua vez, faz uma guerra incessante sob a forma de reides e sabotagens contra a Mauritânia, que se retira do conflito após a queda do presidente Moktar Uld Daddah (10 de julho de 1978), e, sobretudo, contra o Marrocos, que deseja conservar a parte norte, rica em fosfato. O reconhecimento, pela Organização da Unidade Africana, do Estado do Saara (fevereiro de 1982) e sua admissão na OUA (1984) provocam uma grave crise com o Marrocos, que, cada vez mais isolado na África, precisa aceitar o princípio de um referendo de autodeterminação.

É um exemplo entre outros da impotência da Organização da Unidade Africana, que não apenas não realiza o ideal pan-africanista, como funciona como um simples cartel de chefes de Estado. Longe de resolver diferenças entre os Estados-membros, a OUA não faz nada, sob pretexto do princípio de "não ingerência nos assuntos internos dos Estados" (artigo 3 da carta da OUA). A balcanização ameaça a África, onde o jogo diplomático se desenvolve em uma escala de diferentes sub-regiões e onde os critérios de divisão entre moderados e progressistas, entre francófonos, anglófonos e lusófonos, entre pequenos e grandes Estados não faltam. Diante da Nigéria, gigante do oeste africano (83 milhões de habitantes e um exército não negligenciável), sete Estados da África ocidental francófona concluíram um acordo de não agressão e de assistência em matéria de defesa (Anad), em 9 de junho de 1977.

Assim, a África permanece o móvel de confrontos internacionais.

O problema da África do Sul torna-se, nos anos 1970, um problema internacional. Esse antigo domínio britânico, tornado independente, desenvolvera, nos anos 1950, uma política de separação racial (*apartheid*) sob a direção de Hendrik Verwoerd (1958-1966), John Vorster (1966-1978) e Pieter W. Botha (1978-1989).

A União Sul-Africana é um país onde a minoria branca (20%) é confrontada com uma grande população negra (perto de 70%), indiana e mestiça (10%). Após as independências africanas, a descolonização dos territórios portugueses (1974) e a queda de Tsiranana, presidente de Madagascar (1972), a África do Sul já não está mais ao abrigo dos acontecimentos exteriores. Seu *glacis* protetor desaparece e, internamente, assiste-se a uma ressurgência do nacionalismo negro antiapartheid, sob a direção – por vezes contestada – do *African National Congress* [Congresso Nacional Africano] (ANC), fundado em 1912. A África do Sul é cada vez mais violentamente criticada e mantida em quarentena pelo conjunto dos países africanos que querem ajudar seus irmãos de cor. A pressão da comunidade internacional sobre Pretória se acentua. Apesar da instauração de um estado de exceção, a violência continua nas cidades negras, como em Soweto em junho de 1976 e outubro de 1977, por iniciativa da ANC.

Washington e Londres continuam a se opor a pressões econômicas contra Pretória. Quaisquer que sejam a solidariedade e a simpatia que podem experimentar os governos ocidentais em relação à luta da maioria negra, eles são, entretanto, sensíveis às questões econômicas e estratégicas. A África do Sul está situada em uma encruzilhada geoestratégica: a rota marítima do Cabo é uma das rotas mais frequentadas, em particular por petroleiros provenientes do golfo Pérsico. Ela possui minérios preciosos (ouro, platina, diamante) e materiais altamente estratégicos (cromo, manganês e vanádio). Enfim, sua presença se opõe à extensão da influência soviética sobre o continente negro.

Cada vez mais isolada, a União Sul-Africana tenta fortalecer sua posição em relação aos países africanos vizinhos e multiplica a criação de Estados indígenas, os bantustões: Ciskei, Venda, Bofutatsuana, Transkei. Esses países são teoricamente independentes, mas toda sua economia depende da África do Sul. O regime do presidente Botha, impondo sua superioridade militar aos vizinhos, consegue trancar suas fronteiras. Ao mesmo tempo que mantém sua ajuda aos movimentos de maquis que lutam contra os regimes de Luanda (Angola) e de Maputo (Moçambique), Pretória não interrompe suas incursões armadas em território angolano sob pretexto de perseguir os nacionalistas namíbios da Swapo. O cordão protetor da África do Sul compreende também a Namíbia e a Rodésia.

O caso da Namíbia é particular. Antiga colônia africana do sudoeste africano, confiada em mandato à África do Sul, esse imenso território de 824.000 km^2 que encerra riquezas minerais consideráveis é agitado por um movimento de libertação, a *South West African People's Organization* (Swapo), apoiada pelo MPLA e pela União Soviética. Na Rodésia, a minoria branca (4%) dessa colônia britânica proclama sua independência contra o Reino Unido em 1965 e consegue se opor com sucesso aos movimentos de oposição negros. A mediação britânica permite fazer a Rodésia evoluir – sob o nome de Zimbábue – para a forma de uma associação de brancos e negros no governo. Ela chega oficialmente à independência em abril de 1980.

O Pacífico

O oceano Pacífico é, desde 1945, um dos lugares de enfrentamento das grandes potências e sua importância não cessa de aumentar a partir de então. Após a batalha do Pacífico, durante a Segunda Guerra Mundial, a guerra fria torna-se um conflito aberto devido à Guerra da Coreia e aos conflitos de descolonização. Os arquipélagos alcançam a independência: depois das ilhas Fiji (1970), de Papua-Nova Guiné (setembro de 1974), é a vez de as Novas Hébridas, antigo condomínio franco-britânico, tornarem-se um Estado sob o nome de Vanuatu (julho de 1980). Sob o impulso dos polos de poder e do desenvolvimento ocorrido em seus arredores, o Pacífico, que era um "espaço vazio" submetido à influência americana, surge como um gigantesco tabuleiro de xadrez onde se desenrola uma partida com quatro participantes: Estados Unidos, União Soviética, China e Japão.

Ante a presença americana no Alasca e nas Filipinas, graças em particular à concessão das bases de Subic Bay e Clark (até setembro de 1992), passando pelos postos avançados do Havaí e da Coreia, a União Soviética multiplica suas bases navais em Kamchatka, Sacalina, Vladivostok, e em Cam Ranh e Da Nang (na costa do Vietnã).

O Pacífico, no momento em que deixa de ser um "lago americano", suscita um novo interesse dos Estados Unidos por essa região, para a qual se desloca o centro de gravidade do país e onde o comércio transpacífico ultrapassa em importância as trocas transatlânticas. Além disso, a retomada das relações diplomáticas com a China e o programa de modernização e abertura econômica anunciado por Deng Xiaoping revigoram a fascinação americana pela Ásia-Pacífico, apesar da concorrência cada vez mais forte do Japão e dos "Quatro Dragões".

O Pacífico Sul era, por tradição, uma zona tranquila de microestados protegidos pela Austrália, que agia como "gendarme regional" no âmbito do pacto de Anzus (Austrália, Nova Zelândia e Estados Unidos), assinado em 1951. Posteriormente as tensões políticas se multiplicaram, acarretando golpes de Estado – como em Fiji –, rebeliões, crises constitucionais, e causam a impressão de que os equilíbrios herdados da época colonial estão se rompendo. As veleidades isolacionistas dos neozelandeses, que proíbem as escalas de navios nucleares, colocam em questão o Anzus e confirmam mais ainda a Austrália no papel de potência militar regional. As terras do Pacífico já não estão ao abrigo das convulsões internacionais.

A Nova Caledônia é um dos palcos desses enfrentamentos. O destino desse território francês ultramarino, rico em níquel e com uma população de 150 mil habitantes – melanésios e europeus –, interessa aos países ribeirinhos do Pacífico. A soberania da França sobre a "grande ilha" é fortemente contestada pelo Frente de Libertação Nacional Canaca e Socialista (FLNKS) e o estado de exceção é instaurado. Nas eleições regionais de setembro de 1985, vencem os anti-independentistas, mas a violência continua. A adoção por referendo, em 6 de novembro de 1988, do estatuto da Nova Caledônia e o retorno à tranquilidade acalmaram o conflito. Para a França, a questão é a presença em uma região-chave no plano econômico e, sobretudo, no plano estratégico. A França insiste no direito à livre disposição do Centro de Experimentação do Pacífico, situado em Mururoa, a 1.200 km do Taiti, cuja perda seria grave para a força de dissuasão, e na possibilidade de realizar testes nucleares, contestada pelos Estados da região e pela organização pacifista e ecológica Greenpeace (caso *Rainbow-Warrior*, 10 de julho de 1985).

O peso econômico da região Ásia-Pacífico e sua importância estratégica tornam-na doravante uma região essencial.

Capítulo **5**

O FIM DO MUNDO BIPOLAR
(1985-1992)

É preciso remontar a 1985 para compreender as origens imediatas da fantástica aceleração da História, evidente desde 1989. De fato, todas as bases sobre as quais o mundo viveu não apenas desde 1945, mas até mesmo desde 1917, são abaladas. As consequências da Segunda Guerra Mundial são apagadas: a Alemanha unificada e o Japão voltam a ser potências. O comunismo oscila e a economia de mercado parece triunfar em toda parte. A União Soviética, forçada a um recuo generalizado, fragmenta-se em muitas repúblicas. Devido ao fim da guerra fria, as tensões se apaziguam; o modelo ocidental de democracia parlamentar propaga-se, mas, com o ressurgimento do fato nacional, a nova ordem internacional em gestação significaria então o fim dos conflitos ou uma desordem generalizada?

Em contradição com a afirmação sobre "o fim da história", a guerra do Golfo faz o mundo entrar novamente em uma atmosfera de guerra. Em 1992, o mundo mudou radicalmente, mas não se tornou totalmente pacífico e democrático. Dois fenômenos na ordem econômica e na ordem política atestam a mudança em 1985.

De 1985 até 1990, o mundo ocidental passa por uma forte expansão. Dois fatores explicam o fim da crise econômica que o mundo havia sofrido desde 1973. Antes de tudo, a baixa do preço do petróleo, em razão da diminuição da demanda, da entrada no mercado de produtores que não eram membros da Opep (Noruega e Reino Unido) e do aumento das energias alternativas (energia nuclear). A queda do consumo, somada ao aumento de produção, provoca uma enorme sobrecapacidade. O segundo fator é a retomada do crescimento devida ao *boom* econômico que os Estados Unidos conhecem graças a sua política desinflacionária; com uma limitada alta dos preços e uma baixa sensível do desemprego, sua nova prosperidade transmite-se a toda a economia mundial. Para remediar as flutuações do dólar, os ministros da Economia dos sete países mais industrializados entram em acordo para uma estabilização relativa, concretizada pelos acordos do Plaza, em Nova York (22 de setembro de 1985), e do Louvre, em Paris (22 de junho de 1987). De 1985 a 1989, o mundo ocidental passa por um novo período de expansão graças ao progresso da tecnologia, ao desenvolvimento da informática, à intensificação das trocas e dos serviços. No entanto, esse retorno do crescimento é frágil, como atestam um alto índice de desemprego, as flutuações das cotações dos valores das bolsas (como o *crack* de 19 de outubro de 1987 em Wall Street) e, sobretudo, a fragilidade de um sistema monetário internacional ainda fundado nos Estados Unidos, país endividado e deficitário.

Antes mesmo da crise do Golfo (1990-1991), o mundo ocidental entra outra vez na recessão caracterizada pela explosão momentânea do preço do petróleo, pela fragilidade dos mercados de bolsa de valores, pela desaceleração da atividade econômica e pelo agravamento do desemprego, ainda mais porque os principais atores adotam posições contraditórias quanto à taxa de juros.

O segundo fenômeno é de ordem política. É a ascensão ao poder de Mikhail Gorbatchov, eleito secretário-geral do Partido Comunista soviético em 11 de março de 1985. Esse acontecimento não teve consequências apenas no plano interno. A perestroica (reestruturação) afeta todos os aspectos do Estado e da sociedade soviéticos. Além disso, a exigência da *glasnost* (transparência) desencadeia o processo de ruptura. As mudanças à frente da União Soviética, o retorno do exílio do acadêmico dissidente Andrei Sakharov, em maio de 1989, confinado em Gorki desde 1980, e a eleição de Mikhail Gorbatchov para chefe de Estado (maio de 1989) mostram que o imobilismo de Brejnev está definitivamente morto. Também na política externa, a política de movimento cria ondas de choque. Pois, a fim de consagrar a energia soviética à reconstrução econômica, Gorbatchov deve limitar os compromissos internacionais da URSS.

Em 1985, a recuperação da expansão econômica e a revolução de Gorbatchov têm repercussões consideráveis. Elas permitem a retomada de um diálogo construtivo americano-soviético, uma verdadeira revolução na Europa Oriental e a distensão planetária. Uma nova configuração internacional toma forma.

O FIM DA GUERRA FRIA

O fim da guerra fria tem efeitos imediatamente positivos: solução de conflitos regionais, início do processo democrático, mas não é "o fim da história" com que alguns contavam. Muito longe de instaurar uma nova ordem mundial, engendra antes a desordem.

Ordem ou desordem mundial?

Com uma facilidade desconcertante, em alguns anos, se não em alguns meses, inicia-se a resolução de situações que pareciam estagnadas e de conflitos considerados intermináveis. As duas Alemanhas se reunificam, cai o muro de Berlim, as tropas soviéticas deixam o Afeganistão, termina a guerra Irã-Iraque, os soldados vietnamitas evacuam o Camboja, a África do Sul permite que a Namíbia alcance a independência. Os euromísseis não apenas são desmontados como são destruídos, em aplicação do tratado Forças Nucleares Intermediárias (FNI) que aparece como o modelo do novo espírito Leste-Oeste. Em toda parte surgem sinais de distensão, entre o Marrocos e a Frente Polisario (30 de agosto de 1988), entre os gregos e os turcos (primeira cúpula greco-turca desde 1978, em janeiro de 1988), entre os cipriotas gregos e os cipriotas turcos (24 de agosto de 1988), entre os norte-coreanos e os sul-coreanos (setembro de 1990). Chamados a restabelecer a ordem em 1987, mas com pouca pressa para retirar suas tropas, os indianos acabam evacuando o Sri Lanka em julho de 1989. Os etíopes negociam com os eritreus sob os auspícios do ex-presidente Carter (setembro de 1989). São restabelecidas as relações diplomáticas entre a Argentina e a Grã-Bretanha em 15 de fevereiro de 1990. Os dois Iêmen criam um Estado único, em 21 de maio de 1990, mas lutam entre si em 1994. Católicos e protestantes irlandeses sentam-se à mesma mesa (junho de 1991) e a declaração anglo-irlandesa (dezembro de 1993) anuncia o fim da guerra civil. Israelenses e palestinos reconhecem-se mutuamente (9 de setembro de 1993). Terá o mundo se tornado mais sábio? E se converterá à democracia? Por outro lado, é o momento da retomada dos nacionalismos e do renascimento dos fundamentalismos religiosos, na Europa Central e Oriental, mas também na Ásia e na África.

Uma difícil conversão à democracia

Até esses últimos anos, a democracia era um regime político minoritário no mundo, limitado à Europa Ocidental e à América do Norte, ao Japão e a alguns outros Estados. O fim dos anos 1980 é o palco de uma universalização da democracia. Inicialmente na Europa, com a democratização da Europa Oriental. Certas democracias populares deram o exemplo, como a Polônia (legalização do Solidariedade em agosto de 1988) ou a Hungria, mas todas seguiram o mesmo caminho na sequência de manifestações (verão-outono de 1989). Depois da constituição de governos dirigidos por não comunistas, ocorrem eleições democráticas ou parcialmente livres que, geralmente, exprimem a rejeição ao regime e ao partido comunistas. Na Polônia, o antigo líder do Solidariedade, Lech Walesa, é eleito presidente (9 de dezembro de 1991). Na Romênia, o regime ditatorial é derrubado (22 de dezembro de 1989) e o ditador Ceausescu é executado. Até mesmo a Albânia, último bastião do stalinismo na Europa, é arrastada numa espiral democrática. Na ex-União Soviética, a democratização é acelerada pela derrota do *putsch* conservador (19 de agosto de 1991).

Também fora da Europa a nova distensão é favorável à queda das ditaduras e ao restabelecimento de regimes mais liberais. Na Argentina, no Uruguai e no Brasil, novos presidentes foram eleitos por sufrágio universal. No Chile, a sucessão do general Pinochet é tranquilamente assegurada (dezembro de 1989). No Paraguai, o general Stroessner, à frente de um regime ditatorial desde 1954, é derrubado (fevereiro de 1989) por outro general que logo se submete ao veredicto das urnas. Na Nicarágua, a oposição liberal ganha as eleições contra o candidato sandinista (fevereiro de 1990). A reconciliação nacional em El Salvador, concluída em janeiro de 1992, é selada definitivamente em dezembro de 1992.

Na Coreia do Sul, um civil (o primeiro em trinta anos) é eleito presidente (fevereiro de 1993). Nas Filipinas, após as eleições presidenciais, depois de mais de vinte anos de regime autoritário (1965-1986), o presidente Marcos é obrigado a se exilar sob pressão da população, de uma parte do exército e dos Estados Unidos e a ceder o lugar à sra. Cory Aquino (25 de fevereiro de 1986). Por toda parte, na África, o pragmatismo vence a ideologia marxista-leninista e o pluripartidarismo se generaliza (Gabão, Costa do Marfim, Zâmbia). Em Benim, o regime marxista-leninista, instaurado em 1972 após um *putsch* militar, se liberaliza (28 de fevereiro de 1990). Na Etiópia, a ditadura do coronel Mengistu (que perdurava desde 1977) é afastada do poder (maio de 1991). A mudança democrática ocorre, enfim, em Madagascar, com a eleição presidencial de fevereiro de 1993. Na África do Sul, o novo chefe de Estado (14 de setembro de 1989), F. de Klerk, confiante pelo recuo do comunismo nos países da "linha de frente", confirma sua vontade de suprimir o *apartheid*. Ele liberta Nelson Mandela em 11 de fevereiro de 1990 e dá início a conversações com os movimentos nacionalistas negros (entre os quais o CNA). As últimas leis do *apartheid* são revogadas (junho de 1991) e as primeiras eleições multirraciais (abril de 1994) dão o poder ao CNA e a Nelson Mandela, eleito presidente.

Mas a evolução para a democracia conhece diversas exceções. Na Ásia, por exemplo, em maio e junho de 1989 em Pequim, assiste-se ao esmagamento do movimento de liberalização (simbolizado pelas reuniões de estudantes na Praça da Paz Celestial) e à normalização, apesar da pressão dos ocidentais; a lei marcial instaurada em 20 de maio de 1989 é suspensa em 10 de janeiro de 1990. Na Índia, o assassinato de Rajiv Gandhi (primeiro-ministro de 1984 a 1989), em maio de 1991, reflete a crise que sacode o subcontinente indiano. Os confrontos religiosos ensanguentam a Índia e o Afeganistão. Na América Latina, a partida de Jean-Claude Duvalier (7 de fevereiro de 1986) representa o fim da dinastia Duvalier no Haiti, mas não o retorno à democracia, destruída por um *putsch* (1991-1994). Golpes sacodem também a Venezuela (fevereiro e novembro de 1992), o Peru (novembro de 1992) minado pela guerrilha do Sendero Luminoso, a Colômbia corroída pelo tráfico de drogas, e o Brasil, onde, ao fim de uma grave crise política (dezembro de 1992), o presidente Collor é obrigado a renunciar. Na África, o Togo e o Zaire são agitados por violentos sobressaltos. Na Argélia, na sequência das revoltas de outubro de 1998, a via aberta à democracia (fevereiro de 1989) está semeada de obstáculos. Para barrar os sucessos populares da Frente Islâmica de Salvação, o exército toma o poder (11 de janeiro de 1992) e depõe o chefe de Estado, o presidente Chadli Bendjedid.

O diálogo americano-soviético

Antes mesmo da chegada de Gorbatchov à liderança da União Soviética, a evolução começa já em 1984 por ocasião da retomada das negociações sobre o desarmamento. Nesse início de ano eleitoral nos Estados Unidos, o presidente Reagan deseja de fato restabelecer um diálogo realista com a URSS. Em janeiro, a conferência sobre as medidas de confiança e de segurança na Europa é aberta em Estocolmo na presença de 35 signatários do Ato de Helsinque. Os responsáveis pelas diplomacias americana e soviética, Schulz e Gromyko, concordam em retomar em Viena as negociações sobre os *Mutual and Balanced Force Reductions* (MBFR) e até sobre as armas estratégicas. Eles decidem também organizar três negociações separadas sobre os euromísseis, sobre as armas estratégicas e sobre as armas espaciais.

- *A retomada do diálogo*

Com a ascensão ao poder de Gorbatchov, a União Soviética lança uma campanha de grande envergadura em favor do desarmamento. Trata-se de uma tendência permanente da diplomacia soviética que semeia o tumulto no campo ocidental, pois corresponde a outro objetivo constante: uma Europa desnuclearizada e neutralizada, que Gorbatchov atualiza sob o nome de "casa comum europeia". Enfim, responde a uma exigência orçamentária: limitar o fardo considerável dos gastos militares. A URSS lhes consagra algo em torno de 16% do PNB (segundo o que se consegue saber), os Estados Unidos 6,5%, a França 3,9% do PIBM.

Desde outubro de 1985, em Paris, Gorbatchov propõe diminuir à metade as armas estratégicas dos dois campos sob condição de os Estados Unidos renunciarem à guerra nas estrelas, e ele se dirige diretamente aos governos de Londres e Paris para negociar suas respectivas forças de dissuasão.

O encontro de cúpula com o presidente Reagan (19-21 de novembro de 1985), em Genebra, é o primeiro desse gênero desde 1979. Ele lança as bases de um diálogo americano-soviético duradouro. Os dois homens têm todo interesse em se entenderem. Após vários reveses em política externa (*Irangate*, dificuldades na ajuda aos Contras da Nicarágua), o presidente Reagan quer concluir seu mandato como pacificador e não como incendiário. Quanto a Gorbatchov, ele também precisa de sucesso na política externa. O diálogo é restabelecido, mas o desacordo subsiste sobre a guerra nas estrelas, que Gorbatchov denuncia como uma tentativa de contornar o princípio da paridade estratégica, reconhecido pelos Salt. Reagan, desestabilizado diante da opinião americana e mundial, recusa abandonar o projeto de guerra nas estrelas e acusa a URSS de não respeitar os acordos de desarmamento. Em contrapartida, surge uma perspectiva de acordo sobre os FNI, na base da "opção zero", isto é, o desmantelamento dos SS-20, de um lado, e dos Pershing e Cruise, do outro.

Ao longo do ano de 1986, Gorbatchov multiplica os apelos ao desarmamento, que visa livrar a terra das armas nucleares e das armas "novas" (*laser*, feixes de força) daquele momento até o fim do século.

Tudo isso é discutido no novo encontro na cúpula de Reykjavik (11-12 de outubro de 1986). A rivalidade entre Reagan e Gorbatchov está perto de levar a um acordo de grande alcance: redução à metade das armas intercontinentais, supressão das armas de alcance intermediário que atingem uma distância superior a 1.000 km, congelamento dos outros FNI. Mas Gorbatchov exige, além disso, que os Estados Unidos se comprometam a renunciar a qualquer teste de seu escudo espacial que não seja em laboratório. Assim, o acordo não se realiza. Sem ter feito nenhuma consulta aos europeus, os Estados Unidos quase consentiram na retirada de suas armas nucleares da Europa, pois o tema fora objeto de negociação. A eliminação dos euromísseis teria deixado intacta a superioridade do Pacto de Varsóvia em armamentos convencionais e em efetivos. Isso faz com que franceses e alemães se aproximem em seus esforços de defesa: manobras comuns, criação de uma brigada franco-alemã e de um Conselho de defesa franco-alemão, mas permanece a ambiguidade entre uma potência nuclear independente e uma potência não nuclear.

- *Os acordos de desarmamento*

Ao longo do ano de 1987, as discussões são retomadas para culminarem finalmente no Tratado de Washington. Em 28 de fevereiro, Gorbatchov abandona a ligação estabelecida entre todos os dossiês de desarmamento e propõe negociar um acordo sobre os FNI independentemente dos demais. Em 13 de abril, reitera sua proposição de opção "duplo zero", isto é, a eliminação não apenas das armas de alcance superior a 1.000 km, mas também daquelas entre 500 e 1.000 km. Enquanto a batalha dos euromísseis corre solta nas chancelarias e na opinião, sobretudo na Alemanha, a elaboração do tratado pelos srs. Chevardnadze e Schulz é rápida. Em 8 de dezembro de 1987, R. Reagan e M. Gorbatchov assinam o Tratado de Washington, que prevê a destruição, em um prazo de três anos, de todos os mísseis de alcance de 500 a 5.500 km baseados em terra e estacionados na Europa. O acordo comporta, da parte dos soviéticos, concessões importantes: não inclui os sistemas nucleares britânico e francês no equilíbrio europeu. A URSS deve eliminar duas vezes mais mísseis que os Estados Unidos. É verdade que os SS-20 soviéticos são obsoletos enquanto os Pershing II americanos são armas modernas e de alto desempenho. Pela primeira vez, americanos e soviéticos aceitam não apenas um acordo de limitação de armamentos, mas também a destruição de armas nucleares. Todavia, as armas concernidas representam 4% das ogivas atômicas acumuladas pelos dois Grandes e não se situam em seus territórios.

Outra novidade: procedimentos detalhados de verificação *in loco* são aceitos por ambas as partes. O significado é claro: as duas superpotências aceitaram um desarmamento que não lhes concernia diretamente e, desse modo, deram a seus territórios o estatuto de santuário. As potências nucleares europeias – França e Reino Unido – se encontram de repente na linha de frente. E o grande debate sobre a opção "triplo zero" (armas de curtíssimo alcance que atingem uma distância máxima de 500 km) abre caminho para a desnuclearização total da Alemanha.

De 29 de maio a 2 de junho, em Moscou, uma quarta conferência de cúpula Reagan-Gorbatchov chega a acordos técnicos sobre os testes de mísseis e as experiências atômicas, mas são, de fato, os direitos humanos que estão no centro das discussões.

Depois de ter anunciado, em 7 de dezembro de 1988, na tribuna da ONU, a redução unilateral das forças armadas soviéticas de 500 mil homens e a retirada, em dois anos, de 6 divisões, 5 mil tanques e 800 aviões estacionados na RDA, Tchecoslováquia e Hungria, M. Gorbatchov encontra Reagan e George Bush. Ainda que a superioridade militar em armamentos e efetivos das forças soviéticas permaneça, essas propostas semeiam a confusão na Aliança Atlântica. Na conferência de cúpula dos membros da Otan, em Bruxelas (29 de maio de 1989), o princípio da modernização dos mísseis de curto alcance é mantido, mas ligado aos progressos que serão feitos no campo das armas convencionais. Após o encerramento dos MBFR, sem resultado tangível, em fevereiro de 1989, uma conferência sobre as Forças armadas Convencionais na Europa (FCE) reúne os 23 membros das duas alianças, em Viena, a partir de março de 1989.

A conferência para a proibição das armas químicas que acontece em Paris, em janeiro de 1989, reafirma o protocolo de 1925 proibindo seu emprego, mas não se chega a um acordo para proibir sua fabricação, pois os árabes se oporão a ela enquanto Israel se recusar a autorizar uma inspeção de suas instalações nucleares.

Ao longo do encontro Bush-Gorbatchov (2-3 de dezembro de 1989), na costa de Malta, os dois chefes de Estado anunciam a abertura de uma nova era nas relações internacionais e decidem acelerar as negociações sobre o desarmamento. De fato, na conferência dos ministros de Relações Exteriores da Otan e do Pacto de Varsóvia, reunidos em Ottawa (13 de fevereiro de 1990), é obtido o entendimento acerca da redução das forças americanas e soviéticas a 195 mil homens na Europa Central e Oriental, ao mesmo tempo que o acordo "céu aberto", isto é, o livre sobrevoo dos territórios da Otan e do Pacto de Varsóvia por aviões do outro campo.

Ao longo dos encontros Bush-Gorbatchov em Washington e em Camp David (30 de maio-3 de junho de 1990), uma série de acordos prevê as grandes linhas de um futuro tratado de redução dos armamentos estratégicos, chegando a até 50%. Os Estados Unidos e a URSS se comprometem a reduzir à metade seus estoques de armas químicas daquele momento até o ano 2000.

Em 19 de novembro de 1990, em Paris, os 16 países-membros da Otan e os 6 países do Pacto de Varsóvia assinam o tratado sobre a redução das Forças Convencionais na Europa (FCE). Trata-se de eliminar os ataques surpresa na Europa (do Atlântico aos Urais) pelo estabelecimento de um teto de cinco categorias de armas clássicas (tanques, blindados, artilharia, aviões e helicópteros) e pelo respeito da paridade

Leste-Oeste. A dissolução do Pacto de Varsóvia e o desmembramento da União Soviética tornam, aliás, caduco o tratado FCE.

Arsenais estratégicos dos dois Grandes antes do tratado Start de 31/07/1991
(*alcance superior a 5.500 km*)

	Estados Unidos		URSS	
	Mísseis	Cargas	Mísseis	Cargas
ICBM*	1.000	2.261	1.398	6.424
SLBM**	640	5.632	922	3.232
Bombardeiros	317	4.956	160	?
Total	1.957	12.849	2.480	+ de 10.000

* Mísseis intercontinentais baseados em terra.
** Mísseis embarcados em submarinos.

Fonte: *Le monde diplomatique* (janeiro de 1988).

Em 30-31 de julho, em uma reunião em Moscou qualificada de "primeira cúpula do pós-guerra fria", G. Bush e M. Gorbatchov desejam estabelecer uma parceria duradoura: seu símbolo é a convocação conjunta de uma conferência de paz no Oriente Médio. Mais importante, em 31 de julho, os dois chefes de Estado assinam o tratado Strategic Arms Reduction Talks (Start), que prevê uma redução de 25% a 30% de seus armamentos nucleares estratégicos (mais de 5.500 km de alcance). Ainda se está longe das reduções de 50% anunciadas no início das negociações. Na verdade, o número de ogivas nucleares possuídas pelas duas superpotências deve passar de 12.081 a 10.395 para os Estados Unidos e de 10.841 a 8.400 para a União Soviética. Em algumas categorias de armas (SLBM: *Sea-Launched Ballistic Missile*), todavia, os tetos autorizados são superiores às quantidades possuídas, e se encaminha para uma reestruturação dos arsenais. Trata-se, no entanto, do mais importante dos acordos de desarmamentos já concluídos entre os dois Grandes desde 1945.

Os presidentes G. Bush (27 de setembro de 1991) e M. Gorbatchov (5 de outubro de 1991) rivalizam na apresentação de propostas mais audaciosas. Os Estados Unidos decidem eliminar unilateralmente de seu arsenal nuclear as armas táticas baseadas em terra e no mar e propõem à URSS a eliminação de todos os mísseis balísticos com múltiplas ogivas nucleares. O plano soviético prevê uma liquidação total das armas nucleares táticas, tanto em solo quanto no mar ou nos ares, uma redução de efetivos do Exército Vermelho e uma moratória de um ano para os testes nucleares.

Após o breve encontro George Bush-Boris Yeltsin, em 1º de fevereiro de 1992, em Camp David, a cúpula americano-russa de Washington (16-17 de junho de 1992) permite aos dois chefes de Estado assinar uma carta de cooperação e de amizade e se colocarem de acordo para reduzir os respectivos armamentos nucleares estratégicos. Pelo protocolo de Lisboa (23 de maio de 1992), os Estados Unidos obtêm a adesão dos Estados sucessores da União Soviética aos acordos de desarmamento e se esforçam em concluir a desnuclearização da ex-URSS, afora a Rússia. De fato, todas as armas nucleares táticas soviéticas seriam reunidas na Rússia a partir de maio de 1992; e os americanos repatriaram aos Estados Unidos todas as armas nucleares táticas baseadas em terra e em mar.

Em 3 de janeiro de 1993, os presidentes Bush e Yeltsin (pela CEI) assinam em Moscou o tratado Start 2, que marca uma nova e bastante ambiciosa etapa no desarmamento nuclear, pois prevê o desaparecimento, em dez anos, de dois terços das ogivas nucleares estratégicas, passando de 10 mil a 3 mil ou 3.500, e dos mísseis Mirv baseados em solo. O tratado não poderá entrar em vigor antes da aplicação do Start 1, que ainda deve ser ratificado.

O NASCIMENTO DE UMA NOVA EUROPA

A Europa retorna ao centro das relações internacionais. Muitos fatores concorrem para isso: a construção da Europa, depois de ter marcado passo, é retomada e provoca reações no mundo inteiro. O desarmamento que as superpotências negociam lhe concerne essencialmente. A nova distensão e o fracasso do comunismo na Europa do Leste constituem acontecimentos decisivos e positivos, mas têm também efeitos desestabilizadores. O *statu quo*, mantido pela força das armas soviéticas, se desfaz e dá lugar a um vazio que causa medo, pois "a cortina de ferro, ao se levantar, torna ultrapassado todo o teatro do pós-guerra". Se a reunificação alemã e a implosão da União Soviética não são acompanhadas de nenhuma violência, o mesmo não acontece alhures: os problemas de fronteiras ressurgem, os nacionalismos estão exacerbados. A guerra arde novamente no coração da Europa. Nos planos econômico, estratégico e ideológico, o mapa da Europa é profundamente remanejado. Ela é até mesmo transtornada no plano político.

O refluxo soviético na Europa e a libertação dos países do Leste Europeu

No plano militar, a distensão na Europa tem consequências consideráveis. Para medir o alcance desse processo é preciso se referir à extraordinária concentração militar que lá se encontrava no fim dos anos 1980. No plano dos efetivos, por exemplo, contava-se, em 1989, quase 1,5 milhão de soldados na Alemanha em um território menor que o da França: na RDA, 173 mil homens no exército alemão-oriental e 380 mil soldados soviéticos; na RFA, 490 mil para o exército alemão-ocidental, 264 mil soldados americanos, 67 mil britânicos e 50 mil franceses (além das forças canadenses, neerlandesas e belgas), aos quais se acrescentam 11 mil militares ocidentais em Berlim Ocidental. No plano material, a Aliança Atlântica alinhava 22 mil tanques (dos quais 1.400 franceses) contra 61 mil unicamente para a União Soviética.

O ministro soviético das Relações Exteriores propõe, em 23 de outubro de 1989, a liquidação, daquele momento até o ano 2000, de todas as bases militares no estrangeiro, assim como de qualquer presença militar em território estrangeiro. Pelo tratado sobre a redução das Forças Convencionais na Europa (FCE), assinado em Paris em 19 de novembro de 1990, a paridade militar é restabelecida entre as duas alianças no campo geográfico coberto pelo tratado (do Atlântico aos Urais). A dissolução do Pacto de Varsóvia lança dúvidas sobre as sequências desse tratado e quanto às negociações posteriores, mas finalmente os 29 países concluem em Helsinque (30 de junho 1992) um acordo sobre a limitação dos efetivos que deve permitir a entrada em vigor do tratado FCE. O acordo determina, entre outras coisas, o teto de efetivos (para as forças armadas terrestres): 1.450 mil para a Rússia, 450 mil para a Ucrânia, 345 mil para a Alemanha, 325 mil para a França. Os americanos, mesmo reduzindo seus efetivos na Europa, estão decididos – a pedido dos europeus – a manter forças militares no continente europeu.

No campo ideológico e político, a falência do comunismo na Europa do Leste é, por um lado, a constatação de um fracasso, por outro, o reflexo de uma nova política soviética. Outros fatores concorrem para que isso ocorra: a influência do papa João Paulo II, reforçada por suas múltiplas viagens, em particular à Polônia (1979, 1983, 1987 e 1991), o papel das igrejas cristãs e a imagem da outra Europa difundida pela televisão, tudo isso coisas que questionam a divisão da Europa.

Assiste-se, desde 1985, mas especialmente depois de 1989, a reviravoltas nos regimes comunistas da Europa Oriental e, antes de tudo, a um afrouxamento dos laços ideológicos entre a União Soviética e as democracias populares. Anteriormente, sempre que um país da Europa do Leste parecia disposto a se mexer, em geral bastava o "grande irmão" franzir o cenho para fazer que tudo voltasse à ordem. Esse intervencionismo, aliás, havia sido formalizado na doutrina Brejnev de 1968. Agora, não apenas os dirigentes soviéticos afrouxam seu domínio sobre a Europa do Leste, mas comunicam que o Pacto de Varsóvia não mais intervirá nos assuntos internos dos países irmãos e que o exército soviético abandonará o território da Hungria e da Tchecoslováquia. E a conferência de cúpula do Pacto de Varsóvia, em dezembro de 1989, vai até mesmo condenar a intervenção de 1968 na Tchecoslováquia. A reviravolta é considerável. No entanto, a União Soviética não abandona a Europa, que está no centro de sua diplomacia, com a ideia de "casa comum europeia". Confrontado com problemas econômicos e étnicos na União Soviética, Gorbatchov faz concessões, retomando assim a velha tática russa: perder espaço para ganhar tempo.

As solidariedades do bloco oriental se esfacelam. Na reunião dos dirigentes do Comecon (9-10 de janeiro de 1990), em Sófia, seu funcionamento é questionado, e é considerada uma reforma profunda; dezoito meses depois (28 de junho de 1991), a aliança econômica é dissolvida. O mesmo acontece com o Pacto de Varsóvia. Os pedidos quase simultâneos de retirada das tropas soviéticas estacionadas na Tchecoslováquia (75 mil homens), Polônia (45 mil homens) e Hungria (60 mil homens) são o golpe de misericórdia. Os dirigentes do Pacto de Varsóvia, reunidos em Budapeste, decidem em 25 de fevereiro de 1991 a dissolução do pacto como organização militar, totalmente desfeita em 1º de julho de 1991. Em junho de 1991, as tropas soviéticas terminam sua retirada da Hungria e da Tchecoslováquia.

Do Elba ao Cáucaso, o desmoronamento do bloco comunista faz ressurgir as rivalidades étnicas e nacionais, pondo em questão as fronteiras. Em um primeiro momento (dezembro de 1989), os dirigentes da Aliança Atlântica e os do Pacto de Varsóvia salientam sua vontade de manter as fronteiras e as organizações político-militares existentes na Europa. A degradação é tamanha que, ao longo do verão europeu de 1991, os ocidentais resolvem caucionar as tentativas de independência, ao mesmo tempo que se inquietam com as pressões migratórias que poderiam resultar da crise profunda que os países da Europa do Leste atravessam, e assistem – impotentes – à multiplicação de conflitos. A transição para uma economia de mercado e para a democracia é difícil, como o prova o forte retorno de ex-comunistas, na Rússia, com seu sucesso nas eleições legislativas de dezembro de 1995, e na Polônia, com a derrota de Lech Walesa nas eleições presidenciais (novembro de 1995).

A unificação alemã

A questão alemã foi brutal e inopinadamente colocada quando veio abaixo o regime da RDA.

Antes da construção do muro de Berlim, quase três milhões de cidadãos alemães-orientais já haviam votado com seus pés. O fim da hemorragia humana permitiria o nascimento de um verdadeiro Estado, de uma Prússia vermelha, nacional-marxista? Poder-se-ia pensar que, com o muro auxiliando, a *Ostpolitik* consolidaria a RDA. Na verdade, nada disso ocorre, e o êxodo dos alemães-orientais se precipitou em agosto-setembro de 1989, contornando o muro pela brecha húngara. À hemorragia se acrescentam manifestações nas ruas contra os dirigentes. Finalmente, em 9 de novembro de 1989, o "muro da vergonha" e a fronteira interalemã são entreabertos graças a uma decisão administrativa do governo da RDA. Desde a manhã de 10 de novembro, milhares de berlinenses orientais se lançam em direção ao Oeste, para retornarem a suas casas pouco tempo depois. É a queda do símbolo mais gritante da guerra fria e da divisão da Alemanha, mas o êxodo continua, a um ritmo de 2 mil por dia, pois o nível de vida na RFA é duas ou três vezes superior ao da RDA.

Essa abertura e as convulsões políticas internas da RDA levantam o problema da reunificação alemã. Manifestações ocorrem, por exemplo, em Leipzig (novembro de 1989), para reclamar uma reunificação rápida. A decomposição interna da RDA cria um vácuo que a poderosa RFA é capaz de preencher. O chanceler Helmut Kohl se antecipa a todo o mundo e torna público um plano de dez pontos que visa à realização da unidade alemã no âmbito das estruturas confederativas (28 de novembro de 1989), sem evocar a intangibilidade das fronteiras e, em particular, da linha Oder-Neisse. De fato, a aceleração dos acontecimentos, e em especial o sucesso dos partidários de uma unificação rápida nas eleições na Alemanha Oriental (18 de março de 1990), perturba todo o calendário político e pressiona as chancelarias.

As reações estrangeiras são prudentes. Na cúpula de Estrasburgo (8-9 de dezembro de 1989), os Doze aceitam o direito de autodeterminação do povo alemão, mas cercam-no de condições. A França nega querer frear a reunificação da Alemanha e se pronuncia por uma confederação associando a CEE reforçada e os países do Leste que se tornaram democráticos. A União Soviética aceita a ideia da unificação dos dois Estados alemães reconhecendo seu caráter inelutável (3 de janeiro de 1990), mas, em um primeiro momento, opõe-se à ideia de uma Grande Alemanha, membro da Aliança Atlântica. À Polônia, que reclama um tratado que garanta a intangibilidade da fronteira germano-polonesa, respondem as tergiversações do chanceler Kohl, que termina por tranquilizar os vizinhos da Alemanha (6 de março de 1990).

A questão alemã retorna ao primeiro plano da atualidade. A reunificação alemã é, de fato, repleta de variáveis desconhecidas. A perspectiva de uma Grande Alemanha (80 milhões de habitantes), tendo um enorme peso econômico no seio da Comunidade, não constituiria um risco para a Europa? A Alemanha reunificada permaneceria na Otan ou ficaria neutra? A Alemanha Ocidental poderia ser tentada a trocar a reunificação pela neutralização de uma Europa Central desnuclearizada? Ainda que a ancoragem da Alemanha Federal no Oeste seja sólida, a dinâmica da reunificação causa maior preocupação no governo alemão ocidental que qualquer outra coisa. Kohl faz alguns gestos em direção ao Leste aceitando a opção "duplo zero" e até "triplo zero", renunciando à extensão da duração do serviço militar (abril de 1989), recebendo Gorbatchov (junho de 1989) e se alinhando a seu objetivo de "casa comum europeia". Embora se temesse que a RFA se inclinasse para o Leste, única possibilidade para obter a reunificação, é o contrário que acontece. O desmoronamento do regime comunista alemão-oriental e a adesão da população aos partidos próximos ao chanceler da Alemanha Ocidental, nas eleições de 18 de março de 1990, permitem concluir a unificação. A união monetária entre as duas Alemanhas entra em vigor em 1º de julho de 1990. Os dois Estados alemães são associados às conversações das quatro potências garantidoras do estatuto da Alemanha (Estados Unidos, Grã-Bretanha, França e URSS). A União Soviética, por sua vez, reconhece o caráter inelutável da unificação (janeiro de 1990), mas afasta em um primeiro momento (12 de fevereiro) a manutenção da Alemanha unida na Otan, o que M. Gorbatchov aceita pelo "acordo histórico" do Cáucaso (16 de julho), mediante uma redução dos efetivos do futuro exército alemão a 370 mil homens e o financiamento da retirada dos soldados soviéticos da ex-RDA antes do fim de 1994. O tratado sobre "o acerto definitivo da questão alemã" é subscrito em Moscou, em 12 de setembro. A Alemanha, plenamente soberana, aceita todavia um teto para seus efetivos militares e a renúncia às armas nucleares. O caminho está livre para a unificação, que ocorre em 3 de outubro de 1990. Os últimos soldados russos deixam Berlim em 31 de agosto de 1994, e as tropas ocidentais em 8 de setembro. A Alemanha é uma nova grande potência de 80 milhões de habitantes, cujo papel central pode causar o temor de uma orientação para uma "Europa alemã", ainda que o custo dessa reunificação seja mais caro do que o previsto. A questão alemã não é a única incógnita da nova situação europeia.

O desmembramento do império soviético

O desmoronamento do comunismo soviético desemboca no desmembramento da União Soviética, confrontada com uma tripla crise:

– ideológica, pois o papel dirigente do comunismo e do PCUS é não apenas questionado (13 de março de 1990), mas também o PC russo se vê até proibido de qualquer atividade após o *putsch* fracassado (19 de agosto de 1991);

– econômica, em razão da desorganização da economia soviética (inflação, déficit orçamentário, endividamento externo);
– política, pois a engrenagem das reformas desestabiliza o poder soviético e demonstra sua incapacidade de se reformar sem mudar radicalmente de sistema: Mikhail Gorbatchov, que se tornara presidente da União Soviética e apreciado no exterior (Prêmio Nobel da Paz em 1990), arbitra com dificuldade o enfrentamento entre conservadores e partidários das reformas e deve abandonar seu posto de secretário-geral do PCUS (24 de agosto de 1991).

Causa e consequência do fim do comunismo, o desmembramento do império se acelera. Uma de cada vez, as Repúblicas proclamam sua soberania.

Nos países bálticos, Lituânia, Letônia e Estônia, disputados há séculos por eslavos, alemães e suecos, independentes de 1920 a 1929, anexados pela União Soviética no âmbito do Pacto Germano-Soviético de 23 de agosto de 1939, ocupados pelos alemães de 1941 a 1944 e reanexados pela URSS, manifestações, em agosto de 1989, reclamam sua autonomia e o retorno às Repúblicas bálticas. Após um ano de tensões, a independência dos três países é reconhecida em agosto de 1991. Três anos mais tarde, já não há tropas russas naqueles países.

Graças ao fracasso do *putsch* (19-21 de agosto de 1991), desencadeado por elementos conservadores (PCUS, exército e KGB), na véspera da assinatura do novo tratado da União, o Congresso dos deputados outorga amplos poderes às Repúblicas, com o "centro" conservando a tutela da política externa e militar. Mas as Repúblicas estão cada vez mais reticentes em aceitar uma limitação de sua soberania. O desmembramento da União Soviética então se acelera. Após a Geórgia (9 de abril de 1991), a Moldávia, antiga Bessarábia, arrancada da Romênia pela União Soviética pelos acordos Molotov-Ribbentrop de 1939 e recuperada graças à guerra, proclama sua independência (agosto de 1991). Depois, é a vez do Azerbaijão, do Quirguistão e do Uzbequistão. A secessão da Ucrânia (1º de dezembro de 1991) e sua recusa de assinar o tratado da União são a sentença de morte da União Soviética. Os presidentes da Rússia, da Ucrânia e da Bielo-Rússia concordam (8 de dezembro de 1991) em criar uma Comunidade dos Estados Independentes (CEI), à qual todas as outras Repúblicas – com exceção da Geórgia, que se junta a ela em setembro de 1993 – aderem (21 de dezembro de 1991). A Rússia herda da ex-União Soviética o assento de membro permanente do Conselho de Segurança da ONU e a responsabilidade pelas forças nucleares estratégicas. Em contrapartida, a Ucrânia, a Moldávia e o Azerbaijão obtêm o direito de criar seus próprios exércitos nacionais. Isolado e privado de todos os seus poderes, M. Gorbatchov renuncia em 25 de dezembro de 1991.

Em razão das deficiências da CEI, que continua a ser uma concha vazia, os Estados da ex-União Soviética se organizam entre si. Os cinco países da Ásia Central (Cazaquistão, Turcomenistão, Uzbequistão, Tadjiquistão e Quirguistão) esboçam uma aproximação regional. A Rússia e a Ucrânia assinam um acordo de cooperação política e econômica (junho de 1992). Em toda parte, as forças centrífugas estão agindo: na Geórgia, em razão dos abkhazes e das divisões religiosas opondo os ossetas (cristãos) aos inguches (muçulmanos); no Azerbaijão, por causa dos armênios no Nagorno-Karabakh (enclave armênio, cristão, em país muçulmano). A Rússia tem relações difíceis com a Ucrânia (sobre a frota do mar Negro), a Bielo-Rússia, o Cazaquistão (sobre as armas nucleares).

A transformação da Rússia é radical. É, de fato, um novo país que abandonou toda referência ao marxismo-leninismo e toda ideia de missão histórica no mundo. As reformas políticas (instauração de um regime semipresidencial forte) e econômicas (estabelecimento da economia de mercado) suscitam um clima turbulento e breves confrontos (21 de setembro-4 de outubro de 1993). No plano externo, o objetivo da Rússia é fazer parte do "mundo civilizado" – pela participação em todas as instâncias internacionais, como o FMI e o Banco Mundial – e encostar o mais próximo possível na política americana, sempre tomando cuidado para não aparecer como um assistente e vendendo caro sua participação. Essa política resolutamente voltada ao mundo ocidental está evidentemente ligada às vantagens que a Rússia espera obter dela. Ela é, por outro lado, convidada a participar de certas reuniões do G7. No plano nacional, no entanto, a Rússia corre o risco de despedaçar-se. Sua população é, sem dúvida, mais homogênea que a da ex-URSS, mas as Repúblicas autônomas se agitam. A Rússia invoca a proteção das minorias russas e russófonas para lhes impor sua lei.

O fim do mundo bipolar (1985-1992) | 229

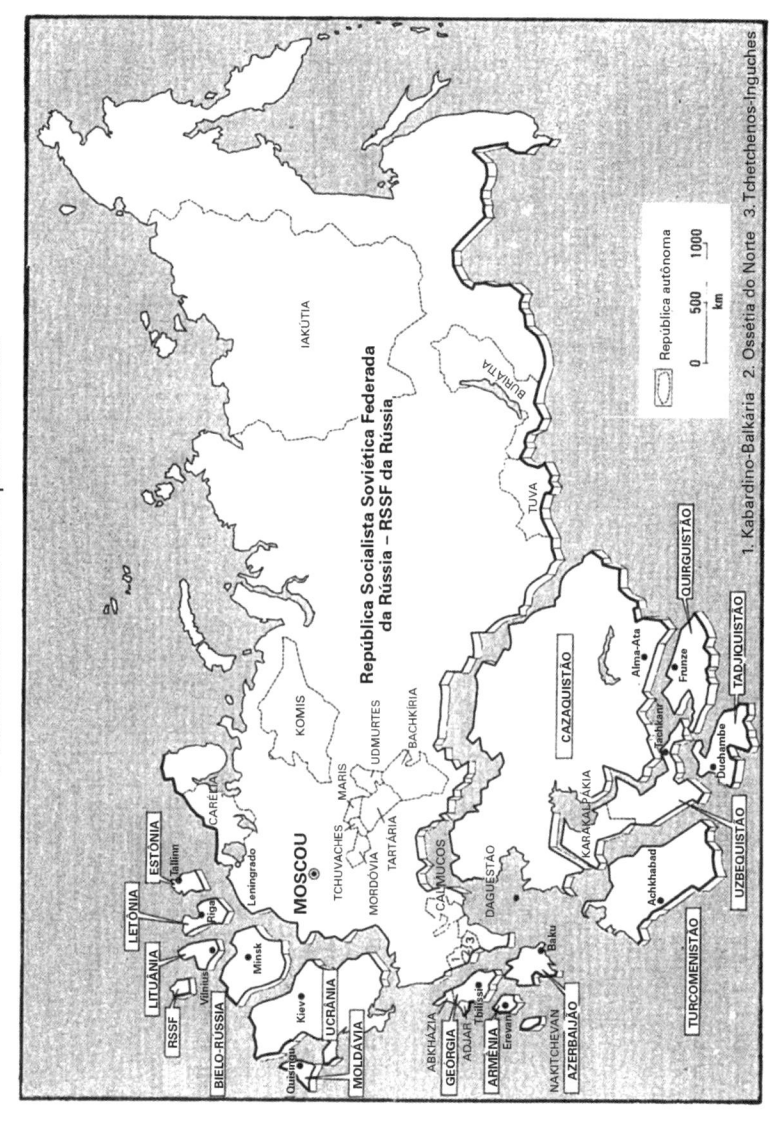

O desmembramento do Império soviético

O despertar dos nacionalismos e o questionamento das fronteiras

A falência dos regimes da Europa do Leste é acompanhada de um ressurgimento dos nacionalismos e dos problemas de fronteira. Na época da guerra fria, a única fronteira de que se falava era a "cortina de ferro". E a doutrina do internacionalismo proletário sufocava qualquer reivindicação nacional ou territorial. Os regimes comunistas fizeram da resolução dos problemas de nacionalidade uma de suas prioridades. Com o desaparecimento desses regimes, os velhos conflitos nacionais, ocultados por um tempo, ressurgem. Esse despertar dos nacionalismos ameaça diretamente as fronteiras nascidas da Segunda Guerra Mundial.

Os problemas das fronteiras retornam ao primeiro plano. Brutalmente, a Europa reencontra seus demônios de 1914 e redescobre que o império dos Habsburgo, que reunia todos os povos da Europa Central, tinha vantagens. O impulso polonês está fundado em grande parte na capacidade de reação da nação polonesa, ligada à Igreja Católica. Na Hungria, ocorrem manifestações nacionalistas, em 14 de março de 1989, por ocasião da morte da imperatriz Zita, última rainha da Hungria. Na Romênia, a minoria húngara (3 milhões de pessoas) que habita a Transilvânia, antiga província húngara, reivindica sua autonomia. As minorias romenas se agitam na Moldávia ex-soviética. Tensões aparecem entre húngaros e eslovacos. O caso mais dramático é o da Iugoslávia.

Na Iugoslávia, o lento desmoronamento do sistema comunista a partir da morte de Tito, em 1980, é acompanhado de uma ressurgência dos nacionalismos e das paixões que a firmeza de Tito havia conseguido dominar ao fim da Segunda Guerra Mundial, impondo um Estado federativo que compreendia seis Repúblicas (Eslovênia, Croácia, Bósnia-Herzegóvina, Sérvia, Montenegro e Macedônia) e duas províncias autônomas (Vojvodina e Kosovo). No período do pós-comunismo, a Iugoslávia é o território mais sensível do velho continente por razões muito antigas. Desde a morte do imperador romano Teodósio (365), uma linha de ruptura entre Roma e Bizâncio, católicos e ortodoxos, croatas e sérvios corta o ex-território iugoslavo em dois. Se a conquista eslava não altera em nada a situação, a conquista turca faz com que a fronteira entre o Império Otomano e o dos Habsburgo passe no meio do território iugoslavo e que muitos sérvios ortodoxos fujam, instalando-se nos confins da Croácia católica. Sobre as ruínas dos impérios e no tumulto das crises balcânicas que desencadearam o primeiro conflito mundial (atentado de Sarajevo, 28 de junho de 1941), os vencedores inventam um reino dos sérvios, croatas e eslovenos, divididos em três grupos linguísticos (esloveno, servo-croata e macedônio) e religiosos (católico, ortodoxo e muçulmano), mistura condenada a explodir. Durante a Segunda Guerra Mundial, os antagonismos se exacerbam, dilaceram o reino iugoslavo e deixam traços na memória coletiva (o massacre dos sérvios pelos ustachi, nacionalistas croatas). Às rivalidades ancestrais que opõem os sérvios aos croatas e aos eslovenos vem se juntar a questão das minorias nacionais, pois nenhuma das Repúblicas tem uma população homogênea. É particularmente o caso na Bósnia-Herzegóvina, onde o mosaico étnico mistura 44% de muçulmanos, 31% de sérvios, 17% de croatas. A cisão da Iugoslávia provém da conjunção da crise do sistema comunista com a do Estado multinacional. O drama se arma em maio de 1991 quando da eleição à Presidência colegiada da Federação, da qual eslovenos e croatas reclamam a dissociação em vários Estados soberanos. Confrontos interétnicos ocorrem. Eslovênia e Croácia proclamam sua independência (junho de 1991), em razão da intervenção do exército federal (amplamente composto de sérvios), que pretende fazer respeitar os direitos dos sérvios na Croácia. As tentativas da Comunidade Europeia para promover uma solução negociada têm efeitos limitados.

Enfim, a Tchecoslováquia, criada após a Primeira Guerra Mundial sobre as ruínas do Império Austro-Húngaro, se divide em uma República Tcheca e uma Eslovaca que se divorciam pacificamente (1º de janeiro de 1993) após setenta e quatro anos de vida comum. A balcanização, fruto de nacionalismos, corrói o espaço europeu cujo centro de estabilidade é a Europa dos Doze.

Rumo à União Europeia

A decisão tomada em Luxemburgo, em 13 de junho de 1988, pelos ministros das Finanças de liberar completamente os movimentos de capitais no seio da Comunidade a partir de 1º de julho de 1990 funciona como um gatilho. É um passo decisivo para a constituição de um mercado de 345 milhões de consumidores com um nível de vida elevado.

Na véspera do prazo de 1º de janeiro de 1993, intensificam-se os ataques de Washington e de Tóquio contra a "fortaleza europeia", acusada de constituir um mercado interno inexpugnável. Ao fim de um enorme esforço de harmonização e de liberalização, o advento do grande mercado sem fronteira é uma data importante para a construção europeia.

De fato, as negociações do GATT corroeram a tarifa exterior comum e suscitaram um crescimento notável do comércio mundial. Após as quatro primeiras negociações comerciais (1947, 1949, 1950 e 1956), a *Dillon Round* (1960-1962), a *Kennedy Round* (1964-1967) e a *Tokyo Round* (1973-1979) levaram a uma redução considerável das tarifas aduaneiras industriais. A conferência reunida em Punta del Este desde setembro de 1986, e chamada por essa razão de *Uruguay Round*, tropeça nos produtos agrícolas, nos serviços, no audiovisual. Estados Unidos e Canadá pedem aos europeus a supressão das subvenções agrícolas, em particular no setor das oleaginosas (soja-girassol), e melhor acesso ao mercado; os europeus reagem insistindo sobre a agressividade comercial do Japão e sobre o protecionismo americano em matéria aeronáutica. Acontecendo pouco tempo depois da reforma da Política Agrícola Comum (que substitui o regime de preços garantidos por uma ajuda direta à produção e que impõe ao mesmo tempo um rodízio de culturas com 15% das terras em repouso e a baixa de 29% do preço dos cereais), o acordo de Blair House, concluído (19 de novembro de 1992) pela Comissão Europeia com os americanos (redução do montante de exportações subvencionadas e estabelecimento de um teto para as superfícies plantadas com oleaginosas), é violentamente rejeitado pelos franceses, principais produtores europeus. O compromisso firmado (14 de dezembro de 1993) permite a assinatura da convenção final da Rodada do Uruguai (15 de abril de 1994), em Marrakech, obrigando 121 países a um desmantelamento sem precedentes de suas barreiras alfandegárias.

As negociações que vão levar aos acordos de Maastricht são árduas, em particular a harmonização dos sistemas fiscais e a união monetária. Apesar da entrada da libra esterlina no sistema monetário europeu em 8 de setembro de 1990, os ingleses rejeitam a ideia de uma moeda única; na Alemanha, o Bundesbank e os meios de negócios são hostis a qualquer precipitação. Em Estrasburgo (9 de dezembro de 1989), o Conselho Europeu finaliza um plano de União Econômica e Monetária (UEM) que, ao término de três etapas (a primeira começando em 1º de julho de 1990), deve ser simbolizada pela adoção de uma moeda comum. Se ela se realizasse, essa UEM implicaria transferências de soberania mais importantes do que todas aquelas que as precederam. O Conselho Europeu de Dublin (28 de abril de 1990) enfatiza a urgência de acelerar a construção da política da Europa, cuja ausência no conflito do Golfo e impotência na crise iugoslava confirmam a necessidade de uma política de defesa comum. A fim de sair do impasse, franceses e alemães propõem, em 14 de outubro de 1991, reforçar as responsabilidades das instituições europeias em matéria de defesa e anunciam a criação de um corpo de exército franco-alemão ampliado à Bélgica, a Luxemburgo e à Espanha.

Os progressos das negociações permitem ao Conselho Europeu de Maastricht (9-10 de dezembro de 1991) chegar a um acordo sobre as questões econômicas e monetárias e sobre as questões políticas. O princípio de uma política externa e de segurança comum é posto, e o direito de voto é concedido aos estrangeiros de países da CEE nas eleições locais do país de sua residência. O plano de União Econômica e Monetária, que deve se realizar em três etapas, prevê – se ao menos as políticas econômicas forem suficientemente convergentes – a criação, antes de 1º de janeiro de 1999, de uma moeda única, o que significa uma perda de soberania em matéria monetária. O tratado de União Europeia, assinado em 7 de fevereiro de 1992, mesmo apenas retomando o essencial das disposições dos tratados de Roma, tem a ambição de organizar na maioria das esferas uma vida comunitária e fazer com que exista uma União Europeia em um plano supranacional em setores-chave como a moeda ou a política externa. Em conformidade ao princípio de subsidiariedade, a Comunidade apenas intervém na medida em que os objetivos da ação planejada não possam ser realizados de modo suficiente pelos Estados-membros. A Grã-Bretanha, todavia, consegue limitar sua participação em relação à UEM e à parte social. A ratificação do tratado não é um problema, exceto por algumas exceções: os dinamarqueses o rejeitam (2 de junho de 1992) antes de aprová-lo (18 de maio de 1993); os franceses o aprovam (20 de setembro de 1992) timidamente. Os ingleses terminam por ratificá-lo (2 de agosto de 1993).

Apesar dessa agitação toda, a Europa Ocidental se beneficia de um inegável poder de atração e constitui um polo de influência no mundo.

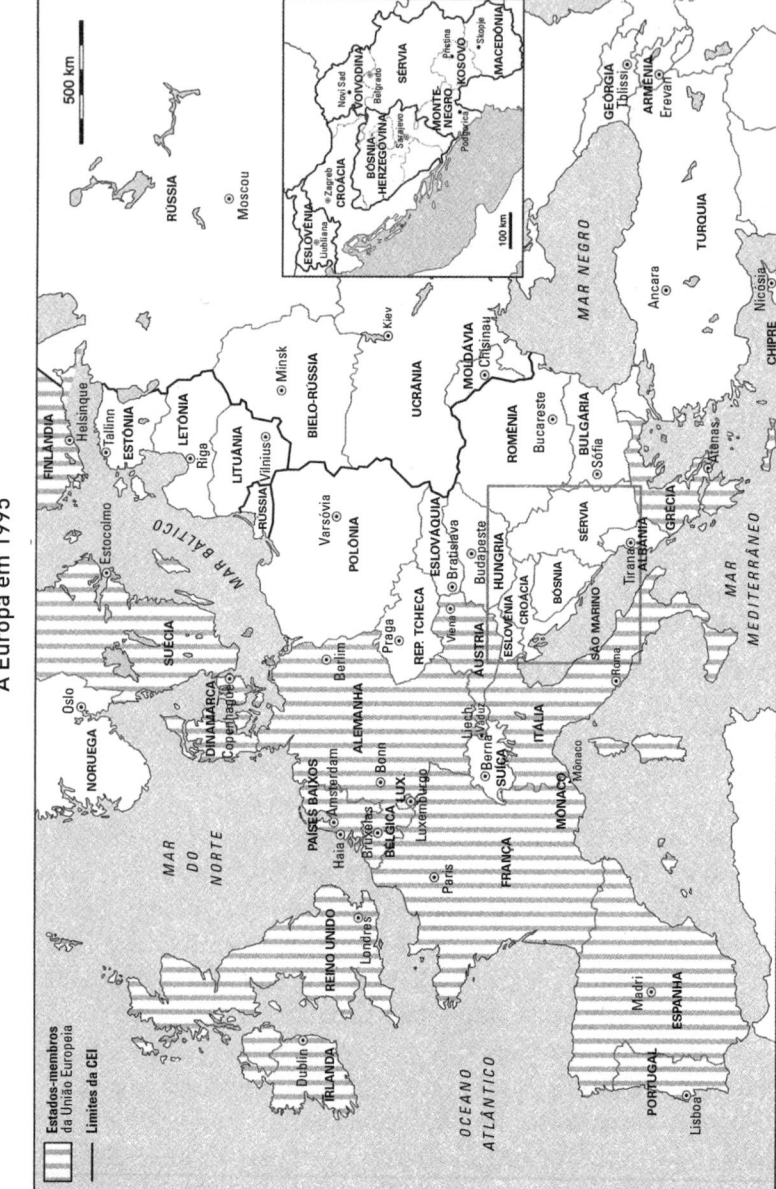

A Europa em 1995

A CEE é bastante solicitada a ajudar tanto a Europa Oriental quanto o Terceiro Mundo. Ela conclui, em 15 de dezembro de 1989, um acordo com os 68 países da ACP que consagra um aumento da ajuda da Europa ao Terceiro Mundo: é o Lomé IV. Cria um Banco Europeu para a Reconstrução e o Desenvolvimento (Berd), que tem por vocação assistir financeiramente os países da Europa Oriental. Em suma, a Europa Ocidental se encontra em uma situação paradoxal de ser o centro de estabilidade do mundo, sem ter no entanto a possibilidade de exercer uma influência determinante no equilíbrio de forças mundial. Além disso, ela hesita quanto ao seu futuro e ao seu estatuto.

Uma Europa de geografia variável

O desaparecimento do muro de Berlim e da cortina de ferro devolve à Europa sua plenitude geográfica. Ao mesmo tempo, o desaparecimento da hegemonia soviética implica um risco de balcanização e impõe, portanto, a busca de uma estrutura. A Europa dos Doze deve ampliar-se mesmo sob o risco de enfraquecer-se e de perder sua originalidade? Os Doze da CEE e os sete membros da Aelc concluem (22 de outubro de 1991) um tratado que instaura um Espaço Econômico Europeu (EEE), que surge como uma experiência-ensaio antes da adesão à Comunidade. No entanto, a aproximação não é feita sem conflitos, como o prova a recusa do povo suíço em ratificar o EEE (6 de dezembro de 1992). E o que responder aos países da Europa do Leste que desejam conhecer a prosperidade e também entrar na Comunidade? Polônia, Hungria, República Tcheca e Eslováquia, que constituem o Grupo de Visegrado, mobilizam-se na cooperação regional, apresentada como condição prévia à adesão. A fim de resolver os problemas de fronteiras e de minorias, o pacto de estabilidade da Europa, adotado em 22 de março de 1995, visa promover a diplomacia preventiva.

Única organização que reúne, além dos Estados Unidos e do Canadá, todos os Estados europeus, inclusive a Albânia (junho de 1991), a *Conferência sobre a Segurança e a Cooperação na Europa* (CSCE) pretende desempenhar papel cada vez maior. Na 2ª conferência de cúpula da CSCE (21 de novembro de 1990) é assinada a Carta de Paris para uma nova Europa: os trinta e quatro membros celebram o fim da "era de confronto e de divisão", saúdam a "democracia como único sistema

Uma Europa de geografia variável (abril de 1999)

CONSELHO DA EUROPA						
	OTAN	Canadá / Estados Unidos	**CONSELHO DE PARCERIA EUROATLÂNTICA**			
Andorra	Islândia	Dinamarca	Albânia	Armênia	Bósnia-Herzegóvina	
Chipre	Noruega	**UEO**	Bulgária	Azerbaijão	Mônaco	
Croácia	Turquia	Alemanha	Estônia	Bielo-Rússia	Vaticano	
Liechtenstein	Hungria	Bélgica	Letônia	Geórgia	Iugoslávia	
Malta	Polônia	Espanha	Lituânia	Cazaquistão		
São Marino	Rep.Tcheca	França	Macedônia	Quirguistão		
		Grécia	Moldávia	Uzbequistão		
		Itália	Romênia	Tadjiquistão		
		Luxemburgo	Rússia	Turcomenistão		
		Países Baixos	Eslováquia			
		Portugal	Eslovênia			
		Reino Unido	Suíça			
		Áustria / Finlândia / Suécia	Ucrânia			
		Irlanda				
		UE				**OSCE**

de governo", e decidem institucionalizar a CSCE. Apesar da adoção, em Berlim (19-20 de junho de 1991), de um mecanismo de consulta, a CSCE parece, nesse momento, destinada à ineficácia.

A *Aliança Atlântica* é confrontada com a necessidade de uma reconversão profunda. Concebida para enfrentar quase que exclusivamente o perigo do Pacto de Varsóvia, deve adaptar suas estruturas militares a uma situação profundamente diferente: o recuo do exército soviético e a retirada da Europa de boa parte dos GI, que passam de 320 mil em 1990 a 133 mil em 1994. Depois de vencer a organização rival, a Otan deve responder às necessidades de segurança dos Estados da Europa Central e Oriental, inquietos por se encontrarem em um "vácuo estratégico". Deve também levar em consideração as tentativas da Europa dos Doze de dotar a União Europeia de uma política de segurança (6-7 de junho de 1991) e de delegar seu braço secular à UEO. As iniciativas se multiplicam. A Otan reorganiza seu dispositivo militar ao criar uma força de "reação rápida" (28-29 de maio de 1991) e ao se orientar em direção à criação de um corpo militar multinacional – constituído particularmente de alemães e americanos (abril de 1993) –, paralelamente à decisão franco-alemã (outubro de 1991) de criar um

Eurocorps, qualificado para se tornar o embrião de um exército europeu. Em novembro de 1991, a cúpula da Otan reconhece que outras instituições além dela própria, em particular a Comunidade Europeia, a UEO e a CSCE, atuam em matéria de defesa e segurança. A decisão de 4 de junho de 1992 de colocar as forças e as infraestruturas da Aliança a serviço da CSCE para missões de manutenção da paz dá à Otan pela primeira vez a possibilidade de intervir fora da zona de aplicação do tratado. Porém o papel que consiste em garantir a segurança da Força de Proteção das Nações Unidas (Forpronu) na ex-Iugoslávia é limitado. Na Bósnia, pela criação da Força de Reação Rápida e pela *Implementation Force* (Ifor), a Otan investe em um novo tipo de intervenção, em cooperação com as forças de seus ex-adversários ou neutras.

O MUNDO DO PÓS-GUERRA FRIA

O fim da guerra fria não faz com que desapareçam as ocasiões de conflito. A distensão planetária observada desde 1985 deve-se inicialmente à distensão entre as duas superpotências, depois ao vasto desengajamento da URSS (imitado pelas forças delegadas cubanas), enfim ao desmoronamento soviético. Essa distensão toma formas variadas: redução das tensões, fim de vários conflitos regionais, democratização. Favorecidos pelo subdesenvolvimento, as lutas por influência, os tribalismos, as particularidades nacionais e religiosas ressurgem em toda parte.

Uma Ásia repleta de contrastes

Constata-se um arrefecimento dos conflitos na Ásia, exceto na Caxemira, e uma diversificação crescente: à próspera Ásia oriental (inclusive a China costeira) se opõe o ainda pobre subcontinente indiano.

O desengajamento mais espetacular é a retirada do exército soviético do Afeganistão. A URSS, que intervira militarmente no Afeganistão, conduzia uma guerra quase colonial e ali se atolava aos poucos. Quando M. Gorbatchov se torna secretário-geral do PCUS, a guerra já dura cinco anos e parece cada vez mais com a Guerra do Vietnã. Um exército que dispõe de armamentos e materiais potentes, com efetivos relativamente limitados, não consegue acabar com a resistência de um povo rústico ajudado por Paquistão, Estados Unidos, China e países do Golfo. Os combates se tornam cada vez mais duros. A posse, pela resistência afegã, de mísseis antiaéreos Stinger faz com que os soviéticos percam o domínio do céu em 1987, e as operações realizadas pelo exército soviético para libertar os centros suscetíveis de cair nas mãos da resistência são interrompidas bruscamente. Para M. Gorbatchov, tirar a União Soviética do lamaçal afegão é um objetivo prioritário, pois a ofensiva de paz soviética não poderá ser crível enquanto o Afeganistão estiver ocupado. As negociações abertas em Genebra dão uma guinada decisiva. O chefe do governo, Babrak Karmal, que freia as negociações, é substituído, em 4 de maio de 1986, pelo general Nadjibollah. Após a cúpula Reagan-Gorbatchov de dezembro de 1987, em Washington, os acontecimentos se precipitam. A diplomacia soviética faz tudo que pode para obter um cessar-fogo e estabelecer um governo de coalizão. Em 14 de abril de 1988, acontece o acordo sobre a retirada das tropas soviéticas negociado pelo governo de Cabul, Paquistão, URSS e Estados Unidos. Apesar das dificuldades de aplicação, a retirada das tropas soviéticas termina em 15 de fevereiro de 1989, no prazo previsto.

Outros conflitos em que a URSS não estava tão implicada quanto na guerra do Afeganistão, mas ainda assim estava envolvida política e financeiramente, foram interrompidos pelas mesmas razões gerais. É o caso da intervenção do Vietnã no Camboja. Desde novembro de 1987, o Vietnã começa a repatriar algumas unidades e anuncia, em 5 de abril de 1989, a retirada total de suas tropas. A convite da França, realiza-se em Paris, em agosto de 1989, uma conferência sobre o futuro do Camboja que reúne todos os atores, do antigo rei – príncipe Norodom Sihanuk – ao primeiro-ministro em exercício, Hun Sen, mas ela fracassa. Após a partida dos soldados vietnamitas, a guerra civil novamente assola o país. Uma tentativa de fazer da ONU o centro de uma solução do problema cambojano chega a reunir (setembro de 1990) as quatro facções do Khmer sob a presidência do príncipe Sihanuk e a prever um cessar-fogo. O acordo de paz, que finalmente é assinado por todos os participantes em 23 de outubro de 1991, coloca, de fato, o país sob a tutela das Nações Unidas até a organização de eleições livres. Pela Resolução 945 (28 de fevereiro de 1992), o Conselho de Segurança vota o envio de 22 mil homens e cria a Autoridade Provisória da ONU (Apronuc), encarregada de encaminhar o Camboja para uma situação normal. Apesar dos entraves postos pelo Khmer Vermelho, a Apronuc, que consegue realizar eleições gerais em maio de 1993, termina sua missão, em novembro de 1993, com um balanço positivo.

Essa diminuição da tensão na península indo-chinesa mostra que as tentativas de M. Gorbatchov de restabelecer o diálogo com a China chegam a um bom termo. Em Vladivostok, em 28 de julho de 1986, M. Gorbatchov se declara pronto a criar um clima de boa vizinhança, e sua visita oficial à China (16-18 de maio de 1989) permite a normalização das relações sino-soviéticas, reforçada pelas visitas a Moscou do secretário-geral do PC chinês (maio de 1991) e do presidente chinês Jiang Zemin (setembro de 1994).

A guerra Irã-Iraque cessa em 29 de agosto de 1988 e põe fim a um conflito de oito anos que causou a morte de um milhão de pessoas. A despeito de seus esforços e da superioridade de seu exército, todas as ações do Iraque nas instalações petroleiras iranianas, nas cidades e nas fronteiras foram relativamente fracassadas e esbarraram nas defesas eficazes do Irã, que conseguiu ainda contra-atacar e se apoderar da cidade de Fao, em fevereiro de 1986, cuja reconquista pelo Iraque acontecerá apenas em abril de 1988. Assiste-se, assim, a uma intensificação dos combates com a utilização de mísseis e recurso a armas químicas. O mundo aceitou essa situação ao mesmo tempo que armava seus protagonistas até o ponto em que a degradação do conflito começa a inquietar a comunidade internacional. Dois fatores contribuíram para isso: as manobras subversivas e terroristas do Irã, cuja sombra se encontra nos sequestros e nos atentados de setembro de 1986, em Paris, o que leva à ruptura das relações diplomáticas com a França, e as revoltas em Meca (31 de julho de 1987), fomentadas pelos xiitas contra a dinastia guardiã dos lugares sagrados do Islã.

O segundo fato de internacionalização do conflito concerne ao golfo Pérsico, que se torna um local de possíveis confrontos devido a ataques contra o tráfego marítimo e a ameaças que pesam sobre o fornecimento de petróleo. Os Estados da Europa Ocidental decidem enviar, em agosto de 1987, navios de guerra ao golfo a fim de tranquilizar os Estados produtores de petróleo do golfo Pérsico, impedir uma eventual exploração da crise pelos soviéticos e manter o acesso ao petróleo.

Finalmente, a lassidão dos combatentes, os reveses do exército iraniano e a pressão internacional levam, em julho de 1988, o Irã, cada vez mais isolado no mundo árabe, e depois o Iraque, a aceitar um cessar-fogo exigido pela ONU em 20 de julho de 1987 e a entabular conversações. O acordo sobre o cessar-fogo é anunciado pelo secretário-geral das Nações Unidas, Pérez de Cuéllar, em 8 de agosto de 1988, e entra em vigor em 20 de agosto, após a chegada de 350 observadores das Nações Unidas.

O fim da guerra Irã-Iraque, o restabelecimento das relações diplomáticas do Irã com a França em 16 de junho de 1988, após a libertação dos reféns franceses, e a morte do imã Khomeini (3 de junho de 1989) não colocam um fim nas tensões internacionais no golfo Pérsico.

A guerra do Golfo, causada pela invasão do Kuait pelo Iraque, mergulha o mundo por sete meses, dos quais seis semanas são de conflito armado, em uma atmosfera de guerra. Por trás do contencioso que opõe o Iraque ao Kuait se escondem, de um lado, a vontade de Bagdá de garantir a liderança do mundo árabe e, de outro, a necessidade para o Ocidente industrializado de proteger o "celeiro de petróleo" que é o golfo Pérsico. Para ter uma verdadeira desembocadura no golfo, o Iraque cobiçava todo ou parte do Kuait, principado da família al-Sabah, protetorado britânico independente desde 1961. Esse país, possuidor de imensos recursos e reservas petrolíferas, era uma presa atraente para um Estado endividado. Por fim, Bagdá acusava o Kuait de contribuir para a estagnação do preço do petróleo e consegue, aliás, em 27 de julho de 1990, pressionar a Opep para aumentar de 18 para 21 dólares o preço de referência do barril.

Depois de várias semanas de tensão e de negociações vãs, o exército iraquiano, aguerrido pelo conflito com o Irã e superequipado graças ao material de origem soviética e francesa, invade o Kuait em 2 de agosto e o anexa em 8 de agosto de 1990.

Diante dessa flagrante violação do direito internacional, os Estados Unidos – seguidos de alguns Estados – reagem colocando um grande dispositivo militar na Arábia Saudita que visa proteger os Estados do Golfo ameaçados pelo expansionismo iraquiano assim como pressionar o Iraque por meio de um embargo bastante severo, ao qual o Conselho de Segurança da ONU dá seu total apoio, em 6 de agosto, por meio da Resolução 1661.

Para afrouxar o cerco, o Iraque decide renunciar, em 15 de agosto, às suas conquistas territoriais sobre o Irã, objetivo de uma guerra de oito

Mapa político do Oriente Médio (1985)

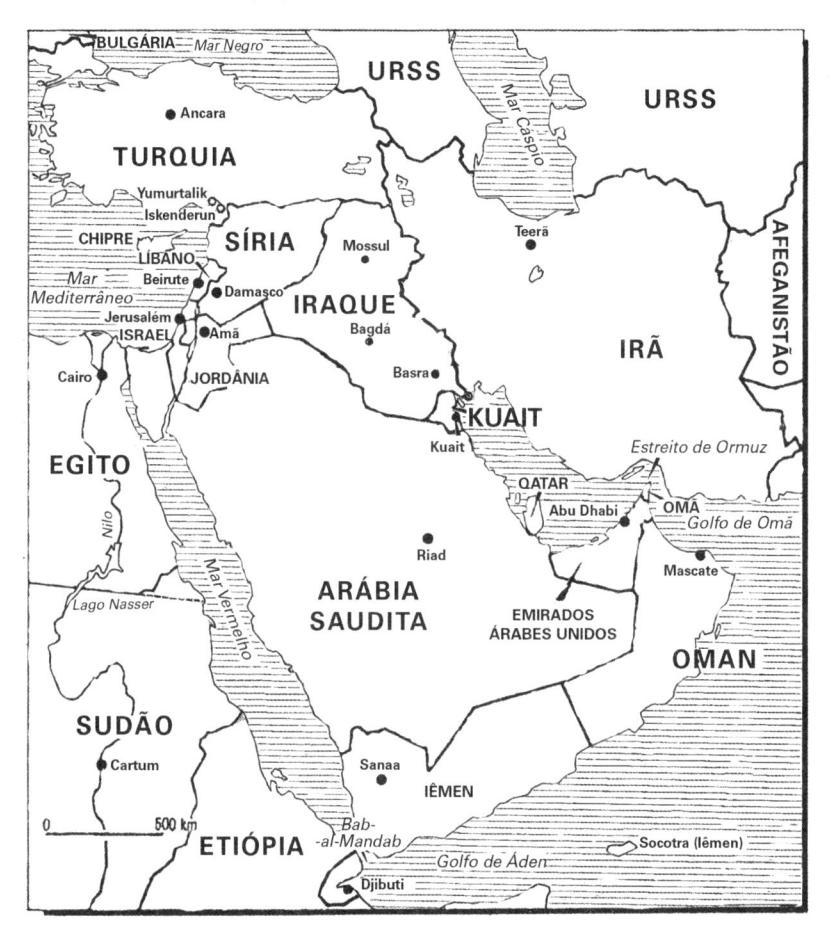

anos, retornar aos acordos de 1975 e reter prisioneiros no Kuait e, no Iraque, os estrangeiros presentes. A crise do Golfo tem graves repercussões no plano da tensão internacional, no fornecimento de petróleo e no aumento de seu preço e, por fim, no marasmo dos mercados financeiros.

Diante da primeira grande crise surgida no pós-guerra fria, constata-se uma inquietação na comunidade internacional. Americanos e soviéticos condenam em uníssono a agressão. O Conselho de Segurança, que já não é inibido pelo veto de um de seus membros permanentes, aprova resolução após resolução. E os americanos reúnem uma força militar impressionante na Arábia, retirando, para essa finalidade, um terço de suas forças da Europa, o que jamais poderiam ter feito sem o fim da guerra fria e a passividade do Kremlin, que abandona seu principal protegido no Oriente Médio.

Assim que os reforços afluem para o Golfo, as ameaças e as afirmações de intransigência se multiplicam tanto em Bagdá quanto em Washington. A coalizão anti-iraquiana em torno dos americanos (400 mil homens) reúne tanto ocidentais (29 mil britânicos, 12 mil franceses) como árabes (sauditas, egípcios, sírios, marroquinos). A operação desencadeada sob o nome de "Tempestade no Deserto" se desenvolve em duas fases: intensos bombardeios aéreos a partir de 17 de janeiro de 1991 e ofensiva terrestre de 24 a 28 de fevereiro. A operação é concluída com a libertação do Kuwait e a ocupação de uma parte do Iraque, mas sem a queda de Saddam Hussein. Ele consegue preservar os meios de reprimir as revoltas internas (xiitas e curdos), nas quais, a despeito da violência anticurda, repugna aos americanos intervir. Pela Resolução 687 (abril de 1991), o Conselho de Segurança fixa as condições de um acordo definitivo para um cessar-fogo, obrigando o Iraque a pagar pelos danos da guerra e a se encarregar de eliminar suas armas de destruição em massa para privá-lo de qualquer capacidade de agressão.

A África abandonada

Poder-se-ia acreditar que, graças ao fim da guerra fria, os principais conflitos na África se extinguiriam; mas não é nada disso o que ocorre: os confrontos tribais e o aumento do banditismo se multiplicam em um continente deixado ao abandono, atingido pela dívida excessiva e pelo subdesenvolvimento. Com o fim dos blocos, a África deixa de ser um móvel da rivalidade entre os dois campos e perde sua importância estratégica e diplomática. Forças antagônicas coexistem: avanço do integrismo muçulmano, presença ativa do catolicismo (viagens de João Paulo II em 1982, 1985, 1990, 1992, 1993 e 1995), progresso da democracia diante dos regimes ditatoriais.

A solução da questão da Namíbia e a guerra civil em Angola. Desde sua independência, em 1975, Angola jamais conheceu a paz. O Movimento Popular de Libertação de Angola (MPLA) é contestado por dois outros movimentos, a FNLA e a Unita, dirigida por Jonas Savimbi, que, em 1986, controlava pelos menos um terço do país. Diante do governo angolano, amparado pela ajuda soviética, cubana e alemã--oriental, a Unita se beneficia da ajuda americana e sul-africana na perseguição aos militantes nacionalistas namibianos. A Namíbia é, de fato, administrada pela República Sul-Africana, que se prevalece de um mandato da SDN dado em 1920. No entanto, a Assembleia Geral da ONU o revogou em 1966 e reconheceu, em 1973, a *South West African People's Organization* (Swapo) como único representante autêntico do povo namibiano, que mantém uma guerrilha em seu país. Perante o MPLA, apoiado por Moscou e Havana, a Unita consegue manter uma rebelião antimarxista e obriga o Estado angolano a consagrar metade de seu orçamento aos gastos militares. O conflito se agrava a partir de 1985, com a acentuada pressão americana e um estreitamento dos laços com Moscou (maio de 1986). No fim de 1987 e no começo de 1988, combates importantes se desenrolam sem que nenhum dos dois campos pareça capaz de vencer militarmente. Todas as tentativas de solução negociada tropeçam na recusa de Pretória em retirar suas tropas da Namíbia e em reconhecer sua independência enquanto as forças cubanas permanecerem em Angola e derem apoio armado à Swapo. As conversações entre Angola, Cuba, África do Sul e Estados Unidos levam a um acordo de cessar-fogo, em 8 de agosto de 1988, e à retirada das tropas sul-africanas de Angola, em 22 de novembro de 1989. Dois tratados assinados nas Nações Unidas, em 22 de dezembro de 1988, preveem a promoção da Namíbia à independência, que é proclamada em 21 de março de 1990, e a retirada progressiva das forças cubanas antes de 1º de julho de 1992. A retirada dos cubanos, que permitira a instalação (em 1975) e a manutenção em Luanda de um governo pró--soviético, marca o fracasso das ambições soviéticas na África. Um acordo supervisionado pela ONU (maio de 1991) traz a paz a Angola. Contestada pelo presidente da Unita, a vitória do presidente do MPLA, Eduardo dos Santos, nas eleições presidenciais (setembro de 1992) dá o sinal de uma nova guerra civil que se estende por todo o país. Um acordo de paz entre o governo de Luanda e a Unita ocorre em 1994, dando uma esperança de paz para Angola após vinte anos de guerra civil, enquanto em Moçambique as primeiras eleições livres acontecem em 1994.

No Saara Ocidental, apesar dos sucessos diplomáticos e militares da Frente Polisario, a posição marroquina não para de se fortalecer. A reconciliação espetacular com a Argélia, em maio de 1988, após doze anos de ruptura, beneficia o Marrocos ao privar a Frente Polisario do apoio incondicional de seu aliado argelino. A partir de 30 de agosto de 1988, a Frente Polisario aceita a instauração de um cessar-fogo e a organização, sob o controle da ONU e de uma força de manutenção da paz criada em abril de 1991, de um referendo permitindo à população saaráui escolher entre a independência e a integração ao Marrocos.

No Chade, o processo de paz iniciado desde o cessar-fogo de 11 de setembro de 1987 parece sólido. Chade e Líbia restabelecem relações diplomáticas normais em 3 de outubro de 1988 e assinam um acordo-quadro para a solução das diferenças territoriais entre ambos, em 31 de agosto de 1989. É reconhecida a soberania do Chade (fevereiro de 1994) sobre a faixa fronteiriça de Aouzou (114.000 km^2), ocupada pelo exército líbio desde 1973. Mas o país é instável (Hissene Habré é expulso do poder em 1º de dezembro de 1990 por seu antigo ajudante, Idriss Déby, armado pela Líbia).

Um Oriente Médio instável

O Oriente Médio é conhecido por ser uma região frágil e conturbada, confrontada com múltiplos fatores de instabilidade: queda das rendas devido às flutuações do preço do petróleo, crescimento demográfico, fragilidade das estruturas estatais, armamento excessivo, terrorismo e aumento do integrismo islâmico.

Endêmico desde os anos 1960, o terrorismo agravou-se nos anos 1980. Atinge o Líbano, particularmente em 1983, e outros países do Oriente Médio; tem como alvo os meios de transporte (sequestro do Boeing da TWA em junho de 1985, do *Achille Lauro* em outubro de 1985; inúmeros atos de pirataria em 1986) e as capitais da Europa Ocidental, Viena (dezembro de 1985), Berlim (abril de 1986), Roma e Paris (setembro de 1986). Os atores são pequenos grupos autônomos, em teoria, mas que, se necessário, transformam-se em prestadores de serviços a Estados – Líbia, Síria, Irã – que se servem deles como instrumento político.

Diante dessa nova situação, as grandes potências mostram circunspecção. A União Soviética abandona sua política de apoio a todos os extremistas e chega até a se esforçar para reconciliar-se com Israel. Os Estados Unidos decidem se retirar do Líbano, mas não pretendem permanecer sem reação contra o terrorismo, como o atesta a interceptação pelos caças americanos do avião que transportava os piratas do *Achille Lauro*, o ataque a Trípoli e Bengasi, em abril de 1986, e a destruição de dois MIG-23 líbios (janeiro de 1989).

No Líbano, após a partida da força de interposição em fevereiro de 1984 e a retirada israelense do sul do país, assiste-se a uma nova investida (julho de 1986) dos sírios, que tiveram de evacuar Beirute em agosto de 1982. O Líbano afunda nas lutas confessionais entre sunitas e xiitas, e se torna uma questão entre a Síria e o Irã, por milícias interpostas. Com a expiração do mandato de Amin Gemayel, em setembro de 1988, a situação se torna inextricável; os sírios, que querem impedir a reconstituição de um verdadeiro Estado libanês, impõem-se por meio de intensos bombardeios a Beirute-Leste. Após seis meses de combate, acontece o cessar-fogo (22 de setembro de 1989). Pelo acordo de Taif (22 de outubro de 1989), a Síria vê seu papel e sua presença reconhecidos pelos países árabes. Esse acordo caucionado pelas grandes potências permite a eleição de um novo presidente da República libanesa (novembro de 1989), causando grande perplexidade nos cristãos, divididos quanto à atitude que devem tomar. A assinatura de um tratado sírio-libanês (22 de maio de 1991) consagra o papel preponderante da Síria no Líbano.

Esperança de paz no conflito árabe-israelense. Até 1993, o problema palestino se agrava em razão do imobilismo da política israelense e da radicalização da oposição palestina. Uma revolta nasce em dezembro de 1987 e ganha amplamente os territórios ocupados: é a *Intifada*. Em razão da repressão que provoca, ela suscita uma perturbação profunda na sociedade israelense e acentua a internacionalização do problema palestino.

A OLP, que estava enfraquecida e em declínio, encontra um novo vigor (cúpula da Liga Árabe em Argel, 7-9 de maio de 1988), como mostra o convite dirigido a Yasser Arafat para ir ao Parlamento Europeu em Estrasburgo (13-14 de setembro de 1988). Em 15 de novembro de 1988, o Conselho Nacional Palestino proclama a criação de um

Estado palestino ao aceitar a Resolução 242 (adotada após a Guerra dos Seis Dias) e reconhece implicitamente a existência de Israel. Observam-se modificações significativas do papel das grandes potências. Desde a chegada de Gorbatchov ao poder, a URSS se esforça para abrir seu jogo em relação a Israel. Uma missão israelense exploratória é recebida em Moscou, em julho de 1988, e os judeus soviéticos são autorizados a emigrar para Israel.

Quanto aos americanos, eles anunciam, em 14 de dezembro de 1988, que estão prontos para abrir um diálogo substancial com os representantes da OLP. Conversações acontecem em Túnis. No entanto, a longa crise governamental israelense (março-junho de 1990) e a intransigência do governo Shamir impedem qualquer progresso, apesar dos esforços egípcios (plano Mubarak) e americanos (plano Baker). Os confrontos sangrentos, que se multiplicam, provocam a intervenção do Conselho de Segurança, que vota uma resolução sobre a proteção dos palestinos nos territórios ocupados (20 de dezembro de 1990). Graças à guerra do Golfo e à coalizão anti-iraquiana, o secretário do Departamento de Estado, James Baker, consegue a adesão dos principais protagonistas à ideia de uma conferência internacional sobre o Oriente Médio. Apadrinhada por Estados Unidos e União Soviética, a conferência da paz, que se abre em Madri em 30 de outubro de 1991, reúne pela primeira vez Israel, seus vizinhos árabes e os palestinos. Após a vitória do partido trabalhista nas eleições legislativas (23 de junho de 1992), o novo governo israelense relança o processo de paz no Oriente Médio ao admitir a validade parcial da Resolução 242 e ao anunciar o congelamento parcial das colônias judaicas nos territórios ocupados, onde a tensão permanece viva.

Após as conversações secretas entre Israel e a OLP, um acordo de reconhecimento mútuo é assinado oficialmente em Washington, em 13 de setembro de 1993. A "declaração de princípio sobre os arranjos transitórios de autonomia" prevê a autonomia dos territórios ocupados e a retirada das forças israelenses, "em primeiro lugar, da faixa de Gaza e da zona de Jericó". A autoridade palestina se instala em maio de 1994. Israel e Jordânia assinam um tratado de paz (26-27 de outubro de 1994) e estabelecem relações diplomáticas (novembro de 1994).

A situação na América Central e na América do Sul

Na América Central, tão marcada pela guerra fria, a situação política está apaziguada. A guerra civil cessou na Nicarágua, e em El Salvador celebra-se a reconciliação nacional. Em quase toda parte, eleições livres se desenrolam sem incidentes. Sob o estímulo do FMI, reformas estruturais começam a fazer efeito sobre a saúde econômica de países como a Argentina e o Chile. Esforços de unificação econômica regional (Mercosul) prosperam.

O papel da União Soviética nessa região se transformou profundamente. A visita que M. Gorbatchov faz a Cuba (abril de 1989) aparentemente não consegue convencer Fidel Castro dos encantos da perestroika. Moscou se distancia, retira suas tropas (verão no hemisfério norte de 1991) e deixa de lhe fornecer ajuda econômica. Quanto aos Estados Unidos, extremamente preocupados com seu "quintal", oscilam entre o imobilismo (ou multilateralismo pela interposição da OEA) e o intervencionismo, que já não encontra sua justificação na preocupação de proteger sua segurança nacional, mas na de combater o flagelo da droga.

Na Nicarágua, a despeito da oposição do Congresso, o presidente Reagan deseja ajudar a rebelião antissandinista, os Contras. Fundos lhes são fornecidos ilegalmente (*Irangate*). Por fim, a administração decide não mais dar ajuda militar aos Contras (março de 1989), mas também não aceita que a União Soviética continue a entregar armas aos sandinistas.

A conduta preconizada pelos cinco chefes de Estado da América Central (7 de agosto de 1987) indica os caminhos que devem ser seguidos: democratização, pacificação e cooperação regional. Um acordo de cessar-fogo é concluído entre o presidente Ortega e os Contras (23 de março de 1988). Eleições livres acontecem em fevereiro de 1990 com a cooperação dos Capacetes Azuis e, contra toda expectativa, dão a vitória à candidata da União Nacional de Oposição, Violeta Chamorro, que vence o candidato sandinista, o presidente Ortega. Os americanos levantam o embargo. Os Contras se desmobilizam. É o fim da guerra civil na Nicarágua?

No Panamá, após dois anos de pressão diplomática, os Estados Unidos lançam a operação militar "Justa Causa", em 20 de dezembro

Mapa político da América Central

Fonte: *Le Monde*.

de 1989, com o objetivo declarado de restaurar o processo democrático. Na verdade, teve a missão de expulsar do poder e prender o general Noriega, que modificara os resultados das eleições favoráveis à oposição (maio de 1989). A recusa de Noriega em colaborar com os Estados Unidos contra o regime sandinista não explica tudo. O contencioso entre os dois países concerne à zona do canal do Panamá, concedida perpetuamente aos Estados Unidos pelo tratado de 1903, onde os americanos mantêm 12 mil homens e cuja restituição à República do Panamá antes de 31 de dezembro de 1999 está prevista nos acordos assinados (setembro de 1977) entre Carter e o presidente panamenho Omar Torrijos.

Em El Salvador, o governo e os rebeldes assinam (31 de dezembro de 1991) um acordo de cessar-fogo que põe fim a uma guerra civil que matou cerca de 90 mil pessoas em doze anos: é a reconciliação nacional, selada em dezembro de 1992 e controlada por uma missão das Nações Unidas (Onusal).

No Haiti, o exílio de Jean-Claude Duvalier (1986) não permitiu ao país reencontrar nem a estabilidade nem a democracia, em razão do golpe de Estado militar, em setembro de 1991. As sanções decididas pela ONU e as pressões exercidas pelos Estados Unidos terminam por fazer com que a junta militar ceda (setembro de 1994); a presença dos Capacetes Azuis, sobretudo americanos, permite a eleição pacífica do sucessor do presidente Aristide.

Um outro aspecto na reconstituição dessa paisagem mundial é a renovação do papel da ONU. Durante muito tempo a organização internacional não teve poder algum para fazer respeitar a paz e era incapaz de prevenir conflitos; obteve parcos resultados no terreno do desarmamento, que, ao contrário, progrediu graças às negociações bilaterais americano-soviéticas. A coexistência, no seio das Nações Unidas, de Estados enormes por sua superfície e população (como a China e a Índia) e de microestados (Seychelles, São Tomé) levou a uma dispersão extraordinária, reforçada pelo princípio de igualdade entre os Estados com contribuições financeiras inteiramente desiguais, com os Estados Unidos assumindo sozinhos 25% do orçamento da organização.

É um fórum universal de 185 Estados-membros, que reflete as tensões de um mundo multipolar e que serve de parâmetro para negociações e múltiplas iniciativas. A ONU tornou-se novamente um local de diálogo, e a atribuição do Prêmio Nobel da Paz, em 1988, às forças da ONU sanciona um prestígio recuperado. É significativo que a firmeza manifestada quando da invasão do Kuait pelo Iraque revele em particular uma nova vontade de fazer respeitar uma concepção do direito internacional e de fazer prevalecer o papel das Nações Unidas. A ONU é agora mais solicitada do que no passado para os processos de resolução de conflitos regionais (acesso da Namíbia à independência, solução da questão de Angola, guerra do Golfo, administração do Camboja pacificado, organização do referendo no Saara Ocidental, questão do Curdistão, Somália, Iugoslávia). De 1988 a 1992, a ONU lançou tantas operações de manutenção da paz quanto as que foram realizadas ao longo dos quarenta anos precedentes. Cerca de 80 mil boinas azuis (observadores não armados) e Capacetes Azuis (soldados armados) servem em todos os continentes. A ONU, no entanto, tem muita dificuldade em participar da elaboração de uma nova ordem mundial.

Capítulo **6**

EM BUSCA DE UMA
NOVA ORDEM MUNDIAL
(1992-2001)

Na virada do século, encontramo-nos na aurora de um novo mundo, movediço e imprevisível. A maior parte dos fundamentos da segunda metade do século XX, mas também de todo o século, foi varrida ou desvalorizada. Favorecida pela baixa do preço do petróleo, a retomada da economia mundial, lenta em seu despertar em 1992-1993, se faz notar por desempenhos impressionantes de 1994 a 2000: crescimento nos países anglo-saxões, emergência de novos países industrializados, em particular na Ásia, e até se estende à Europa, então envolta no marasmo e no desemprego.

A globalização está em marcha com a extensão do livre-câmbio aos antigos países de economia coletivista, a adoção generalizada das leis do mercado, a explosão da nova economia e a tendência à mobilidade de capitais, tendo por consequência uma maior interdependência do planeta, sem que existam, entretanto, meios de regulamentação adaptados. A prova disso é a crise financeira originada na Tailândia (julho de 1997), seguida pela crise russa (agosto de 1998) e pela do Brasil, que ameaçam a prosperidade mundial. América Latina, Ásia e África são, as três, afetadas pela queda dos preços das matérias-primas, e os produtores de petróleo pela queda do preço do "ouro negro", que não pode ser contida pelas reduções de produção decididas pelos membros da Opep, exceto ao longo do ano 2000, quando o preço do barril triplica em um ano, fazendo com que se tema um novo choque do petróleo e confirmando a Opep (40% da produção e três quartos das reservas mundiais) em seu papel de interlocutor inevitável dos países consumidores.

A situação petroleira mundial em 2000

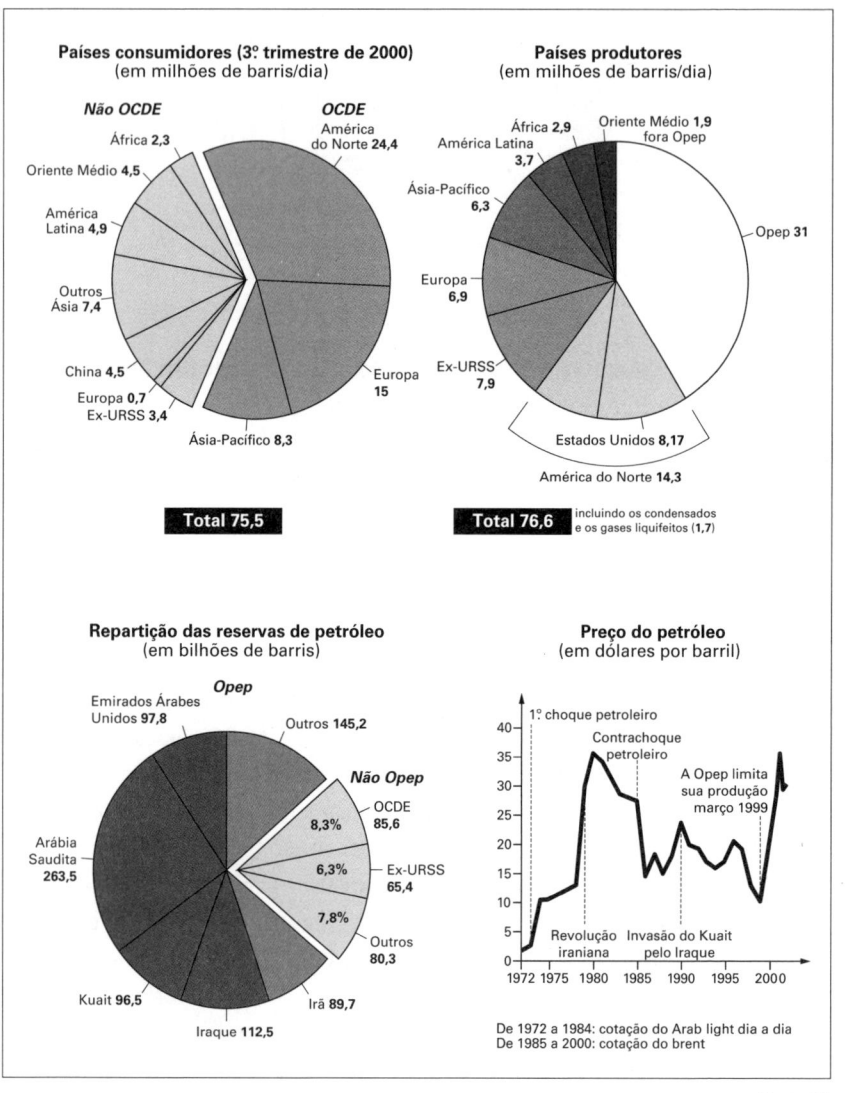

Países consumidores (3º trimestre de 2000)
(em milhões de barris/dia)

Não OCDE
- África 2,3
- Oriente Médio 4,5
- América Latina 4,9
- Outros Ásia 7,4
- China 4,5
- Europa 0,7
- Ex-URSS 3,4

OCDE
- América do Norte 24,4
- Europa 15
- Ásia-Pacífico 8,3

Total 75,5

Países produtores
(em milhões de barris/dia)

- África 2,9
- Oriente Médio 1,9 fora Opep
- América Latina 3,7
- Ásia-Pacífico 6,3
- Europa 6,9
- Ex-URSS 7,9
- Estados Unidos 8,17
- América do Norte 14,3
- Opep 31

Total 76,6 incluindo os condensados e os gases liquifeitos (1,7)

Repartição das reservas de petróleo
(em bilhões de barris)

Opep
- Emirados Árabes Unidos 97,8
- Outros 145,2
- Arábia Saudita 263,5
- Kuait 96,5
- Iraque 112,5
- Irã 89,7

Não Opep
- OCDE 85,6 (8,3%)
- Ex-URSS 65,4 (6,3%)
- Outros 80,3 (7,8%)

Preço do petróleo
(em dólares por barril)

- 1º choque petroleiro
- Contrachoque petroleiro
- A Opep limita sua produção março 1999
- Revolução iraniana
- Invasão do Kuait pelo Iraque

1972 1975 1980 1985 1990 1995 2000

De 1972 a 1984: cotação do Arab light dia a dia
De 1985 a 2000: cotação do brent

Fonte: BP.

Ao passo que desde 1945 a guerra fria havia outorgado um peso considerável às realidades estratégico-militares e à diplomacia dos Estados, a situação agora é mais complexa: a tecnologia nuclear é desvalorizada, a guerra é colocada de escanteio nas sociedades desenvolvidas, ainda que continue em outras partes ou com novas formas: os americanos realizam operações militares à distância por meio de mísseis. Atores não estatais ou transnacionais desempenham papel cada vez mais importante nas relações internacionais. Também não é um mundo multipolar que sucede ao antigo mundo bipolar, mas um universo caótico marcado por uma América ao mesmo tempo superpotente e limitada em sua eficácia, uma Rússia incerta, uma Ásia gravemente perturbada, uma África decididamente à mercê de seus distúrbios, um Oriente Médio em um impasse. Novos centros de poder aparecem nas áreas geográficas, novamente perturbadas, e que aspiram a desempenhar papel de gendarme regional.

O FIM DO SISTEMA LESTE-OESTE

O padrão Leste-Oeste já não existe. A ordem bipolar nascida no fim da Segunda Guerra Mundial dá lugar a um "remembramento do espaço político internacional". É verdade que os Estados Unidos e a Rússia – herdeira das forças estratégicas soviéticas – continuam sendo as duas superpotências por seu poderio militar.

No terreno militar, os Estados Unidos e a União Soviética fizeram não apenas um esforço notável pela interrupção da corrida aos armamentos nucleares, como por um desarmamento real, com a eliminação dos euromísseis, o desmantelamento parcial dos arsenais nucleares estratégicos e a redução do volume de armas nucleares táticas. Com o fim da guerra fria há uma diminuição geral dos gastos militares (15% de queda em 1992 em relação a 1991) e uma perda de importância da tecnologia nuclear. Em razão de uma opinião bastante sensibilizada, a *tecnologia nuclear militar* é enquadrada e marginalizada. As cinco potências nucleares (Estados Unidos, Grã-Bretanha, França, Rússia e China) ainda conservam um arsenal formidável, mas são constrangidas a reduzi-lo. Confrontados com a transformação da ameaça e com as necessidades orçamentárias, os Estados Unidos renunciam à IDE

(13 de maio de 1993) em proveito de um programa antimísseis menos ambicioso. Em Moscou, em 14 de janeiro de 1994, o presidente Clinton fecha com o presidente ucraniano Kravtchuk e Boris Yeltsin um acordo que prevê o desmantelamento do arsenal nuclear da Ucrânia. Em 27 e 28 de setembro de 1994, em Washington, os presidentes Yeltsin e Clinton se comprometem a acelerar o desarmamento nuclear e fazer progredir a nova "parceria". A conferência organizada pelas Nações Unidas (abril-maio de 1995) termina por prorrogar indefinidamente o tratado de não proliferação nuclear (TNP), concluído em julho de 1968 e que entrou em vigor em 1970, com uma duração prevista de vinte e cinco anos e ao qual França e China aderiram em 1991. Com poucas exceções, os países não detentores de armas nucleares se comprometem a renunciar a elas para sempre. Em 11 de abril de 1995, as cinco grandes potências detentoras de armas nucleares se comprometem a não utilizá-las contra países não nucleares signatários do TNP. A moratória não é respeitada nem pela China nem pela França, que decide em junho de 1995 uma última operação de testes nucleares (setembro de 1995-janeiro de 1996) que fora interrompida em 1992, o que suscita violentos protestos no Pacífico Sul e uma reserva hostil até entre os aliados da França, exceto a Grã-Bretanha. Em março de 1996, os Estados Unidos, a Grã-Bretanha e a França aderem ao tratado de Rarotonga de desnuclearização do Pacífico Sul, concluído em 1985. Dez países do sudeste da Ásia assinam em Bangkok (15 de dezembro de 1995) um tratado que faz da região uma zona isenta de armas nucleares. Em 11 de agosto de 1996, os países da África assinam o tratado de Pelindaba de desnuclearização da África, ao qual adere a França. A oposição da Índia lança uma sombra sobre a assinatura do tratado de proibição de testes nucleares, *Comprehensive Test Ban Treaty* (CTBT), em 25 de setembro de 1996. Além disso, a Índia efetua em maio de 1998 vários testes aos quais replicam seis testes paquistaneses. O aparecimento de novos Estados dotados de armas nucleares, que, aliás, não eram signatários nem do TNP de 1968 nem do CTBT de 1996, é um fator de grave instabilidade para o equilíbrio estratégico na Ásia e para a sobrevivência do regime de não proliferação. O Senado americano, além disso, se recusa a ratificar o CTBT (outubro de 1999). E, quando as cinco grandes potências se comprometem a eliminar totalmente seus respectivos arsenais nucleares (maio de 2000), esse com-

promisso parece puramente formal. A ratificação do tratado de desarmamento nuclear Start 2 (redução do número de ogivas nucleares a 3.500 para os Estados Unidos e a 3.000 para a Rússia) é adiada pela Duma – o tratado é finalmente ratificado pela Rússia em abril de 2000 –, que se recusa assim a consagrar a cúpula russo-americana de Moscou (1º-3 de setembro de 1998), sendo que a última remonta a março de 1997, em Helsinque.

Considerando uma ameaça balística global proveniente de um país que disponha de armas de destruição em massa, os americanos pretendem lhe opor uma defesa antimíssil (*National Missile Defense* ou NMD), que seria desenvolvida em 2005. O projeto americano de escudo estratégico é apresentado, em Moscou (3-4 de junho de 2000), por Bill Clinton a Boris Yeltsin, que vê nisso uma ruptura perigosa da arquitetura estratégica, fundada sobre o tratado ABM de 1972, e, portanto, um questionamento do princípio de *arms control*. Os europeus, por sua vez, estão desconcertados com a dissociação entre sua segurança e a dos americanos. Julgando a doutrina da dissuasão nuclear inadequada às realidades do século XXI, o presidente G. W. Bush promove (maio de 2001) seu projeto de escudo antimíssil (que está no centro de suas conversas com Vladimir Putin em Liubliana, capital da Eslovênia, em 16 de junho de 2001) e se pronuncia pela substituição do tratado antimíssil ABM assinado em 1972 com a União Soviética.

Absorvida por seus problemas internos, a Rússia cessa de atiçar os conflitos e se retrai. Após Gorbatchov, sua política externa é antípoda à de Brejnev. As concessões são impressionantes e a aproximação com o Ocidente é espetacular. Aceita a unificação da Alemanha e sua permanência na Otan; abandona sem combate o *glacis* europeu; não se opõe à ação dos Estados Unidos contra o Iraque, cliente soviético por excelência; coopera com as Nações Unidas e não utiliza seu direito de veto. Em suma, a Rússia não é nada além de "uma superpotência reduzida à mendicância"; ela reclama, de fato, a ajuda do Ocidente para garantir o sucesso de suas reformas. Em julho de 1991, a cúpula do G7 aprova a transição da URSS para uma economia de mercado, sem prometer ajuda imediata. Em abril de 1992 e em abril de 1993, o G7 decide um programa de ajuda (doações, empréstimos, facilitação de crédito) à CEI e a cúpula do G7 alivia a dívida externa da ex-URSS (julho de 1992), mas a passagem para a economia de mercado, que gera uma hiperinflação, é um empreendimento arriscado. O reembolso das dívidas depende de um acordo sobre novos créditos. A Rússia sobrevive pendurada no FMI e no Banco Mundial, que lhe concedem empréstimos (fevereiro de 1996), um reescalonamento de sua dívida com os bancos, agrupados no Clube de Londres (outubro de 1997), e uma nova ajuda (julho de 1997) em troca do compromisso de reduzir à metade seu déficit orçamentário. Desse modo, a Rússia vive, ao mesmo tempo, uma inflação muito forte, uma recessão em 1997-1998 e uma verdadeira falência (1998). Nas cúpulas do G7, em Halifax (junho de 1995) e em Lyon (junho de 1996), a Rússia é admitida nas discussões políticas. Na reunião do G7, em Denver (junho de 1997), ela participa de todos os debates, mas os Sete não estão de acordo quanto a uma ampliação permanente, e o Japão se opõe em razão do conflito sobre as ilhas Kurilas. A 23ª reunião do G7, em Birmingham (16-17 de maio), acolhe pela primeira vez a Rússia como membro com plenos direitos. O apoio econômico é confirmado, apesar das suspeitas de desvios de fundos (setembro de 1999).

A crise financeira não é o único problema com o qual a Rússia é confrontada. Em dezembro de 1994, o exército russo intervém na Tchetchênia, república muçulmana membro da Federação Russa, vítima de uma guerra civil, e lá conduz uma guerra muito dura visando interromper o processo de decomposição em curso. O exército russo se atola em uma guerra interrompida por tréguas e acordos de paz que são questionados logo em seguida (1996 e 1997). Favorecida pelos ocidentais, a reeleição de Yeltsin (julho de 1996) não põe fim à perturbação política, mas, diante dos progressos da Otan, a Rússia procura criar uma entidade jurídica com seus antigos parceiros da CEI, que aparece como uma instituição formal e ineficaz. Assim, nascem diferentes uniões regionais, como a união política e econômica entre a Rússia e a Bielo-Rússia, a união aduaneira dos Quatro (Rússia, Bielo-Rússia, Cazaquistão e Quirguistão), a comunidade econômica centro-asiática, a comunidade em torno do Cáspio (Geórgia, Ucrânia, Azerbaijão e Moldávia). Paralelamente a esses agrupamentos, assiste-se também à tendência inversa, por exemplo no Azerbaijão, com a República autoproclamada (1992) do Nagorno-Karabakh, povoada por armênios. Nessa fase de transição democrática, a Rússia hesita em escolher seu destino, e sua evolução é um enigma. Em dezembro de 1999, Boris Yeltsin renuncia e designa como sucessor Vladimir Putin, eleito, em 26 de março de 2000, presidente da Federação Russa. Como primeiro-ministro, ele havia construído sua popularidade sobre o desejo de acabar com a revolução tchetchena começando uma segunda guerra em 1999.

Com o declínio do poder moscovita e a Rússia reduzida, por um tempo, à posição de comparsa dos Estados Unidos, a *pax americana* está realmente instaurada? O quadro deve ser nuançado no tempo e no espaço. A impressionante exibição de poderio militar na guerra do Golfo fortalece o papel dos Estados Unidos como "gendarme do mundo". No entanto, eles precisaram fazer com que seu engajamento fosse financiado por alemães, japoneses e sauditas. O fracasso de George Bush nas eleições presidenciais de novembro de 1992 exprime também a vontade dos americanos de se preocuparem primeiramente consigo mesmos. A chegada do euro, em 1999, constitui um desafio à hegemonia do dólar e coloca o problema do financiamento do sistema monetário internacional.

De fato, os Estados Unidos oscilam entre uma política discreta e uma de intervenção "em nome do direito", e o desaparecimento de seu adversário-parceiro soviético os perturba tanto quanto os coloca em uma posição única. Washington hesita entre ativismo econômico e prudência diplomática. As presidências de Clinton (eleito em 1992 e reeleito em novembro de 1996) são inicialmente marcadas por uma singular opacidade de sua política externa; depois a Casa Branca encarrega-se da questão da ex-Iugoslávia e intervém militarmente na Bósnia, decide modernizar a Otan, se implica cada vez mais no processo de paz no Oriente Médio, em suma, exerce uma liderança mundial, da qual seus aliados se ressentem. As hesitações de Washington traduzem, por vezes, as exigências da política interna, em particular o papel do Congresso, mais importante em período de calmaria que em épocas de tensão internacional. A tendência americana ao "unilateralismo" tem por limites os fracassos de sua diplomacia: impasse das negociações palestino-israelenses a despeito do engajamento do presidente Clinton (acordo de Wye Plantation, em novembro de 1998, discurso em Gaza, Camp David II), repetidas ameaças a Estados recalcitrantes ou "párias" (*rogue States*) como o Iraque, que suscitam ondas de antiamericanismo e violências (atentados contra as embaixadas na Tanzânia e no Quênia, agosto de 1998) na área árabe-muçulmana.

Quanto à Rússia, ela suporta com dificuldade essa hegemonia americana, ainda que Boris Yeltsin acredite que seja útil manter a aparência de um duopólio, expressando em algumas ocasiões seu desacordo. A fim de facilitar a ampliação da Aliança Atlântica aos países que eram membros do Pacto de Varsóvia e da URSS, foi criada, em 20 de dezembro de 1991, por iniciativa americana, uma superestrutura, o Conselho de Cooperação do Atlântico Norte (Cocona; em inglês, NACC). Lançada em janeiro de 1994, na cúpula da Otan em Bruxelas, a Parceria para a Paz (PPP) visa promover a cooperação militar entre os antigos adversários. A assinatura, em janeiro de 1994, pelos dezesseis países da Otan de um documento político proposto aos países ex--comunistas para participarem da Parceria Para a Paz é concebida como a primeira etapa em direção a uma adesão total à Aliança, à qual Moscou opõe uma desconfiança persistente. Assim, em 10 de março de 1995, em Moscou, Yeltsin recusa a Clinton a extensão da Otan aos Estados da Europa Central e a interrupção da cooperação nuclear russa com o Irã. Na cúpula russo-americana de Helsinque (20-21 de março de 1997), ele continua a se opor à ampliação da Otan, que é finalmente aceita ao longo do encontro (maio de 1997) entre o ministro russo das Relações Exteriores, Ievguêni Primakov, e o secretário-geral da Otan, Javier Solana. Como contrapartida à concessão russa sobre a ampliação, são estabelecidos um Conselho Conjunto Permanente Otan-Rússia (ato fundador assinado em Paris em 27 de maio de 1997), esfera institucional cômoda que permite associar a Rússia a todas as decisões sobre a segurança na Europa, e um Conselho de Parceria Euroatlântica (CPEA), fórum de consulta e de cooperação em matéria de desarmamento e de segurança, destinado a substituir o Cocona. Em julho de 1997, na cúpula de Madri, a Aliança Atlântica convida a Polônia, a Hungria e a República Tcheca a se juntarem a ela, sendo a Romênia e a Eslovênia mencionadas como próximos possíveis membros.

A renovação da Aliança Atlântica adotada pelo Conselho Atlântico de Berlim (3 e 4 de junho de 1996) visa uma melhor adaptação da Otan às novas missões surgidas desde o fim da guerra fria e se baseia na vontade europeia de atuar de forma mais autônoma em seu seio, pela emergência de uma "identidade europeia de defesa"; em especial, o acordo traz a possibilidade para os europeus de operações com os meios da Otan, sem os americanos, em grupos de forças armadas internacionais (GFIM). No entanto, verifica-se que, em matéria de europeização dos comandos regionais, Washington é que impõe suas ideias; a França, depois de ter retomado seu lugar no comitê militar (dezembro de 1995) e no Conselho de ministros da Defesa da Aliança (junho de 1996), constata que os Estados Unidos não levam de modo algum suas proposições em conta, mas não é seguida por seus parceiros europeus; assim, os ingleses recusam (Amsterdam, 1997) a fusão da União Europeia com a UEO. Na cúpula atlântica de julho de 1997, a França julga que não foram preenchidas as condições para o seu retorno à organização militar integrada da Otan. Ainda que alguns indícios permitam que se acredite no avanço da ideia de uma defesa europeia (vontade americana de "partilha do fardo" pelos europeus, reunião franco-britânica de Saint-Malo em dezembro de 1998, designação de Javier Solana como responsável da Política Externa e de Segurança Comum (Pesc)), importantes divergências persistem sobre a futura complementaridade entre uma defesa europeia e uma Aliança Atlântica dominada pelos Estados Unidos, reticentes em relação a uma vitalidade muito forte. A Espanha integra a estrutura militar da Otan (dezembro de 1997) e os Estados da Europa Oriental, principalmente, estão impacientes para se juntar à única organização que lhes parece suscetível de garantir sua segurança. Na Hungria, 85% dos eleitores se pronunciam em favor da integração (16 de novembro de 1997). Na perspectiva da ampliação, o remanejamento dos comandos regionais é aprovado em dezembro de 1997 e a Aliança Atlântica passa de 16 a 19 membros em março de 1999, ao integrar a Polônia, a Hungria e a República Tcheca. A definição de um novo conceito estratégico no quinquagésimo aniversário da Aliança (abril de 1999) divide os aliados, que não concordam sobre a natureza e a extensão (fora da zona) das missões da Otan e sobre a necessidade de um mandato explícito da ONU para iniciar uma ação militar. A guerra do Kosovo manifesta a preponderância da Otan, base da segurança na Europa. Apesar de sua vontade de sustentar o regime sérvio, a questão não é tão importante para que Moscou ponha um fim aos esforços de cooperação Leste-Oeste.

Os secretários-gerais da Otan

Lord Ismay (Reino Unido)	1952-1957
Paul Henri Spaak (Bélgica)	1957-1961
Dirk Stikker (Países Baixos)	1961-1964
Manilo Brosio (Itália)	1964-1971
Joseph Luns (Países Baixos)	1971-1984
Lord Carrington (Reino Unido)	1984-1988
Manfred Worner (Alemanha)	1988-1994
Willy Claes (Bélgica)	1994-1995
Javier Solana (Espanha)	1995-1999
Georges Robertson (Reino Unido)	1999-2003
Jaap de Hoop Scheffer (Países Baixos)	a partir de 2004

A hegemonia dos Estados Unidos se manifesta por toda parte, e todos os meios são bons para impor sua política. Na ONU, Washington veta a renovação do mandato de Boutros Boutros-Ghali e impõe o ganense Kofi Annan como secretário-geral (dezembro de 1996), mas desconsidera suas observações na crise iraquiana e tem a tendência de substituir a política multilateralista por sua ação individual. No plano econômico, os americanos encontram mais dificuldade em fazer com que seus projetos, que suscitam a irritação dos europeus, sejam aceitos. A lei Helms-Burton (março de 1996) visa penalizar as companhias estrangeiras que fazem comércio com Havana, a fim de reforçar o embargo a Cuba. A Lei Amato-Kennedy (agosto de 1996) impõe sanções a qualquer companhia que investir mais de 40 milhões de dólares por ano nos setores de gás e petróleo no Irã e na Líbia. A queixa dos Quinze na Organização Mundial do Comércio leva à suspensão dessas leis, que Washington renuncia a aplicar (1998). A OMC é chamada a arbitrar (julho de 1999) conflitos cada vez mais frequentes entre a União Europeia e os Estados Unidos (embargo às importações de carne bovina com hormônio da América do Norte, práticas comerciais desleais).

As negociações acerca do projeto de Acordo Multilateral sobre o Investimento (AMI), que consistia em questionar – sob pretexto de favorecer os investimentos – os acordos regionais de integração econômica, são suspensas (abril de 1998). O projeto de novo mercado transatlântico entre a União Europeia e os Estados Unidos é abandonado devido à adesão europeia às ideias francesas – hostis à instauração de um livre-câmbio generalizado – e substituído pela ideia de uma parceria econômica transatlântica (maio de 1998). No âmbito da Ocde, o ultimato americano ameaça boicotar produtos europeus (novembro de 1998) se Bruxelas não revir suas cotas de importação de banana com os países ACP, associados à União Europeia no âmbito da convenção de Lomé, a fim de abrir totalmente o mercado europeu às bananas das multinacionais americanas.

A EUROPA DA UNIÃO MONETÁRIA E O BARRIL DE PÓLVORA BALCÂNICO

Desde a "reviravolta do mundo", a Europa "voltou à sua história e à sua geografia", mas ainda está longe de sua unidade. Na conferência de cúpula de Budapeste (5-6 de dezembro de 1994), os 52 membros da CSCE, que se torna a Organização para a Segurança e Cooperação na Europa (Osce), divergem sobre as modalidades de organização da segurança europeia. Durante a cúpula de Istambul (18-19 de novembro de 1999), os 54 chefes de Estado e de governo assinam um novo tratado sobre a redução das Forças Convencionais e uma carta sobre a segurança na Europa.

Quanto à União Europeia, as negociações em vista da quarta ampliação fazem com que passe (1º de janeiro de 1995) de doze para quinze o número de membros, ao acolherem três Estados: a Áustria, a Finlândia e a Suécia, mas não a Noruega (que se recusou pela segunda vez a aderir, em 1994, após um referendo desfavorável). Em janeiro de 1995, o luxemburguês Jacques Santer sucede a Jacques Delors na presidência da Comissão. Retardada periodicamente, a aplicação da Convenção de Schengen sobre a livre circulação de pessoas entre sete países da União Europeia entra em vigor em 26 de março de 1995. A construção da Europa permitiu a constituição de um bloco econômico poderoso que procura ainda o caminho para a sua unidade política, isto é, para o seu aprofundamento. Assim, o fracasso da Europa na Bósnia mostra a necessidade de uma Política Externa e de Segurança Comum (Pesc), um dos objetivos – junto com a reforma das instituições – da infrutífera Conferência Intergovernamental (CIG) (março de 1996-junho de 1997). Não conseguindo reformar as instituições europeias antes de sua ampliação para o Leste, a conferência acaba em confusão pela adoção de texto de alcance limitado (redução do número de comissários, extensão da esfera das decisões tomadas com maioria qualificada). Em 2 de outubro de 1997, os ministros das Relações Exteriores dos quinze Estados-membros da União Europeia assinam, em Amsterdam, o tratado adotado em junho, que completa o Tratado de Maastricht (1991) e prevê dotar a União Europeia de uma personalidade porta-voz de uma política externa comum. Exprimindo sua vontade de ver avançar "a Identidade Europeia de Segurança e de Defesa" (Iesd), a cúpula de Colônia (3-4 de maio de 1999) designa Javier Solana como o porta-voz da União Europeia em matéria de segurança comum (Pesc). A UEO transfere suas competências em matéria de defesa à União Europeia. A cúpula de Helsinque (10-11 de dezembro de 1999) decide a criação de uma Força de Ação Rápida europeia cujo horizonte é 2003. A cúpula de Nice (7-8 de dezembro de 2000) prevê uma estrutura permanente de comando. Trata-se, pois, do estabelecimento de uma política de defesa que deve permitir aos europeus contribuir à sua segurança sem que sejam sistematicamente tributários da Otan.

Na lógica de um grande mercado sem fronteiras, a união monetária parece indispensável. Assim, algumas interrogações pesam sobre o sistema monetário europeu, submetido a repetidos testes: saída da lira e da libra esterlina; restabelecimento do controle de câmbio na Espanha, em Portugal e na Irlanda; decisão tomada (1º-2 de agosto de 1993) de ampliar as margens de flutuação das moedas a 15% em relação a suas respectivas taxas-base; em suma, é o desmembramento do SME. Para reativar a mecânica da união monetária, a cúpula de Madri (15-16 de dezembro de 1995) adota o calendário de passagem à moeda única, batizada de "euro"; o respeito aos critérios de convergência, requerido para a data de 1º de janeiro de 1999, coloca muitos problemas aos Estados-membros, que se comprometem com um pacto de estabilidade orçamentária (setembro de 1996) e devem transferir sua soberania monetária à Europa. Para evitar que os deslizes de um país ameacem a estabilidade do conjunto da zona do euro, os Quinze concordam sobre regras de disciplina e preveem sanções em caso de déficit superior a 3%. O pontapé inicial para o euro é dado em 1º-2 de maio de 1998. Sua entrada em vigor ocorre na data prevista de 1º de janeiro de 1999 com os onze membros da União Europeia que desejaram participar

(Grã-Bretanha, Suécia e Dinamarca decidiram esperar) e satisfazem os critérios de convergência (apenas a Grécia não os cumpriu). Um dos objetivos da unificação monetária europeia é dar à Europa unida e ao Banco Central Europeu a missão de zelar pela estabilidade de preços no seio da união monetária e um lugar diante do poder financeiro do dólar. Mas o euro não sustenta a paridade com o dólar. O euro não se impõe como moeda de transação comercial. Em vez de servir de contrapeso ao dólar, a divisa europeia facilita a americanização da economia do continente. Em compensação, os Estados da União Europeia esforçam-se para harmonizar suas políticas de luta contra o desemprego, que atinge então 18 milhões de pessoas (cúpula sobre o emprego em novembro de 1997, em Luxemburgo).

O aprofundamento não é o único problema no qual esbarra a União Europeia: além das oposições internas (crise da "vaca louca", crise franco-holandesa a propósito do Banco Central Europeu), a Europa é, de fato, convocada a ampliar-se aos países da Europa Central e Oriental. As negociações são abertas em março de 1998. Na cúpula de Helsinque (10-11 de dezembro de 1999), os Quinze adotam um texto que trata da ampliação e decidem aceitar as candidaturas de doze países da Europa Central (Estônia, Letônia, Lituânia, Polônia, República Tcheca, Eslováquia, Hungria, Romênia, Eslovênia, Bulgária, Malta e Chipre), cujas adesões poderiam efetivar-se em 2004. Em Nice (10-11 de dezembro de 2000), a cúpula dos Quinze chega a um compromisso limitado: as grandes escolhas relativas principalmente ao tamanho da futura Comissão Europeia e ao abandono do direito de veto no Conselho Europeu são deixadas para mais tarde. A paridade entre os grandes países é mantida no que concerne ao número de votos no Conselho de Ministros, mas a Alemanha fortalece sua representação no Parlamento Europeu. A França, o Reino Unido e a Itália têm 78 deputados cada um, enquanto a Alemanha tem 99. O único resultado evidente é o acordo sobre a ampliação de quinze para vinte e oito membros (os doze indicados acima mais a Turquia, à qual a cúpula de Helsinque dá o estatuto de "país candidato"). Mas como acolher os novos Estados sem uma reforma das instituições da União Europeia, que corre o risco de tornar-se uma simples zona de livre comércio? Outro debate da agenda 2000 concerne ao orçamento comunitário, que os maiores contribuintes nacionais (Alemanha, Países Baixos) desejariam limitar contra a

A repartição dos fundos comunitários

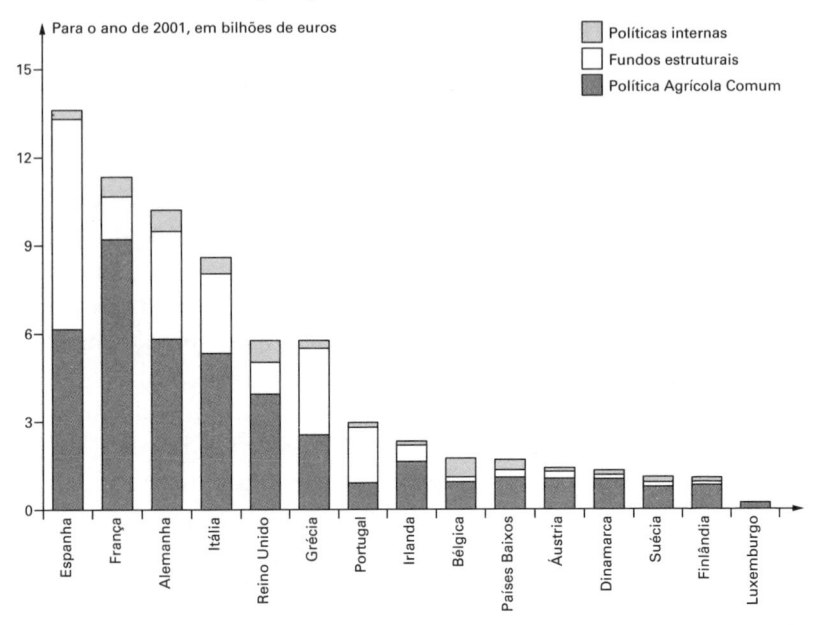

Para o ano de 2001, em bilhões de euros

- Políticas internas
- Fundos estruturais
- Política Agrícola Comum

Fonte: Comissão Europeia.

vontade dos demais. O financiamento da União Europeia (reforma da Política Agrícola Comum, fundos de ajuda às regiões mais pobres) constitui outra questão essencial, evocado na cúpula de Viena (11-12 de dezembro de 1998).

A Europa também é abalada pela crise que afeta a Comissão presidida por Jacques Santer. A demissão coletiva (março de 1999) ilustra o fortalecimento dos poderes do Parlamento Europeu, cujas eleições são um sucesso para o partido popular europeu. O eixo franco-alemão permanece sólido, a despeito de desacordos no campo da luta pelo emprego e da orientação do novo governo alemão (animado e dirigido pelo SPD de Gerhard Schröder e pelos verdes), depois das eleições de outubro de 1998, que veem a derrota de Helmut Kohl. A Europa é então confrontada com a busca de identidades contraditórias: atlântica, comunitária, pan-europeia, nacional. Muitos Estados europeus conservam papel desproporcional à sua superfície e população: o Reino Unido e a França têm uma ambição que não se limita à Europa. Eles dispõem de uma força de dissuasão nuclear, de um magistério de influência no mundo (pelo *Commonwealth* e pela francofonia interpostos) e têm assento permanente no Conselho de Segurança, privilégio reivindicado, aliás, pela Alemanha.

Os presidentes da Comissão Europeia

Jean Rey (Bélgica)	julho de 1967-julho de 1970
Francesco Malfatti (Itália)	julho de 1970-março de 1972
Sicco Mansholt (Países Baixos)	março de 1972-dezembro de 1972
François-Xavier Ortoli (França)	dezembro de 1972-janeiro de 1977
Roy Jenkins (Reino Unido)	janeiro de 1977-janeiro de 1981
Gaston Thorn (Luxemburgo)	janeiro de 1981-janeiro de 1985
Jacques Delors (França)	janeiro de 1985-janeiro de 1995
Jacques Santer (Luxemburgo)	janeiro de 1995-março de 1999
Romano Prodi (Itália)	maio de 1999-dezembro de 2004
Manuel Barroso (Portugal)	a partir de dezembro de 2004

Pela unificação, a Alemanha alcança na paz uma supremacia europeia que não pôde atingir pela guerra, ainda que sua influência diplomática não esteja à altura de seu peso econômico. A multiplicação de conflitos regionais torna possível a participação da *Bundeswehr* em operações militares de manutenção da paz fora da zona da Otan (decisão do tribunal de Karlsruhe de 12 de julho de 1994), no âmbito das Nações Unidas. A potência alemã se afirma tanto na União Europeia quanto no exterior: com a participação de 4 mil soldados da *Bundeswehr* na Ifor, a Alemanha intervém militarmente fora das fronteiras da Otan. De fato, a centragem da Europa dá um lugar preponderante à Alemanha na Europa ampliada.

A implosão da Iugoslávia em 1991 está na origem dos conflitos em cadeia nos Bálcãs, que se torna um barril de pólvora. Nenhum dos cessar-fogos é respeitado, e os Estados-membros da CEE (que não conseguem chegar a um acordo sobre o envio de uma força europeia de interposição) apelam ao Conselho de Segurança da ONU (novembro de 1991) e reconhecem a independência da Eslovênia e da Croácia (15 de janeiro de 1992) e, depois, da Bósnia-Herzegóvina (6 de abril 1992). Sobre as ruínas da Federação iugoslava, Sérvia e Montenegro proclamam a República Federal da Iugoslávia (27 de abril de 1992), à qual os sérvios querem agregar os enclaves de população sérvia na Croácia e na Bósnia-Herzegóvina, em torno de Sarajevo, cercada e bombardeada por forças sérvias. Enquanto a guerra civil continua e provoca – em razão da "limpeza étnica" – o êxodo de milhares de refugiados, uma força de proteção das Nações Unidas (a Forpronu) de quase 15 mil homens, cujo envio a essas zonas foi decidido em 21 de fevereiro de 1992, deve permitir que se garantam as fronteiras litigiosas e que se assegure o acesso a Sarajevo. Uma Forpronu II (com 6 mil homens), enviada em outubro de 1992, teve dificuldades em fazer com que as tréguas fossem respeitadas e em proteger os comboios humanitários. Renunciando a impor uma solução militar, a ONU e a CEE cooperam na busca de uma solução na Bósnia. Após a rejeição (outubro de 1992) do plano Vance-Owen, a elaboração de um plano de divisão (Owen--Stoltenberg) constitui uma vitória para os sérvios da Bósnia, que controlam a maior parte do território e que rejeitam (julho de 1994) o plano do "grupo de contato" (Estados Unidos, Rússia, Alemanha, França, Grã-Bretanha e Itália). A ameaça de ataques aéreos pela Otan se revela ineficaz e a guerra continua na presença de 44 mil Capacetes Azuis, cujo mandato é renovado com ambiguidade (março de 1995).

Sob o incitamento do presidente Jacques Chirac, a ONU vota em 16 de junho uma resolução que cria a Força de Reação Rápida (FRR), cuja missão consiste em apoiar os Capacetes Azuis na Bósnia. Graças à firmeza retomada, um cessar-fogo acontece em outubro de 1995 em todo o território da Bósnia-Herzegóvina. As negociações de paz, que ocorrem em Dayton (Estados Unidos) em novembro de 1995, culminam em um acordo ratificado em Paris, em 14 de dezembro. A Bósnia permanece um Estado com fronteiras intocadas, mas dividido em duas entidades políticas autônomas: uma Federação Croata-Muçulmana (51% do território) e uma República Sérvia da Bósnia (49%). A Forpronu cede sua autoridade à *Implementation Force* (Ifor), força multinacional de 63 mil homens sob comando da Otan, com a participação de 20 mil soldados americanos.

Os Bálcãs permanecem um barril de pólvora sob a vigilância do grupo de contato. Graças à presença de uma força multilateral de estabilização (a Sfor, que substitui a Ifor) sob comando americano, criada em novembro de 1996 e prorrogada em julho de 1998, a paz se instala na *Bósnia*, onde o processo de normalização em curso (com eleições) é pontuado por perseguições e processos intentados contra os criminosos de guerra. Outras províncias da antiga Iugoslávia mergu-

Em busca de uma nova ordem mundial (1992-2001) | 267

Os Estados originários da ex-Iugoslávia

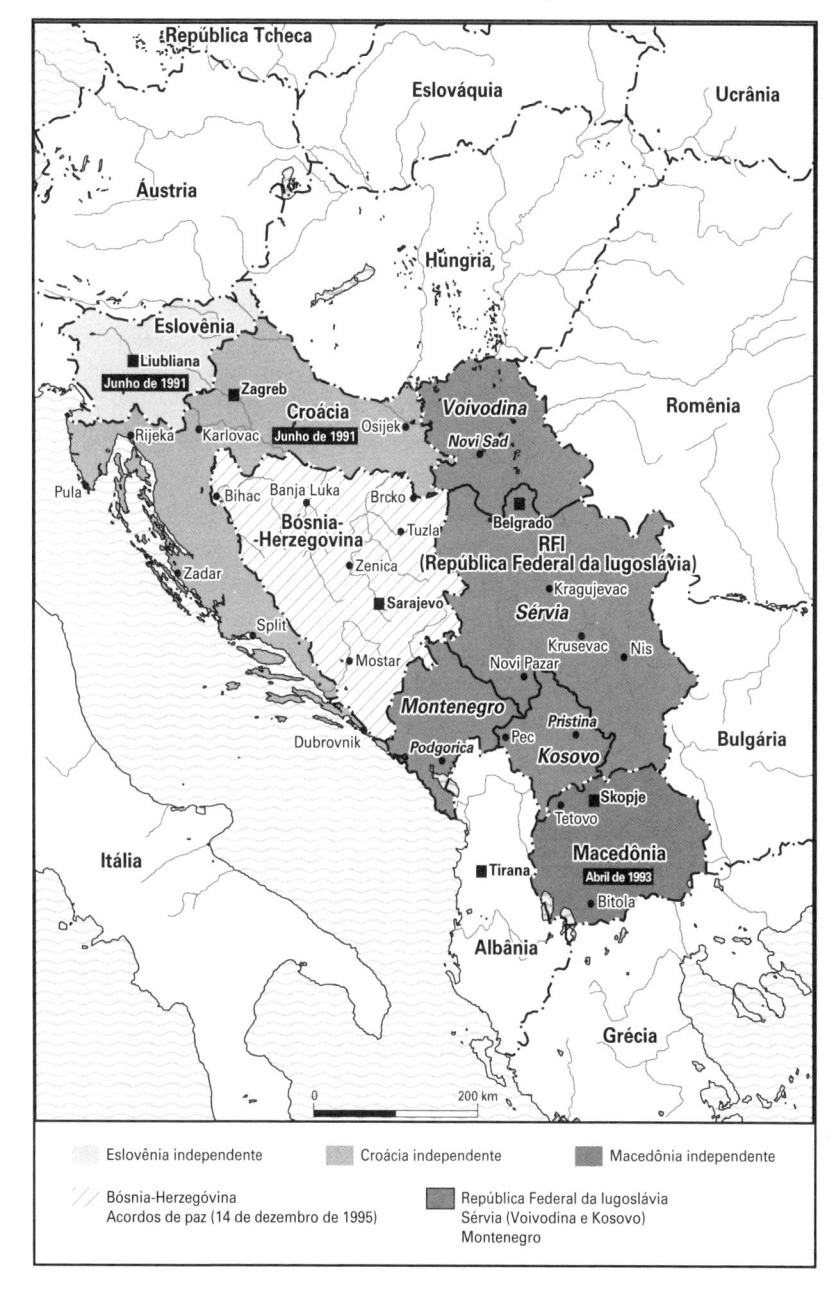

- Eslovênia independente
- Croácia independente
- Macedônia independente
- Bósnia-Herzegóvina
  Acordos de paz (14 de dezembro de 1995)
- República Federal da Iugoslávia
  Sérvia (Voivodina e Kosovo)
  Montenegro

lham na guerra civil. É, em particular, o caso do Kosovo, antigo berço histórico sérvio (em 28 de junho de 1989, um milhão de sérvios lá celebraram o sexto centenário da batalha do Kosovo Polje, vitória dos turcos sobre os sérvios), sendo 90% da população constítuida de albaneses muçulmanos, seduzidos pela independência ou pela união com a Albânia. Os confrontos se multiplicam em 1998 no *Kosovo* entre os separatistas e as forças sérvias, que se entregam a uma limpeza étnica. Mas como aceitar a independência do Kosovo sem ameaçar a frágil estabilidade dos Bálcãs? A comunidade internacional exorta Belgrado – que afirma se tratar de um assunto interno – a uma solução política. Diante do fracasso da mediação, a União Europeia se decide por sanções e a Otan lança uma operação de represália contra a Sérvia (junho de 1998). Para fazer com que a trégua seja respeitada, a Osce realiza uma missão de fiscalização e a Otan despacha para a Macedônia uma força de extração dos fiscais. Após o fracasso das negociações de Rambouillet e de Paris (fevereiro-março de 1999), a Otan desencadeia uma série de ataques aéreos à Iugoslávia (24 de março-10 de junho de 1999) para fazer com que Milosevic ceda, acentuando assim o exílio dos kosovares expulsos pela limpeza étnica. Milosevic termina por aceitar (28 de maio de 1999) as condições fixadas pela Otan: evacuação das forças sérvias do Kosovo, instalação de uma força internacional de segurança do Kosovo (Kfor) de cerca de 50 mil homens provenientes de trinta países, sincronizada com a retirada das forças sérvias, o retorno dos refugiados, o estatuto de autonomia para o Kosovo administrado pela Missão das Nações Unidas em Kosovo (Minuk). As eleições gerais na Sérvia (24 de setembro de 2000) exprimem a rejeição de Milosevic, expulso do poder em 5 de outubro. A República Federal da Iugoslávia é reintegrada nas diferentes instâncias internacionais, sobretudo após a extradição de Milosevic (junho de 2001) para ser julgado no Tribunal Internacional de Haia. Dado que a guerra da Otan contra a Sérvia e o afluxo de refugiados albaneses do Kosovo suscitam temores quanto à viabilidade da Macedônia, a Otan se engaja em agosto de 2001 na operação *Colheita Essencial* (*Operation Essential Harvest* ou *Task Force Harvest*), a fim de desarmar os rebeldes albaneses da UCK [Exército de Libertação Nacional] na Macedônia. A República de Montenegro é a última a formar, com a Sérvia, a República Federal da Iugoslávia.

Na Irlanda, após as manifestações e os atos violentos do verão europeu de 1996, um acordo de paz sobre o Ulster, firmado em Belfast, em abril de 1998, entre protestantes e católicos da Irlanda do Norte, é aprovado por referendo em maio de 1998. O acordo prevê a manutenção dos vínculos do Ulster com a Grã-Bretanha, ao mesmo tempo que favorece a aproximação da província com a República da Irlanda, com a instauração de um governo autônomo misto (novembro-dezembro de 1999).

PERSISTÊNCIA DA OPOSIÇÃO NORTE-SUL: MUNDOS VIOLENTOS

A homogeneidade do Terceiro Mundo já não existe e a fronteira com os países industrializados, atingidos por crises econômicas recorrentes e pela exclusão, muda sem cessar. Os mundos extraeuropeus são afligidos por três ameaças: o armamento excessivo, o endividamento e o desafio demográfico, o que prova a persistência, e até o agravamento, do conflito Norte-Sul que, da Ásia ex-soviética até a África, o integrismo muçulmano atiça a despeito de uma situação econômica repleta de nuances. Os Estados Unidos tomam a frente de uma cruzada que, ao visar vários países do Oriente Médio, faz pensar em um conflito de civilizações.

Paradoxalmente, o desarmamento do Norte conduz a uma atitude inversa no Terceiro Mundo, engajado em uma verdadeira *corrida armamentista*. Atingidos pela falta de divisas, os Estados sucessores da ex--União Soviética liquidam os produtos de sua indústria militar. O risco de uma proliferação horizontal existe. O número de Estados que adquiriram a capacidade de dotar-se da arma atômica aumenta: além de Israel, Índia (1974), África do Sul (1979) e Paquistão (1998), aparecem aqueles que estão em via de dominá-la: Iraque, Irã e Coreia do Norte. Outros são tentados a recorrer a armas químicas para compensar sua inferioridade. As armas e tecnologias modernas são suscetíveis de abalar a estabilidade regional e a segurança internacional. Isso foi observado por ocasião da guerra do Golfo, em um Oriente Médio que se tornou uma zona de grande densidade de mísseis balísticos, apesar do protocolo *Missile Technology Control Regime* (MTCR) de 1987. O presidente Bush aproveita a ocasião para propor um plano que tende a eliminar as armas de destruição em massa no Oriente Médio. Essa ideia é adotada pelos cinco países-membros permanentes do Conselho de Segurança da ONU, que se concertam pela primeira vez sobre o comércio de armas (8-9 de julho de 1991) e tentam elaborar um código de boa conduta. O tratado que proíbe a produção, o emprego e a estocagem de armas químicas é assinado, em Paris (15 de janeiro de 1993), por 130 países, que deverão destruir seus estoques em um prazo de dez anos e aceitar um dispositivo de verificação documentada e no local.

O endividamento do Terceiro Mundo se eleva, no início de 1995, a 2 trilhões de dólares, enquanto a ajuda pública ao desenvolvimento atinge seu nível mais baixo desde 1970. Desde o começo dos anos 1980, cerca de cem países estão em uma situação de superendividamento prolongado: vários países latino-americanos, a África – exceto a Líbia e a Argélia –, as Filipinas, o Vietnã e a Europa do Leste. Essa situação dramática obriga os governos a tomar medidas excepcionais, como o México e a Venezuela, que obtêm o reescalonamento de suas dívidas, e a Costa do Marfim, que anuncia a seus credores, em 1987, que não pode reembolsá-los em razão da queda dos preços do cacau e do café. Manifestações e greves explodem em toda parte. A diminuição do peso da dívida está no centro dos trabalhos da Unctad (1987) e da cúpula mundial de Copenhague para o desenvolvimento social (1995). A despeito do progresso realizado por alguns Estados latino-americanos e dos esforços dos países ocidentais que anulam uma parte da dívida dos trinta e cinco países africanos (maio e julho de 1989) ou que reduzem as dívidas públicas da Polônia e do Egito (janeiro de 1991), um mal-estar persiste. A desvalorização de 50% do franco CFA* (12 de janeiro de 1994) é um choque para os países da zona do franco. A crise do peso mexicano obriga os Estados Unidos e o FMI a intervirem (janeiro de 1995). E os países ditos "emergentes" membros do G15 (países em desenvolvimento) pedem aos países industrializados que abram seus mercados. O G7 decide, na cúpula de Lyon (junho de 1996), aliviar a dívida dos países mais pobres. Por ocasião do ano 2000, os países mais ricos consideram cancelar a dívida dos mais pobres.

Enfim, o desafio demográfico reside em uma dupla disparidade, de um lado, entre o crescimento da população e o crescimento, menos

---

* Franco comunidade financeira africana, adotado para alguns países francófonos da África.

considerável, dos recursos do planeta, e, de outro, entre países ricos, com baixa taxa de reprodução demográfica, e países pobres, fragilizados pela explosão demográfica. Quando o número de habitantes do planeta atinge, em 1999, a marca de seis bilhões de indivíduos (três bilhões em 1960), a população dos países desenvolvidos representa apenas um quarto da população mundial e dispõe em média de três quartos da riqueza produzida no mundo. A conferência do Cairo (setembro de 1994) também insiste sobre a necessidade da diminuição do crescimento demográfico. Em trinta anos, a distância entre os países ricos e os países pobres dobrou. As desigualdades Norte-Sul estão longe de ser superadas pelas ajudas públicas insuficientes. "Bomba demográfica" e migrações de populações constituem realidades das relações internacionais. A ajuda é, portanto, uma necessidade e o problema é tão mais difícil de resolver quanto o Terceiro Mundo é múltiplo e seu desenvolvimento desigual. Alguns países aproveitam sua integração à economia mundial, outros pagam por ela: a forte queda do preço do petróleo, da ordem de 40% em 1998, afeta as economias dos países produtores; em particular daqueles que alicerçaram seu desenvolvimento econômico nos hidrocarbonetos e são os mais populosos, como a Argélia, a Indonésia e a Nigéria.

Ao longo dos anos 1990, diferentes fatores ameaçam a estabilidade da Ásia e a África experimenta graves distúrbios; no Oriente Médio, afetado por um forte aumento demográfico e pela baixa das rendas do petróleo investidas nos aparelhos de defesa, o processo de paz israelo-palestino está num impasse.

Na Ásia, no começo dos anos 1990, as rivalidades territoriais e militares parecem desaparecer graças à estabilidade política, ao crescimento do comércio intrarregional e à prosperidade econômica. No fim desses mesmos anos, a Ásia é provavelmente a região mais perigosa do planeta, pois as rivalidades persistem, ainda que já não haja confronto ideológico. Assim, a China Popular e a Índia – sem relações diplomáticas desde 1992 – entabulam um diálogo (setembro de 1993) sem tocarem no conflito territorial que as envolve. Em abril de 1996, Pequim e Moscou esboçam uma aproximação. A violenta crise econômica que sacode a Ásia em 1997 e 1998 se estende da Tailândia a toda a região e provoca um empobrecimento considerável da população: a Indonésia é o país mais afetado. No Japão, a recessão coloca em questão os fundamentos do sistema de emprego, ainda que a taxa de desemprego (dezembro de 1998) seja relativamente baixa (4,4%). Devido à crise, as ambições nacionais se afirmam. Além disso, o relativo retraimento dos americanos e o desmoronamento soviético deixam a Índia e o Paquistão face a face, ambos dotados de arma nuclear, e promovem à classe de potências regionais a Indonésia, o Irã e a Turquia, junto com a China, o Japão e os países da Asean. O Japão já não quer se contentar apenas em desempenhar papel econômico nas relações internacionais: ele reivindica o estatuto de ator político, aspirando a um assento de membro permanente no Conselho de Segurança da ONU, e não limita sua ação à Ásia. O Japão condiciona a normalização de suas relações com Moscou à restituição das ilhas Kurilas meridionais (adiamento da visita de Boris Yeltsin ao Japão, prevista para o fim de 1992).

Observa-se um crescimento do poderio militar da China. Aureolada pela devolução de Hong Kong, ela manifesta um ativismo no mar da China e no sudeste asiático, o qual é palco de uma corrida por alianças; observa-se, ainda, o estreitamento dos laços dos pequenos Estados com a potência americana. Por duas vezes (primavera de 1996 e outono de 1998), a China manifesta sua ambição de recuperar Taiwan e seu descontentamento diante de qualquer manobra que tenda a aumentar a capacidade de defesa da ilha, no âmbito do sistema de defesa nipo-americano. A transição entre o promotor da abertura econômica da China e responsável pela repressão da "primavera de Pequim", Deng Xiaoping (morto em fevereiro de 1997), e Jiang Zemin é um modelo de sucesso. A troca de visitas entre Jiang Zemin – aos Estados Unidos, em outubro de 1997 – e Bill Clinton – à China, em junho-julho de 1998 – marca a normalidade das relações sino-americanas e uma guinada na atitude ocidental em relação à questão dos direitos humanos na China, que busca consolidar sua influência no sudeste asiático à custa dos Estados Unidos, inquietos, por outro lado, com a cooperação sino-paquistanesa em matéria nuclear. O contencioso sino-americano fica mais grave por ocasião da crise do avião espião (abril de 2001) e das vendas de armas a Taiwan. Após sua anunciada retirada das Filipinas, a manutenção da presença americana na Coreia do Sul e no Japão pode ter por objetivo tranquilizar a região contra qualquer ressurreição de um imperialismo japonês e de qualquer ameaça chinesa.

Vários países da Ásia enfrentam problemas: o Camboja não se recupera de seus anos de guerra (1975-1979) e da sedição do Khmer Vermelho, e não encontra a estabilidade política apesar das eleições de julho de 1998 e da morte de Pol Pot. No Afeganistão, diante de uma coalizão heteróclita formada pela resistência moderada que não havia aceitado o cessar-fogo e as milícias islâmicas, o regime comunista desmorona (abril de 1992), mas os confrontos entre facções afegãs levam à tomada de Cabul (setembro de 1996) pelos "talebans", religiosos de maioria pachto, que não conseguem impor sua lei em todo o território, e a guerra persiste, por iniciativa do comandante Massoud, símbolo da oposição assassinado em 9 de setembro de 2001. Na Indonésia, duramente atingida pela crise econômica, o presidente Suharto, no poder desde 1967, reeleito em março de 1998, é forçado a renunciar pelas rebeliões de maio. Assim, a integridade e a unidade da Indonésia parecem ameaçadas, donde a crise que sacode o Timor Leste: a fim de acabar com as atrocidades cometidas pelas milícias pró-Indonésia decididas a se opor à independência, forças militares sob a responsabilidade da ONU intervêm, em setembro de 1999. E o país se torna independente em maio de 2002. Após vários meses de tensão, ao longo dos quais os Estados Unidos se inquietam com as ambições nucleares norte-coreanas, a Coreia do Norte se compromete a suspender seu programa nuclear (agosto-outubro de 1994), e conversações sobre a paz na península são entabuladas sob a égide de Pequim e de Washington (dezembro de 1997). Com o encontro dos dois presidentes, norte e sul-coreanos, em 14 de junho de 2000, inaugurando uma "era de reconciliação e de cooperação", o processo de reunificação parece encaminhado. A oposição entre a Índia e o Paquistão a propósito da Caxemira, à qual a Índia consentiu autonomia em 1996, ainda é grande: a guerrilha separatista persiste, os dois exércitos se enfrentam ao longo da fronteira comum (agosto de 1997 e maio-junho de 1999); a tensão regional é grande, agravada pela obtenção de arma nuclear pelos dois irmãos inimigos (maio de 1998).

Na África há um contraste de situações entre os países que entraram para o jogo democrático e os Estados onde a democracia é capaz de resistir à miséria (golpe de Estado militar na Nigéria, na Guiné, no Congo). A guerra civil acompanhada de pilhagem e massacres concerne particularmente à Libéria (1996), ao Níger (julho de 1996), à República Centro-Africana (1996 e 1997), ao Congo-Brazzaville (junho de 1997), a Serra Leoa (1997-98), à Costa do Marfim (1999-2000). Em quase todos os casos, forças de interposição, compostas frequentemente de exércitos de Estados africanos, se esforçam em restabelecer a ordem sob a égide da ONU. As pretensões da África do Sul de se colocar como potência regional desde o fim do *apartheid* são minadas (Lesoto e Congo, 1998).

Por toda parte, movimentos autonomistas armados solapam a autoridade do Estado, e o dogma da intangibilidade das fronteiras é questionado. A Etiópia é abalada pela guerrilha dos eritreus e dos tigrés. Ao fim de trinta anos de guerra contra a Etiópia, os eritreus alcançam a independência (24 de maio de 1993), mas os dois Estados, que disputam uma fronteira comum, assinam um acordo de paz (junho de 2000). Após a partida (janeiro de 1991) do general Zyiad Barre, expulso do poder (que ele ocupava desde outubro de 1969), a Somália, desmembrada entre o Norte e o Sul, soçobra no caos e na fome, o que suscita a intervenção, em dezembro de 1992, de uma força militar internacional de emergência (*Restaurar a esperança*) sob comando militar americano. A estagnação dessas forças obriga a ONU a engajar 28 mil Capacetes Azuis (4 de maio de 1993) em uma operação Onusim II, a maior, pelo número de homens e pelo custo, que a ONU já engajou. Em razão da insegurança, a ONU decide (novembro de 1994) pôr fim ao mandato da Onusom, que se retira em março de 1995.

A situação mais grave diz respeito ao centro da África. Desencadeados após o assassinato dos presidentes ruandês e burundiense em abril de 1994, confrontos entre tútsis e hutus ensanguentam Ruanda (onde, de abril a junho, os tútsis são massacrados pelos hutus). Esse genocídio (no qual mais de 500 mil pessoas são assassinadas) leva a França a intervir (junho-agosto de 1994) no âmbito de uma operação humanitária sob mandato da ONU (*Turquesa*). O Burundi, por sua vez, é palco de atos violentos (março de 1995 e primavera de 1996). Uma força multinacional de ajuda humanitária, criada em novembro de 1996, soçobra em dezembro. A guerra civil que se segue e a rebelião que avança na primavera de 1997 levam à queda do marechal Mobutu (maio de 1997), depois de mais de trinta anos no poder. O líder dos rebeldes, Laurent-Desiré Kabila, se proclama presidente da República Democrática do Congo. Mas ele não consegue restabelecer a ordem em um país devastado por rivalidades étnicas, enfrentamentos de potentados locais e apetites dos países vizinhos, Ruanda e Uganda. Kabila é assassinado em janeiro de 2001. Todas as condições estão reunidas para uma implosão do centro e do chifre da África. Tendo se tornado terreno de confrontos de exércitos dos países vizinhos e de grupos rebeldes locais, a República Democrática do Congo afunda em uma crise inextricável. Embora se pudesse ter acreditado no retorno da paz em Angola, os acordos de paz assinados em 1995, em Lusaka, são enterrados, a despeito da constituição de um governo de união nacional: a guerra civil recomeça em Angola. O Sudão é dilacerado entre o norte muçulmano e o sul cristão e animista, que obtém seu direito à autodeterminação. No Zimbábue, uma crise política e econômica (ocupação das propriedades dos fazendeiros brancos) sacode o país (2001-2002).

Na Argélia, apesar do estado de emergência instaurado pelo exército, que tomou o poder, o terrorismo se desenvolve (assassinato do presidente M. Budiaf em 29 de junho de 1992) e a violência que devasta o país não impede a eleição do presidente Liamine Zéroual (16 de novembro de 1995). A multiplicação dos atentados cria uma verdadeira atmosfera de guerra civil, que não poupa os estrangeiros (assassinatos de religiosos franceses em maio e agosto de 1996). O desencadeamento da violência, em 1997, é tamanho que suscita o envio de missões de informação dos países europeus, que não obtêm mais êxito que as tentativas de diálogo do presidente Liamine Zéroual, que abandona prematuramente o poder (abril de 1999). Apesar da esperança que provoca, a eleição de A. Bouteflika não acaba com a violência, em particular em Kabília (agosto de 2001). A questão do Saara Ocidental, cuja soberania é reivindicada pelo Marrocos e cuja independência é reclamada pela Frente Polisario, continua sem solução. Inicialmente previsto para janeiro de 1992, conforme o plano de paz de 1991, o referendo de autodeterminação é sempre adiado em razão dos desacordos quanto à composição do colégio eleitoral.

No Oriente Médio, o processo de paz árabe-israelense permanece frágil devido à violência dos movimentos islâmicos, que multiplicam seus atentados (fevereiro e março de 1996 no Egito), às reticências da Síria diante das negociações e, sobretudo, à política intransigente do governo Netanyahu (maio de 1996-maio de 1999). O novo primeiro--ministro israelense, que não reconheceu a legitimidade dos Acordos de Oslo, autorizou a retomada da colonização na Cisjordânia e em Gaza, suscitando inquietação e descontentamento entre os árabes (cúpula da Liga Árabe, junho de 1996). As declarações de Benjamin Netanyahu sobre a Cidade Santa e a Cisjordânia, em 1996, e a abertura de um túnel arqueológico na cidade velha de Jerusalém provocam confrontos sangrentos. O ciclo infernal atentados-repressão retorna com força total (mísseis do Hizbollah sobre a Galileia e massacre de Qana, abril de 1996). Apesar dos esforços e das pressões dos americanos (cúpula de Washington, outubro de 1996), dos discursos de Jacques Chirac, da advertência das capitais árabes e dos votos da ONU (julho de 1997), o processo de paz lançado em Oslo em 1993 está em um impasse e o governo israelense ainda controla mais de 90% dos territórios palestinos ocupados. Mais uma vez, os americanos se envolvem ao organizar as negociações de Wye Plantation (outubro de 1998), que terminam com um acordo segundo o qual os israelenses devem se retirar de uma parte da Cisjordânia em contrapartida ao compromisso palestino de lutar contra o terrorismo. A visita de Bill Clinton a Gaza não permite retomar o processo de paz. A esperança nasce mais da eleição do candidato trabalhista Ehud Barak (maio de 1999) ao posto de primeiro-ministro: ele consegue a saída da Tsahal do atoleiro do sul do Líbano, onde a ocupação militar, que dura desde 1978, cessa em maio de 2000, apesar da ausência de acordo com a Síria e com o Líbano.

Em contrapartida, ele fracassa na solução do problema palestino. Desde o acordo de Charm el-Cheikh (setembro de 1999), as negociações israelo-palestinas acerca de como colocar em prática os acordos de Wye River (outubro de 1998) visando um acordo-quadro sobre o estatuto definitivo dos territórios palestinos, conduzidas a partir de abril de 2000, não permitem fazer progressos. O número de colonos na Cisjordânia e em Gaza sobe de 23 mil em 1988 para 200 mil em 2000. O encontro entre Ehud Barak e Yasser Arafat em Camp David (10-24 de julho de 2000), organizado por iniciativa do presidente Bill Clinton – que até o fim de seu mandato se envolve a fundo na solução do conflito –, fracassa; ainda que pela primeira vez as questões de fundo (Jerusalém Oriental, colônias de povoamento, retorno dos refugiados) tenham sido abordadas, o desacordo constatado leva a uma deterioração da situação, que degenera (setembro de 2000) em confrontos violentos. Essa nova *Intifada* visa estabelecer uma relação de forças mais favorável nas negociações, mas o fracasso e a demissão de Ehud Barak (dezembro de 2000) conduzem diretamente à eleição do chefe do Likud, Ariel Sharon (fevereiro de 2001), e a uma verdadeira situação de guerra (intervenção armada israelense no Líbano, na Cisjordânia e na faixa de Gaza, recrudescimento do terrorismo).

O processo de paz Israel-Palestina

13 de setembro de 1993	Israel e a OLP firmam em Washington acordos – negociados em Oslo – de reconhecimento mútuo, prevendo um período intermediário de cinco anos de autonomia da Palestina.
Maio de 1994	Acordo sobre a autonomia de Gaza e Jericó.
1º de julho de 1994	Yasser Arafat volta à Palestina e cria em Gaza a Autoridade Nacional Palestina.
28 de setembro de 1995	Um novo acordo intermediário (Oslo II) prevê a extensão da autonomia para toda a Cisjordânia.
4 de novembro de 1995	Assassinato de Yitzhak Rabin, substituído por Shimon Peres.
20 de janeiro de 1996	Yasser Arafat é eleito presidente da Autoridade Nacional Palestina.
1996	Retorno do Likud ao poder.
23 de outubro de 1998	Acordo de Wye Plantation: retirada militar israelense de 13% da Cisjordânia.
14 de dezembro de 1998	O Conselho Legislativo palestino anula os artigos da Carta conclamando para a destruição de Israel.
5 de setembro de 1999	Ehud Barak e Yasser Arafat assinam em Charm el-Cheikh uma nova versão dos acordos de Wye Plantation.
21 de março de 2000	Os palestinos controlam cerca de 40% da Cisjordânia.
11-25 de julho de 2000	A reunião de Camp David (Clinton, Arafat, Barak) esbarra nas questões dos refugiados e da soberania nos lugares santos.
20 de setembro	Início da segunda *Intifada* depois da visita de Ariel Sharon à esplanada das mesquitas.
16-17 de outubro de 2000	Cúpula de Charm el-Cheikh.
21-27 de janeiro de 2001	Negociações em Taba (Egito) sem acordo.
6 de fevereiro de 2001	Ariel Sharon torna-se chefe do governo israelense.

4 de maio de 2001	A Comissão Mitchell conclama para o fim das violências, a suspensão das colônias judaicas e a retomada das negociações.
Junho de 2001	Fracasso da missão do diretor da CIA, George Tenet.
28 de março de 2002	A iniciativa saudita de paz (reconhecimento de Israel em troca do retorno às fronteiras de 1967) é adotada pela cúpula árabe de Beirute e rejeitada por Israel.
24 de junho de 2002	Discurso de George W. Bush, que faz um apelo aos palestinos para "mudarem de dirigentes".
Dezembro de 2002	É redigido o "Mapa do Caminho" pelo Quarteto.
30 de abril de 2003	O "Mapa do Caminho" é tornado público.
3 de junho de 2003	Cúpula de Charm el-Cheikh: George W. Bush declara que "o mundo precisa de um Estado palestino independente e pacífico".
1º de dezembro de 2003	Lançamento da iniciativa de Genebra.
11 de novembro de 2004	Morte de Yasser Arafat.
9 de fevereiro de 2005	Em Charm el-Cheikh, Ariel Sharon e Mahmoud Abbas comprometem-se a fazer respeitar o cessar-fogo. Israel prevê a retirada das colônias judaicas da faixa de Gaza em agosto de 2005.

O problema espinhoso do *Iraque* suscita crises graves. Desde a guerra do Golfo, o Iraque, que era um dos principais exportadores de petróleo do mundo, está submetido a um embargo severo que atinge toda sua população mas não arranha o sólido regime de Saddam Hussein. Os obstáculos postos às missões de inspetores da ONU, encarregados de supervisionar o desmantelamento do potencial militar iraquiano e as fanfarrices de Saddam Hussein são um fator de crise permanente (bombardeios aéreos em janeiro de 1993). Em novembro de 1996, a ONU aceita que o embargo seja parcialmente levantado para permitir a Bagdá que venda petróleo a fim de adquirir víveres e medicamentos (Resolução "petróleo por alimentos"). A rebelião do Curdistão leva à intervenção do exército iraquiano e à reação dos americanos, que cuidam do respeito às zonas de exclusão aérea. Em especial, os obstáculos postos às missões da ONU (em especial, à Unscom [Comissão Especial da ONU para o Desarmamento]), encarregadas de supervisionar o desarmamento do Iraque e a inspecionar os lugares suscetíveis de ocultar centros de produção de armas de destruição em

O Iraque em 1998

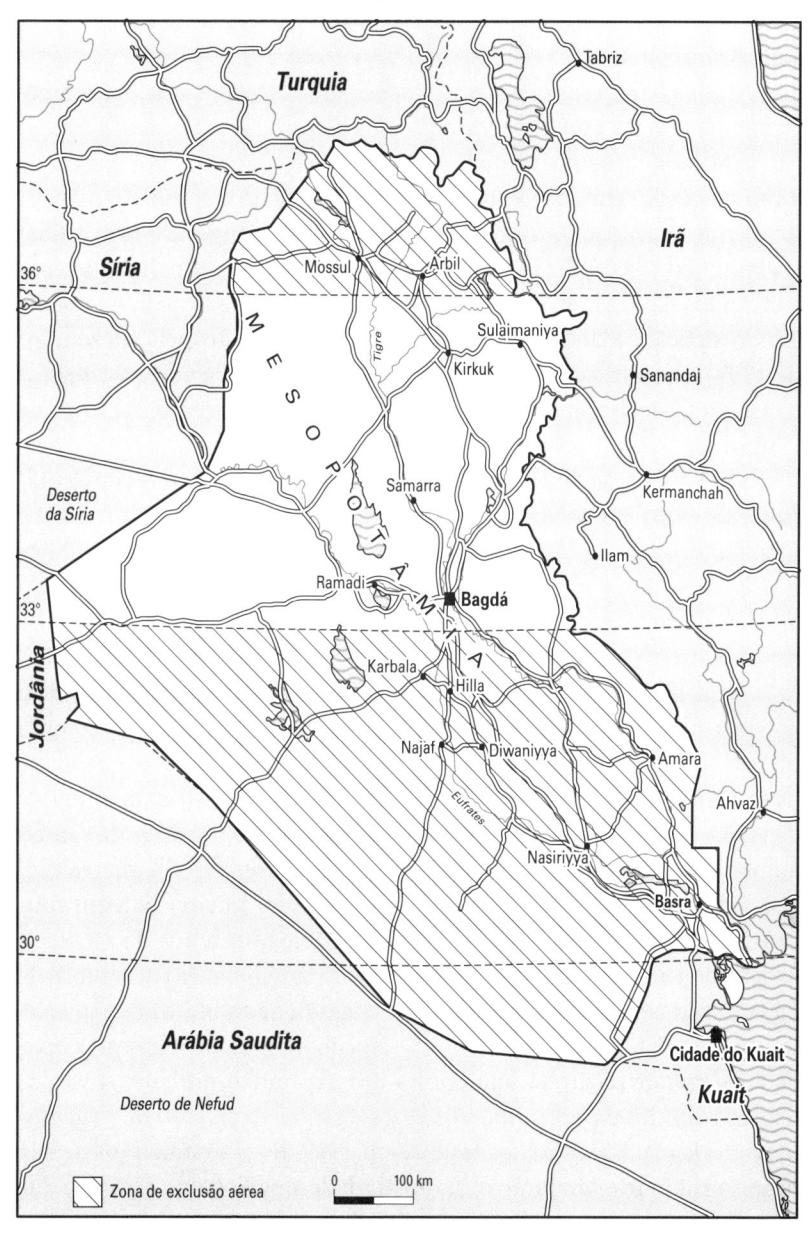

massa, levam a repetidas crises em 1996, 1997 e, principalmente, em 1998, que são resolvidas na primavera pelo secretário-geral da ONU, Kofi Annan, mas que resultam, em dezembro de 1998, em ataques de americanos e ingleses (operação *Raposa do Deserto*) e no desejo americano de obter a queda de Saddam Hussein.

Afastado de seu período revolucionário em política externa desde o fim da guerra com o Iraque, em 1988, o *Irã* sai do isolamento tornando-se novamente um ator regional importante, compondo com a Rússia através das repúblicas muçulmanas e consentindo em dialogar com os Estados Unidos. A Turquia, ao contrário, aparece isolada na região. Tendo sua candidatura sido rejeitada pela União Europeia (dezembro de 1997), ela conta com o apoio dos Estados Unidos e com sua aliança tácita com Israel, combate a rebelião curda e vela sobre a parte turca de Chipre.

Em Chipre, as tentativas de retomar conversações intercomunitárias esbarram no reconhecimento exigido pela República Turca de Chipre do Norte, autoproclamada em 1983, e recusada pela República de Chipre (parte cipriota-grega). A perspectiva de adesão desse Estado à União Europeia, prevista para o fim de 2003, poderia mudar a situação e favorecer a unificação da ilha.

Na *América Latina*, o crescimento econômico, observável desde o começo dos anos 1990, é colocado em questão pela crise monetária que atinge o Brasil em janeiro de 1999. O balanço positivo está longe de ter reduzido a fratura social: a distância que separa uma elite rica das massas empobrecidas (5% da população concentra 25% da renda) aumenta e a corrupção é o novo desafio a ser enfrentado. A guerra civil causa estragos na Colômbia, mas Peru e Equador põem fim a um conflito sobre as fronteiras, que já durava 56 anos (outubro de 1998). A eleição de Hugo Chávez para a Presidência da Venezuela (dezembro de 1998), após aquela do antigo ditador Hugo Banzer na Bolívia e a crise política no Paraguai, manifesta um retorno a um autoritarismo populista. A militarização da luta contra o narcotráfico por iniciativa dos Estados Unidos é percebida, por vezes, como a expressão da hegemonia americana. Fidel Castro festeja, em 1999, os quarenta anos de sua própria ditadura, ainda alvo da hostilidade dos Estados Unidos, que mantêm o embargo à ilha a despeito dos protestos de João Paulo II (visita em janeiro de 1998).

UM MUNDO AO MESMO TEMPO
UNIFICADO E FRAGMENTADO

Tendências contraditórias governam o mundo na virada do século. O planeta parece ao mesmo tempo unificado e fragmentado. Desde 1945, a sociedade internacional não está apenas unificada; está também homogeneizada: as relações de dominante e dominado, que eram a regra antes de 1939, são aos poucos substituídas por relações teoricamente igualitárias, o que faz com que triplique o número de atores estatais em trinta anos. Assistiu-se, desse modo, ao nascimento e à diversificação crescente do Terceiro Mundo. Diante dos países menos avançados, que afundam no subdesenvolvimento e na guerra civil, os novos países industrializados – como os "quatro dragões" (Hong Kong, Taiwan, Cingapura e Coreia do Sul) – tiveram um progresso econômico notável, interrompido pela crise nascida na Tailândia em 1997. Outras fraturas, ocorridas nas relações internacionais depois da Revolução de Outubro de 1917 ou da expansão comunista na China ou na Europa Oriental, são colmatadas. Os Estados oriundos da União Soviética, a China e a Europa Oriental desejam participar da vida internacional. O mundo evolui para um sistema mais homogêneo e, ao mesmo tempo, menos impregnado de ideologia.

Diante da multiplicação dos conflitos, a ONU é cada vez mais solicitada, e para missões cada vez mais complexas. Ela corre o risco de atolar-se e ficar impotente, como se pôde constatar nos casos do Camboja e da Somália. Na Iugoslávia, a Forpronu foi uma força inadequada a um país em guerra, pois sua missão consistia em permanecer "neutra". Sua capacidade para desarmar os conflitos do pós-guerra fria precisa ser reavaliada, pois é baixa. O direito de veto enguiçara o Conselho de Segurança e o tornara impotente. O fim dos enfrentamentos Leste-Oeste limita os casos de recurso a esse direito, e a ONU permanece a única esfera por meio da qual a URSS – e depois a Rússia – pode exercer um controle sobre a política dos Estados Unidos, ainda que estes queiram ter a capacidade, por meio da Otan, de agir por si mesmos. Porém, quando da celebração do 50º aniversário das Nações Unidas, em 1995, constata-se, acima de tudo, a quase falência financeira da Organização. E existe um fosso entre a expansão do papel de pacificadora da ONU e sua capacidade limitada para gerir as operações cada vez mais custosas. No entanto, o recurso à ONU é sistemático: no Iraque; no Camboja; na crise dos Grandes Lagos, na África; na ex-Iugoslávia; na Albânia, onde uma resolução da ONU autoriza o emprego de uma força multinacional (abril-agosto de 1997). No Timor Leste, colônia portuguesa anexada pela Indonésia em 1976 e onde a guerrilha assola o regime de Jacarta, o resultado do referendo (agosto de 1999) é amplamente favorável à independência: diante da multiplicação da violência, o Conselho de Segurança da ONU decide o envio ao Timor Leste de uma força multinacional (Interfet). Ausente da África desde os fracassos na Somália e em Ruanda, a ONU envia os Capacetes Azuis para Serra Leoa e observadores militares para a República Democrática do Congo a pedido dos próprios africanos. Fora da ONU, assiste-se a uma floração de agrupamentos de Estados por afinidades linguísticas (7ª cúpula francófona em Hanói em novembro de 1997; reunião dos Estados ibero-americanos) ou ribeirinhos de um mesmo mar (Fórum Ásia-Pacífico, novembro de 1998), ou de um mesmo continente (Cúpula das Américas, abril de 1998), ou ainda intercontinentais (Cúpula dos países da Europa e da Ásia). Os antagonismos do mundo se refletem no fracasso da conferência de Durban (setembro de 2001) contra o racismo.

A percepção da Terra como um todo não resulta apenas da esfera político-ideológica. O planeta está mais homogêneo no plano econômico: o mundo é modelado pelo capitalismo americano. Criada em 1995 para suceder ao Gatt, a Organização Mundial do Comércio (OMC) se esforça em favorecer as trocas comerciais pela liberalização e contribui, assim, para a globalização, para a qual a China Popular traz seu peso demográfico (cerca de 1,3 bilhão de habitantes). As negociações na cúpula da OMC, em Seattle (1º-3 de dezembro de 1999), terminam em fracasso, em razão do desacordo entre americanos e europeus.

Explosão demográfica, redes mundiais de comunicação, problemas ambientais, desperdício de recursos vitais, eliminação do lixo, catástrofes naturais ou tecnológicas (como a explosão, em 25 de abril de 1986, do reator número quatro da central de Chernobyl ou o naufrágio do *Erika* em dezembro de 1999) pesam na vida cotidiana de cada habitante do planeta, relativizam todos os antagonismos e ignoram as fronteiras. Na Europa, a crise da "vaca louca" inquieta os consumidores; partidários e adversários da tecnologia nuclear se enfrentam. Uma catástrofe ecológica (incêndio florestal de grande amplitude) afeta o sudeste da Ásia (outono de 1997). A comunidade internacional tenta se organizar, com relativo sucesso, em particular para reduzir as emissões de gás carbônico na atmosfera, tidas por responsáveis pelo aquecimento da Terra. A cúpula de Nova York (23-27 de junho de 1997) não provoca muito otimismo em razão das reticências dos americanos. Na conferência de Kyoto (1º-11 de dezembro de 1997), os países industrializados se comprometem a reduzir em 5% suas emissões de gases causadores de efeito estufa de então até 2010 em relação às emissões de 1990. Entretanto, as promessas não são cumpridas (Bonn, novembro de 1999; Haia, novembro de 2000), e os americanos, inicialmente conciliadores, passam a fazer oposição (abril de 2001). No campo espiritual, o triunfo de João Paulo II em algumas de suas viagens, na Jornada Mundial da Juventude em Paris (18-24 de agosto de 1997) e no Jubileu da Igreja católica (2000), e a emoção sentida no mundo inteiro quando da morte da princesa Diana (31 de agosto de 1997) exprimem também a emergência de uma sociedade mundial.

Por um lado, o mundo está mais unido e, por outro, mais fragmentado. Além da partilha desigual dos recursos econômicos e do poder político, militar e demográfico, percebe-se na recomposição da paisagem mundial uma tendência à constituição de agrupamentos regionais. No caminho de uma estreita imbricação das economias do planeta, o multilateralismo, celebrado e impulsionado pelo Gatt, é solapado pela criação dos blocos regionais, que tentam constituir refúgios e defesas contra uma globalização da economia: CEE; União do Magreb Árabe (UMA); Asean; *North American Free Trade Agreement* (Nafta) [Acordo Norte-Americano de Livre Comércio] formado por Estados Unidos, Canadá e México e que entrou em vigor em 1º de janeiro de 1994); Mercosul, mercado do Cone Sul da América que reúne, em janeiro de 1995, Argentina, Paraguai, Uruguai e Brasil, ao qual se juntam Chile e Bolívia em junho de 1996; Apec (zona de cooperação Ásia-Pacífico, que reúne 21 países e territórios situados de ambos os lados do Pacífico). Os representantes dos quinze países--membros da União Europeia e dos 71 países ACP assinam em Cotonu (23 de junho de 2000) um acordo destinado a prolongar a convenção de Lomé. O novo acordo faz do não respeito aos direitos humanos e da corrupção motivos de suspensão dos benefícios da convenção e prevê um prazo para a constituição de uma zona de livre comércio entre a União Europeia e os países ACP. Em Lomé (Togo), em 12 de julho de 2000, a cúpula dos chefes de Estado africanos aprova a ata constitutiva da União Africana, que deveria em determinado prazo substituir a OUA. Declarações de guerra opõem os blocos uns aos outros e impulsos protecionistas reaparecem em razão da agressividade comercial dos produtores asiáticos; no interior da Apec, os países da Ásia fazem com que prevaleçam seus interesses perante os Estados Unidos, mas a União Europeia consegue se entender com o Mercosul (dezembro de 1995).

Além disso, a ordem institucional legada pela Segunda Guerra Mundial é abalada pelo fim da guerra fria. Às disciplinas e às regras desse período se segue um sistema desestruturado e instável. Três pilares estão fragilizados: o modelo estatal, a intangibilidade das fronteiras e a não ingerência.

Posto em questão por fenômenos planetários e por todas as formas de golpes (máfias, tráfico, migrações clandestinas), o *modelo estatal* se mostra incapaz de funcionar em um número cada vez maior de situações, como se pôde observar na ex-URSS ou na ex-Iugoslávia. Tudo se passa como se o desaparecimento da ditadura – e do medo que engendrava – reavivasse em toda parte velhos ódios e chagas que se acreditavam cicatrizadas. É igualmente o caso na Índia, na Turquia, no México e no Canadá, onde as instituições não resistem bem às diversidades étnicas, linguísticas e religiosas. Os riscos de esfacelamento são evidentes na Indonésia, já ameaçada pela secessão do Timor Leste. Até nas velhas nações da Europa se tornam visíveis fissuras separatistas, tal como na Bélgica e na Itália (manifestações pela Padânia em setembro de 1996). Na Espanha, o regionalismo se desenvolve; na Grã-Bretanha, a Escócia e o País de Gales se afirmam, e em toda parte os fluxos transnacionais (mercadorias e homens, mas também mercados financeiros, sociedade de informação, narcóticos) colocam em questão o papel do Estado-nação. Muitos países subdesenvolvidos experimentam uma deliquescência das estruturas estatais. Vários conflitos manifestam o embaralhamento do inter e do intraestatal. A ascensão à soberania é frequentemente uma armadilha: é o caso de um grande número de microestados, e outros veem sua soberania tutelada por ingerências humanitárias e mandatos internacionais, como a Somália e o Camboja. E até mesmo nos países desenvolvidos, observa-se que o princípio de soberania é corroído em razão da pressão do universalismo e dos compromissos internacionais.

Outro tabu – a *intangibilidade das fronteiras* – cambaleia. Na África, onde a OUA a erigira em dogma, as fronteiras são questionadas na Etiópia, no Sudão e na Somália. Na Europa, o *statu quo* territorial era uma regra absoluta da vida internacional desde os acordos que se seguiram à Segunda Guerra Mundial. Helsinque os reafirmara. E a unificação alemã evitou a descambação dos limites territoriais; além disso, o tratado germano-polonês (17 de junho de 1991) confirmou a fronteira Oder-Neisse. Mas o despertar das nacionalidades e as exigências identitárias questionam as fronteiras e abalam os Estados. A implosão da União Soviética, o esfacelamento da Iugoslávia e a separação amigável da Tchecoslováquia em dois Estados são acontecimentos consideráveis que mexem com o mapa da Europa e a encaminham para uma balcanização repleta de perigos. Essa fragmentação do espaço é capaz de suscitar conflitos em cascata.

Diante dos atos de violência e dos riscos de implosão, outro tabu é questionado: a não ingerência nos assuntos internos dos Estados. Pela Resolução 688 de 5 de abril de 1991, o Conselho de Segurança da ONU admitiu a existência de um direito de ingerência quando a violação dos direitos humanos no interior de um Estado constitui uma ameaça à paz e à segurança internacionais. O direito de ajuda humanitária legitima as intervenções da ONU no Iraque e na Somália. A ajuda para o desenvolvimento é cada vez mais subordinada a uma gestão sadia e à democratização. Enfim, assiste-se a uma evolução do direito internacional. Criado pela ONU em 1993, o Tribunal Penal Internacional de Haia (TPI) julga crimes de guerra cometidos na ex-Iugoslávia (maio de 1996). Vítima de graves distúrbios em 1997, a Albânia é socorrida pela comunidade internacional (operação *Alba*). Em Roma, numa conferência realizada sob a égide da ONU (junho de 1998), 120 países adotam (contra o desejo americano) um projeto de Corte Penal Internacional permanente, competente para julgar genocidas, crimes contra a humanidade, crimes de guerra e agressões. O ex-ditador do Chile, o general Pinochet, é detido na Grã-Bretanha e ameaçado de ser julgado por um tribunal espanhol. A extradição de Milosevic (junho de 2001), para ser julgado pelo Tribunal Internacional de Haia, parece a alguns um grande avanço. E a Otan recorre à força contra a Iugoslávia, por razões internas a esse Estado soberano (março de 1999). Nesse caso, a justificação humanitária se sobrepôs ao princípio de soberania.

Nesse novo mundo do pós-guerra fria, a segurança não é menor, mas está fragilizada: despertar dos nacionalismos, êxodo em massa de imigrantes que fogem do desespero e da fome, multiplicação dos conflitos intraestatais, terrorismo, eventual recurso sem controle às armas nucleares. A ameaça não é nem maior nem menor. É móvel, versátil, fragmentada e repentina. A utopia da paz perpétua que parecia ao alcance da mão na primavera de 1990 deu lugar às incertezas de uma ordem internacional instável e aleatória.

As operações de manutenção da paz em curso

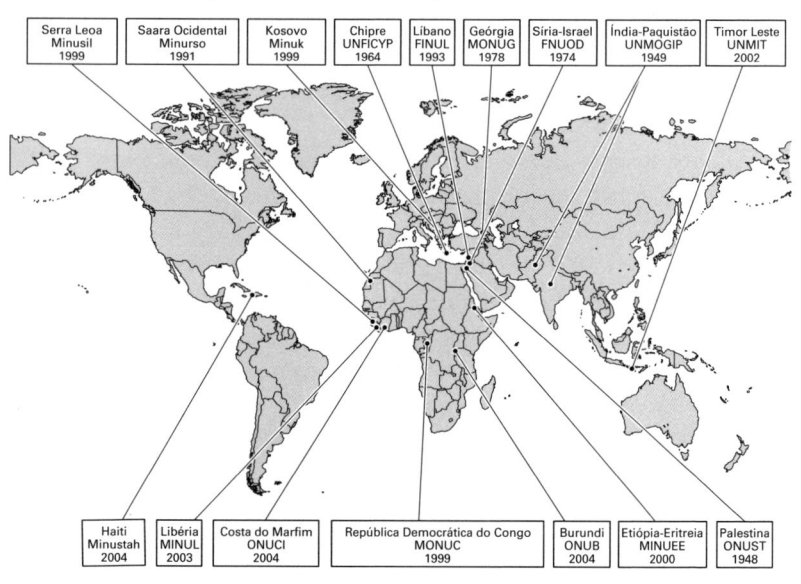

| Serra Leoa Minusil 1999 | Saara Ocidental Minurso 1991 | Kosovo Minuk 1999 | Chipre UNFICYP 1964 | Líbano FINUL 1993 | Geórgia MONUG 1978 | Síria-Israel FNUOD 1974 | Índia-Paquistão UNMOGIP 1949 | Timor Leste UNMIT 2002 |

| Haiti Minustah 2004 | Libéria MINUL 2003 | Costa do Marfim ONUCI 2004 | República Democrática do Congo MONUC 1999 | Burundi ONUB 2004 | Etiópia-Eritreia MINUEE 2000 | Palestina ONUST 1948 |

Fonte: ONU.

Capítulo **7**

A DESORDEM IMPERIAL
(DESDE 2001...)

A transformação fundamental do sistema internacional, revelada pelo choque de 11 de setembro de 2001, não cessou de espalhar seus efeitos, que se somam aos do fenômeno da globalização. Donde uma paisagem marcada pela revolução dos meios de comunicação, pela emergência econômica das potências asiáticas, por uma grande sensibilidade das regiões desenvolvidas aos riscos e, enfim, por uma situação de fracasso dos Estados Unidos, que acreditaram impor sua ordem.

A diferença de ritmo de crescimento entre as economias desenvolvidas e as emergentes é impressionante. Desde 2000, o crescimento diminuiu ou é pequeno na zona do euro ou na América, enquanto o desempenho das economias emergentes é notável: 7% de crescimento para a China em 2003, 9% em 2006-2007 para a Índia. A China torna-se uma das quatro primeiras potências econômicas mundiais, atrás de Estados Unidos, Japão e Alemanha (segundo o Banco Mundial, dezembro de 2007). Com a China e a Índia, Rússia e Brasil são agora atores econômicos importantes que querem ter toda sua cota nesse fenômeno de globalização. O grupo indiano Mittal Steel assumiu o controle do grupo europeu Arcelor e, assim, tornou-se em junho de 2006 o primeiro produtor de aço do mundo. O grupo japonês Toyota passou para a primeira posição das montadoras automobilísticas no mundo. Por esses exemplos, revela-se o poder das economias asiáticas. Mas isso não é tudo: a demanda crescente de matérias-primas por essas economias gera uma explosão da cotação de matérias-primas e dos preços e uma luta pelo acesso às provisões (2008), o que provoca uma verdadeira crise alimentar mundial, ocasionando revoltas devido à fome em alguns países africanos e asiáticos. Os problemas energéticos

Cotação do petróleo desde 1950

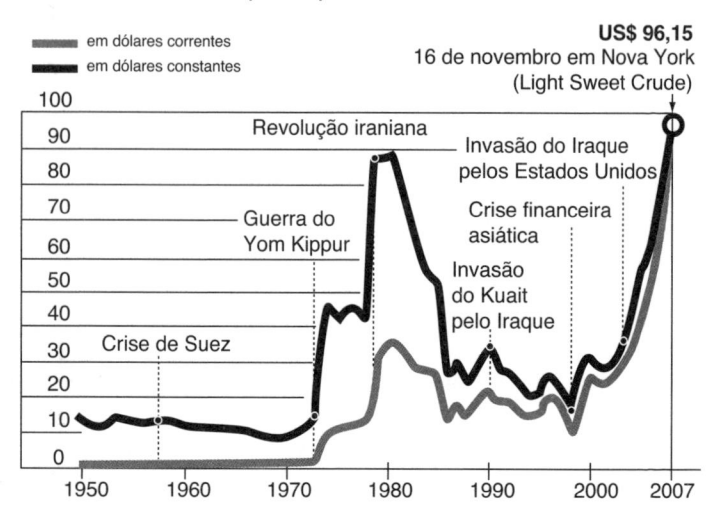

```
▬ em dólares correntes
▬ em dólares constantes
```

US$ 96,15
16 de novembro em Nova York
(Light Sweet Crude)

Eventos marcados no gráfico:
- Crise de Suez
- Guerra do Yom Kippur
- Revolução iraniana
- Invasão do Kuait pelo Iraque
- Crise financeira asiática
- Invasão do Iraque pelos Estados Unidos

Eixo Y: 0 a 100
Eixo X: 1950, 1960, 1970, 1980, 1990, 2000, 2007

Fonte: *Departamento Americano de Comércio, AIE, Platts, BP Statistical Review of World Energy, junho de 2007.*

têm cada vez mais importância, ilustrada pela chantagem russa com o envio de gás para a Ucrânia, pela construção do oleoduto Baku-Tbilissi-Ceyhan, que permite enviar o petróleo do mar Cáspio até o Mediterrâneo (sem passar nem pela Rússia nem pelo Irã), pela exploração de jazidas eventuais na Groenlândia e pelos múltiplos acordos no plano do uso civil da tecnologia nuclear (Estados Unidos/Índia, França/China, França/Líbia). A explosão do preço do barril de petróleo é tal que ele atinge e ultrapassa os 140 dólares na primavera [no hemisfério norte] de 2008. O maná petrolífero é tão grande que, de um lado, Rússia e Argélia pagam suas dívidas enquanto, de outro, as economias desenvolvidas da Europa e da América passam por reestruturações, deslocamentos e, portanto, por supressão de empregos e, a partir de 2007--2008, por um aumento da inflação e uma crise conjuntural devidos aos créditos concedidos com demasiada facilidade. A proliferação nuclear e balística fazem pesar uma grave ameaça sobre a ordem mundial. As sociedades desenvolvidas estão cada vez mais vulneráveis e reagem rapidamente aos riscos ligados aos fenômenos naturais – como o *tsunami* que devasta as costas do oceano Índico (26 de dezembro de 2004) e provoca a morte de mais de 200 mil pessoas, o furacão Katrina (agosto de 2005) na Louisiana, ou as inundações na Indonésia (fevereiro de 2007) –, às catástrofes ecológicas e às epidemias – três milhões de pessoas morrem de aids em 2002 e o vírus H5N1 da gripe aviária ameaça se espalhar (verão de 2005-inverno de 2006 [no hemisfério norte]). Diante da crise do sistema internacional, que atinge a credibilidade da ONU, os Estados Unidos têm a ambição de encarnar sozinhos uma nova ordem, que eles tentam impor ao resto do mundo. Mas a crise econômica (em particular bancária, com a crise dos créditos imobiliários, em agosto de 2007) e os fracassos da ordem imperial (Irã-Iraque, conflito israelo-palestino) causam uma grave perda de credibilidade dos Estados Unidos e até questionam os valores ocidentais.

A GUERRA CONTRA O TERRORISMO

Os atentados de 11 de setembro de 2001 contra o *World Trade Center* em Nova York e o Pentágono em Washington significam, em primeiro lugar, uma passagem a uma nova era do terrorismo. Esses atentados revelam um terrorismo singular em seus objetivos, seus meios e seus efeitos. Os objetivos visados não são, de fato, políticos, mas simbólicos (o emblema do comércio internacional e a sede do poder militar), os meios utilizados combinam o recurso a aviões e às armas brancas com o sacrifício de mártires; os efeitos se refletem no número de vítimas (cerca de 3 mil), isto é, na destruição em massa.

A emoção é imensa no mundo ocidental para homenagear as vítimas do terrorismo exercido por um punhado de extremistas islâmicos. Como o Islã, que conta com 1,2 bilhão de seres humanos, é dividido em múltiplas correntes (os sunitas, que representam 85 a 90% do mundo muçulmano; os xiitas são sobretudo numerosos no Iraque, onde são 50% da população, no Irã e no Iêmen, onde são 90% da população), o islamismo não é um fenômeno homogêneo: surgido no Irã revolucionário e xiita, parece ativo atualmente sobretudo nos países sunitas como a Arábia Saudita, onde as organizações wahabitas gastam 10 bilhões de dólares por ano para a propagação do Islã e o financiamento de movimentos islâmicos. O acontecimento coloca a questão da vitalidade do islamismo: ele desmente as previsões sobre a evolução do Islã político? Ou confirma a passagem a um pós-islamismo que se traduz seja pela ambição de conquistar o aparelho de Estado, seja pela busca de uma união de crentes, seja enfim por uma reislamização dos costumes? Seja como for, o Islã fundamentalista odeia acima de qualquer coisa o materialismo e a economia de mercado, que ele identifica com os Estados Unidos, cuja política é vivida como parcial em razão do apoio ao governo israelense, da presença militar americana na Arábia Saudita, da manutenção do embargo e das ações militares contra o Iraque. Esse intenso ressentimento contra os Estados Unidos é amplamente partilhado no mundo muçulmano, ressentimento que se estende aos países europeus em 2006, quando, em janeiro, jornais publicam caricaturas do profeta Maomé, e que é avivado por um discurso do papa Bento XVI em Regensburg (12 de setembro de 2006).

Depois do choque do 11 de Setembro, a administração americana declara guerra ao terrorismo, com uma aprovação quase unânime, em particular o aval do Conselho de Segurança, e a solidariedade dos membros da Aliança Atlântica, prontos a aplicar o artigo 5. Uma vez passada a surpresa, a administração de G. W. Bush designa o primeiro inimigo: o regime taleban no poder no Afeganistão desde 1996 e protetor da organização islâmica Al-Qaeda dirigida por Osama Bin Laden, um saudita fanático da luta contra os infiéis. O Afeganistão está novamente no centro dos acontecimentos atuais: um país devastado por guerras, lutas tribais e étnicas, pela ingerência dos países vizinhos e pela miséria dos refugiados em razão da posição geográfica desse Estado-tampão, que sempre provocou cobiças. Desde sua ascensão ao poder em 1996, o regime taleban é objeto de sanções por parte da ONU (resolução de 19 de dezembro de 2000). Os americanos se lançam, portanto, em uma guerra contra o Afeganistão. Essa coalizão circunstancial parece decorrer de uma nova concepção da ação externa: em vez de recorrer à Otan, a coalizão é mais ampla e engloba países muçulmanos. A réplica militar não foi nem imediata nem irrefletida: os Estados Unidos já não são o gendarme do mundo, mas sim o "xerife, justiceiro que reúne em torno de si uma cavalgada de voluntários para partir em perseguição aos fora da lei".

Contrariando as previsões pessimistas que acreditavam no atolamento da ação militar e na desestabilização do Paquistão, a resposta americana promovida contra a Al-Qaeda e os talebans é um sucesso. A campanha militar ("Justiça Infinita", rebatizada *Enduring Freedom*,

O Afeganistão

"Liberdade Duradoura") é conduzida com eficiência. Após os bombardeios (que começam em 7 de outubro de 2001), a batalha terrestre conduzida pelas forças da Aliança do Norte (coalizão de minorias étnicas opostas aos talebans) é rápida e termina por derrubar o poder taleban (13 de novembro: queda de Cabul; 6 de dezembro: queda de Kandahar), estabelecer um acordo para o emprego, sob mandato da ONU, de uma força internacional encarregada de garantir a segurança (*International Security Assistance Force*, Isaf) em Cabul e em sua região, e instituir, sob a égide da ONU, um governo interino reunindo todas as facções afegãs. Nos anos seguintes, sobretudo a partir de 2005, as tropas da Otan (americanas, britânicas e canadenses) confrontam-se com uma guerrilha cada vez mais dura e com atentados suicidas recorrentes, o que obriga a Isaf, com mais de 40 mil homens (e cujos contingentes mais importantes são americanos, britânicos e alemães) a pedidos incessantes de reforços e a ampliar seu campo de ação para todo o Afeganistão (2006): o presidente Sarkozy afirma o engajamento da França, aceitando reforçar sua presença na região com várias centenas de homens (março-abril de 2008).

Os americanos diante da ameaça terrorista

O outro efeito desses atentados é suscitar ou revelar uma profunda mudança nas relações entre Washington e o mundo. Enquanto em seus primeiros meses a administração G. W. Bush não parecia muito interessada no mundo exterior – exceto para promover um sistema de defesa antimíssil, que supostamente deveria proteger a totalidade do território americano contra eventuais foguetes de "Estados párias" [Rogue States] –, tudo muda no 11 de Setembro. Ainda que no passado outros choques (*Pearl Harbor*, *Sputnik*) tenham abalado o sentimento de invulnerabilidade dos Estados Unidos, a principal novidade do pós--11 de Setembro é a descoberta de sua vulnerabilidade, ligada à sua abertura. As necessidades da luta contra o terrorismo supõem uma liberdade de ação total dos Estados Unidos, que, por sua vez, fazem um balanço bastante severo da operação do Kosovo (março-junho de 1999). Eles não querem mais ser entravados por nenhuma exigência internacional, principalmente no uso da força, o que tem por consequência tensões em sua política transatlântica e sua vontade de contornar a ONU.

De fato, vários atentados no decorrer dos meses seguintes (Djerba, Karachi, Bali, Mombaça, Áden) atestam a globalização da ameaça terrorista, expressa pelos repetidos alertas, verdadeiros ou falsos. Os atentados de Madri (11 de março de 2004) são os mais mortíferos já cometidos na Europa. Em julho de 2005, vários atentados ocorrem no metrô e em ônibus de Londres (dias 7 e 21), em Charm el-Cheikh (dia 23), Bali (1º de outubro de 2005), Amã (9 de dezembro de 2005),

Casablanca (abril de 2007), no Paquistão (julho-agosto de 2007) e na Argélia (julho-agosto-dezembro de 2007).

A formação de uma coalizão antiterrorista leva a reviravoltas diplomáticas, que em um primeiro momento provocam uma aproximação Washington-Moscou-Pequim, a marginalização da Otan e o questionamento das relações entre os países europeus. Se, para além das discussões sobre os armamentos estratégicos, a Rússia pretende por vezes retomar seu papel de contrapeso aos Estados Unidos, o apoio dado por Vladimir Putin a G. W. Bush em suas conversas em Washington (13-15 de novembro de 2001) manifesta principalmente sua vontade de estabelecer uma relação de confiança e de cooperação na luta antiterrorista; a Rússia espera também ganhar uma latitude total na guerra da Tchetchênia, que ela apresenta como uma frente da luta contra o terrorismo, em troca de sua solidariedade contra Bin Laden. Pela mesma razão, a China *a priori* se prontifica a colaborar com a coalizão (o terrorismo, além disso, é um dos eixos de cooperação do grupo de Xangai, fórum de consultas regional criado em 1996 entre Rússia, China, Tadjiquistão, Cazaquistão e Quirguistão). Esse alinhamento é simbolizado pelo encontro de Xangai (no âmbito da cúpula da Apec, fórum da Cooperação Econômica Ásia-Pacífico), em 20 de outubro de 2001, e pela foto de Jiang Zemin, Vladimir Putin (que, no entanto, assinaram em julho de 2001, em Moscou, um tratado de amizade e de cooperação e reiteraram sua oposição ao projeto americano de um escudo antimíssil) e George W. Bush.

Novo objetivo: o Iraque

Depois da guerra do Afeganistão, os Estados Unidos desenvolvem novas concepções de emprego da força a título preventivo e expõem toda uma argumentação contra o Iraque de Saddam Hussein, com o objetivo declarado de embaralhar as cartas no Oriente Médio, criando uma nova organização regional fundada sobre a democracia, a defesa das liberdade e os direitos humanos.

Desde a guerra do Golfo, o Iraque jamais saiu da linha de mira da administração americana, que, decidida a se livrar do regime de Saddam Hussein, alega o perigo das armas de destruição em massa, a conexão entre Bagdá e as organizações terroristas e, enfim, o desejo de fazer surgir um Iraque democrático. Bagdá, por sua vez, protesta contra o embargo do qual é objeto por intermédio da resolução "Petróleo por alimentos", amenizada em maio de 2002 pela Resolução 1.409. Ao longo do ano de 2002, a tensão aumenta, com os Estados Unidos destacando para a zona do Golfo meios militares consideráveis. Acusado de produzir armas de destruição em massa e de tentar fabricar uma arma nuclear, o regime de Bagdá desmente e aceita finalmente que inspetores da ONU e da Agência Internacional de Energia Atômica (Aiea) – que haviam sido expulsos em dezembro de 1998 – vão ao Iraque verificar a natureza de seu armamento.

Num primeiro momento, Washington aceita buscar o acordo dos países-membros do Conselho de Segurança e a continuação das inspeções no Iraque, ao mesmo tempo que ressalta – por meio de revelações sobre os seus armamentos – a falta de cooperação de Saddam Hussein e prepara a intervenção. Em 8 de novembro de 2002, a Resolução 1.441 (que fixa um calendário para a retomada das inspeções de desarmamento e exige de Bagdá uma total cooperação) é adotada por unanimidade pelos 15 membros. Porém, contrariamente aos Estados Unidos, que a interpretam como uma autorização para intervir se a cooperação não for total, a França julga que a última palavra deva ser da ONU. Ante a oposição da França, da Alemanha e da Rússia a uma ação de força que não fosse motivada por um relatório negativo dos inspetores em desarmamento e fundada em uma resolução do Conselho de Segurança, os Estados Unidos e a Grã-Bretanha decidem abrir mão de uma nova resolução, apesar da onda de protestos em todo o mundo. A guerra é conduzida com eficácia (20 de março-30 de abril) e o exército iraquiano é derrotado.

Depois da vitória das forças da "coalizão" (a Grã-Bretanha e a Austrália cooperam), Washington cria em maio de 2003 uma "coalizão de voluntários", força de estabilização internacional de uma quinzena de países (entre os quais a Grã-Bretanha, a Polônia, a Dinamarca e a Espanha), encarregados, sob a égide dos Estados Unidos, de assegurar a reconstrução do Iraque. Mesmo deixando de lado a ONU e a Otan, os Estados Unidos conseguem obter, em 22 de maio de 2003, o aval do Conselho de Segurança, cuja resolução confia à coalizão americano--britânica a gestão do país e a exploração de seu petróleo; em 18 de outubro de 2003, a Resolução 1.511 confirma a "coalizão" como potência ocupante e homologa o projeto político dos Estados Unidos para o Iraque. Atentados que provocam cada vez mais vítimas, sequestros e execuções de reféns, confrontos ao redor das cidades sagradas ensanguentam o país, e a revelação das sevícias impostas pelas tropas americanas (abril de 2004) causam o descrédito da ocupação do Iraque. Em razão da persistente insegurança, a transição democrática é retardada, mas, em 8 de junho de 2004, a transferência de poder para um governo iraquiano é aprovada pelo Conselho de Segurança, o que representa um sucesso inegável da diplomacia americana, apesar da retirada das tropas espanholas e filipinas das forças de ocupação. O Clube de Paris alivia a dívida iraquiana em novembro de 2004. O projeto americano de "Grande Oriente Médio", um vasto plano de remodelagem de uma região que vai do Marrocos ao Paquistão, e que consiste em favorecer o seu desenvolvimento econômico e sua democratização política, suscita intensas discussões, mas é finalmente adotado sob uma forma mais flexível chamada de "Parceria para um Futuro Comum" por ocasião da reunião do G8 (8-10 de junho de 2004), em Sea Island, EUA, e executado em Rabat (dezembro de 2004). O processo democrático se estabelece no Iraque com o sucesso das eleições de 30 de janeiro de 2005 e a eleição de um curdo como presidente da República (6 de abril de 2005). Mas a multiplicação de atentados suicidas (verão de 2005, 2006) e um verdadeiro início de guerra civil entre sunitas e xiitas (verão de 2006) obrigam os americanos a reforçar sua presença militar, ainda mais porque vários países (Itália, Polônia, Grã-Bretanha em parte) retiram seus contingentes.

O IMPÉRIO E O MUNDO

Consciente de seu poder militar que entretanto encontra seus limites para pacificar o Afeganistão e o Iraque, a administração americana pratica um unilateralismo sem complexo sob a influência ideológica dos neoconservadores e *pretende* impor seus desígnios ao mundo, tanto mais que o presidente George W. Bush se reelegeu com facilidade em 2 de novembro de 2004.

A administração Bush denuncia (13 de dezembro de 2001) o tratado ABM [tratado antimísseis balísticos] de 1972 para construir seu

Os presidentes dos Estados Unidos desde 1945

Franklin D. Roosevelt	1933-abril de 1945
Harry S. Truman	abril de 1945-janeiro de 1953
Dwight D. Eisenhower	janeiro de 1953-janeiro de 1961
John F. Kennedy	janeiro de 1961-novembro de 1963
Lyndon B. Johnson	novembro de 1963-janeiro de 1969
Richard M. Nixon	janeiro de 1969-agosto de 1974
Gerald R. Ford	agosto de 1974-janeiro de 1977
Jimmy Carter	janeiro de 1977-janeiro de 1981
Ronald Reagan	janeiro de 1981-janeiro de 1989
George Bush	janeiro de 1989-janeiro de 1993
William J. Clinton	janeiro de 1993-janeiro de 2001
George W. Bush	janeiro de 2001-janeiro de 2009

escudo antimíssil (cujo desenvolvimento começa em dezembro de 2002), declina qualquer adesão ao protocolo de Kyoto, recusa-se a ratificar o tratado que cria a Corte Penal Internacional e negocia acordos a fim de proteger seus cidadãos de eventuais processos internacionais, rejeita qualquer sistema obrigatório de controle de armas biológicas; desenvolve uma nova doutrina que considera banalizar a arma nuclear e adota, em 2003, um orçamento militar em expansão que chega a 40% do total dos gastos militares mundiais.

Outras medidas da administração americana causam reservas entre seus aliados, tais como sua implantação no Uzbequistão e no Tadjiquistão, inicialmente aceita pela Rússia, que vê os Estados Unidos se instalarem em uma zona tradicional de influência russa, ou suas ameaças aos Estados (Irã, Iraque e Coreia do Norte) suspeitos de cumplicidade com terroristas (discurso de G. W. Bush, 29 de janeiro de 2002), que formam o "eixo do mal" ou os "postos avançados da tirania": Cuba, Zimbábue, Bielo-Rússia, Irã, Birmânia e Coreia do Norte (discurso de C. Rice, 18 de janeiro de 2005). A decisão do governo americano de impor tarifas pesadas sobre as importações de aço (março de 2002) provoca grandes críticas, a ponto de ser obrigado a retirá-las (fim de 2003), diante das ameaças de represálias dos países europeus e das sanções autorizadas pela OMC.

As relações entre Washington e Moscou

Ao longo de sua viagem pela Europa (maio de 2002), o presidente G. W. Bush assina com Vladimir Putin um acordo de desarmamento nuclear que reduzirá o arsenal dos dois países a um número de ogivas compreendido entre 1.700 e 2.200 de então até 2012, contra cerca de 6 mil no momento do tratado (24 de maio de 2002), sendo que cada país fica livre para destruir ou simplesmente estocar essas armas. Por essa declaração de 24 de maio, Estados Unidos e Rússia se dizem decididos a cooperar na luta contra o terrorismo, a agir em conjunto na Ásia Central e no Cáucaso, onde Washington obtém o direito de monitoração, e no Oriente Médio. A parceria com a Rússia se exprime também pela assinatura, em 28 de maio, em Roma, de um acordo que cria "um Conselho Otan-Rússia" para melhor associar Moscou à Aliança Atlântica. Em 22 de novembro de 2002, G. W. Bush reencontra V. Putin em São Petersburgo, onde selam uma autêntica aliança russo-americana contra o terrorismo internacional. Mas, posteriormente, os desacordos se multiplicam entre Washington – que critica a deriva autoritária do regime russo e denuncia a colaboração da Rússia com a Síria, o Irã e a Coreia do Norte – e Moscou, que se reaproxima de Paris e Bonn por ocasião da guerra do Iraque e, principalmente, suspeita que os americanos desejem instalar-se permanentemente no espaço ex-soviético. Daí o encontro Bush-Putin repleto de desconfiança recíproca, em 24 de fevereiro de 2005, em Bratislava, e a preocupação de Moscou em fazer o jogo europeu (cúpula de Paris entre Chirac, Putin, Zapatero e Schröder, em março de 2005). Durante a cúpula franco-germano-russa de Compiègne (23 de setembro de 2006), Vladimir Putin faz questão de tranquilizar Jacques Chirac e Angela Merkel quanto à política energética da Rússia. A renacionalização da política externa da Rússia fica evidente pelas declarações de Vladimir Putin. Em 10 de maio de 2006, ele exorta a desenvolver o potencial militar e econômico da Rússia ante os Estados Unidos, "lobo e fortaleza"; em fevereiro de 2007, ele denuncia o desejo americano de dominação. A tensão cresce com a proposta que Washington faz a Praga e Varsóvia de receber as instalações do escudo antimísseis americano, destinado a prevenir ataques da Coreia do Norte e do Irã. Como represália, e no contexto de uma tensão das relações russo-americanas, a Rússia suspende a aplicação do tratado sobre as Forças Convencionais na Europa (30 de novembro de 2007). E Vladimir Putin opõe-se à adesão da Ucrânia e da Geórgia à Otan. Seu sucessor, Dmitri Medvedev lança a ideia de um pacto de segurança europeia destinado a substituir a Osce (discurso de Berlim, 5 de junho de 2008).

As relações entre Estados Unidos e Europa

A divisão da *Europa* é patente. A crise do Afeganistão provoca uma marginalização de seu papel e uma "renacionalização" das políticas externas. Pondo-se à parte, Londres, Paris e Berlim se engajam de forma bilateral ao lado dos americanos. O acontecimento revela a morosidade da Europa no campo político-militar, enredada nos procedimentos. Se os europeus se reúnem para denunciar o unilateralismo americano, eles penam para conciliar seus pontos de vista para a definição de uma estratégia comum. A crise iraquiana tem consequências bem mais graves. Revela, de fato, a desunião europeia, põe a nu a fragilidade militar dos Estados europeus e o domínio da indústria americana de armamentos. E termina por dividir o Velho Mundo entre uma "velha Europa" recalcitrante diante da ordem imperial e uma "nova" Europa pronta para seguir os Estados Unidos. Diante de Paris e Berlim, que se opõe à guerra, outras oito capitais da União Europeia e de países candidatos manifestam seu apoio a Washington (30 de janeiro de 2003), e o grupo de Vilnius (formado por dez ex-Estados comunistas aspirantes à adesão à Otan) se declara pronto a juntar-se à coalizão visando desarmar o regime de Saddam Hussein. Washington reage muito mal à intenção declarada de alguns Estados europeus (França, Alemanha e Bélgica), em setembro de 2003, de estabelecer um comando autônomo fora das estruturas da Otan e apto a executar operações militares.

A ampliação da Aliança Atlântica

4 de abril de 1949	Estados Unidos, Canadá, Islândia, França, Grã-Bretanha, Dinamarca, Noruega, Portugal, Itália, Bélgica, Países Baixos e Luxemburgo assinam o Tratado do Atlântico Norte.
1951	A Grécia e a Turquia aderem à Aliança.
1955	A Alemanha Ocidental se une à Aliança.
1966	A França sai da organização militar integrada da Aliança.

1982   A Espanha entra na Aliança.
1999   Polônia, República Tcheca e Hungria integram a Aliança.
2002   Parceria para a Paz com a Rússia.
2004   Eslováquia, Eslovênia, Romênia, Bulgária, Lituânia, Letônia e Estônia se unem à Aliança.

Decidida em Praga, em novembro de 2002, a ampliação da Aliança para sete países da ex-Europa do Leste (Bulgária, Romênia, Estônia, Letônia, Lituânia, Eslováquia e Eslovênia) é oficializada em 2 de abril de 2004. A Otan se torna então uma verdadeira organização militar europeia? Torna-se, na verdade, o braço armado da política americana, com a criação de uma força de reação rápida a ser enviada às zonas de conflito e que doravante será empregada para além de sua zona tradicional. Assim, em abril de 2003, a Otan toma a direção da Força Internacional de Assistência para a Segurança no Afeganistão (Isaf). Em Nice (fevereiro de 2005), os ministros da Defesa da Otan discutem os meios de fortalecer as missões da Otan no Afeganistão e no Iraque. A cúpula extraordinária da Organização (22 de fevereiro, em Bruxelas) declara que os Estados-membros pretendem "reforçar o papel da Otan como foro essencial entre aliados sobre as questões estratégicas e políticas". Na cúpula de Riga (28-29 de novembro de 2006), os dirigentes dos países-membros da Otan reafirmam seu engajamento militar no Afeganistão; em Bruxelas (14 de junho de 2007), eles aprovam o princípio do escudo antimísseis que os americanos queriam instalar na Polônia e na República Tcheca. Na cúpula da Otan em Bucareste (2-4 de abril de 2008), a ampliação da Aliança Atlântica à Ucrânia e à Geórgia é adiada, devido à oposição russa e às reticências de Paris e Berlim, que devem aceitar, sob pressão americana, a perspectiva da adesão da Croácia e da Albânia. E há uma negociação em curso entre a França, aceitando reintegrar a organização militar, e os Estados Unidos, que se decidiriam a reconhecer a autonomia da defesa europeia (primavera de 2008 [no hemisfério norte]).

Os altos e baixos da Europa

No plano da construção europeia, sucessos se alternam com fracassos. Alguns Estados combinam entre si, na cúpula de Laeken (dezembro de 2001), de lançar a fabricação de um *Airbus* militar A400M,

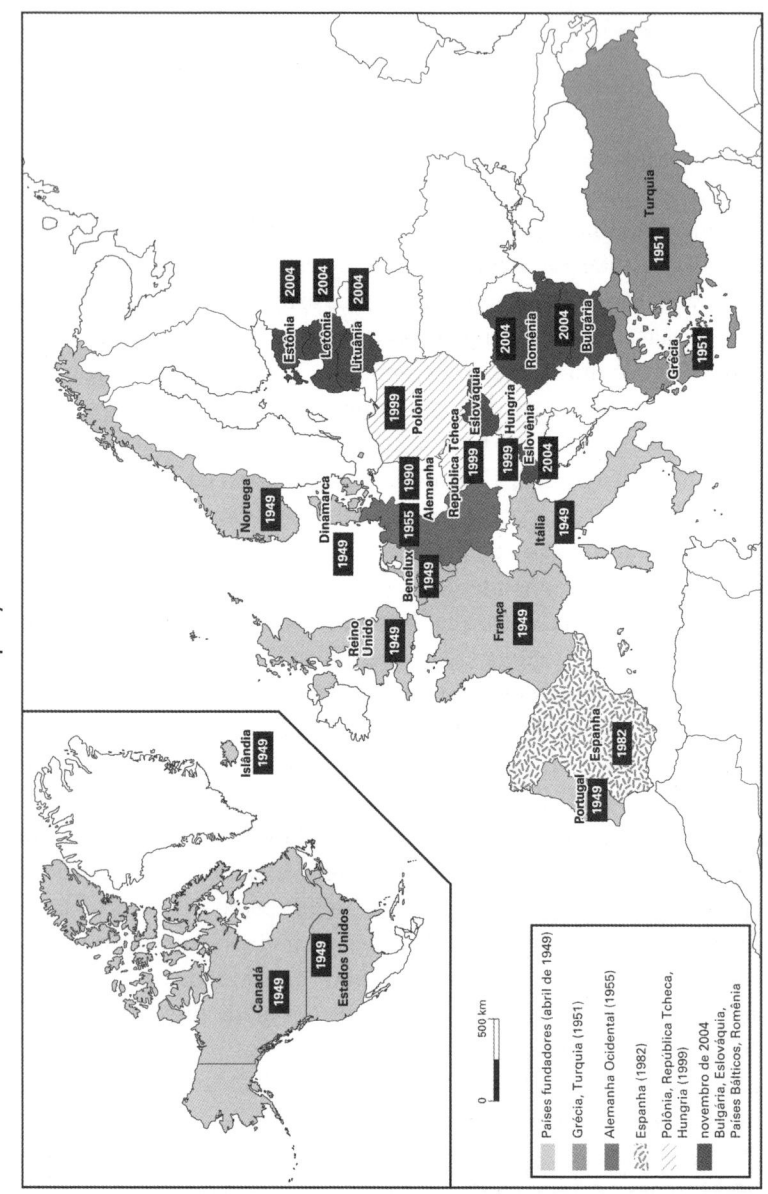

300 | As relações internacionais a partir de 1945

A ampliação da Otan

- Países fundadores (abril de 1949)
- Grécia, Turquia (1951)
- Alemanha Ocidental (1955)
- Espanha (1982)
- Polônia, República Tcheca, Hungria (1999)
- novembro de 2004: Bulgária, Eslováquia, Países Bálticos, Romênia

e os Quinze acabam decidindo financiar o projeto *Galileo* (sistema de navegação e posicionamento), que deverá pôr fim ao monopólio americano. Mas as dificuldades financeiras e as rivalidades nacionais atrasam sua realização. A "estratégia de Lisboa", adotada em 2000, tem por ambição dar à Europa "a economia do conhecimento mais competitiva do mundo", mas praticamente não surte efeito. A entrada em vigor do euro na vida cotidiana de 300 milhões de europeus, em 1º de janeiro de 2002, é um sucesso técnico e um momento histórico da construção europeia: dez anos após o Tratado de Maastricht, doze Estados da União Europeia (Alemanha, Áustria, Benelux, Espanha, Finlândia, França, Grécia, Irlanda, Itália e Portugal) partilham a mesma moeda; a eles se juntam Eslovênia (1º de janeiro de 2007) e, depois, Chipre e Malta (1º de janeiro de 2008). Porém as concepções acerca do futuro da União são vagas e antagônicas, e o motor franco-alemão está emperrado, enquanto a Europa está empenhada em uma corrida de velocidade entre a ampliação e uma tentativa de aprofundamento: a Convenção sobre o Futuro da Europa (presidida por Valéry Giscard d'Estaing) é encarregada de preparar a refundição da União e de elaborar uma Constituição.

Após a discórdia franco-alemã, marcada pelo confronto quanto ao financiamento da PAC, e o fracasso da cúpula de Nice (dezembro de 2000), é novamente dada a partida no motor franco-alemão graças a um acordo sobre a questão agrícola, entre Jacques Chirac e Gerard Schröder, que celebram com grande pompa o 40º aniversário do Tratado do Eliseu (janeiro de 2003), mesmo com o risco de provocar o temor de um diretório franco-alemão ou de causar perturbações em razão do não respeito ao pacto de estabilidade (do qual ambos desejam a reforma). No que diz respeito à PAC, para evitar uma corrida à produtividade, haverá uma desvinculação entre as ajudas diretas concedidas aos agricultores e o nível de produção, total ou parcial, a partir de 2007, no caso dos cereais e da carne bovina; as subvenções estarão ligadas a critérios de qualidade e, de agora a 2013, prevê-se o estabelecimento de um teto para o orçamento total da PAC. Em dezembro de 2002, a cúpula da Copenhague aceita a entrada na União de oito países da Europa Central e Oriental: Polônia, República Tcheca, Eslovênia, Hungria, Estônia, Letônia, Lituânia, Eslováquia, mais Malta e Chipre (embora o plano de acordo das Nações Unidas, que deveria culminar na reunificação da ilha, seja rejeitado pelos cipriotas gregos em 24 de abril de 2004). Essa ampliação, que se torna oficial em 1º de maio de 2004, tem um alcance mais simbólico (porque encerra o processo iniciado com a queda do muro de Berlim e o desmembramento da União Soviética) do que demográfica (no total, 75 milhões de habitantes) ou econômica (a renda dos países que ingressam representam apenas 1/3 da renda dos países da Europa Ocidental). Com a integração da Romênia e da Bulgária em 2007, a União dos Vinte e Sete constitui um espaço político e econômico de 493 milhões de habitantes. As negociações de adesão da Turquia começam em outubro de 2005, suscitando um grande debate. Todos se manifestam sobre o assunto. Por ocasião de sua viagem à Turquia (28 de novembro-1º de dezembro de 2006), o papa comunica seu *nihil obstat*, assim como o primeiro-ministro britânico Tony Blair, defensor ardoroso da adesão da Turquia, ao contrário de Valéry Giscard d'Estaing, hostil à ideia. Em novembro de 2006, a Comissão congela as negociações com a Turquia, que se recusa a reconhecer um dos Estados da União, Chipre. O aprofundamento deveria ter precedido a ampliação: ele é bem mais difícil de ser executado. O projeto de Constituição elaborado pela Convenção (junho de 2003), que modifica a ponderação dos votos no Conselho de Ministros, atribuindo mais votos aos quatro Estados mais populosos (Alemanha, França, Grã-Bretanha e Itália), que prevê a criação de um posto de presidente do Conselho Europeu com a duração de dois anos e meio, renovável (visando pôr fim à presidência rotativa a cada seis meses), e de um posto de ministro das Relações Exteriores da União (ao mesmo tempo alto representante para a Pesc e comissário para as relações exteriores), esbarra na recusa da Polônia e da Espanha em renunciar às conquistas do tratado de Nice de dezembro de 2000. Depois do fiasco da cúpula de 12-13 de dezembro de 2003, os Vinte e Cinco, reunidos em Bruxelas (18 de junho de 2004), adotam por unanimidade o projeto de tratado constitucional, assinado em Roma, em 29 de outubro de 2004. A nova Comissão Europeia (novembro de 2004), presidida por José Manuel Durão Barroso, é composta de 25 comissários (em vez de 20), um por Estado-membro.

Para evitar uma paralisia das instituições sob efeito da regra da unanimidade – que ainda vigora nas áreas de defesa, fiscalização, direitos sociais, direito de família, cooperação em matéria penal –, decide-se

A Europa dos Vinte e Sete (2008)

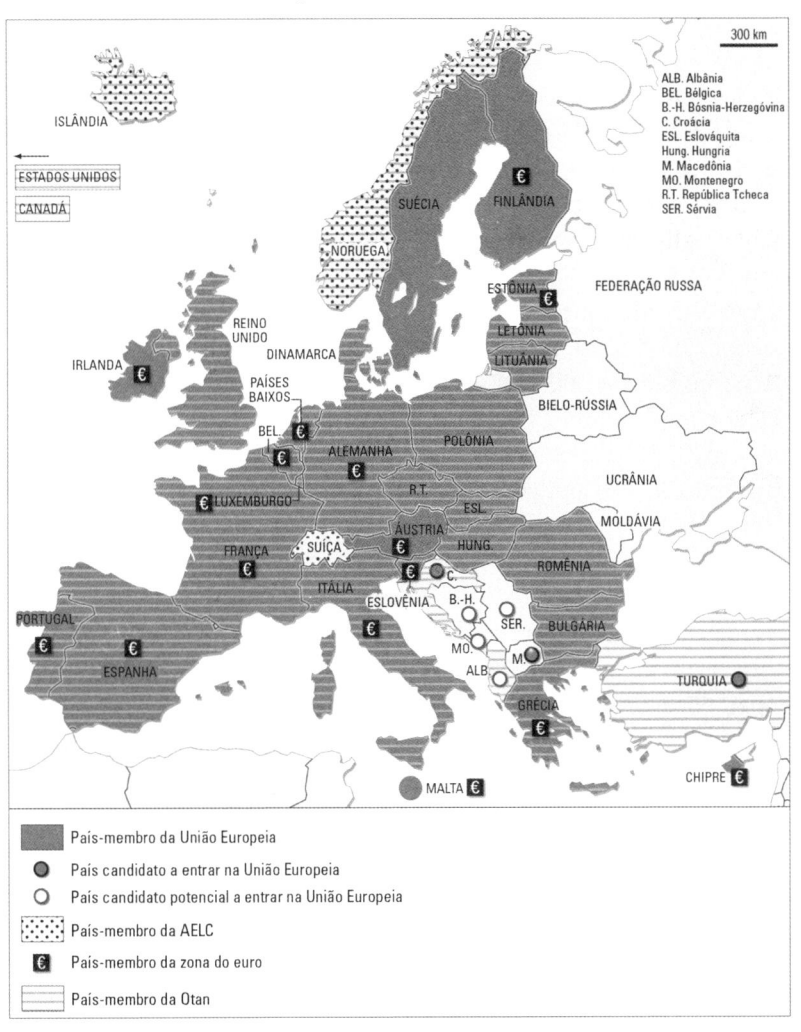

[mapa da Europa com legenda:]

- ALB. Albânia
- BEL. Bélgica
- B.-H. Bósnia-Herzegóvina
- C. Croácia
- ESL. Eslováquia
- Hung. Hungria
- M. Macedônia
- MO. Montenegro
- R.T. República Tcheca
- SER. Sérvia

Legenda:
- País-membro da União Europeia
- País candidato a entrar na União Europeia
- País candidato potencial a entrar na União Europeia
- País-membro da AELC
- País-membro da zona do euro
- País-membro da Otan

pela extensão do voto à maioria qualificada, definida a partir de uma dupla maioria reunindo 55% dos Estados e 65% da população da União (em 2005, 297 milhões de habitantes, o que corresponde ao total das populações alemã, francesa, britânica, italiana e uma parte da espanhola). A isso acrescenta-se a contenda da diretriz Bokelstein (adotada pela Comissão em 13 de janeiro de 2004), que pretende liberalizar os serviços, aplicando as regras do país de origem em caso de prestação de serviços temporária: a ameaça do "encanador polonês" pesa na consulta popular destinada a aprovar "a constituição". Um após o outro, a França (em 29 de maio), com 54,68% de "não", e os Países Baixos (em 1º de junho de 2005), com 61,6% de "não", rejeitam por referendo o projeto de constituição. O duplo "não" francês e neerlandês mergulha a Europa em uma crise de confiança, ainda mais que são retomados os desentendimentos franco-britânicos tanto sobre o "abatimento" consentido a M. Thatcher quanto sobre a Política Agrícola Comum, atrasando o acordo sobre o orçamento da União Europeia ampliado para o período 2007-2013, finalmente adotado na cúpula de Bruxelas (15-17 de dezembro de 2005): a Grã-Bretanha aceita uma redução de seu "abatimento"; a França aceita uma reavaliação da PAC em 2008. Por ocasião do 50º aniversário da assinatura dos tratados de Roma, os 27 dirigentes da UE assinam em Berlim (24-25 de março de 2007) uma declaração comum reafirmando seu desejo de união. O projeto de tratado simplificado, apresentado pelo novo presidente da República Francesa, Nicolas Sarkozy, possibilita sair do impasse. Assinado em Lisboa em 13 de dezembro de 2007, esse novo projeto – se aprovado – prevê um presidente do Conselho Europeu, eleito pelo Conselho Europeu por maioria qualificada para um mandato de dois anos e meio, renovável uma vez, e um alto representante (e não ministro) encarregado da diplomacia europeia; por fim, um novo sistema de voto deve entrar em vigor entre 2014 e 2017 e os poderes do Parlamento são consolidados. A rejeição do tratado pelos finlandeses (12 de junho de 2008) abre um novo período de incerteza para a União Europeia e adia as negociações que deveriam permitir à presidência francesa colocar o tratado em vigor em 1º de janeiro de 2009. Lançado em 13 de julho em Paris, o projeto de União para o Mediterrâneo, que reúne os Estados da União Europeia aos Estados do sul e do leste do Mediterrâneo, retoma a ideia do Processo de Barcelona através de projetos concretos.

A Europa de Seis a Vinte e Sete:

1951   Seis países (Bélgica, Alemanha Ocidental, Itália, Países Baixos, Luxemburgo e França) criam a Ceca.
1957   Os Seis instituem a CEE.
1973   A CEE se estende ao Reino Unido, à Irlanda e à Dinamarca.

1981   A Grécia adere à CEE.
1986   Espanha e Portugal entram na CEE.
1995   Áustria, Finlândia e Suécia entram na União Europeia.
2004   Chipre, Estônia, Hungria, Letônia, Lituânia, Malta, Polônia, República Tcheca, Eslováquia e Eslovênia entram na União Europeia.
2007   Bulgária e Romênia integram a União.

Fora da Europa comunitária, os países da ex-Iugoslávia estão convalescentes. A Bósnia está em paz graças aos 12 mil soldados da Sfor, substituídos por 7 mil soldados europeus enviados em 2004, mas ainda não está estabilizada. A Federação iugoslava formada por Sérvia e Montenegro (27 de abril de 1992) rompe-se depois do voto favorável à independência dos montenegrinos (21 de maio de 2006). Em Kosovo, sobre o qual a ONU exerce, desde 1999, um protetorado por intermédio da Minuk, o processo de restabelecimento da paz e de retorno à estabilidade é demorado. Negociações sobre o estatuto final do Kosovo, iniciadas em novembro de 2005, esbarram na recusa da Sérvia e da Rússia em consentir a independência dessa província, solução, contudo, preconizada pelo mediador da ONU. Sem o aval das Nações Unidas (em razão do veto russo), a independência do Kosovo é proclamada em 17 de fevereiro de 2008, não sendo reconhecida por todos os Estados europeus, pois alguns temem o risco de contágio. Durante as eleições presidenciais, uma crise abala a Ucrânia e a "revolução laranja" termina por levar ao poder o opositor pró-ocidental Viktor Yushchenko (dezembro de 2004), o que constitui um sucesso para os Estados Unidos, cujas forças se instalam também na Romênia e na Bulgária, e reaviva a tensão entre Moscou e Washington. Desde o fim da URSS (22,4 milhões de km^2, 293 milhões de habitantes em 1991), o imenso império russo não para de diminuir e de se contrair (17 milhões de km^2 e 145 milhões de habitantes para a Rússia atual), o que explica as tentativas da Rússia de desestabilizar seus vizinhos (a Transnístria, região separatista pró-russa da Moldávia, vota a favor de sua anexação à Rússia).

Impasse no Oriente Médio

No *Oriente Médio*, o encadeamento de atos violentos, atentados e de repressão arruinou as esperanças de paz de Camp David (julho de 2000) e de Taba (janeiro de 2001). Dois fatores estruturam a região: a presença americana mais ou menos intervencionista e o conflito israelo-palestino. Desde a eleição de Ariel Sharon ao posto de primeiro-ministro (6 de fevereiro de 2001) e sua tranquila reeleição (janeiro de 2003), o Estado de Israel responde à violência palestina – em particular atentados suicidas bastante mortíferos – com assassinatos de alvos escolhidos [*targeted killings*] (como, por exemplo, do xeque Yassin, líder espiritual do Hamas, em março de 2004), operações militares de grande envergadura – de fato, uma reocupação parcial dos territórios autônomos palestinos –, e o questionamento da Autoridade Nacional Palestina, colocando Yasser Arafat "fora de jogo" e até mesmo isolando-o totalmente (março-abril de 2002). O mundo árabe se inflama. Os dirigente europeus conclamam a retirada das tropas israelenses, mas os americanos concedem, de fato, carta branca a Ariel Sharon. As repercussões do 11 de Setembro são ambivalentes. Em um primeiro momento, a administração G. W. Bush se afasta do conflito israelo-paslestino, adotando uma atitude considerada, todavia, objetivamente favorável ao governo israelense. Depois do 11 de Setembro, os Estados Unidos voltam a se envolver, mas com muita prudência, em um contexto em que os protagonistas não querem fazer a paz, e propõem o voto pelo Conselho de Segurança (13 de março de 2002) da Resolução 1.397, que se pronuncia pela coexistência dos dois Estados, israelense e palestino. O plano de paz proposto pela Liga Árabe em Beirute (março de 2002) é destinado ao fracasso (porque implica o direito ao retorno dos refugiados palestinos e o recuo de Israel para as fronteiras de antes de junho de 1967). No outono de 2002, um "Mapa do Caminho" é elaborado pelo "Quarteto" (Estados Unidos, Rússia, Europa e ONU). O Mapa se apresenta como um plano de paz em três etapas, cujo destino final seria a criação de um "Estado palestino independente, democrático e viável", ao lado de Israel. Uma primeira fase é consagrada ao fim "do terror e da violência" e ao congelamento de toda e qualquer colonização; uma segunda fase (de junho de 2003 a dezembro de 2003) se concentra na criação de um Estado palestino independente; a terceira fase, que deveria acabar em 2005, é destinada a chegar a um "estatuto definitivo" e ao fim do conflito israelo-palestino. Mas o projeto, tornado público em abril de 2003, permanece letra morta, e o "Pacto de Genebra", plano de paz informal, lançado em dezembro de 2003, é uma iniciativa privada. A economia da Cisjordânia e da Faixa de Gaza está desorganizada e a construção, pelos israelenses, de um muro de segurança ao redor das zonas palestinas é declarada ilegal pela Corte Internacional de Justiça (julho de 2004).

Nossa missão começa em Bagdá é o mote dos neoconservadores que esperavam, depois de terem vencido os regime dos Talebans no Afeganistão e abatido o regime tirânico de Saddam Hussein, converter toda a região à democracia e resolver, ao mesmo tempo, o conflito israelo-palestino. No rastro da guerra do Iraque, as coisas mudam: aprovado por Washington, o primeiro-ministro israelense coloca em prática seu plano de retirada total de Gaza, ao mesmo tempo que perenizava as colônias israelenses da Cisjordânia. A morte de Yasser Arafat (11 de novembro de 2004) retira um grande obstáculo à retomada do processo de paz. Seu sucessor, Mahmoud Abbas, eleito presidente da Autoridade Nacional Palestina (9 de janeiro de 2005), e Ariel Sharon proclamam solenemente em Charm el-Cheikh, em 8 de fevereiro de 2005, o fim de mais de quatro anos de violência. Mas o Movimento de Resistência Islâmica (Hamas) contesta o poder do chefe da Autoridade Nacional Palestina e os colonos israelenses opõem-se à evacuação da faixa de Gaza, finalmente realizada em setembro de 2005, depois de 38 anos de ocupação. Em janeiro de 2006, a vitória do Hamas, que celebrou a retirada israelense como um sucesso, nas eleições legislativas volta a mergulhar a região no caos, pois o movimento islâmico recusa-se a reconhecer o Estado de Israel, que toma medidas de retorsão contra a Autoridade Nacional Palestina. Diante da multiplicação dos disparos de foguetes, a Tsahal invade a faixa de Gaza (junho-julho de 2006) e, principalmente, lança a operação *Punição adequada* no Líbano (julho de 2006): segue-se uma verdadeira guerra, pois o Hizbollah opõe uma resistência obstinada e responde com lançamentos de mísseis sobre Haifa, provocando o êxodo da população dos dois lados da fronteira. São necessárias várias semanas para chegar a um acordo (11 de agosto de 2006) sobre a Resolução 1.701, que exige uma cessação "completa" mas não "imediata" das hostilidades e o reforço da Finul com vários milhares de soldados italianos e franceses. De novo, na primavera de 2007, o exército israelense intervém na faixa de Gaza, agora sob controle do Hamas e mantida sob bloqueio por Israel. O presidente George W. Bush até tenta retomar o processo de paz, reunindo o primeiro-ministro israelense Ehud Olmert e o presidente da Autoridade Nacional Palestina (Mahmoud Abbas) em Annapolis (novembro de 2007), mas os resultados são decepcionantes: metástase da Al-Qaeda em toda parte no mundo, desastre iraquiano, cisão entre a Cisjordânia e a faixa de Gaza, recuperação vigorosa dos Talebans no Afeganistão e do Hizbollah no Líbano, sólida volta do Irã à cena regional.

No Líbano, o assassinato de várias personalidades, entre elas o antigo primeiro-ministro libanês Rafik al Hariri (14 de fevereiro de 2005), provoca fortes manifestações populares que questionam a tutela síria sobre o Líbano e pretendem obter uma verdadeira independência pela "Revolução dos Cedros". A tensão está no auge e não arrefece devido a confrontos intercomunitários (2007-2008). Mais do que nunca, dividido, confrontado com os radicais islâmicos do Fatah al Islam, com a má vontade da Síria e entregue às paixões intercomunitárias, o Líbano é incapaz de proceder à eleição do chefe de Estado até o acordo interlibanês de Doha (21 de maio de 2008), que permite encontrar um consenso com a eleição do general Suleiman.

Se Washington não consegue obter uma melhora da situação no Oriente Médio, em compensação obtém algum sucesso em sua política de não proliferação. A Líbia aceita desmantelar, sob controle internacional, seus programas de ADM (dezembro de 2003). Desde então efetua-se a normalização das relações da Líbia com os países ocidentais: depois que a Líbia admitiu sua responsabilidade nos atentados de Lockerbie (1988) e contra o voo UTA (1989), as sanções comerciais são suspensas pelos Estados europeus (outubro de 2004), e os Estados Unidos restabelecem relações diplomáticas integrais com Trípoli (maio de 2006). A libertação das enfermeiras búlgaras (24 de julho de 2007) e as visitas cruzadas de Nicolas Sarkozy à Líbia e de Khadafi à França selam o "retorno da Líbia ao concerto das nações". Em contrapartida, acusado de dissimulação e de infrações repetidas, o Irã aceita, em um primeiro momento, inspeções mais intensas de suas instalações nucleares, mas a eleição de Mahmoud Ahmadinejad (24 de junho de 2005) marca um endurecimento do Irã nas negociações com a Aiea e o grupo de três Estados europeus (Alemanha, França e Reino Unido). Como o Irã retoma o enriquecimento de seu urânio, a Aiea transmite o caso ao Conselho de Segurança, que intima Teerã (Resolução 1.696, julho de 2006) a interromper suas atividades, sem obter resultados, pois o Irã defende seu "direito" à tecnologia atômica e multiplica as provocações (abril e setembro de 2007, fevereiro de 2008), apesar das sanções que lhe são impostas. Os israelenses consideram que sua segurança está ameaçada. Fala-se de guerra.

Os conflitos pós-coloniais na África

A África, com 13% da população mundial, representa apenas 3% do PIB. Mas é preciso evitar imagens gerais e miserabilistas. Há núcleos de pobreza crônica na África, mas alguns países tiram proveito da globalização e da alta dos custos das matérias-primas: a China (que se tornou o terceiro parceiro comercial da África) e os países do Golfo lá investem, e o maná petrolífero faz, por exemplo, da Argélia uma potência regional. Uma nova parceria para o desenvolvimento da África (conferência do Nepad em Paris, em fevereiro de 2002) tenta combinar a democratização com o desenvolvimento econômico do continente africano, que decide transformar a OUA em União Africana (Durban, 8-10 de julho de 2002). Quatro chefes de Estado africanos pleiteiam ao G8 de 27 de junho de 2002 investimentos na África, e o G8 de Évian (junho de 2003) adota um plano de ação para a África. Mas os problemas estão sobretudo ligados aos conflitos pós-coloniais.

Apesar da viagem comum (janeiro de 2002) dos ministros francês e britânico das Relações Exteriores para retomar o processo de paz e acelerar a retirada dos exércitos estrangeiros do Congo, a guerra continua na África central. No momento da 22.ª cúpula França-África (20--21 de fevereiro de 2003), estima-se que a metade do continente africano esteja implicada em conflitos de natureza variada. Na República Democrática do Congo (ex-Zaire), a pacificação da região de Ituri (nordeste do Congo), vítima de conflitos étnicos e da cobiça de seus vizinhos (Uganda e Ruanda), é confiada (maio de 2003), pela ONU, à União Europeia (operação *Artemis*): a guerra teria provocado a morte de cerca de 4 milhões de pessoas. Eleições livres acontecem no Congo--Kinshasa em julho de 2006: será o fim do caos e do terror? Madagascar vive uma crise política grave (fevereiro-abril de 2002). Em Angola, a morte do chefe da Unita, Jonas Savimbi (fevereiro de 2002), permite fechar um acordo (abril de 2002) que põe fim a vinte e sete anos de guerra civil. A Libéria é abalada por confrontos violentos (verão de 2003). Diante do fracasso das Nações Unidas em obter para o Saara

Os conflitos pós-coloniais na África

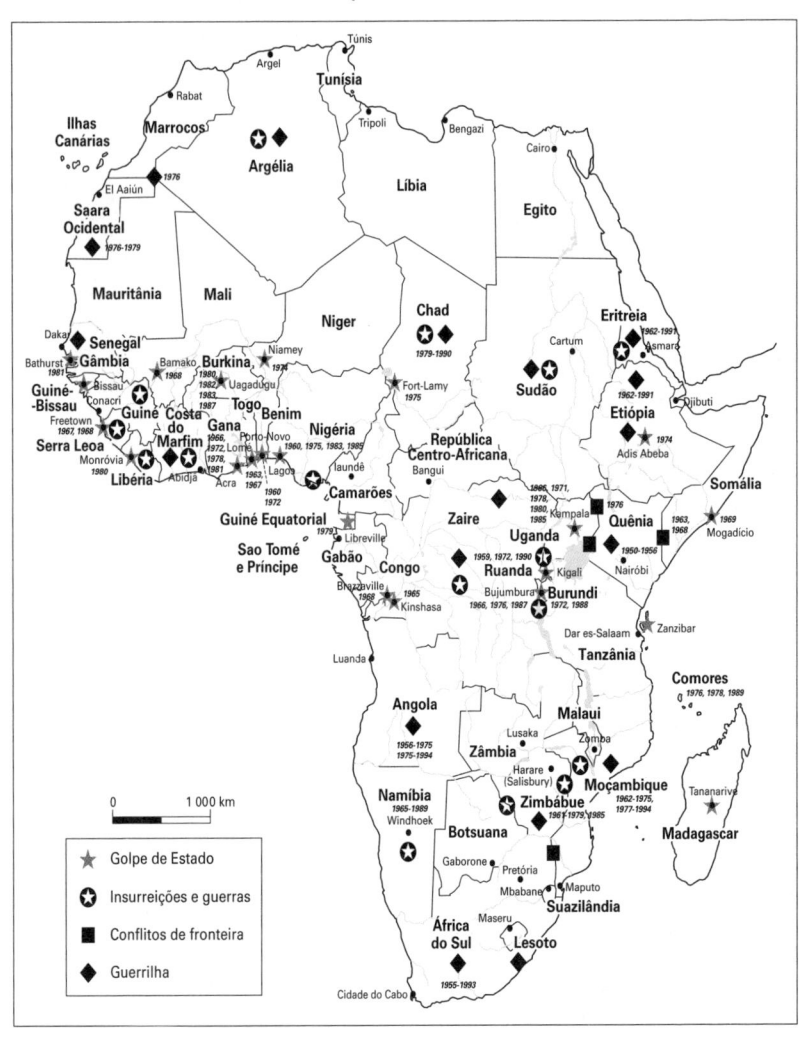

[Mapa da África mostrando conflitos pós-coloniais com legenda:
★ Golpe de Estado
✪ Insurreições e guerras
■ Conflitos de fronteira
◆ Guerrilha]

Ocidental um estatuto estável, Kofi Annan (fevereiro de 2002) e depois o mediador James Baker (julho de 2003) propõem um referendo de autodeterminação: o conflito se eterniza na indiferença geral e continua a ser o pomo da discórdia entre a Argélia e o Marrocos. As Nações Unidas (Monug) intervêm no Burundi (junho de 2004). Três conflitos são particularmente graves: os da Costa do Marfim, do Sudão e da

Somália. A Costa do Marfim, vítima de uma guerra civil (após o longo reinado de Félix Houfouet-Boigny, de 1960 a 1993) agravada pela queda nas vendas do cacau e por uma crise de identidade (questão da "marfinidade"), se parte em duas: entre Abidjã e a rebelião do Norte (outono de 2002-primavera de 2003), o exército francês tenta preservar a possibilidade de uma solução. Mas a crise é duradoura: os acordos de Marcoussis (24 de janeiro de 2003) não são respeitados, os confrontos continuam apesar do envio de tropas pela ONU (Onug), em fevereiro de 2004, e a tensão franco-marfinense atinge seu ápice em novembro. Com um mandato dado pela União Africana, o presidente sul-africano Thabo Mbeki negocia o fim das hostilidades (6 de abril de 2005). Mas a volta à calma não acontece sem confrontos (janeiro de 2006). É necessário esperar a primavera de 2007 para ver a retomada do processo de paz e a supressão da fronteira entre o norte e o sul do país. Essa mediação exprime a vontade do sucessor de Nelson Mandela de dar à África do Sul um estatuto de potência regional.

No Sudão, onde um efêmero acordo de paz (janeiro de 2005) acaba com uma guerra civil sem fim entre o Norte e o Sul, o conflito de Darfur (oeste do Sudão) provoca a morte de mais de 200 mil pessoas. Por iniciativa da França, a ONU (setembro de 2007) vota o estabelecimento, no leste do Chade, de uma força europeia (Eufor), encarregada de proteger os refugiados de Darfur e de estabilizar o leste do Chade e o norte da República Centro-Africana, em apoio a uma força híbrida das Nações Unidas e da União Africana (Minuad), instalada a partir de julho de 2007, e à Minucart (polícia das Nações Unidas). Na Somália, os milicianos dos "Tribunais Islâmicos" apoderam-se de Mogadício (5 de junho de 2006): a Somália, considerada um possível esconderijo da organização Al-Qaeda, torna-se um Estado islâmico, mas a intervenção da Etiópia (julho de 2006) permite às forças lealistas restabelecer a situação (dezembro de 2006). E revoltas político-étnicas irrompem no Quênia (dezembro de 2007-janeiro de 2008) e no Zimbábue (primavera de 2008) contra o presidente Mugabe.

Guinada à esquerda na América Latina

No continente *americano*, os problemas são sobretudo de ordem econômica, mas a instabilidade política retorna à América Latina após a década de 1990 caracterizada pelo progresso da democratização. Na cúpula das Américas, em Quebec (20-22 de abril de 2001), os Estados Unidos querem que seja concluído, em 2005, o projeto de Área de Livre Comércio das Américas (Alca), grande mercado único entre os 34 países do continente – isto é, 800 milhões de consumidores – que reuniria assim todos os mercados regionais americanos. A cúpula das Américas (janeiro de 2004, em Monterrey) renova essa perspectiva. Esse projeto, paralelo à extensão do dólar como moeda das Américas, manifesta a liderança dos Estados Unidos, contra a qual se levantam os movimentos antiglobalização e Estados, como o México, que se recusa a aprovar a intervenção dos Estados Unidos no Iraque, e o Brasil, com a chegada ao poder de Lula da Silva (janeiro de 2002). E, por ocasião da quarta cúpula das Américas (4-5 de novembro de 2005), o presidente George W. Bush não consegue fazer com que se assine o acordo de livre comércio que ele planejava. Além disso, os cinco países-membros do Mercosul (Argentina, Brasil, Paraguai, Uruguai e Venezuela) criam, em dezembro de 2007, o Banco do Sul, destinado a tomar o lugar do FMI e do Banco Mundial. Diante de uma falência econômica (o país está em recessão há quase quatro anos) e privada do apoio financeiro do FMI desde dezembro de 2001, a Argentina se precipita em uma crise política e social sem precedentes (dezembro de 2001-janeiro de 2002) antes de se recuperar (a partir de junho de 2003) e de pagar toda a sua dívida (janeiro de 2006). Com nuanças próprias a cada país, a orientação geral é marcada por uma tendência à conquista do poder pela esquerda: é o caso da Bolívia, onde o socialista Evo Morales é eleito presidente (pela primeira vez um indígena) em dezembro de 2005; do Chile, com a eleição da socialista Michelle Bachelet (janeiro de 2006); da Nicarágua, com a volta ao poder do sandinista Daniel Ortega, que já havia sido chefe do Estado de 1979 a 1990. O líder da esquerda na América Latina, Hugo Chávez – em uma ocasião desestabilizado por um golpe de Estado militar (abril de 2002) –, consegue restabelecer sua autoridade (agosto de 2004). Reeleito triunfalmente em dezembro de 2006, ele procede à nacionalização dos hidrocarbonetos, lança uma revolução agrária e se esforça para desempenhar um papel no plano internacional, intervindo por exemplo no confronto, na Colômbia, entre o presidente Álvaro Uribe e as Farc, que mantêm reféns, em particular Ingrid Betancourt, finalmente libertada em 2 de julho de

Os mercados regionais no continente americano

MCCA: Mercado Comum Centro-Americano
Caricom: Comunidade do Caribe
Mercosul: Mercado Comum do Sul

2008, depois de mais de seis anos de cativeiro. Em Cuba, a repressão se torna mais severa nos últimos anos de Fidel Castro, que renuncia, em 18 de fevereiro de 2008, ao cargo de presidente do Conselho de Estado e de comandante-chefe. Desde 2002, o Haiti conhece uma crise política devido à deriva ditatorial do regime do presidente Jean-Bertrand Aristide, expulso do poder por uma insurreição armada (fevereiro de 2004): aí, também, as Nações Unidas intervêm (Minustah).

A Ásia, novo foco de crises

A Ásia se torna um novo palco de confrontos: do Afeganistão à Coreia, não faltam ocasiões de conflito. A Coreia do Norte desencadeia uma crise ao anunciar (dezembro de 2002) que vai retomar seu programa de produção de plutônio, paralisado em 1994, que se retira do TNP, o qual assinara em 1994; e afirma possuir a bomba atômica (fevereiro de 2005). Ela faz até um teste nuclear subterrâneo (9 de outubro de 2006), suscitando a reprovação geral. Depois das negociações conduzidas em Pequim (a partir de fevereiro de 2007), Pyongyang aceita encerrar seu programa nuclear em troca do fornecimento de energia e de garantias de segurança dadas pelos Estados Unidos, e, em outubro de 2007, ele também aceita desmantelar seus reatores nucleares. Além disso, os dirigentes das duas Coreias assinam, em 4 de outubro de 2007, uma declaração de paz entre os dois países. Em troca de sua declaração sobre seus programas nucleares (26 de junho de 2008), Washington se compromete a suspender as sanções que pesavam sobre a República Democrática da Coreia.

A China aparece cada vez mais como o pivô da região, impondo seus bons ofícios na crise norte-coreana, em que os Estados Unidos têm dificuldade em fazer com que sua política prevaleça. Pequim organiza uma cúpula sino-africana (3-5 de novembro de 2006), que recebe os dirigentes de 48 Estados africanos e anuncia que a China dobrará sua ajuda à África. Inquieto com as escaladas verbais periódicas entre Taiwan e a RDC, o Japão afirma suas preocupações com a segurança, especialmente em relação à China (problema do embargo à venda de armas), e já não hesita em se destacar no plano militar no exterior (Iraque, fevereiro de 2004). O encontro na cúpula indo-paquistanesa de Agra (16 de julho de 2001) malogra devido à questão da Caxemira; enquanto as divergências parecem diminuir no rastro da guerra do Afeganistão, a situação oscila entre a escalada militar (maio de 2002) e um desejo de normalização (primavera de 2004). No Paquistão, o regime do general Musharraf oscila entre as pressões dos islamitas e a onipotência do exército. O papel do Paquistão na proliferação nuclear (Irã, Líbia, Coreia do Norte) é posto em evidência, o que não impede os Estados Unidos de lhe conceder o *status* de "aliado maior não Otan" (março de 2004). Em um contexto eleitoral de violência gravíssima e de crise multiforme, o desejo de reconciliação nacional acaba em tragédia: algumas semanas depois de sua volta do exílio, Benazir Bhutto (primeira-ministra de 1988 a 1990 e de 1993 a 1996) é assassinada em Rawalpindi (27 de dezembro de 2007). A Arábia Saudita, bastião – contestado por reformadores – do integrismo muçulmano, permanece a aliada dos Estados Unidos na região e o alvo de atentados da Al-Qaeda.

Desde a queda do regime dos Talebans (13 de novembro de 2001), o Afeganistão caminha com dificuldades em busca de instituições estáveis, sob o controle da comunidade internacional. Dois anos após os acordos de Bonn (dezembro de 2001), a *Loya Jirga* aprova a constituição do novo Estado construído sob os auspícios das Nações Unidas e proclama a República Islâmica em Cabul (janeiro de 2004), que tem Hamid Karzai como primeiro presidente eleito democraticamente (outubro de 2004), mas a insegurança ainda reina, apesar da presença da Isaf, cujo comando pertence à Otan. Na Birmânia, manifestações budistas contra a junta militar (no poder desde 1962) enfrentam a repressão, da mesma forma que no Tibete, confrontado com a autoridade centralizadora de Pequim (primavera de 2008).

A região do Cáucaso e a Ásia Central são novos focos de crises em razão do desenvolvimento petroleiro e gasífero dessa região. O Cáucaso está politicamente separado em duas zonas bastante distintas: o

O Cáucaso

norte, constituído de territórios autônomos instáveis pertencentes à Federação Russa, como a Ossétia do Norte e a Tchetchênia; e o sul, com Estados como a Geórgia, Armênia, Azerbaijão. A presença de importantes jazidas petrolíferas, a questão do transporte do petróleo e seu papel de encruzilhada entre a Rússia e o Oriente Médio explicam o interesse de Moscou pela região, que considera ser uma zona de interesse estratégico prioritário, daí sua vontade de impedir aproximações, afastar importunos (a Geórgia é o terceiro receptor mais importante de ajuda americana *per capita*, depois de Israel e Egito) e acabar com a rebelião tchetchena. Na Ossétia do Norte, a guerra é marcada pela tomada de reféns mais mortífera da história (setembro de 2004), e os habitantes da Ossétia do Sul e de Abkházia, encorajados pelo exemplo kosovar e apoiados pela Rússia, querem obter o reconhecimento de sua independência. A tensão entre a Geórgia e a Rússia (agosto de 2007) é permanente. Confrontada com o desejo da Geórgia de se tornar membro da Otan, a Rússia decreta o embargo a Tbilissi: a Geórgia é privada de entregas de gás russo e não pode exportar seu vinho para a Rússia. Diante da vontade de Washington de fortalecer sua presença econômica e estratégica na região (obtida depois do 11 de Setembro), Moscou tenta manter sua tutela.

A GLOBALIZAÇÃO EM DEBATE

Os acontecimentos do 11 de Setembro fazem com que se retome o debate sobre a globalização. Ela está certamente em marcha com o frenesi de concentração que contribuiu para uniformizar a produção e para americanizar a distribuição, com a entrada oficial da China na Organização Mundial do Comércio (11 de dezembro de 2001): o Império do Meio, com uma economia muito eficiente, convidado a participar das trocas comerciais mundiais, abre um mercado de 1 bilhão e 300 milhões de consumidores e inunda o mundo com seus produtos. O país, que representa 20% da população mundial, escolhido em julho de 2001 para organizar os Jogos Olímpicos de 2008, vê assim consagrado seu poder econômico, político e diplomático, não sem inquietar a Europa em razão do fluxo de exportações, principalmente no setor têxtil (6% do comércio mundial).

A liberalização das trocas comerciais: o exemplo dos têxteis

1974	O Acordo Multifibras (AMF) instaura o princípio de cotas de importação outorgadas pelos países ocidentais aos países em via de desenvolvimento.
1995	O acordo sobre têxteis e vestuários, concluído em Marrakech, propõe levar à supressão das cotas em três etapas (1998, 2002, 2005).
1º de janeiro de 2005	A totalidade das trocas mundiais de têxtil é liberalizada.

Essa globalização, porém, provoca uma oposição cada vez mais ampla, que se desenvolve na sequência da discussão, em 1998, do Acordo Multilateral sobre o Investimento no seio da Ocde. Se tivesse sido adotado, esse projeto teria concedido às multinacionais que investem em países estrangeiros os mesmos direitos que aqueles das empresas locais. As negociações são suspensas depois da onda de protestos dos movimentos antiglobalização, que conseguem fazer com que fracasse a conferência da OMC em Seattle (novembro de 1999), que deveria levar ao lançamento de um novo ciclo de negociações multilaterais. Esta nebulosa de associações, sindicatos e organizações não governamentais (ONG) aproveita todas as ocasiões para se fazer ouvir (cúpula europeia de Nice, dezembro de 2000; Fórum Econômico Mundial de Davos, janeiro de 2001; cúpula das Américas em Quebec, abril de 2001; G8 em Gênova, julho de 2001). As instituições financeiras internacionais (FMI, Banco Mundial) são cada vez mais criticadas: a crise que abala a Argentina é imputada ao FMI, que suspendeu sua ajuda financeira. O Fórum Social de Porto Alegre (fevereiro de 2002) replica ao Fórum Econômico de Davos (reunido no mesmo momento em Nova York). Em oposição às concepções liberais, as proposições dos alterglobalistas visam taxar o fluxo de capitais (como deseja a Ação pela Taxação das Transações Financeiras em Apoio aos Cidadãos, Attac), suprimir os paraísos fiscais, anular a dívida dos países em via de desenvolvimento, definir um novo sistema de governo mundial, proteger o meio ambiente, reorganizar a produção agrícola (renunciando aos OGM) e promover uma democracia participativa. A ideia de um imposto internacional sobre as passagens de avião, para reativar a ajuda ao desenvolvimento, é retomada por Jacques Chirac e pelo presidente do Brasil, Luiz Inácio Lula da Silva (setembro de 2004) para lançar a Unitaid (junho de 2006), destinada a financiar a luta contra a aids, a malária e a tuberculose. Na cúpula da Terra em Johannesburgo (agosto-setembro de 2002), as questões ambientais e do desenvolvimento mundial estão em primeiro plano. Depois das violentas manifestações durante a cúpula de Gênova (20-22 de julho de 2001), os dirigentes do G8 concordam em organizar reuniões menos ostentatórias no futuro e em reatar o diálogo com a sociedade civil; eles criam um fundo mundial de luta contra as pandemias (aids, malária, tuberculose), adotam um plano para desenvolver o investimento e o comércio na África, melhorar a saúde pública e a educação da região, lutar contra a corrupção e a fome, mas continuam em desacordo quanto à luta contra as emissões de gás de efeito estufa. A ratificação do protocolo de Kyoto pela Rússia, em outubro de 2004, permite sua entrada em vigor (fevereiro de 2005). Em Gleneagles (7-8 de julho de 2006), os dirigentes do G8 evocam a mudança climática sem chegar a um acordo sobre o protocolo de Kyoto. Diante das perspectivas alarmistas, multiplicam-se os projetos para remediar a mudança climática e para um governo ecológico mundial (Paris, fevereiro de 2007). Os dirigentes europeus chegam a um acordo (março de 2007) para aumentar para 20% a parte das energias renováveis no consumo energético da União em 2020. Em Heiligendamm (6-8 de junho de 2007), os membros do G8 chegam a um compromisso: os americanos aceitam levar em consideração os objetivos de redução das emissões de CO_2 (–50% daquele momento até 2050), propostos pelos europeus, e eles entram em acordo quanto a uma ajuda excepcional à África para lutar contra as doenças.

Protocolo de Kyoto

1992	Assinatura, no Rio de Janeiro, de uma convenção sobre as mudanças climáticas.
Dezembro de 1997	Assinatura, em Kyoto, de um protocolo em que os participantes se comprometem a limitar as emissões de gás que provocam o efeito estufa em 5% em 2012 em relação aos níveis de 1990.
Março de 2001	Oposição americana ao Protocolo de Kyioto.
Outubro de 2004	Ratificação pela Rússia do Protocolo, permitindo a aplicação do acordo internacional.
Fevereiro de 2005	Entrada em vigor do Protocolo de Kyoto.

Dezembro de 2005   A conferência de Montreal prorroga o Protocolo de Kyoto para além de 2012.
Julho de 2008   O G8 deseja uma redução de 50% das emissões, daquele momento até 2050.

No âmbito da OMC, é a conferência de Doha (Qatar) que, em novembro de 2001, lança um novo ciclo de negociações multilaterais para liberalizar as trocas comerciais. Em setembro de 2003, em Cancún, a reunião da OMC é posta em xeque pelos países do sul, em particular por um grupo de países liderado por Brasil, Índia e África do Sul, que lutam contra os subsídios às exportações agrícolas dos países ricos, mas, em 1º de agosto de 2004, os 147 membros da OMC fecham um acordo provisório de liberalização do comércio internacional. Mas as negociações tropeçam nos subsídios às exportações agrícolas dos países ricos. Em Hong Kong (dezembro de 2005), a conferência da OMC decide que esses subsídios serão progressivamente suprimidos, daquele instante até 2013, e que os países do sul terão garantida a livre circulação de 97% de suas exportações a partir de 2008. Em julho de 2006, Estados Unidos e Europa renunciam à Rodada de Doha, que a OMC tenta retomar em julho de 2007, concluindo um acordo unicamente sobre a agricultura, o que não interessa aos europeus, em particular aos franceses. Uma nova retomada das negociações fracassa no verão de 2008, pois os países do norte julgam que suas concessões em relação à agricultura (supressão de todos os subsídios à exportação em 2013) não são compensadas pelo progresso nos setores da indústria e de serviços. As questões de comércio internacional se tornam cada vez mais contenciosas; assim, a União Europeia consegue a autorização da OMC, em 2004, para aplicar sanções comerciais contra os Estados Unidos, que favorecem seus exportadores.

As negociações comerciais

Julho de 1944   Projeto de uma Organização Internacional do Comércio.
30 de outubro de 1947   Assinatura em Genebra dos acordos do Gatt.
1947-1956   O Gatt realiza um ciclo de negociações multilaterais.
1960-1962   Rodada Dillon.
1964-1967   Rodada Kennedy.

1973-1979	Rodada Nixon, depois Rodada de Tóquio.
1986-1994	Rodada Uruguai.
15 de abril de 1994	Acordos de Marrakech: criação da OMC.
Novembro-dezembro de 1999	Fracasso da Rodada do Milênio em Seattle.
Novembro de 2001	Rodada de Doha.
Setembro de 2003	Fracasso em Cancún.
Agosto de 2004	Acordo de liberalização das trocas internacionais.
Dezembro de 2005	Acordo sobre a supressão progressiva dos subsídios às exportações agrícolas dos países ricos.
Julho de 2008	Fracasso em Genebra.

Pobreza e desenvolvimento

O choque do 11 de Setembro evoca, oportunamente, o problema da pobreza no mundo e a fratura Norte-Sul. Se a liberalização do comércio serviu de impulso para alguns países que se beneficiaram da abertura dos mercados ocidentais, o número de pessoas vivendo com menos de 2 dólares por dia não diminuiu. A Europa enfrenta um afluxo de imigrantes (por exemplo, em todos os países que margeiam o Mediterrâneo ou nas Canárias) e se protege como pode contra o afluxo de emigrantes na Espanha e em Malta, a despeito dos dramas humanos: testes de língua na Dinamarca, no Reino Unido e na Alemanha, deportações aqui e ali, operações conjuntas das polícias europeias (patrulhamento de barcos e aviões), transferência de dados pessoais, tensões raciais, regularização de meio milhão de imigrantes clandestinos na Itália (julho de 2006) e Espanha (2005), endurecimento da política de asilo da Suíça (2006). O pano de fundo é, na verdade, a rejeição da ordem econômica mundial e a dominação dos países desenvolvidos. São tomadas algumas medidas, em especial pela União Europeia, que decide abrir, com prazos estabelecidos, suas fronteiras às importações agrícolas provenientes dos 49 países menos avançados do planeta. Perante o Ocidente fornecedor de subvenções, mas percebido como arrogante, os países em via de desenvolvimento reclamam uma ajuda mais consequente, tendo por objetivo uma porcentagem de 0,7% do PIB e a redução de metade da pobreza no mundo, daquele momento até 2015, ecoando a adoção desse projeto pela Cúpula do Milênio (Nova York, 2000). Não se está nem perto disso, pois a média dos países europeus fica em 0,33% do PIB e os Estados Unidos lhe consagram apenas

0,10%. O decênio 1991-2001 foi palco ao mesmo tempo de uma expansão econômica sem precedentes e de um recolhimento do mundo desenvolvido, a ponto de o antiliberalismo terminar por se identificar ao antiamericanismo. Além do mais, a onda de choque do 11 de Setembro reativa a luta contra a pobreza no mundo e impulsiona Washington a anunciar um crescimento de sua ajuda na véspera da conferência de Monterrey (março de 2002). Em junho de 2005, o G7 chega a um acordo sobre o perdão da dívida multilateral de dezoito Estados pobres, quatorze deles africanos. E em 7-8 de julho de 2005, em Gleneagles, os dirigentes do G8 anulam oficialmente essas dívidas e comprometem-se a aumentar a ajuda pública ao desenvolvimento em 50 bilhões de dólares por ano daquele momento até 2010. Em outubro de 2005, o Clube de Paris (que reúne vários países credores) perdoa 60% da dívida da Nigéria. Em junho de 2006, ele quase anula a dívida de Camarões. A Associação Internacional de Desenvolvimento (AID, órgão do Banco Mundial) prevê gastar quase 30 bilhões de euros em benefício dos países mais pobres no decorrer dos anos 2008-2011.

Renda anual média por habitante (em dólares)

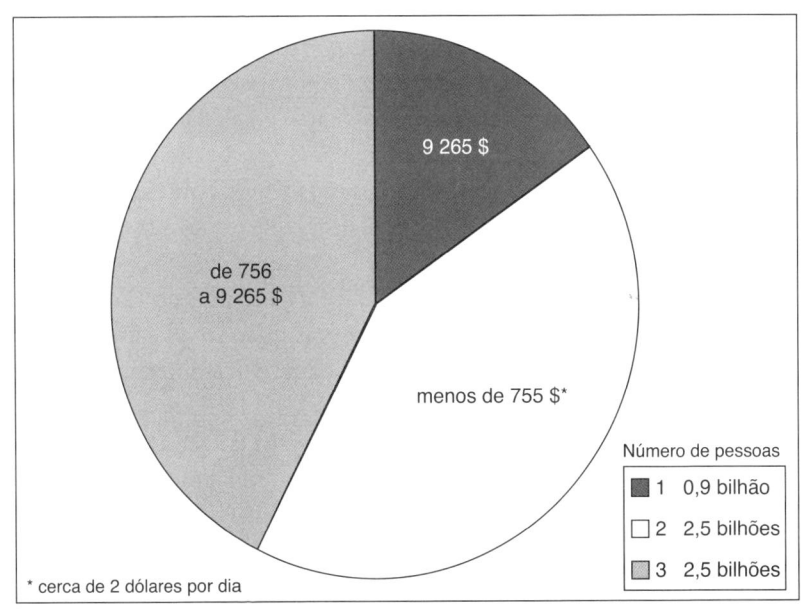

- 9 265 $ — 1 0,9 bilhão
- de 756 a 9 265 $ — 2 2,5 bilhões
- menos de 755 $* — 3 2,5 bilhões

* cerca de 2 dólares por dia

Fonte: Banco Mundial, Ocde, Statistiques de 1999.

Se o número de pessoas que vivem com menos de 2 dólares por dia (*cf.* gráfico) ainda está próximo de 2,5 bilhões, a proporção de pobres recua há dez anos, exceto na África subsaariana (relatório do Banco Mundial, 2008).

Sem governo mundial

O verdadeiro problema da globalização se reflete no aumento da distância entre a integração humana, econômica, social e a ausência de instâncias legítimas de governo mundial em um mundo profundamente dividido. Assiste-se ao advento de um governo mundial? Formas de regulação aparecem de modo embrionário, por meio da ONU, do G8, da OMC e da Corte Penal Internacional (CPI), mas elas constituem apenas embriões de governo e também chegam a ser contestadas, sendo a caçula a CPI, cujo tratado entra em vigor em julho de 2002 e está instalada em Haia desde 2003. Competente para julgar genocídios, crimes contra a humanidade e crimes de guerra a partir de 1º de julho de 2002, ela intervém apenas quando os Estados são considerados inaptos para encaminhar processos. Detido, Slobodan Milosevic é denunciado diante do Tribunal Internacional de Haia para a ex-Iugoslávia, mas morre (março de 2006) antes do fim do processo, e os Estados Unidos, que exercem pressões para colocar seus cidadãos fora da alçada da CPI e ameaçam não mais participar mais das operações militares delegadas pela ONU se seus cidadãos que participarem dessas operações não forem protegidos. Os Estados Unidos obtêm de mais de 80 países a assinatura de um acordo bilateral que exclui a transferência de um cidadão americano para a CPI. O papel das Nações Unidas como fundamento da ordem mundial é fortemente questionado por ocasião das guerras na ex-Iugoslávia, depois quando da crise iraquiana, e alguns chegam até a evocar o fim da experiência internacionalista do século XX. No 60º aniversário da ONU (14-16 de setembro de 2005), celebrado com grande pompa, o projeto de reforma e de ampliação do Conselho de Segurança se reduz a uma simples declaração de princípios e intenções. Não se vai além do *statu quo*. O sul-coreano Ban Ki-moon sucede, como novo secretário-geral, ao ganense Kofi Annan. As reuniões do G8 são impotentes para elaborar um plano de ação contra a crise econômica, e o fato de os grandes países emergentes

(China e Índia) não fazerem parte do clube limita sua autoridade. A OMC é seriamente contestada pelos fracassos repetidos da Rodada de Doha e pela inclinação ao protecionismo.

Se há dois mundos em conflito, eles transcendem as fronteiras dos países e das religiões: o fundamentalismo religioso e o capitalismo ocidental são dois aspectos de um mundo sem fronteiras. Na verdade, em alguns países existe um medo profundo da modernidade que, combinado com a desigualdade e a pobreza, causa a sensação de ser uma vítima do mercado mundial, e, ao tentar estender, pela força, seus valores para o mundo inteiro, o Ocidente provoca reações de rejeição. Em um contexto de conflito em que as religiões são questionadas (11 de Setembro, conflito indo-paquistanês, confrontos religiosos na Nigéria, guerra israelo-palestina), o encontro inter-religioso de Assis (24 de janeiro de 2002) pretende desmentir a tese do conflito de civilizações e do retorno às guerras de religião. A homenagem universal prestada a João Paulo II (morto em 2 de abril de 2005) em seu funeral ilustra bem o papel que ele desempenhou, ao mesmo tempo, na luta pelos direitos humanos e pela solidariedade internacional, na queda do comunismo e na oposição a qualquer guerra (Bósnia, Golfo, Iraque), em suma, a empreitada planetária de um papa missionário (104 viagens oficiais), que, a seu modo, exprime a globalização.

Para incentivar o diálogo entre o Ocidente e o mundo muçulmano, o primeiro Fórum da Aliança de Civilizações, criada pela ONU em 14 de julho de 2005, se reúne em Madri em 15-16 de janeiro de 2008. Ainda há um longo caminho a percorrer e a globalização não é sinônimo de uma extensão dos valores ocidentais e tampouco de uma coexistência pacífica entre as grandes religiões; o choque de civilizações existe de fato. Pelo contrário. Assim o chefe de Estado líbio proclama, em um discurso no Togo (*Le Monde*, 18/06/08), que "aqueles que seguem uma religião que não seja o Islã vivem no erro"! Enquanto o rei da Arábia Saudita Abdullah preside em Madri (16-18 de julho de 2008) uma conferência mundial sobre o diálogo inter-religioso. Seja para enfrentar o terrorismo, seja para proteger sua concepção de homem, em toda parte as liberdades recuam. Pela primeira vez em sua história, os britânicos devem possuir uma carteira de identidade (fevereiro de 2006). Na prisão de Guantánamo estão detidos dezenas de "suspeitos" que são mantidos prisioneiros sem nenhuma base legal. Nos Estados Unidos, o

324 | As relações internacionais a partir de 1945

As viagens de João Paulo II

País	Anos
Liechtenstein	1985
Dinamarca	1989
Alemanha	1980/1987/1996
Luxemb.	1985
Islândia	1989
Países Baixos	1985
Bélgica	1985/1995
Irlanda	1979
Reino U.	1982
Suíça	1982/1984/1985/2004
França	1980/1983/1986/1988/1996/1997/2004
Canadá	1984/1987/2002
Eslovênia	1996/1999
Croácia	1994/1998/2003
Estados Unidos	1979/1981/1984/1987/1993/1995/1997
São Marino	1982
Espanha	1982/1984/1989/1993/2003
Albânia	1993
Bahamas	1979
Rep. Dom.	1979/1984/1992
Bósnia-H.	1997/2003
Portugal	1982/1983/1991/2000
Tunísia	1996
México	1979/1990/1993/1999/2002
Cuba	1998
Haiti	1983
Porto Rico	1984
Marrocos	1985
Guatemala	1983/1996/2002
Belize	1983
Santa Lúcia	1986
Senegal	1992
Mali	1990
Honduras	1983
Jamaica	1993
Curaçao	1990
Cabo Verde	1990
Nicarágua	1983/1996
Gâmbia	1992
El Salvador	1983/1996
Venezuela	1985/1996
Trinidad e T.	1985
Guiné-B.	1990
Costa Rica	1983
Panamá	1983
Colômbia	1986
Guiné	1992
Equador	1985
Costa do Marfim	1980/1985/1990
Gana	1980
Peru	1985/1988
Brasil	1980/1982/1991/1997
Burkina	1980/1990
Togo	1985
Bolívia	1998
Benim	1982/1993
Camarões	1985/1995
Paraguai	1988
Guiné Eq.	1982
Chile	1987
São Tomé	1992
Uruguai	1987/1988
Gabão	1982
Argentina	1982/1987
Congo	1980
Áfr. do Sul	1995
Botsuana	1988

A desordem imperial (desde 2001…) | 325

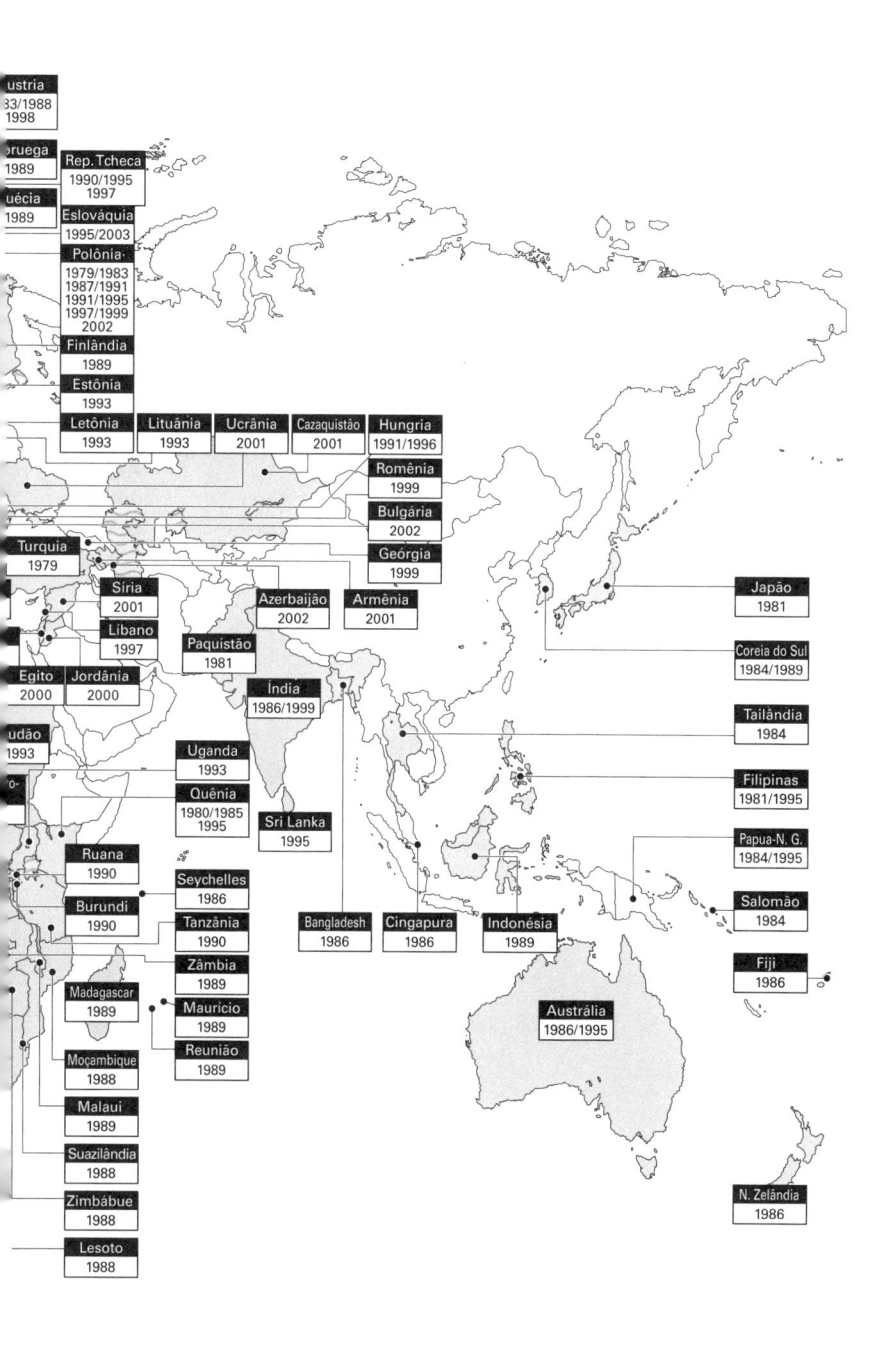

- ustria
  33/1988
  1998
- ruega
  1989
- Rep. Tcheca
  1990/1995
  1997
- uécia
  1989
- Eslováquia
  1995/2003
- Polônia
  1979/1983
  1987/1991
  1991/1995
  1997/1999
  2002
- Finlândia
  1989
- Estônia
  1993
- Letônia
  1993
- Lituânia
  1993
- Ucrânia
  2001
- Cazaquistão
  2001
- Hungria
  1991/1996
- Romênia
  1999
- Bulgária
  2002
- Turquia
  1979
- Geórgia
  1999
- Síria
  2001
- Azerbaijão
  2002
- Armênia
  2001
- Líbano
  1997
- Paquistão
  1981
- Japão
  1981
- Egito
  2000
- Jordânia
  2000
- Índia
  1986/1999
- Coreia do Sul
  1984/1989
- udão
  1993
- Tailândia
  1984
- Uganda
  1993
- Filipinas
  1981/1995
- Quênia
  1980/1985
  1995
- Papua-N. G.
  1984/1995
- Sri Lanka
  1995
- Ruana
  1990
- Seychelles
  1986
- Salomão
  1984
- Burundi
  1990
- Tanzânia
  1990
- Bangladesh
  1986
- Cingapura
  1986
- Indonésia
  1989
- Zâmbia
  1989
- Fíji
  1986
- Madagascar
  1989
- Maurício
  1989
- Austrália
  1986/1995
- Moçambique
  1988
- Reunião
  1989
- Malaui
  1989
- Suazilândia
  1988
- Zimbábue
  1988
- N. Zelândia
  1986
- Lesoto
  1988

Patriot Act (lei antiterrorista) é prorrogado (março de 2006). No Conselho de Direitos Humanos criado pela ONU (março de 2006) para substituir a Comissão de Direitos Humanos, amplamente desconsiderada, os Estados mais liberticidas (Líbia e Irã) têm assento nesse Conselho graças ao sistema de cotas regionais e de voto em bloco. Isso é mau sinal para a conferência da ONU (Durban II) sobre direitos humanos, prevista para 2009. Na hora em que o mundo se prepara para celebrar em 2008 o 60º aniversário da Declaração Universal dos Direitos do Homem, o que se vê é um verdadeiro recuo.

Os Estados-membros das Nações Unidas
(192 Estados-membros em 1º de fevereiro de 2008)

País	Ano de admissão	País	Ano de admissão
Afeganistão	1946	Burkina Fasso	1960
África do Sul	1945	Burundi	1962
Albânia	1955	Butão	1971
Alemanha	1991	Cabo Verde	1975
Andorra	1993	Camarões	1960
Angola	1976	Camboja	1955
Antígua e Barbuda	1981	Canadá	1945
Arábia Saudita	1945	Cazaquistão	1992
Argélia	1962	Chade	1960
Argentina	1945	Chile	1945
Armênia	1992	China	1945
Austrália	1945	Chipre	1960
Áustria	1955	Cingapura	1965
Azerbaijão	1992	Colômbia	1945
Bahamas	1973	Comores	1975
Bahrein	1971	Confederação Suíça	2002
Bangladesh	1974	Congo	1960
Barbados	1966	Coreia do Norte	1991
Belarus	1945	Coreia do Sul	1991
Bélgica	1945	Costa do Marfim	1960
Belize	1981	Costa Rica	1945
Benim	1960	Croácia	1992
Bolívia	1945	Cuba	1945
Bósnia-Herzegóvina	1992	Dinamarca	1945
Botsuana	1966	Djibuti	1977
Brasil	1945	Dominica	1978
Brunei	1984	Egito	1945
Bulgária	1955	El Salvador	1945

Emirados Árabes Unidos	1971	Lesoto	1966
Equador	1945	Letônia	1991
Eritreia	1993	Líbano	1945
Eslováquia	1993	Libéria	1945
Eslovênia	1992	Líbia	1955
Espanha	1955	Liechtenstein	1990
Estados Unidos da América	1945	Lituânia	1991
Estônia	1991	Luxemburgo	1945
Etiópia	1945	Macedônia	1993
Federação Russa	1945	Madagascar	1960
Fiji	1970	Malásia	1957
Filipinas	1945	Malaui	1964
Finlândia	1955	Maldivas	1965
França	1945	Mali	1960
Gabão	1960	Malta	1964
Gâmbia	1965	Marrocos	1956
Gana	1957	Marshall (ilhas)	1991
Geórgia	1992	Maurício (ilhas)	1968
Granada	1974	Mauritânia	1961
Grécia	1945	México	1945
Guatemala	1945	Mianmar (Birmânia)	1948
Guiana	1966	Micronésia	1991
Guiné	1958	Moçambique	1975
Guiné Equatorial	1968	Moldávia	1992
Guiné-Bissau	1974	Mônaco	1993
Haiti	1945	Mongólia	1961
Honduras	1945	Montenegro	2006
Hungria	1955	Namíbia	1990
Iêmen	1947	Nauru	1999
Ilhas Salomão	1978	Nepal	1955
Índia	1945	Nicarágua	1945
Indonésia	1950	Níger	1960
Irã	1945	Nigéria	1960
Iraque	1945	Noruega	1945
Irlanda	1955	Nova Zelândia	1945
Islândia	1945	Omã	1971
Israel	1949	Países Baixos	1945
Itália	1955	Palau	1994
Iugoslávia	1945	Panamá	1945
Jamaica	1955	Papua-Nova Guiné	1947
Japão	1956	Paquistão	1947
Jordânia	1955	Paraguai	1945
Kiribati	1999	Peru	1945
Kuait	1963	Polônia	1945
Laos	1955	Portugal	1955

Qatar	1971	Suécia	1945
Quênia	1963	Suriname	1975
Quirguistão	1992	Tailândia	1945
Reino Unido	1945	Tadjiquistão	1992
República Centro-Africana	1960	Tanzânia	1961
República Dominicana	1945	Timor Leste	2002
República Tcheca	1993	Togo	1960
Romênia	1955	Trinidad e Tobago	1962
Ruanda	1962	Tunísia	1956
Saint Martin	1992	Turcomenistão	1992
Samoa	1976	Turquia	1945
Santa Lúcia	1979	Tuvalu	2000
São Cristóvão e Névis	1983	Ucrânia	1945
São Tomé e Príncipe	1975	Uganda	1962
São Vicente e Granadinas	1980	Uruguai	1945
Seychelles	1976	Uzbequistão	1992
Senegal	1960	Vanuatu	1981
Serra Leoa	1961	Venezuela	1945
Síria	1945	Vietnã	1977
Somália	1960	Zaire	1960
Sri Lanka	1955	Zâmbia	1964
Suazilândia	1968	Zimbábue	1980
Sudão	1956		

Bibliografia

Instrumentos de trabalho

• *Atlas*

BARRAGLOUCH (Geoffrey), *Atlas of World History*, Londres, Harper Collins, 1993.

CHALIAND (Gérard), RAGEAU (Jean-Paul), *Atlas stratégique*, Complexe, 1988.

DURAND (Marie-Françoise), *Atlas de la mondialisation*, Les Presses de Sciences Po, 2008.

• *Dicionários*

EVANS (Graham), NEWNHAM (Jeffrey), *Dictionary of International Relations*, Londres, Penguin, 1999.

KLEIN (Jean), MONTBRIAL (Thierry de) (dir.), *Dictionnaire de stratégie*, PUF, 2000.

LACOSTE (Yves) (dir.), *Dictionnaire de Géopolitique*, Flammarion, 1995.

VAÏSSE (Maurice) (dir.), *Dictionnaire des relations internationales au XXe siècle*, Armand Colin, 2.ª ed., 2005.

• *Anuários*

L'Année dans le Monde, Le Monde.

L'État du Monde, La Découverte.

Ramsès, Dunod.

Universalia, Encyclopaedia Universalis.

Annuaire français des relations internationales (La Documentation française/Bruylant).

• *Principais revistas francófonas*

Critique internationale.
Politique étrangère.
Politique internationale.
Questions internationales.
Relations internationales.
La Revue internationale et stratégique.

• *Cronologias*

L'Histoire au jour le jour (1944-1991), Le Monde, 1992, e, a partir de 1992, *L'Année dans le Monde*, Folio Actuel.

ZORGBIBE (Charles), *Chronologie des relations internationales depuis 1945*, PUF, 1990.

Obras de reflexão

ARON (Raymond), *Paix et guerre entre les nations*, Calmann-Lévy, 1984.

DUROSELLE (Jean-Baptiste), *Tout Empire périra*, "Une vision théorique des relations internationales", Armand Colin, 1991.

DUROSELLE (Jean-Baptiste), RENOUVIN (Pierre), *Introduction à l'histoire des relations internationales*, Armand Colin, 1991.

MONTBRIAL (Thierry de), *L'action et le système du monde*, PUF, 2001.

SMOUTS (Marie-Claude) (dir.), *Les nouvelles relations internationales, pratiques et théories*, Presses de Sciences Po, 1998.

Obras gerais

BERG (Eugène), *La politique internationale de 1955 à 1988*, Economica, 1990.

BONIFACE (Pascal), *Manuel des relations internationales*, Dunod, 1994.

CALVOCORESSI (Peter), *World Politics Since 1945*, Pearson, 2000.

COLARD (Daniel), *Les relations internationales de 1945 à nos jours*, Armand Colin, 1999.

DEVIN (Guillaume), *Sociologie des relations internacionales*, La Découverte, 2007.

DI NOLFO (Ennio), *Storia delle relazioni internazionali 1918-1999*, Milão, Laterza, 2000.

DUFOUR (Jean-Louis), *Les crises internationales de Pékin (1900) au Kosovo (1999)*, Complexe, 2000.

DUROSELLE (Jean-Baptiste), *Histoire des relations internationales*: tomo 1, *De 1919 à 1945*; tomo 2, *De 1945 à nos jours* (com André Kaspi), Dalloz, 12ª ed., 2001.

FAURE (Justine), PROST (Yannick), *Relations internationales*, Ellipses, 2005.

FONTAINE (André), *Histoire de la guerre froide*, 2 tomos: *1917-1953, 1953--1962*, Seuil, "Points-Histoire", 1983.

FONTAINE (André), *La tache rouge, le roman de la guerre froide*, La Martinière, 2004.

GERBET (Pierre), GHEBALI (Victor-Yves), MOUTON (Marie-Renée), *Le rêve d'un ordre mondial de la SDN à l'ONU*, Imprimerie Nationale, 1996.

GIRAULT (René), FRANK (Robert), THOBIE (Jacques), *La loi des géants 1941--1964*, Masson, 1993.

KEYLOR (William), *A World of Nations*, Oxford University Press, 2003.

LEFEBVRE (Maxime), *Le jeu du droit et de la puissance, précis de relations internationales*, PUF, 1997.

MILZA (Pierre), *Les relations internationales de 1945 à 1973, et de 1973 à nos jours*, Hachette, 1996.

MOREAU-DEFARGES (Philippe), *Les relations internationales*, 2 tomos, Seuil, 1992.

ROBBINS (Keith), *The World Since 1945*, Oxford University Press, 1998.

ROCHE (Jean-Jacques), *Relations internationales*, LGDJ, 2001.

SOULET (Jean-François), GUINLE-LORINET (Sylvaine), *Précis d'histoire immédiate. Le monde depuis la fin des années soixante*, Armand Colin, 1989.

SUR (Serge), *Relations internationales*, Montchrestien, 4ª ed., 2006.

ZORGBIBE (Charles), *Histoire des relations internationales*, Hachette, tomo 3; *1945-1962*, tomo 4.

Por grandes zonas geográficas ou geopolíticas

• *Sobre a Ásia*

BERGÈRE (Marie-Claire), *La République populaire de Chine de 1949 à nos jours*, Armand Colin, 2.ª ed., 1999.

DOMENACH (Jean-Luc), *L'Asie en danger*, Fayard, 1998.

DOMENACH (Jean-Luc), RICHÉ (Philippe), *La Chine de 1949 à nos jours*, Seuil, 1995.

GRAVEREAU (Jacques), *Le Japon, l'ère de Hiro-Hito*, Seuil, 1993.

JOYAUX (François), *La Nouvelle Question d'Extrême-Orient*, Payot, 2 t., 1985 e 1989.

JOYAUX (François), *Géopolitique de l'Extrême-Orient*, Complexe, 2 tomos, 1993.

JOYAUX (François), *La politique extérieure du Japon*, PUF, 1994.

JOYAUX (François), *La tentation impériale. Politique extérieure de la Chine depuis 1949*, Imprimerie Nationale, 1994.

SHENG (Michael), *Battling Imperialism: Mao, Stalin and the US*, Princeton, 1997.

SMITH (Dennis), *Japon Since 1945: the Rise of an Economic Superpower*, Basingstoke, 1995.

WESTAD (Odd Arne) (ed.), *Brothers in Arms: the Rise and Fall of the Sino-Soviet Alliance, 1945-1963*, Stanford, 1999.

• *Sobre o Oriente Médio*

BARNAVI (Elie), *Une histoire moderne d'Israël*, Flammarion, 1988.

ENDERLIN (Charles), *Le rêve brisé, histoire de l'échec du processus de paix au Proche-Orient, 1995-2002*, Fayard, 2002.

ENDERLIN (Charles), *Paix ou guerres: les secrets des négociations israélo-arabes, 1917-1995*, Fayard, 2004.

ENDERLIN (Charles), *Les années perdues: Intifada et guerres au Proche-Orient, 2001-2006*, Fayard, 2006.

GRESH (Alain), VIDAL (Dominique), *Les Cent Portes du Proche-Orient*, Autrement, 1989.

LAURENS (Henry), *Le Grand Jeu. Orient arabe et rivalités internationales depuis 1945*, Armand Colin, 1991.

SCHLAIM (Avi), *War and Peace in the Middle East. A Concise History*, Londres, 1995.

SCHLAIM (Avi), *The Iron Wall: Israel and the Arab World*, Londres, 2000.

ZORGBIBE (Charles), *Terres trop promises*, La Manufacture, 1990.

• *Sobre o mundo comunista e a União Soviética*

BETTATI (Mario), *Le conflit sino-soviétique*, Armand Colin, 2 volumes, 1971.

CARRÈRE D'ENCAUSSE (Hélène), *La politique soviétique au Moyen-Orient 1955-1975*, Presses de la FNSP, 1975.

CARRÈRE D'ENCAUSSE (Hélène), *Le Grand Frère*, Flammarion, 1983.

CARRÈRE D'ENCAUSSE (Hélène), *Ni paix ni guerre, le nouvel Empire soviétique*, 1986.

FEJTÖ (François), *Histoire des démocraties populaires*, Seuil, 2 volumes, 1972.

LEVESQUE (Jacques), *L'URSS et sa politique internationale de Lénine à Gorbatchev*, Armand Colin, 2.ª ed., 1988.

Rey (Marie-Pierre), *Le dilemme russe*, Flammarion, 2002.

Regemorter (Jean-Louis van), *La Russie et le monde au XXe siècle*, Armand Colin, 1995.

Westad (Odd Arne) (ed.), *The Soviet Union in Eastern Europe, 1945-1989*, Nova York, 1994.

Zubok (Vladislav), Pleshakov (Constantin), *Inside the Kremlin's Cold War*, Cambridge, 1996.

• *Sobre o bloco ocidental*

Artaud (Denise), *La fin de l'innocence, les États-Unis de Wilson à Reagan*, Armand Colin, 1985.

Bariéty (Jacques), Poidevin (Raymond), *Les relations franco-allemandes 1815-1975*, Armand Colin, 1977.

Fritsch-Bournazel (Renata), *L'Union soviétique et les Allemagnes*, Presses de la FNSP, 1979.

Fritsch-Bournazel (Renata), *L'Allemagne unie dans la nouvelle Europe*, Complexe, 1991.

Garde (Paul), *Vie et mort de la Yougoslavie*, Fayard, 1992.

Grosser (Alfred), *Les Occidentaux*, Seuil, "Points-Histoire", 1982.

Grosser (Alfred), *L'Allemagne de notre temps 1945-1970*, Fayard, 1970.

Guillen (Pierre), *La Question allemande de 1945 à nos jours*, Imprimerie Nationale, 1996.

Kaspi (André), *Les Américains, les États-Unis de 1945 à nos jours*, Seuil, "Points-Histoire", 1986.

Marx (Roland), *La Grande-Bretagne et le monde au XXe siècle*, Masson, 1987.

Mélandri (Pierre), *L'Alliance atlantique*, Gallimard, 1979.

Mélandri (Pierre), *La politique extérieure des États-Unis de 1945 à nos jours*, PUF, 1995.

Nouailhat (Yves-Henri), *Les États-Unis et le monde au XXe siècle*, Armand Colin, 2.ª ed., 2000.

Poidevin (Raymond), *L'Allemagne et le monde*, Masson, 1983.

Rollet (Henri), *La Pologne au XXe siècle*, Pedone, 1985.

Wahl (Alfred), *Histoire de la République fédérale d'Allemagne*, Armand Colin, 1995.

• *Sobre a China*

Foot (Rosemary), *The Practice of Power, US Relations with China Since 1949*, Oxford, 1997.

Garver (John), *Foreign Relations of the People's Republic of China*, Englewood Cliffs, 1993.

Jian (Chen), *Mao's China and the Cold War*, Chapell Hill, 2001.

Nathan (Andrew), Ross (Robert), *The Great Wall and the Empty Fortress: China's Search for Security*, Nova York, 1997.

• *Sobre a América Latina*

Latham (Michael), *Modernization as Ideology*, Chapell Hill, 2000.

Rabe (Stephen), *The Most Dangerous Area in the World*, Chapell Hill, 1999.

Smith (Gaddis), *The Lost Years of the Monroe Doctrine*, Nova York, 1993.

Por capítulos cronológicos

Capítulo 1

• *Sobre a guerra fria em geral*

Freedman (Lawrence), *Atlas historique de la guerre froide*, Autrement, 2003.

Funk (Arthur), *1945, de Yalta à Potsdam*, Complexe, 1982.

Gaddis (John), *We Now Know. Rethinking Cold War History*, Oxford, 1997.

Grosser (Pierre), *Les temps de la guerre froide*, Complexe, 1995.

Marcou (Lily), *1947, La guerre froide*, Complexe, 1987.

Miller (David), *The Cold War: a Military History*, Nova York, 1999.

Milward (Alan), *The Reconstruction of Western Europe*, Nova York, 1984.

Reynolds (David) (ed.), *The Origins of the Cold War in Europe*, New Haven, 1994.

Soutou (Georges-Henri), *La guerre de cinquante ans*, Fayard, 2001.

Tinguy (Anne de), *Les relations soviéto-américaines*, PUF, "Que sais-je?", n.º 2.348, 1987.

Trachtenberg (Marc), *The Constructed Peace*, Princeton University Press, NJ, 2000.

Yergin (Daniel), *La paix saccagée, les origines de la guerre froide et la division de l'Europe*, Balland, France Adel, 1980.

• *Sobre a questão alemã*

Bozo (Frédéric), *Mitterrand, la fin de la guerre froide et l'unification allemande*, Odile Jacob, 2005.

Buffet (Cyril), *Mourir pour Berlin, La France et l'Allemagne 1945-1949*, Armand Colin, 1991.

Castin-Chaparro (Laure), *Staline et la question allemande, 1941-1955*, Publications de la Sorbonne, 2003.

Deighton (Anne), *The Impossible Peace: Britain, the Division of Germany and the Origins of the Cold War*, Nova York, 1990.

Schlaim (Avi), *The United States and the Berlin Blockade*, Berkeley, 1983.

Schwartz (Thomas), *America's Germany*, Cambridge, 1991.

• *Sobre a Otan*

Kaplan (Lawrence), *Nato and the United States: the Enduring Alliance*, Nova York, 1994.

Mélandri (Pierre), *L'Alliance atlantique*, Julliard, 1979.

Schmidt (Gustav) (ed.), *A History of Nato*, Palgrave, 2001.

Zorgbibe (Charles), *Histoire de l'Otan*, Complexe, 2002.

• *Sobre as políticas americana e soviética*

Offner (Arnold), *Harry Truman and the Cold War*, Stanford, 2002.

Taubman (William), *Stalin's American Policy*, Nova York, 1982.

• *Sobre a guerra da Coreia*

Goncharov (Sergueï), Lewis (John), Litai (Xue), *Uncertain Partners: Stalin, Mao and the Korean War*, Stanford, 1993.

Stueck (William), *The Korean War: an International History*, Princeton, 1995.

• *Sobre a guerra da Indochina*
CÉSARI (Laurent), *L'Indochine en guerre*, Belin, 1995.

• *Sobre a França*
GORDON (Philip), *France, Germany and the Western Alliance*, Boulder, 1995.
HITCHCOCK (William), *France restored*, Chapell Hill, 1998.
YOUNG (John), *France, the Cold War and the Western Alliance 1944-1949*, Nova York, 1990.

Capítulo 2

• *Sobre a construção europeia*
BOSSUAT (Gérard), *Les fondateurs de l'Europe*, Belin, 1994.
BOZO (Frédéric), *Deux stratégies pour l'Europe*, Plon, 1996.
GERBET (Pierre), *La construction de l'Europe*, Armand Colin, 4ª ed., 2007.
GOULARD (Sylvie), *L'Europe pour les nuls*, First Édition, 2007.
HELLER (Francis), GILLINGHAM (John), *The United States and the Integration of Europe*, Nova York, 1996.
KAISER (Wolfram), *Using Europe, Abusing the Europeans: Britain and European Integration, 1945-1965*, Nova York, 1996.
LUNDESTAD (Geir), *"Empire" by Integration: The United States and European integration 1945-1997*, Nova York, 1998.
MILWARD (Alan), *The European Rescue of the Nation-State*, Berkeley, 1992.
WINAND (Pascaline), *Eisenhower, Kennedy and the United States of Europe*, Nova York, 1993.

• *Sobre as crises*
ALLISON (Graham), *Essence of Decision: Explaining the Cuban Missile Crisis*, Cambridge, 1999.
BAR-ON (Mordechaï), *The Gates of Gaza: Israel's Road to Suez and Back, 1955-1957*, Nova York, 1994.
BESCHLOSS (Michael), *Kennedy versus Khrushev: the Crisis Years, 1960-1963*, Nova York, 1991.
BLIGHT (James), WELCH (David), *On the Brink: Americans and Soviets Re-examine the Missile Crisis*, Nova York, 1989.
BURR (William) (ed.), *The Berlin Crisis 1958-1962*, Alexandria, 1994.
FURSENKO (Anatoly), NAFTALI (Timothy), *"One Hell of a Gamble", The Secret History of the Cuban Missile Crisis*, Norton, 1997.
GARTHOFF (Raymond), *Reflections on the Cuban Missile Crisis*, Brookings, Washington, 1989.
HARRISON (Hope), *Driving the Soviets up the Wall 1953-1961*, 2003.
KYLE (Keith), *Suez*, Nova York, 1991.
LOUIS (Roger), OWEN (Roger), *Suez 1956*, Oxford University Press, 1991.
LE GLOANNEC (Anne-Marie), *1961, un mur à Berlin*, Complexe, 1985.
MAY (Ernest), ZELIKOW (Philip), *The Kennedy Tapes: Inside the White House During the Cuban Missile Crisis*, Cambridge, 1997.

• *Sobre a corrida armamentista*
BUNDY (McGeorge), *Danger and Survival: Choices About the Bomb in the First Fifty Years*, Nova York, 1988.

FREEDMAN (Lawrence), *The Evolution of Nuclear Strategy*, Nova York, 1981.
HOLLOWAY (David), *The Soviet Union and the Nuclear Arms Race*, New Haven, 1983.
HOLLOWAY (David), *Stalin and the Bomb: the Soviet Union and Atomic Energy 1939-1956*, New Haven, 1994.
TRACHTENBERG (Marc), *History and Strategy*, Princeton, 1991.

• *Sobre a África e a descolonização*
AGERON (Charles-Robert), *La décolonisation française*, Armand Colin, 1994.
DAVIDSON (Basil), *The Black Man's Burden: Africa and the Curse of the Nation-State*, Oxford, 1992.
GIFFORD (Prosser), LOUIS (Roger) (ed.), *The Transfer of Power in Africa, 1940-1960; Decolonization and African Independance 1960-1980*, New Haven, 1988.
HARGREAVES (John), *Decolonization in Africa*, Londres, 1996.
MICHEL (Marc), *Décolonisations et émergence du Tiers Monde*, Hachette, 1993.

• *Sobre a guerra da Argélia no plano internacional*
CONNELLY (Matthew), *A Diplomatic Revolution: Algeria's Fight for Independance and the Origins of the Post-cold War Era*, Nova York, 2002.
WALL (Irwin), *France, the United States and the Algerian War*, Berkeley, 2001.

Capítulo 3

BRAILLARD (Philippe), REZA (Djalili Mohammad), *Le Tiers Monde dans les relations internationales*, Masson, 1984.

JOUVE (Edmond), *Le Tiers Monde dans la vie internationale*, Berger-Levrault, 1983.

• *Sobre o Vietnã*
DUIKER (William), *Sacred War: Nationalism and Revolution in a Divided Vietnam*, Nova York, 1995.
GAIDUK (Ilya), *The Soviet Union and the Vietnam War*, Chicago, 1996.
GOSCHA (Christopher), VAÏSSE (Maurice) (ed.), *L'Europe et la guerre du Vietnam*, Bruylant, 2003.
HERRING (George), *America's Longest War*, Nova York, 1996.
KOLKO (Gabriel), *Anatomy of a War: Vietnam, the US and the Modern Historical Experience*, Nova York, 1985.
LOGEVALL (Frederick), *Choosing War*, Berkeley, 1999.
SCHULZINGER (Robert), *A Time for War*, Nova York, 1997.
ZHAI (Qiang), *China and the Vietnam Wars*, Chapell Hill, 2000.

• *Sobre a distensão 1962-1973*
COSTIGLIOLA (Frank), *France and the United States*, Nova York, 1992.
GARTHOFF (Raymond), *Detente and Confrontation*, Washington, 1994.
NELSON (Keith), *The Making of Detente*, Nova York, 1995.
OUDENAREN (Jogn van), *European Detente: the Soviet Union and the West Since 1953*, Durham, 1991.
TINGUY (Anne de), *1972, USA-URSS, la détente*, Complexe, 1985.
WAHL (Nicholas), PAXTON (Robert), *De Gaulle and the United States*, Nova York, 1994.

WAJSMAN (Patrick), *L'illusion de la détente*, PUF, 1977.

• *Sobre as guerras de 1967 e 1973*

BRECHER (Michael), *Decisions in Crisis, Israel 1967 and 1973*, Berkeley, 1980.

MAGHOORI (Ray), *The Yom Kippur War*, Washington, 1981.

PARKER (Richard) (ed.), *The Six Day War, A Retrospective*, Gainesville, 1996.

SEGUEV (Tom), *Six jours qui ébranlèrent le monde*, Denoël, 2007.

Capítulo 4

BENNETT (Andrew), *Condamned to Repetition: the Rise, Fall and Reprise of Soviet-Russian Military Interventionism 1973-1996*, Nova York, 1999.

CHASSAIGNE (Philippe), *Les années 1970*, Armand Colin, 2008.

FIELDHOUSE (David), *The West and the Third World*, Oxford, 1999.

MILZA (Pierre), *Le nouveau désordre mondial*, Flammarion, 1983.

MORTIMER (Robert), *The Third World Coalition in International Politics*, Boulder, 1984.

PUAUX (François), *La politique internationale des années 80*, PUF, 1989.

WESTAD (Odd Arne) (ed.), *The Fall of Detente: Soviet-American Relations During the Carter Years*, Oslo, 1997.

Capítulo 5

FREEDMAN (Lawrence), *The Gulf War 1990-1991. Diplomacy and War in the New World Order*, Londres, 1993.

GARTHOFF (Raymond), *The Great Transition: American-Soviet Relations and the End of the Cold War*, Washington, 1994.

KOTZ (David), WEIR (Fred), *Revolution from Above: the Demise of the Soviet System*, Londres, 1997.

Capítulo 6

CHRÉTIEN (Jean-Paul), *L'Afrique des Grands Lacs: 2000 ans d'histoire*, Aubier, 2000.

FEJTÖ (François), *Requiem pour un empire défunt*, Lieu Commun, 1988.

LEVESQUE (Jacques), *1989: la fin d'un empire. L'URSS et la libération de l'Europe de l'Est*, Presses de la FNSP, 1995.

SOKOLOFF (Georges), *La puissance pauvre*, Fayard, 2000.

• *Sobre os anos 1990*

BADIE (Bertrand), *Un monde sans souveraineté*, Fayard, 1999.

FONTAINE (André), *L'un sans l'autre*, Fayard, 1991.

GARCIN (Thierry), *Les grandes questions internationales depuis la chute du mur de Berlin*, Economica, 2001.

LAÏDI (Zaki) (dir.), *L'ordre mondial relâché*, Presses de la FNSP, 1992.

LAULAN (Yves), *Le monde balkanisé*, Economica, 1991.

LELLOUCHE (Pierre), *Le Nouveau Monde*, Grasset, 1992.

MÉLANDRI (Pierre), VAÏSSE (Justin), *L'Empire du milieu: les États-Unis et le monde depuis la fin de la guerre froide*, Odile Jacob, 2001.

Capítulo 7

Huntington (Samuel), *Le choc des civilisations*, Odile Jacob, 2000.

Kepel (Gilles), *Jihad: expansion et déclin de l'islamisme*, Gallimard, 2003.

Roy (Olivier), *L'Échec de l'islam politique*, Seuil, 1992.

• *Sobre os anos 2000*

Hassner (Pierre), Vaïsse (Justin), *Washington et le monde*, Autrement, 2003.

Laurens (Henry), *L'Orient arabe à l'heure américaine*, Armand Colin, 2004.

Índice remissivo

(Os nomes de países estão em itálico, com exceção dos Estados Unidos, citados em quase todas as páginas)

A

Abbas (Ferhat) 78
Abbas (Mahmoud) 278, 307, 308
Abdulah da Jordânia (emir) 57
Acordo Norte-Americano de Livre Comércio (Nafta [*North American Free Trade Agreement*]) 283
Adenauer (Konrad, chanceler) 38, 52, 104, 108, 109
Afeganistão 71, 129, 130, 163, 164, 178, 183, 190, 196, 199, 200, 213, 238, 273, 290, 292, 293, 295, 298, 299, 307, 308, 313, 314, 315, 326
África do Sul 62, 201, 203, 204, 207, 208, 213, 215, 243, 269, 274, 311, 319, 326
Agência Internacional de Energia (AIE) 160
Agência Internacional de Energia Atômica (Aiea) 294, 308
Ahmadinejad (Mahmoud) 308
Al-Sabah 240
Albânia 25, 30, 31, 50, 52, 120, 124, 214, 235, 268, 282, 285, 299, 326
Alemanha 11, 15, 17, 18, 19, 20, 22, 26, 30, 32, 33, 34, 35, 36, 38, 39, 47, 48, 49, 50, 51, 52, 53, 67, 89, 93, 94, 101, 104, 105, 106, 108, 109, 110, 113, 114, 122, 124, 159, 161, 162, 167, 168, 171, 176, 178, 202, 211, 213, 218, 222, 224, 225, 226, 232, 255, 260, 263, 265, 266, 287, 294, 298, 301, 302, 304, 308, 320, 326
Alfonsín (Raúl) 195
Ali (Mohammed) 71
Allende (Salvador) 141, 143, 193
Alto Volta 81, 126
América Latina 45, 55, 90, 93, 95, 101, 113, 128 129, 131, 141, 142, 143, 155, 168, 179, 180, 192, 193, 194, 195, 215, 251, 280, 311, 312
Amin (Hafezollah) 199
Andorra 326
Andropov (Iuri) 164
Angola 82, 127, 164, 193, 201, 202, 203, 204, 208, 242, 243, 249, 275, 309, 326
Annan (Kofi) 14, 260, 280, 322
Antígua e Barbuda 62, 326
Anzus 41, 209
Aquino (Cory) 215
Arábia Saudita 57, 74, 132, 158, 159, 160, 183, 184, 199, 240, 289, 290, 314, 323, 326

Arafat (Yasser) 147, 184, 245, 276, 277, 278, 306, 307
Arbenz (coronel) 45
Aref (general) 150
Argélia 43, 75, 76, 77, 78, 127, 132, 143, 158, 160, 180, 184, 201, 203, 204, 205, 206, 215, 244, 270, 271, 275, 288, 293, 309, 310, 326
Argenlieu (Thierry d', almirante) 63
Argentina 55, 194, 195, 213, 214, 247, 283, 312, 317, 326
Aristide (Jean-Bertrand) 249, 313
Armênia 316, 326
Aron (Raymond) 69
Assad (Hafiz al-) 151, 183
Associação das Nações do Sudeste Asiático (Asean) 188, 272, 283
Associação Europeia de Livre Comércio (Aelc) 88, 89, 118, 171, 235
Attlee (Clément) 18, 59
Austrália 13, 41, 45, 61, 62, 209, 294, 326
Áustria 19, 34, 52, 88, 90, 160, 172, 261, 301, 305, 326
Ayub Khan 139
Azerbaijão 14, 22, 227, 228, 256, 316, 326

B

Bachelet (Michelle) 312
Bahamas 62, 193, 326
Bahrein 158, 199, 326
Baker (James) 246, 310
Bakr (general) 150
Balfour (Arthur J.) 56, 146
Ban Ki-moon 14, 322
Banco Internacional para a Reconstrução e o Desenvolvimento (Bird) 14, 27
Bangladesh 10, 62, 125, 139, 326
Banzer (Hugo) 280
Bao Dai (imperador) 63, 67, 133

Barak (Ehud) 276, 277
Barbados 62, 193, 326
Barnier (Michel) 49
Baron Crespo (Enrique) 173
Barre (Raymond) 159
Barre (Zyiad) 203, 274
Barroso (José Manuel Durão) 265, 302
Baruch (Bernard) 14, 84
Batista (Fulgencio) 94
Begin (Menahem) 147, 184
Belarus 326
Bélgica 26, 48, 54, 81, 233, 260, 265, 284, 298, 304, 326
Belize 62, 193, 326
Bendjedid (Chadli) 216
Benelux 42, 43, 47, 171, 301
Bénès (Edouard) 31
Benim 127, 203, 215, 326
Bento XVI 290
Berlinguer (Enrico) 177
Bermudas 193
Betancourt (Ingrid) 312
Bettencourt (André) 49
Bevin (Ernest) 32, 54
Bey (Lamine) 75
Bhutto (Ali) 139
Bhutto (Benazir) 314
Biafra 127, 144,
Bidault (Georges) 32, 42, 48
Bielo-Rússia 13, 227, 228, 256, 296
Bin Laden (Osama) 290, 293
Birmânia 61, 62, 71, 296, 315, 327
Blair (Tony) 302
Blum (Léon) 48
Bohlen (Charles) 21
Bolívia 128, 142, 143, 195, 280, 283, 312, 326
Bósnia 230, 231, 237, 257, 261, 265, 266, 305, 323, 326
Botha (Pieter W.) 207, 208
Botsuana 62, 127, 326
Bouteflika (Abdelaziz) 275

Boutros-Ghali (Boutros) 14, 260
Brandt (Willy) 34, 105, 106, 109, 110
Brasil 160, 195, 214, 215, 251, 280, 283, 287, 312, 317, 319, 326
Brejnev (Leonid) 98, 102, 103, 108, 119, 124, 141, 153, 164, 166, 177, 200, 212, 223, 255
Briand (Aristide) 171
Brunei 62, 326
Budiaf (presidente) 275
Bulganin (marechal) 51, 52, 53, 132
Bulgária 19, 25, 30, 31, 50, 52, 122, 124, 173, 178, 263, 299, 302, 305, 326
Bumediene (Huari) 158, 205
Burguiba (Habib) 75, 76
Burkina Fasso 127, 326
Burundi 81, 127, 274, 310, 326
Bush (George W.) 255, 278, 290, 292, 293, 295, 296, 297, 306, 307, 312
Bush (George) 219, 220, 221, 257, 269, 296
Butão 326
Byrnes (James) 21

C

Cabo Verde 82, 127, 201, 326
Camarões 80, 127, 321, 326
Camboja 63, 65, 114, 136, 137, 187, 188, 189, 190, 213, 238, 249, 273, 281, 282, 326
Canadá 13, 43, 61, 62, 84, 108, 114, 160, 161, 175, 189, 232, 235, 283, 284, 298, 326
Caribe 160, 172, 194, 196
Carter (Jimmy) 147, 163, 164, 166, 184, 189, 193, 194, 200, 203, 213, 248, 296
Castro (Fidel) 94, 95, 96, 142, 143, 151, 180, 193, 203, 247, 280, 313
Cazaquistão 228, 256, 293, 326
Ceausescu (Nicolae) 178, 214
Cento (*Central Treaty Organisation*) 74
Cernik (Oldrich) 123

Chade 81, 127, 204, 205, 206, 244, 311, 326
Chamorro (Violeta) 247
Charette (Hervé de) 49
Chávez (Hugo) 280, 312
Che Guevara (Ernesto) 94, 143, 202
Chepilov (Dimitri) 74
Chevardnadze (Eduard) 218
Cheysson (Claude) 49
Chiang Kai-shek 23, 24, 25, 39
Chile 131, 141, 142, 143, 193, 194, 214, 247, 283, 285, 312, 326
China 10, 12, 13, 21, 23, 24, 25, 39, 40, 41, 42, 45, 51, 61, 63, 67, 70, 71, 84, 90, 91, 97, 100, 101, 113, 120, 121, 129, 132, 137, 138, 139, 140, 141, 142, 144, 152, 153, 154, 168, 188, 189, 190, 191, 192, 202, 209, 237, 238, 239, 249, 253, 254, 271, 272, 281, 282, 287, 288, 293, 309, 314, 316, 323, 326
Chipre 25, 50, 62, 83, 176, 180, 182, 263, 280, 301, 302, 305, 326
Chirac (Jacques) 49, 266, 276, 297, 301, 317
Chou En-lai 67, 71, 140, 141
Churchill (Winston) 12, 13, 15, 18, 21, 51
Cingapura 62, 188, 192, 281, 326
Clinton (Bill) 147, 254, 255, 257, 258, 272, 276, 277, 296
Collor (Fernando) 215
Colômbia 128, 142, 195, 215, 280, 312, 326
Comecon 51, 122, 203, 223
Commonwealth 59, 61, 62, 67, 79, 118, 201, 204, 265
Comores 127, 204, 326
Comunidade Econômica Europeia (CEE) 110, 116, 117, 118, 160, 161, 168, 169, 170, 171, 172, 173, 174, 225, 233, 235, 265, 266, 283, 304, 305

Comunidade Europeia de Defesa (CED) 48, 52, 87, 89, 171
Comunidade Europeia do Carvão e do Aço (Ceca) 47, 87, 109, 117, 304
Confederação Suíça 326
Conferência sobre a Segurança e a Cooperação na Europa (CSCE) 108, 235, 236, 237, 261
Congo 70, 81, 83, 125, 127, 143, 201, 203, 273, 274, 275, 282, 309, 326
Conselho da Europa 38, 46, 89, 171
Conselho de Ajuda Econômica Mútua (Caem [*Council for Mutual Economic Assistance*]) 51, 122, 203, 223
Coreia 23, 25, 40, 41, 44, 46, 51, 63, 65, 67, 70, 191, 192, 209, 313, 314
Coreia do Norte 42, 269, 273, 296, 297, 313, 314, 326
Coreia do Sul 42, 45, 129, 134, 142, 188, 192, 214, 272, 281, 326
Costa do Marfim 81, 126, 127, 204, 215, 270, 274, 310, 311, 326
Costa Rica 326
Couve de Murville (Maurice) 49
Croácia 230, 231, 265, 299, 326
Cuba 10, 69, 70, 85, 90, 92, 93, 94, 95, 96, 97, 100, 120, 125, 128, 129, 141, 142, 164, 193, 201, 202, 203, 243, 247, 260, 296, 313, 326
Curdistão 22, 249, 278
Curzon (lorde) 18

D

Dahomey 81, 126
Dalai-Lama 120
Daniel (Iuli) 119
Dankert (Piet) 173
De Gaulle (Charles, general) 20, 22, 49, 54, 63, 65, 78, 80, 83, 90, 105, 109, 112, 113, 114, 115, 117, 118, 136, 144, 146
Debré (Michel) 49

Déby (Idriss) 244
Defferre (Gaston) 80
Delors (Jacques) 261, 265
Deng Xiaoping 189, 190, 209, 272
Diana (lady, princesa de Gales) 283
Dinamarca 43, 88, 116, 119, 169, 172, 263, 294, 298, 304, 320, 326
Djibuti 127, 143, 326
Dominica 62, 326
Dönitz (almirante) 17
Douste-Blazy (Philippe) 49
Dubcek (Alexander) 123, 124
Dulles (John Foster) 45, 48, 72, 90
Dumas (Roland) 49
Duong Van Minh (general) 137
Duvalier (Jean-Claude) 142, 196, 215, 249

E

Eden (Anthony) 49, 52, 73
Egito 22, 25, 56, 57, 58, 70, 71, 72, 73, 74, 126, 127, 129, 130, 145, 147, 151, 152, 183, 184, 202, 270, 275, 277, 316, 326
Ehrenburg (Ilyá) 51
Eisenhower (general) 16, 44, 47, 52, 74, 90, 91, 112, 296
El Salvador 194, 214, 247, 248, 326
Emirados Árabes Unidos 183, 199, 327
Equador 280, 327
Erhard (Ludwig, chanceler) 104, 109, 114
Eritreia 19, 54, 127, 203, 327
Eslováquia 19, 123, 235, 263, 299, 301, 305, 327
Eslovênia 230, 231, 255, 258, 263, 265, 299, 301, 305, 327
Espanha 160, 168, 172, 173, 176, 206, 233, 259, 260, 262, 284, 294, 299, 301, 302, 305, 320, 327
Estônia 227, 263, 299, 301, 305, 327

Etiópia 54, 71, 127, 129, 143, 164, 183, 193, 196, 203, 215, 274, 285, 311, 327
Euratom 87, 88, 117, 171

F

Falkland 55, 195
Faruk (rei) 58
Fasi (Allal al-) 76
Faure (Edgar) 48, 52
Fiji 209, 327
Filipinas 40, 45, 54, 61, 71, 132, 188, 209, 214, 270, 272, 327
Finlândia 19, 25, 31, 172, 261, 301, 305, 327
Ford (Gerald, presidente) 103, 108, 137, 187, 296
Formosa 23, 39, 41, 67, 84, 90, 121, 125, 140, 141, 192
Fórum da Cooperação Econômica Ásia-Pacífico (Apec [*Asia-Pacific Economic Cooperation*]) 283, 284, 293
Fouchet (Christian) 117, 171
França 11, 13, 15, 20, 22, 26, 28, 29, 30, 32, 33, 34, 36, 39, 40, 41, 42, 43, 45, 47, 48, 54, 56, 57, 61, 63, 64, 67, 72, 73, 75, 76, 78, 80, 81, 83, 88, 89, 90, 91, 100, 101, 112, 113, 114, 115, 116, 117, 118, 126, 130, 140, 143, 144, 145, 147, 152, 159, 160, 161, 168, 172, 173, 174, 175, 176, 198, 204, 206, 210, 216, 218, 222, 225, 226, 238, 239, 240, 253, 254, 259, 263, 264, 265, 266, 274, 288, 292, 294, 298, 299, 301, 302, 304, 308, 309, 311, 327
Franco (general) 168, 206,
François-Poncet (André) 36
François-Poncet (Jean) 49
Fundo Monetário Internacional (FMI) 14, 27, 157, 228, 247, 256, 270, 312, 317

G

Gabão 81, 127, 204, 215, 327
Gagarin (Iuri A.) 91, 99
Galtieri (general) 195
Gâmbia 62, 127, 327
Gana 62, 79, 80, 127, 129, 327
Gandhi (Indira) 191
Gandhi (Mahatma) 67
Gandhi (Rajiv) 215
Gatt (*General Agreement on Tariffs and Trade*) 29, 117, 162, 174, 232, 282, 283, 319,
Gemayel (Amin) 245
Gemayel (Bachir) 185
Geórgia 227, 228, 256, 298, 299, 316, 327
Gierek (Edward) 122, 178
Giscard d'Estaing (Valéry) 49, 161, 170, 175, 301, 302
Gomulka (Wladyslaw) 50, 86, 122
Gorbatchov (Mikhail) 35, 110, 164, 190, 212, 216, 217, 218, 219, 220, 223, 225, 226, 227, 228, 237, 238, 239, 246, 247, 255
Gottwald (Klement) 31
Granada 62, 193, 194, 327
Grécia 22, 25, 26, 31, 44, 50,118, 168, 172, 173, 176, 180, 182, 263, 298, 301, 305, 327
Gretchko (marechal) 124
Gromyko (Andrei) 84, 216
Grotewohl (presidente) 38
Guatemala 45, 55, 194, 327
Guiana 55, 62, 327
Guillaume (general) 76
Guiné 80, 126, 127, 129, 273, 327
Guiné Equatorial 127, 327
Guiné-Bissau 127, 193, 201, 327
Guiringaud (Louis de) 49

H

Habré (Hissene) 205, 206, 244
Haiti 128, 142, 144, 196, 215, 249, 313, 327
Hallstein (Walter) 105, 109
Hammarskjold (Dag) 14, 81, 82, 125
Hansch (Klaus) 173
Hariri (Rafik al) 308
Hassan II (rei) 206
Havaí 209
Heath (Edward) 118
Herzl (Theodor) 56, 146
Hirohito (imperador) 23
Ho Chi Minh 63, 64, 136, 137
Hoffmann (Johannes) 89
Honduras 55, 327
Honecker (Erich) 35, 110
Houfouet-Boigny (Félix) 311
Hun Sen 238
Hungria 19, 30, 50, 52, 69, 85, 86, 90, 110, 122, 123, 124, 178, 214, 218, 223, 224, 230, 235, 258, 259, 263, 299, 301, 305, 327
Husak (Gustav) 124
Hussein (rei) 74, 150,
Hussein (Saddam) 151, 242, 278, 280, 293, 294, 298, 307

I

Ibn Yussef (Muhammad) 76
Idris el-Medhi (rei) 151
Iêmen 129, 130, 183, 184, 196, 213, 289, 327
Ilhas Salomão 62, 327
Índia 10, 59, 61, 62, 67, 71, 83, 120, 129, 130, 132, 138, 139, 140, 160, 189, 190, 191, 196, 199, 215, 249, 254, 269, 271, 272, 273, 284, 287, 288, 319, 323, 327
Indochina 25, 40, 41, 45, 47, 51, 63, 64, 65, 67, 70, 78, 133, 155, 187, 188
Indonésia 61, 62, 71, 129, 130, 138, 158, 188, 198, 271, 272, 273, 282, 284, 289, 327
Irã 22, 45, 57, 58, 71, 132, 157, 158, 159, 160, 163, 184, 198, 199, 200, 205, 213, 239, 240, 244, 245, 258, 260, 269, 272, 280, 288, 289, 296, 297, 308, 314, 326, 327
Iraque 22, 25, 45, 56, 58, 71, 74, 129, 132, 150, 151, 158, 159, 183, 184, 198, 199, 205, 213, 239, 240, 241, 242, 249, 255, 257, 269, 278, 280, 282, 285, 289, 290, 293, 294, 295, 296, 297, 299, 307, 312, 314, 323, 327
Irlanda 61, 62, 116, 119, 172, 173, 262, 269, 301, 304, 327
Ironsi (general) 144
Islândia 43, 298, 327
Israel 51, 55, 56, 57, 58, 72, 73, 114, 144, 145, 146, 147, 148, 149, 150, 152, 153, 158, 184, 185, 219, 245, 246, 269, 277, 278, 280, 306, 307, 316, 327
Itália 11, 16, 19, 26, 28, 29, 30, 43, 47, 49, 54, 159, 161, 168, 169, 171, 175, 177, 260, 263, 265, 266, 284, 295, 298, 301, 302, 304, 320, 327
Iugoslávia 25, 30, 31, 50, 51, 53, 122, 230, 231, 237, 249, 257, 265, 266, 268, 281, 282, 284, 285, 286, 305, 322, 327

J

Jackson (Robert) 104
Jamaica 62, 156, 161, 175, 193, 327
Japão 10, 18, 19, 23, 24, 40, 41, 45, 46, 59, 71, 111, 141, 142, 157, 159, 160, 161, 168, 174, 175, 188, 189, 190, 192, 209, 211, 214, 232, 256, 271, 272, 287, 314, 327
Jarring (Gunnar, embaixador) 146
Jaruzelski (general) 179

Jdanov (Andrei) 30
Jiang Zemin 239, 272, 293
João Paulo II 178, 223, 242, 280, 283, 323
Jobert (Michel) 49
Johnson (Lyndon B.) 65, 98, 100, 112, 133, 134, 142, 296
Jordânia 57, 58, 74, 145, 149, 150, 183, 184, 185, 246, 327
Juin (marechal) 76
Jukov (marechal) 17
Juppé (Alain) 49

K

Kabila (Laurent-Desiré) 274, 275
Kádár (János) 66, 178
Kadhafi (coronel) 151, 152, 155, 182, 183, 205
Kania (Stanislaw) 179
Karmal (Babrak) 200, 238
Karzai (Hamid) 315
Kasavubu (Joseph) 81
Keitel (marechal) 16, 17
Keniata (Jomo) 79
Kennan (George) 21
Kennedy (John F.) 35, 64, 90, 91, 92, 94, 95, 96, 98, 111, 112, 117, 133, 142, 232, 260, 296, 319
Kesselring (marechal) 16
Khomeini (imã) 183, 198, 240
Kiesinger (Kurt Georg) 104, 109, 114
Kim Il-Sung 42
Kiribati 62, 327
Kissinger (Henry) 99, 102, 137, 140, 153, 175, 183
Klepsch (Egon) 173
Klerk (Frederik de) 215
Kohl (Helmut) 35, 110, 225, 264
Kominform 30, 31, 50, 85
Komintern 30
Kossiguin (Aleksei) 100, 119
Kouchner (Bernard) 49

Kravtchuk (presidente) 254
Kruchov (Nikita) 35, 51, 52, 53, 70, 85, 86, 90, 91, 92, 93, 94, 96, 98, 119, 120, 121, 132
Kuait 62, 132, 158, 183, 199, 240, 241, 249, 327
Ky (general) 65

L

Laos 63, 65, 71, 136, 137, 187, 188, 189, 327
Lattre de Tassigny (general De) 63
Le Duc Tho 137
Leclerc (general) 63, 64
Lemnitzer (general) 113
Lesoto 62, 127, 274, 327
Letônia 21, 227, 263, 299, 301, 305, 327
Líbano 22, 56, 71, 74, 83, 147, 150, 183, 185, 187, 244, 245, 276, 277, 307, 308, 327
Libéria 127, 273, 309, 327
Líbia 19, 54, 56, 71, 75, 127, 132, 148, 151, 152, 155, 158, 159, 164, 182, 183, 184, 199, 203, 204, 205, 206, 244, 260, 270, 288, 308, 314, 326, 327
Lie (Trygve) 14, 82
Liechtenstein 327
Liga Árabe 21, 57, 74, 75, 76, 128, 184, 245, 276, 306
Lituânia 227, 263, 299, 301, 305, 327
Litvinov (Maxim) 84
Lon Nol (general) 136, 137
Lula da Silva 312, 317
Lumumba (Patrice) 81
Luxemburgo 117, 171, 231, 233, 263, 265, 298, 304, 327

M

MacArthur (general) 23, 41
MacCarthy (Joseph R.) 44
MacCloy (John) 36, 92

Macedônia 23, 230, 268, 327
MacMillan (Harold) 53, 89, 112, 171
MacNamara (Robert) 91
Madagascar 76, 80, 81, 127, 171, 207, 215, 309, 327
Makários (monsenhor) 180, 182
Malásia 62, 132, 188, 327
Malaui 62, 79, 127, 327
Maldivas 62, 327
Malenkov (Gheorghi M.) 51
Mali 81, 126, 127, 327
Malta 62, 118, 176, 219, 263, 301, 305, 320, 327
Malvinas 55, 195
Mandela (Nelson) 215, 311
Mansholt (Sicco) 172, 265
Mao Tsé-tung 23, 24, 25, 39, 120, 121, 188, 190
Marcos (Ferdinand) 132, 214
Markos (general) 25
Marrocos 75, 76, 78, 81, 127, 128, 143, 204, 206, 213, 244, 275, 295, 310, 327
Marshall (general) 21, 24, 25, 28, 29, 31, 33, 42, 46, 55, 171
Marshall (ilhas) 327
Martino (Gaetano) 87
Masaryk (Jan) 31
Massoud (comandante) 273
Maurício (ilhas) 62, 127, 327
Mauritânia 81, 127, 143, 204, 206, 327
Mbeki (Thabo) 311
Meir (Golda) 152
Mendès France (Pierre) 48, 75
Mengistu (Hailé Mariam, tenente-coronel) 203, 215
Mercosul 247, 283, 284, 312
Merkel (Angela) 297
México 55, 157, 160, 195, 270, 283, 284, 312, 327
Micronésia 327
Mikoyan (Anastas I.) 53
Milosevic (Slobodan) 268, 285, 322

Mitterrand (François) 49, 185, 195
Mobutu (Joseph, general) 81, 204, 274
Moçambique 82, 127, 202, 203, 208, 243, 327
Modrow (H.) 35
Moldávia 227, 228, 230, 256, 305, 327
Mollet (Guy) 73, 77, 80
Molotov (Viatcheslav) 33, 34, 53, 227
Mônaco 327
Moncef (bei) 75
Mongólia 140, 327
Monnet (Jean) 46
Monroe (James) 95
Morales (Evo) 312
Moro (Aldo) 168
Mossadegh (Muhammad) 58
Mountbatten (lorde) 59
Mubarak (Hosni) 246
Musharraf (Pervez) 314

N

Nadjibollah (general) 238
Nagy (Imre) 85, 86
Namíbia 127, 202, 208, 213, 242, 243, 249, 327
Nasser (coronel) 58, 67, 71, 72, 73, 74, 126, 128, 145, 146, 147, 151, 152
Nauru 62, 327
Neguib (general) 58, 72
Nehru (Jawaharlal) 59, 67, 71, 72, 126, 190
Nepal 327
Netanyahu (Benjamin) 275, 276
Ngo Dinh Diem 64, 67, 133
Niassalândia 79
Nicarágua 168, 194, 214, 217, 247, 312, 327
Níger 81, 126, 127, 273, 327
Nigéria 62, 79, 127, 128, 132, 144, 158, 207, 271, 273, 321, 323, 327
Nimayri (general) 150, 151
Nixon (Richard) 98, 99, 102, 103, 105,

108, 115, 116, 122, 134, 136, 137, 140, 142, 156, 163, 165, 189, 296, 320
Nkrumah (Kwame) 79
Noriega (general) 248
Noruega 43, 88, 119, 157, 172, 211, 261, 298, 327
Nova Caledônia 209, 210
Nova Guiné 63
Nova Zelândia 41, 45, 61, 62, 119, 209, 327
Novas Hébridas 209
Novotny (Antonin) 123
Nyerere (Julius) 79

O

Olmert (Ehud) 307
Omã 327
Organização Comum Africana e Malgaxe (Ocam) 127
Organização da Unidade Africana (OUA) 127, 128, 143, 206, 207, 284, 285, 309
Organização das Nações Unidas (ONU) 13, 14, 18, 19, 39, 41, 46, 56, 57, 70, 73, 78, 81, 82, 83, 84, 101, 109, 125, 139, 140, 145, 146, 147, 152, 184, 203, 218, 228, 238, 240, 243, 244, 249, 259, 260, 265, 266, 270, 272, 273, 274, 276, 278, 280, 281, 282, 285, 289, 290, 291, 292, 294, 305, 306, 309, 311, 322, 323, 326
Organização de Cooperação e Desenvolvimento Econômico (Ocde) 160, 171, 261, 317
Organização do Tratado do Atlântico Norte (Otan em português, Nato em inglês) 43, 47, 48, 50, 51, 52, 74, 109, 110, 111, 112, 113, 166, 167, 174, 176, 177, 178, 180, 182, 219, 225, 226, 236, 237, 255, 256, 257, 258, 259, 260, 262, 265, 266, 268, 281, 286, 290, 292, 293, 294, 297, 298, 299, 314, 315, 316

Organização do Tratado do Sudeste Asiático (Otase [em inglês: *Southeast Asia Treaty Organization*, Seato]) 45, 67, 71, 113, 132, 188
Organização dos Estados Americanos (OEA) 45, 55, 95, 96, 128, 195, 247
Organização dos Países Exportadores de Petróleo (Opep) 131, 132, 158, 159, 160, 168, 169, 211, 240, 251
Organização Europeia de Cooperação Econômica (Oece) 29, 46, 50, 88, 171
Organização Internacional do Comércio (OIC) 319
Organização Mundial do Comércio (OMC) 260, 282, 296, 316, 317, 319, 320, 322, 323
Organização para a Libertação da Palestina (OLP) 147, 149, 184, 185, 245, 246, 277
Organização para a Segurança e Cooperação na Europa (Osce) 261, 268, 298
Ortega (Daniel) 247, 312
Oueddei (Goukouni) 205, 206
Owen (David) 266

P

Pacha (Glubb) 56
Pacha (Nahas) 58
Pacto de Bagdá 45, 58, 59, 67, 72, 74
Pacto de Bruxelas 32, 42, 171
Pacto de Varsóvia 51, 52, 86, 97, 109, 122, 123, 124, 165, 166, 179, 217, 219, 220, 222, 223, 224, 236, 258
Países Baixos 29, 48, 54, 158, 172, 173, 260, 263, 265, 298, 304, 327
Palau 327
Palestina 25, 56, 57, 146, 147, 149, 184, 277
Panamá 45, 194, 195, 247, 248, 327
Papagos (general) 31

Papua-Nova Guiné 62, 209, 327
Paquistão 10, 45, 58, 59, 62, 71, 129, 132, 138, 139, 191, 196, 200, 238, 269, 272, 273, 290, 293, 295, 314, 327
Paraguai 55, 214, 280, 283, 312, 327
Peres (Shimon) 277
Perón (coronel) 55
Peru 142, 195, 215, 280, 327
Pflimlin (Pierre) 173
Pinay (Antoine) 48, 53
Pineau (Christian) 49
Pinochet (Augusto, general) 143, 193, 214, 285
Pisar (Samuel) 104
Pleven (René) 47, 49
Plumb (Henry) 173
Podgorni (Nicolai) 151, 202
Pol Pot 188, 273
Polônia 15, 18, 20, 30, 50, 52, 69, 85, 86, 104, 105, 122, 123, 124, 178, 179, 214, 223, 224, 225, 235, 258, 259, 263, 270, 294, 295, 299, 301, 302, 305, 327
Pompidou (Georges) 49, 115, 118, 141
Portugal 43, 61, 67, 82, 88, 169, 172, 173, 262, 265, 298, 301, 305, 327
Primakov (Ievguêni) 258
Putin (Vladimir) 255, 257, 293, 297, 298

Q

Qatar 132, 158, 199, 319, 328
Quênia 62, 79, 127, 257, 311, 328
Quirguistão 227, 228, 256, 293, 328

R

Rabin (Yitzhak) 277
Radford (almirante) 44
Raimond (Jean-Bernard) 49
Rajk (Laszio) 50
Rákosi (Matyas) 85, 86

Ramadier (Paul) 28
Rapacki (Adam) 92
Reagan (Ronald) 35, 163, 164, 167, 182, 194, 195, 200, 204, 216, 217, 218, 219, 238, 247, 296
Reino Unido 11, 13, 19, 29, 36, 42, 43, 45, 47, 54, 56, 61, 62, 73, 88, 112, 116, 118, 130, 159, 169, 171, 172, 175, 176, 195, 208, 211, 218, 260, 263, 264, 265, 304, 308, 320, 328
República Árabe do Saara 127, 128
República Árabe Unida 74, 126, 127
República Centro-Africana 81, 127, 311, 328
República Centro-Africana 81, 127, 311, 328
República Dominicana 142, 328
República Tcheca 231, 235, 258, 259, 263, 299, 301, 305, 328
Reza (Pahlavi) 198
Rhee (Syngman) 42
Ribbentrop (Joachim) 227
Rice (Condoleezza) 296
Ridgway (general) 42
Robertson (general) 36, 260
Rodésia 62, 79, 125, 202, 203, 208
Rogers (William) 146
Rokossovski (marechal) 30, 86
Romênia 15, 19, 30, 50, 52, 122, 124, 173, 178, 214, 227, 230, 258, 263, 299, 302, 305, 328
Roosevelt (Franklin D.) 12, 13, 15, 17, 76, 296
Ruanda 81, 127, 274, 275, 282, 309, 328
Rússia 11, 13, 21, 121, 199, 221, 222, 224, 227, 228, 253, 255, 256, 257, 258, 266, 280, 281, 287, 288, 293, 294, 296, 297, 299, 305, 306, 316, 318,

S

Saara Ocidental 206, 244, 249, 275

Sadat (Anwar al-) 147, 151, 152, 153, 183, 184
Saint Martin 328
Sainteny (Jean) 64
Sakharov (Andrei) 212
Salazar (António de Oliveira) 169
Salomão (ilhas) 62, 327
Samoa Ocidental 62, 328
Sandino (Augusto, general) 194
Santa Lúcia 62, 328
Santer (Jacques) 261, 264, 265
Santos (Eduardo dos) 243
São Cristóvão e Névis 62, 328
São Tomé e Príncipe 82, 127, 201, 249, 328
São Vicente e Granadinas 62, 328
Sarkozy (Nicolas) 49, 292, 304, 308
Sauvagnargues (Jean) 49
Sauvy (Alfred) 70
Savimbi (Jonas) 243, 309
Schmidt (Helmut) 110, 166, 175
Schröder (Gerhard) 264, 297, 301
Schulz (George) 216, 218
Schuman (Robert) 46, 47, 48, 171
Schumann (Maurice) 49
Selassié (Hailé) 127, 203
Senegal 81, 126, 127, 204, 328
Serra Leoa 62, 79,127, 203, 274, 282, 328
Sérvia 230, 265, 266, 268, 305
Seychelles 62, 128, 249, 328
Sforza (conde) 54
Shamir (Itzhak) 246
Sharon (Ariel) 152, 277, 278, 306, 307
Sihanuk (Norodom, príncipe) 136, 238
Sik (Ota) 123
Siniavski (Andrei) 119
Síria 22, 56, 57, 71, 74, 126, 129, 145, 150, 151, 180, 183, 185, 187, 199, 244, 245, 275, 276, 297, 308, 328
Slansky (Rudolf) 50
Smrkovsky (Joseph) 123

Sociedade das Nações (SDN) 12, 13, 22, 56, 80, 243
Sokolovski (marechal) 34
Solana (Javier) 258, 259, 260, 262
Soljenitsyn (Aleksandr) 119, 164
Somália 19, 54, 62, 128, 141, 143, 196, 202, 203, 249, 274, 281, 282, 284, 285, 311, 328
Somoza (Anastasio) 194
Spaak (Paul Henri) 87, 260
Sri Lanka 62, 213, 328
Stálin (Josef) 10, 12, 13, 15, 17, 18, 20, 22, 25, 31, 40, 50, 51, 53, 85, 89, 109
Stoltenberg (Thorvald) 266
Stoph (Willi) 105, 109
Stroessner (general) 55, 214
Suazilândia 62, 128, 328
Sudão 22, 54, 58, 62, 81, 126, 128, 150, 151, 202, 275, 285, 310, 311, 328
Suécia 88, 160, 172, 261, 263, 305, 328
Suharto (presidente) 273
Suíça 88, 125, 320, 326
Sukarno (Ahmed) 61, 138
Suphanuvong (príncipe) 136
Suriname 193, 328
Suvana Phuma (príncipe) 136
Svoboda (Ludvik) 123, 124

T

Tadjiquistão 228, 293, 296, 328
Tafewa Balewa (Abubakar) 144
Tailândia 45, 59, 71, 129, 132, 188, 251, 271, 281, 328
Taiwan 45, 91, 189, 192, 272, 281, 314
Tanaka (Kakuei) 142
Tanganica 79
Tanzânia 62, 79,128, 141, 202, 203, 257, 328
Taraki (Nur Mohammad) 199
Tchecoslováquia 16, 19, 30, 31, 50, 51, 52, 72, 99, 122, 124, 140, 177, 178, 218, 223, 224, 231, 285

Tchernenko (Konstantin) 164
Tchervonenko (embaixador) 124
Tchetchênia 256, 293, 316
Tenet (George) 278
Teodósio (imperador) 230
Thatcher (Margaret) 170, 195, 204, 304
Thieu (general) 65, 137, 187
Tibete 61, 70, 71, 120, 315
Timor Leste 273, 282, 284, 328
Tindemans (Léo) 170
Tito (marechal) 31, 50, 53, 67, 71, 72, 87, 90, 122, 126, 180, 230
Togo 80, 126, 128, 215, 284, 323, 328
Tonga 62
Torrijos (Omar) 248
Touré (Sékou) 80
Transjordânia 22, 25, 56
Trinidad e Tobago 62, 328
Truman (Harry S.) 18, 22, 26, 42, 296
Tshombe (Moise) 81
Tunísia 75, 76, 78, 128, 328
Turcomenistão 228, 328
Turquia 22, 25, 26, 31, 44, 45, 50, 58, 71, 96, 118, 160, 176, 180, 182, 263, 272, 280, 284, 298, 302, 328
Tuvalu 62, 328

U

U Thant (Sithu) 14, 83, 125, 145
Ucrânia 13, 222, 227, 228, 254, 256, 288, 298, 299, 305, 328
Uganda 62, 79, 128, 275, 309, 328
Ulbricht (Walter) 109, 122
Uld Daddah (Moktar) 206
União Africana (UA) 284, 309, 311
União Africana e Malgaxe (UAM) 126
União da Europa Ocidental (UEO) 49, 52, 171, 236, 237, 259, 262
União Europeia (UE) 46, 170, 171, 172, 174, 182, 231, 233, 236, 259, 260, 261, 262, 263, 264, 265, 268, 280, 283, 284, 298, 301, 304, 305, 309, 319, 320

União Ocidental (UO) 32, 42, 43, 49, 171
Uribe (Álvaro) 312
URSS 12, 13, 14, 18, 19, 23, 24, 25, 30, 33, 34, 35, 38, 39, 40, 41, 44, 45, 52, 53, 54, 71, 72, 74, 81, 83, 84, 91, 92, 96, 99, 100, 101, 102, 103, 104, 105, 106, 109, 114, 119, 121, 122, 124, 129, 132, 134, 137, 138, 139, 141, 145, 150, 151, 152, 163, 165, 166, 167, 176, 177, 185, 188, 189, 190, 196, 198, 201, 202, 212, 216, 217, 218, 219, 220, 221, 226, 227, 228, 237, 238, 246, 255, 258, 281, 284, 305
Uruguai 174, 195, 214, 232, 283, 312, 320, 328
Uzbequistão 227, 228, 296

V

Van Naters (Marinus) 89
Vance (Cyrus) 266
Vandenberg (Arthur) 43
Vanuatu 62, 209, 328
Védrine (Hubert) 49
Veil (Simone) 173
Venezuela 128, 131, 132, 158, 160, 195, 215, 270, 280, 312, 328
Verwoerd (Henrick) 207
Vichinski (Andrei I.) 84
Vietnã 136, 137, 138, 150, 154, 155, 163, 164, 187, 188, 189, 200, 209, 237, 238, 270, 328
Villepin (Dominique de) 49
Volcker (Paul) 162
Vorster (John) 207

W

Waldheim (Kurt) 14
Walesa (Lech) 178, 179, 214, 224
Werner (Pierre) 117
Wilson (Harold) 118, 175

Y

Yahya Khan (general) 139
Yeltsin (Boris) 221, 254, 255, 256, 258, 272
Yushchenko (Viktor) 305

Z

Zaire 127, 128, 160, 204, 215, 309, 328
Zâmbia 62, 79, 128, 202, 215, 328
Zapatero (José-Luis Rodriguez) 297
Zemin (Jiang) 239, 272, 293
Zéroual (Liamine) 275
Zimbábue 62, 128, 203, 204, 208, 275, 296, 311, 328
Zita (imperatriz) 230
Zorine (Valeri) 92

Índice de mapas, tabelas, gráficos e boxes

Mapas, tabelas e gráficos

A Europa em 1947 • 16
A Polônia de 1939 a 1945 • 17
Repartição da ajuda entre os principais países europeus (em milhões de dólares e em porcentagem) • 29
A Alemanha de 1938 a 1945 • 33
Berlim dividida em quatro setores de ocupação (1945) • 37
A emancipação da Ásia • 60
A Indochina em tempo de guerra • 66
A descolonização da África • 77
A crise de Cuba • 95
Organizações internacionais na Europa em 1968 • 107
O Vietnã em tempo de guerra • 135
Israel de 1967 a 2002 • 148
Jerusalém • 149
Chipre • 181
O Líbano • 186
A Ásia-Pacífico • 191
O oceano Índico • 197
Arsenais estratégicos dos dois Grandes antes do tratado Start de 31/07/1991 • 220
O desmembramento do Império soviético • 229
A Europa em 1995 • 234
Mapa político do Oriente Médio (1985) • 241
Mapa político da América Central • 248

A situação petroleira mundial em 2000 • 252
A repartição dos fundos comunitários • 264
Os Estados originários da ex-Iugoslávia • 267
O Iraque em 1998 • 279
As operações de manutenção da paz em curso • 286
Cotação do petróleo desde 1950 • 288
O Afeganistão • 291
A ampliação da Otan • 300
A Europa dos Vinte e Sete (2008) • 303
Os conflitos pós-coloniais na África • 310
Os mercados regionais no continente americano • 313
O Cáucaso • 315
Renda anual média por habitante (em dólares) • 321
As viagens de João Paulo II • 324

Boxes

A organização interna da ONU • 13
Berlim a partir de 1945 • 34
Os responsáveis pela política externa francesa • 48
O *Commonwealth* • 61
As guerras da Indochina • 64
A questão alemã de 1945 a 1990 • 108
Países-membros da Organização da Unidade Africana (março de 1933) • 127
Os conflitos árabes-israelenses • 146
As reuniões de cúpula dos países industrializados (G7 e G8) • 161
A construção europeia • 171
Chipre, da independência à Europa • 182
Uma Europa de geografia variável (abril de 1999) • 236
Os secretários-gerais da Otan • 260
Os presidentes da Comissão Europeia • 265
O processo de paz Israel-Palestina • 277
Os presidentes dos Estados Unidos desde 1945 • 296
A ampliação da Aliança Atlântica • 298
A Europa de Seis a Vinte e Sete • 304
A liberalização das trocas comerciais: o exemplo dos têxteis • 317

Protocolo de Kyoto • 318
As negociações comerciais • 319
Os Estado-membros das Nações Unidas (192 Estados-membros em 1º de fevereiro de 2008) • 326